VOJ

SIEBTER OKTOBER DREIUND-ZWANZIG

ANTIZIONISMUS UND IDENTITÄTSPOLITIK

QUERVERLAG

Erste Auflage: April 2024

Umschlag und grafische Realisierung von Sergio Vitale

Druck und Weiterverarbeitung: Finidr
ISBN 978-3-89656-344-6
Printed in the Czech Republic

Bitte fordern Sie unser Gesamtverzeichnis an:
Querverlag GmbH
Akazienstraße 25, 10823 Berlin
www.querverlag.de

Inhalt

Das Elend des Antirassismus

Zum Geleit

Güner Balcı

Das war klar: Mit jedem weiteren Kriegstag in Gaza wird der Zivilisationsbruch, den die Hamas am 7. Oktober 2023 vor laufenden Kameras in Israel verübte, von zu vielen Menschen in Deutschland verdrängt, verleugnet und sogar legitimiert. Die explodierenden Zahlen antisemitischer Straftaten, die Angst von Jüdinnen und Juden vor Diskriminierung und Gewalt in ihrem Alltag sind für Politiker Anlass für noch mehr Lippenbekenntnisse. Die Floskel „Antisemitismus hat keinen Platz in Deutschland" ist zu einem Fließbandsatz geworden. Jeder, der ihn mit betroffener Miene runterleiert, weiß, dass er eine Lüge ist.

Antisemitismus hat sehr viel Platz in Deutschland. Er hat sich breitgemacht, in Kinderköpfen und auf Schulhöfen, in Hörsälen, in Moscheen, auf Social-Media-Kanälen, in bestimmten linken Milieus und Kulturstätten, auf der Straße und bei jeder Pro-Palästina-Demo sowieso. In TV-Sendern aus der muslimischen Welt läuft er täglich über deutsche Bildschirme. Er ist zu einer Selbstverständlichkeit geworden, die jeden vernünftigen Menschen angewidert zurücklässt.

Zu viele der Demonstrationen, die angeblich „Gerechtigkeit in Palästina" fordern, muten wie der Auftakt zum Kampf um Gaza auf deutschen Straßen an – unmissverständliche Bekenntnisse zur Hamas, zu Terror, Vergewaltigungen und Abschlachtungen von Zivilisten sind seit dem 7. Oktober das Standardrepertoire vieler junger und alter deutscher Muslime und auch Nicht-Muslime sowie ihrer rechten und linken Unterstützer. Auch die rechtsextremen Parteien Die Heimat (einst NPD) und Der III. Weg feierten den Angriff der Hamas auf israelische Zivilisten als legitimen Widerstandskampf, was im Pro-Pali-Lager niemanden störte, im Gegenteil – im Hass gegen Juden sind sie alle vereint, und plötzlich ist selbst der Nazi ein „Verbündeter", wie es im identitätspolitischen Jargon heißt.

Auch Queers, Hipster und andere, die mit ihrem egozentrischen Lifestyle keinen einzigen Tag in einem Hamas regierten Staat überleben würden, bezeichnen den Massenmord an israelischen Zivilisten als Freiheitskampf. „Gaza just broke out of prison" war am 7. Oktober ein weit verbreiteter Slogan verstrahlter, gepamperter Großstadtkinder, primitiver Patriarchen und kufiya-tragender Migra-Kids, die per Antizionismus zusammenfinden. Der Glaube daran, dass die Welt ohne Israel besser wäre, wird von vielen als einzig mögliche Friedenslösung propagiert. Vor allem gedeiht dieser Glaube in bestimmten, von Ideologie zerfressenen linken Hirnstuben. Frieden bedeutet für sie: die Vernichtung Israels.

Wie sonst lässt sich erklären, dass es bis heute kein breites pro-palästinensisches Friedensbündnis gab, das auch die Taten der Hamas verurteilte, keine Friedensdemo, bei der sowohl palästinensische als auch israelische Fahnen wehten? Wo bleibt die einfache Erkenntnis, dass die Hamas die Waffen niederlegen und die Geiseln freigeben kann, um sofort Frieden zu haben? Und wie wollen wir Kindern erklären, dass wir in einer Demokratie leben, in der jeder seine Fahne schwenken darf, außer, diese ist per Gesetz verboten – oder aber es handelt sich um eine israelische? Wer heute zur falschen Zeit, am falschen Ort die Flagge des jüdischen Staates schwenkt oder Hebräisch spricht, muss mit allem rechnen. Wie kann es sein, dass 80 Jahre nach der Befreiung von Auschwitz zugelassen wird, dass Juden in bestimmten Milieus in Deutschland in der Öffentlichkeit nicht als Juden erkannt werden wollen – weil sie Angst haben, weil sie vorsichtig sein müssen, um nicht aufzufallen, um keine Gewalt zu erleben?

Wir leben in einer Zeit der Schande. Jüdische Kinder können ohne Weiteres keine öffentlichen Schulen besuchen. Schuld daran trägt die sogenannte „Mehrheitsgesellschaft", die unter dem Deckmantel eines gönnerhaften Multikulturalismus und vermeintlicher Weltoffenheit diese Entwicklung zugelassen hat und sie auch weiterhin zulassen wird. Sie hat versagt, denn jeder liberale Muslim, der den Antisemitismus in muslimischen Milieus thematisiert hat, wurde als „rechts“ beschimpft. Lehrer, die auf die unzumutbaren Mobbing-Verhältnisse an migrantisch geprägten Schulen aufmerksam gemacht haben, wurden zu Rassisten erklärt – selbst dann, wenn sie ihr Leben in den Dienst der Erziehung dieser Kinder gestellt haben. Migrantische Nachwuchswissenschaftler, die diesen linken Rassismus sowie den salonfähigen Antisemitismus kritisiert haben, sind aus den Universitäten gedrängt worden. An den Hochschulen „erforschen“ angeblich „gendersensible“ herkunftsdeutsche Akademikerinnen derweil nicht etwa das Sozialverhalten in stark patriarchalisch geprägten Milieus, sondern hetzen lieber gegen mutige migrantische Frauen, denen sie einen Verrat an ihrer „Kultur“ vorwerfen.

So konnte in den letzten Jahrzehnten in der deutschen Einwanderungsgesellschaft etwas gedeihen, das in vielen Herkunftsländern als normale Haltung gilt: die Verachtung und Abwertung von Juden. Man kann dem türkischen Ministerpräsidenten Erdoğan in einer Sache dankbar sein: Er hat noch nie ein Geheimnis aus seinem Judenhass gemacht – und trotzdem wird seine antisemitische Religionsbehörde auch in Zukunft den Islam in Deutschland mitgestalten. Das ist nur eine von vielen Fehlentwicklungen. Beim Erkennen und Eindämmen von muslimischem Antisemitismus haben alle politischen Parteien versagt.

Nach dem 7. Oktober fanden – geeint in ihrem Judenhass – Menschen zusammen, die ideologisch zusammengehören und deren Bündnisse eine Herausforderung für die Vernunft sind. Es braucht starke Allianzen gegen diese Menschenfeinde, und tatsächlich haben sich hierüber schon Individuen und Gruppen zusammengefunden, die sich keine Illusionen darüber machen, dass dieser Hass auf Juden eine Bedrohung für uns alle ist. Eine Antifa, die den Slogan „Free Gaza from Hamas“ auf Aufkleber druckt, macht da genauso Hoffnung wie die ägyptische Politologin Dalia Ziada, die aus ihrer Heimat fliehen musste, weil sie sich offen an die Seite Israels und gegen die Hamas stellte. Es sind Menschen, die erkannt haben, dass Antisemitismus auch unsere Freiheit, unsere Demokratie abschaffen möchte.

Es braucht breite Bündnisse, Standhaftigkeit, Mut und einen langen Atem, um diese gefährliche Entwicklung auf lange Sicht umzukehren. Der vorliegende Sammelband ist ein Zeugnis dieser Bemühungen.

Siebter Oktober Dreiundzwanzig

Einleitung

Vojin Saša Vukadinović

Was ein antisemitisches Pogrom ist, davon hatten bis zum 7. Oktober 2023 nur wenige Menschen eine visuelle Vorstellung. „Pogrom", das dürfte für viele nach Mittelalter, nach 19. Jahrhundert oder nach 1938 geklungen haben – ein Begriff für eine kollektive Gewaltform, an die man angesichts der mörderischen Geschichte der Judenfeindschaft mahnend erinnert, deren brutale Dimension sich mangels bewegter Bilddokumente jedoch fast nur über Schriftliches oder über Fotografien erschloss, was wiederum dazu beitrug, dass „Israelkritiker" jahrzehntelang die real existierende Gefahr für die Gegenwart bagatellisieren konnten.

Seit dem 7. Oktober existieren nun zahlreiche Videoaufnahmen eines antisemitischen Pogroms. Aus allen erdenklichen Winkeln und in Farbe zeigen sie den Einfall von Tausenden schwerbewaffneten Schergen in den jüdischen Staat, denen unmittelbar darauf palästinensische Zivilisten und Zivilistinnen zur Selbstbereicherung folgten. Was dieses Beweismaterial festhält, ist nicht auszuhalten: Aus Kibbuzen zur Hinrichtung abgeführte Menschen, deren Leichen nach wenigen Metern wie überdrüssige Müllsäcke zurückgelassen werden. Aus nächster Nähe durchsiebte Autofahrer. Auf Motorrädern entführte Geiseln, die um ihr Leben flehen. Prahlend zur Schau gestellte, geraubte Kleinkinder, deren Eltern wenige Minuten zuvor umgebracht wurden. Lebendigen Leibes angezündete Babys, Heranwachsende, Paare, Alte. Mit Jeeps wie Jagdtrophäen vorgeführte, geschundene Frauen, an deren

Körpern sich die Meute aufgeilt. Überreste Schutzsuchender, die von einer Handgranate zerfetzt worden sind, die in ihren Bunker geworfen wurde. Im Live-Stream übertragene Verhöre ganzer Familien, deren weiteres Schicksal unbekannt ist. In Kellerverliesen gefesselte Menschen, deren verstörter Blick sich für immer ins Gedächtnis ritzt. All dies neben Bildern angezündeter Häuser und abgebrannter Autos, dazu Raketenbeschuss und Maschinengewehrsalven, die die Mörder lachend abgeben.

Statt vor dieser Barbarei zu erschrecken, ist diese in den Sozialen Medien und auf der Straße von Massen bejubelt worden – weltweit. Rechtfertigungen wurden gesucht und erfunden, über alle politischen Milieus hinweg. Dass die Entsolidarisierung und die Zustimmung für die Gewalt bei jungen Menschen im Westen, die sich selbst für divers, empathisch, gebildet, queer und rassismusalert halten, besonders deutlich zum Vorschein kam, konnte allerdings nur diejenigen erstaunen, die sich bislang noch nicht mit dieser identitätspolitischen Fassade beschäftigt haben. Gleiches gilt für diejenigen, die Universitäten noch immer für einen Hort des freien Geistes hielten.

Die autoritäre Ekstase, mit welcher das Abschlachten jüdischer Menschen insbesondere an Hochschulen gefeiert wurde, ist deshalb ins Verhältnis zu setzen mit der Geschichte jedes einzelnen Ermordeten und jeder einzelnen Entführten. Manche Bilder – so wie die Verschleppung von Noa Argamani, die auf dem Nova-Festival gefeiert hatte und per Motorrad in den Gaza-Streifen gebracht wurde – sprechen für sich selbst.[1] Ein anderer, weniger beachteter Clip belegt, wie auch Omer Wenkert, der ebenfalls das Nova-Festival besucht hatte, seiner Freiheit beraubt wurde. Eine offenkundig etwas später entstandene, entsetzliche Aufnahme zeigt den jungen Mann bis auf die Unterhose entblößt, gefesselt und auf dem sandigen Boden an irgendeinem Ort verstört in die Kamera schauend. Ein Detail dieses Bildes ist in seiner Grausamkeit besonders aufschlussreich: Weinerts Kopf und Oberkörper liegt auf Weizensäcken. Auf einem davon steht „For Free Distribution to Palestine Refugees“, ein humanitäres Geschenk „From the People of Japan“.[2] Wer wissen will, wohin gespendete Hilfsgüter für die palästinensische Bevölkerung auch gehen, ist seither wortwörtlich im Bilde.

Nicht minder aufschlussreich ist ein Interview mit Natali Yohanan, die den Überfall auf den Kibbuz Nir Oz überlebt hat. Die Englischlehrerin berichtet, wie sie, ihr Ehemann und die Kinder sich noch rechtzeitig in ihrem Hauses verbarrikadieren konnten. Nachdem die Hamas-Terroristen abgezogen waren, die es nicht vermocht hatten, die Tür des Schutzraumes zu öffnen, sei eine palästinensische Zivilistin gekommen, die sich nicht nur am Eigentum der Familie bediente, sondern aus purem Sadismus gezielt den Strom in jenem Schutzraum abstellte und dann erst einmal eine Runde fernsah. Später bezahlte sie im Gaza-Streifen Einkäufe mit einer gestohlenen Kreditkarte. Yohanan hat bemerkt, dass sie bis anhin geglaubt hatte, dass sich palästinensische Frauen selbst in einer Art Geiselhaft seitens der Terrororganisation befänden. Nun sei sie sich sicher, dass sie sich in dieser Frage nicht von den Männern unterschieden.[3]

Während Yohanan um ihr Leben und das ihrer Liebsten bangte – ihr Vater war von den Terroristen erschossen worden –, erklärte Ashraf Hassan, Arabisch-Dozent am Institut für Studien zum Nahen Osten der Universität Bern, auf X freudig, dass ihm die Hamas das „beste Geburtstagsgeschenk“ beschert habe. Seine Ehepartnerin und Chefin, die Islamwissenschaftlerin Serena Tolino, steht exemplarisch für eine Generation an Akademikerinnen und Akademikern, die als aufgeschlossen geltende Themen bedienen – „Gender and Sexualität in islamisch geprägten Gesellschaften“[4] –, während sie zugleich aus ihrer Abneigung gegen Israel keinen Hehl machen. Hassans Tweet sorgte zwar für seine Entlassung und für eine universitäre Untersuchung, die Anfang 2024 zur Auflösung des Instituts und zu einer Neuausrichtung führten. Aufschlussreich ist aber, dass der von Antonio Loprieno – dem ehemaligen Rektor der Universität Basel – erstellte Bericht ausdrücklich festhält, dass es im Team „weniger um

Kompetenz, sondern mehr um die richtige Gesinnung gegangen"[5] sei; die Rede ist von einem „ideologischen Korsett".[6]

Nach allem, was seit den 2010er Jahren bekannt geworden ist, kann daraus geschlossen werden, dass es andernorts ähnlich aussehen dürfte – und zwar auf allen universitären Ebenen. Dass beispielsweise an der Freien Universität Berlin ein „Palästinakomitee" tätig ist, hätte man in den 1970er und 1980er Jahren, als es in der geteilten Mauerstadt wie im Bundesgebiet solche „Zusammenhänge" zuhauf gab, noch belächeln können. Was damals ein sektiererisches linksradikales Milieu war, ist heute jedoch Mainstream. So kann Cecilia, offenbar Studentin an der FU und Sprecherin ebenjenes „Palästinakomitees", der *ZEIT* zu Protokoll geben, dass sie und ihre Mitstreiter darauf aufmerksam machen wollen, dass Israel einen „genozidalen Krieg"[7] führe. Damit hält sie nicht nur das fest, was unzählige Gleichaltrige auch meinen, sondern plappert schlichtweg das nach, was ihr nicht zuletzt in universitären Lehrveranstaltungen nahegelegt und sie in wissenschaftlichen Publikationen nachlesen kann.

Balász Berkovits hat die Aufmerksamkeit, die Israel in den „aktivistischen Sozialwissenschaften" als vermeintlich „weißer, siedlerkolonialistischer Staat" erfährt, bereits einer ausführlichen Untersuchung unterzogen und nachgewiesen, dass die dezidiert militant intonierte Rede von „Befreiung" in auf „Studies" endenden Studienfächern eben kein Analyseresultat ist, sondern eine Aufforderung, die „das politische Handeln in unzweideutiger Weise prägen" soll.[8] Komplementär dazu hat Ioannis Politis am Beispiel des seit 1974 besetzten Zyperns dargelegt, dass sich der Begriff „Siedlerkolonialismus" an einem europäischen Land beweist, in das nichteuropäische Invasoren eingefallen sind, wo sie einen Großteil der originären Bevölkerung vertrieben, einen neuen Staat installiert und anschließend die eigene Population angesiedelt haben.[9] Obwohl damit die wesentlichen Kriterien kolonialer Herrschaft erfüllt sind, gibt es hierzu nicht eine einzige Publikation seitens jener, die sich im dekolonialen Dauerauftrag wähnen. Selbstverständlich hätten diese dann nämlich noch die gewichtigere Frage zu klären, wieso eigentlich bis heute kein griechischer Zypriot bei allem erlittenen Unrecht eine Suizidattacke gegen die Besatzungsmacht verübt hat.[10] Leerstellen wie diese und ein heilloses Begriffschaos sind dort, wo Identitätspolitik waltet, Programm.

Es lohnt sich deshalb, nochmals einen Blick in das Schlüsseldokument zu werfen, in welchem der Begriff „Identitätspolitik" erstmalig prominent auftauchte. 1977 veröffentlichte das Combahee River Collective, ein Zusammenschluss US-amerikanischer Aktivistinnen, „Ein Schwarzes feministisches Statement"[11], das aus der Einschätzung resultierte, dass weder der Universalismus der Bürgerrechtsbewegung noch der Partikularismus der Black-Power-Bewegung die eigene Situation begreifbar gemacht habe. Schwarze Feministinnen, aus denen sich die Gruppe zusammensetzte, verstanden ihre Lage als anhaltend unvereinbar mit den Wünschen und Zielen „ihrer" Männer und Genossen, mit den Prämissen der von weißen Frauen dominierten Zweiten Frauenbewegung und mit dem damals beliebten lesbischen Separatismus. Sie versuchten nicht nur, hierfür eine Sprache zu finden, sondern eine eigenständige politische Linie zu formulieren, die schließlich in jener manifestartigen Veröffentlichung resultierte.

Nun wird diese wie viele andere Produkte längst vergessener Diskussionen nicht als historisches Dokument gelesen, an dem sich der damalige Bewusstseinsstand, die Hoffnungen, die Aporien oder die Irrtümer einer Ära ablesen lassen, sondern als Mischung aus Inspirationsquelle und Heiligtum (was seinen Urheberinnen freilich nicht anzulasten ist). Das gilt insbesondere für die zentralen Gedanken, auf die sich identitätspolitische Kreise im 21. Jahrhundert begierig stürzen: „Wir glauben, dass eine tiefgehende und möglicherweise die radikalste politische Haltung direkt aus unserer eigenen Identität entsteht und nicht aus dem Kampf gegen die Unterdrückung anderer Menschen."[12] Zwar seien „die meisten" der damaligen Beteiligten mit „fast klassische[r] Isolation" konfrontiert gewesen, weswegen sie meinten, „unsere Position am unteren Ende der Gesellschaft [zu] nutzen, um einen eindeutigen Sprung ins revolutionäre Handeln zu wagen."[13] Wer sich solche Proklamationen mit der Distanz eines halben Jahrhunderts und unter Auslassung des US-amerikanischen Kontexts aneignet, müsste zunächst einmal klären, wer sich heute überhaupt am „unteren Ende der Gesellschaft" findet. Das Gezeter um Deutungshoheit in dieser oder jener Identitätsfrage macht jedenfalls nicht den Eindruck, als ob besonders marginalisierte Personen um ein kleines Stückchen Raum kämpfen müssten. Im Gegenteil.

Ein Satz am Ende des „Statements" spricht allerdings doch die Wahrheit aus über das, was die Anhängerschaft gegenwärtiger Identitätspolitik in Massen zu Papier bringt, noch öfter im Internet streut sowie bei zahlreichen politischen Gelegenheiten zur Schau stellt – nicht zuletzt in einem Moment, wo die alte, den Waffen zugeneigte Malcolm X-Devise *By all means necessary* ausgegraben wird, um den Hamas-Terror als Musterbeispiel für „alle notwendigen Mittel" umzudeuten, mit denen Israel zu zerstören sei. So notierte das Combahee River Collective: „In der Praxis unserer politischen Haltung glauben wir nicht, dass der Zweck immer die Mittel heiligt. Viel reaktionäres und destruktives Verhalten wurde im Namen von ‚korrekten' politischen Zielen verteidigt."[14]

Am Wissenschaftsstandort Deutschland

Von diesem reaktionären und destruktiven Verhalten konnte man sich nach dem 7. Oktober 2023 ein sehr klares Bild machen. Das betraf nicht nur den Aktivismus, sondern insbesondere die Hochschulen. Die Meuten, die Campus um Campus in offensiv antisemitische Agitationszonen verwandelten, setzten sich in Nordamerika bisweilen aus Studierenden wie Lehrpersonal zusammen. Niemand, der Aufzeichnungen dieser Versammlungen, Bedrängungen und Jagden auf jüdische Studierende ansieht, dürfte an deren Bedrohlichkeit zweifeln. Und ebenso wenig daran, dass diejenigen, die in politische Ekstase gerieten, offenbar sehr lange einem solchen Triumph entgegengefiebert hatten. Russel Rickford, an der Cornell University tätiger Historiker mit akademischen Hintergrund in den African American Studies und laut Twitter-Selbstauskunft „Historian of the Black radical tradition"[15], erklärte auf einer Demonstration, „hocherfreut" über den Überfall der Hamas zu sein.[16] Joseph Massad, Professor am Middle Eastern Department der Columbia University, veröffentlichte am 8. Oktober ein Loblied auf die Hamas, in dem er bekundete, wie „verblüffend" und „eindrucksvoll" die Taten der Terroristen doch seien: „Möglicherweise besteht die größte Leistung des Widerstands während der vorübergehenden Einnahme dieser Siedlerkolonien darin, jedem Vertrauen der israelischen Siedler in ihr Militär und dessen Fähigkeit, sie zu schützen, einen Todesstoß versetzt zu haben."[17]

Zur Verantwortung gezogen für die antisemitischen Aufmärsche, bei denen bisweilen Hunderte Studierende nicht nur Israel, sondern auch ihren jüdischen Kommilitoninnen und Kommilitonen den Tod gewünscht hatten[18], wurden andere. Drei Präsidentinnen führender Hochschulen mussten sich am 5. Dezember 2023 vor dem US-amerikanischen Kongress für die Geschehnisse auf ihrem jeweiligen Campus rechtfertigen. Die Rollen bei dieser Anhörung waren klar verteilt. Sally Kornbluth vom Massachusetts Institute of Technology schien überfordert, Elizabeth Magill von der Pennsylvania State University grinste kess vor sich hin und Claudine Gay von Harvard legte auf Gender-Studies-Niveau dar, es komme auf „den Kontext" an, ob antisemitische Drohungen überhaupt gegen die Regeln der weltberühmtesten Universität verstießen.[19] Damit spiegelten diese drei Reaktionen genau das Verhalten wider, das all jenen bestens bekannt sein dürfte, die schon einmal versucht haben, in den ideologisch gefestigten akademischen Arealen darauf hinzuweisen, dass es dort ein Antisemitismus-Problem gibt: Ratlosigkeit, Häme und Zerreden.

In Deutschland wiederum wurde zwar über die Hörsaalbesetzung an der Freien Universität Berlin berichtet[20], bei der im Dezember 2023 identitätspolitisch geschulte Studierende auf den vermeintlichen „Genozid" im Gaza-Streifen aufmerksam machen wollten; am eigentlichen Thema – der mittlerweile unentwirrbaren Verflechtung von antizionistischem Aktivismus und den Geistes- und Sozialwissenschaften – schrammt man dafür nach wie vor vorbei. „Rassismus, Islamophobie, Antisemitismus, Diskriminierung, Hass und Hetze haben in der Max-Planck-Gesellschaft keinen Platz"[21], erklärt ebenjene Max-Planck-Gesellschaft auf ihrer Website, nachdem sie sich im Februar 2024 von ihrem Gastwissenschaftler Ghassan Hage getrennt hat. Der australische Anthropologe und Antizionist libanesischer Herkunft, dem die MPG einen Forschungsaufenthalt ermöglicht hatte, war nicht etwa plötzlich ausfällig geworden, sondern hatte am 7. Oktober lediglich das getan, was er seit Jahrzehnten fast schon manisch tut: bei jeder Gelegenheit gegen Israel schießen. In einem Tweet, den die Presse zu einem „Gedicht" adelte, bekundete Hage noch im Moment des Pogroms, dass die „Fähigkeit" der Palästinenser „zum Widerstand unendlich ist. Sie graben nicht nur Tunnel. Sie können auch über Mauern fliegen."[22] Zwei Monate später setzte er einen weiteren Tweet ab, in dem es hieß: „Die Alliierten haben nie versucht, die Menschen in Dresden zu demütigen. Die israelische Gewalt ähnelt in dieser Hinsicht viel mehr der antisemitischen Gewalt der Nazis."[23] Weitaus später, nämlich erst nach einem Bericht der *WELT am Sonntag*, reagierte die MPG dann doch noch. „Die vom Grundgesetz der Bundesrepublik Deutschland seit 75 Jahren garantierten Freiheitsrechte sind für die Max-Planck-Gesellschaft ein unschätzbar hohes Gut. Sie gehen mit großer Verantwortung einher", heißt es in deren Stellungnahme: „Forschende missbrauchen Freiheitsrechte, wenn sie mit öffentlich verbreiteten Verlautbarungen die Glaubwürdigkeit von Wissenschaft untergraben und damit das Ansehen und Vertrauen in die sie tragenden Institutionen beschädigen. Das Grundrecht auf Meinungsfreiheit findet seine Grenze in den wechselseitigen Pflichten zur Rücksichtnahme sowie Loyalität im Arbeitsverhältnis."[24]

„Ich habe ein politisches Ideal, für das ich in [B]ezug auf Israel/Palästina immer gekämpft habe. Es ist das Ideal einer multireligiösen Gesellschaft, in der Christen, Muslime und Juden gemeinsam in diesem Land leben", bemühte Hage seinerseits die üblichen Ausflüchte: „Es ist offenbar antisemitisch, einen Vergleich zwischen Israel und den Nazis anzustellen. So wurde es mir jedenfalls gesagt."[25] Und weiter: „Es mag mir nicht gefallen, wie die Kritik an Israel mit Antisemitismus in einen Topf geworfen wird, und ich finde den Pseudophilosemitismus der Deutschen eigennützig und zuweilen rassistisch, da er dazu dient, die Palästinenser und ganz allgemein die arabische und muslimische Gemeinschaft in Deutschland zu rassifizieren."[26] Ganz das Opfer, reichte Hage schließlich noch nach: „Die Tatsache, dass diese intellektuelle Welt, zu der ich gehörte, so leicht zerstört werden kann, und dass die Leiter von akademischen Einrichtungen Angst haben und es geschehen lassen, anstatt die Vitalität des akademischen Raums unter ihrer Leitung zu verteidigen, ist eine echte Tragödie."[27]

Wer sich auch nur fünf Minuten mit Ghassan Hage befasst hat, weiß um dessen Obsession, denn seine antizionistische Agenda ist seit Jahrzehnten bestens bekannt. Einer seiner einschlägigsten und meistzitierten „wissenschaftlichen" Artikel, 2003 mitten in der zweiten Intifada erschienen, beginnt nach der ersten Zwischenüberschrift – „Im Westen über Selbstmordattentäter sprechen, eine Polemik" – wie folgt:

> „In den Tagen, die im März 2002 dem israelischen Wiedereinmarsch in die Westbank und der nachfolgenden Zerstörung der embryonischen Elemente einer souveränen palästinensischen Gesellschaft folgten, saß ich – wie so viele andere – wutschnaubend in meinem Büro und tauschte mich per Email mit meinen bedrückten Freunden und Kollegen aus, um angesichts der unglaublichen Ungerechtigkeit des Ganzen unserer Hilflosigkeit und Verzweiflung Ausdruck zu verleihen. Neben dem Tod und der Zerstörung war das Deprimierendste wohl die mediale Verharmlosung der

> Idee selbst, dass eine Nation in den Städten und Wohnorten einer anderen Nation militärisch herumtollen kann, um dort – wie Dschingis Khan in Panzern – ganze Straßen einzuebnen und Häuser unbewohnbar zu machen. Für uns alle war dies eine geradezu absurd anachronistische Gewaltform: eine mittelalterliche Weise, Krieg zu führen, ausgestattet mit moderner Technologie."[28]

Selbstverständlich fiel in dieser einleitenden Passage kein Wort zu Antisemitismus, denn die hier erwähnte „unglaubliche Ungerechtigkeit" meinte nicht den Suizidbomben-Terror gegen die israelische Zivilbevölkerung, sondern dessen Bekämpfung durch die israelische Armee – weswegen der gesamte Artikel einzig der Rehabilitierung und Verteidigung von Selbstmordattentätern galt. Diesen ginge es nämlich nicht etwa um die Ermordung so vieler Juden wie nur möglich, so Hage, sondern um den „persönlichen Status", von dem die Hinterbliebenen des „Märtyrers" dann im Sinne menschlicher Würde zehren sollten, weil ihnen als vermeintlich Unterdrückten keine andere Wahl bleibe.[29] Der eigens für diese Argumentation geschaffene Neologismus „Exighophobie" – eine szenetypische Kreation aus dem altgriechischen Begriffs *exigho*, „erklären", und „Homoiophobie", abgeleitet von *homoio* für „gleichartig" – versuchte, den westlichen Abscheu vor sich selbst in die Luft sprengenden Terroristen zu einer Art soziopolitischer Pathologie, wenn nicht gar zu einer Form von Rassismus zu erklären. Weiter war in diesem Beitrag zu erfahren:

> „Die PSA (Palästinensische Selbstmordattentäter) stören die Fähigkeit der Kolonisatoren, innerhalb des siedlerkolonialistischen Staates Israel einem ‚normalen, friedlichen Leben' nachzugehen. Daher respektieren sie die Arbeitsteilung zwischen dem Militär, das den Kolonisierungsprozess schützt und ermöglicht, und der Zivilbevöl-

> kerung, die die Früchte dieses Prozesses in Ruhe genießen kann, nicht."[30]

Dass solch dezidiert geschwätzige Veröffentlichungen, die lediglich aus antisemitischem Jargon bestehen und nichts anderes als akademisch aufgemotzte politische Kampfschriften sind, überhaupt universitäre Kredibilität genießen, liegt seit den frühen 2000er Jahren wesentlich an Duke University Press, wo unter anderem das Journal *Public Culture* erscheint, dem Hages damalige Tirade entnommen ist. Duke verlegt zudem *Gay and Lesbian Quarterly*, eine Zeitschrift, bei der höchstens noch der Name an das Gründungsansinnen von 1993 erinnert, sich wissenschaftlich mit den gesellschaftspolitischen Anliegen und den Problemen von Schwulen und Lesben sowie den hierfür notwendigen theoretischen Überlegungen zu befassen. Auch dieses Periodikum hat sich inzwischen der Arbeit des Antizionismus verschrieben, die ohne das komplementäre Loblied auf ursprüngliche ethnische Gemeinschaften nicht auskommt, die bei *GLQ* mittlerweile Dauerthema sind. Duke ist zudem die publizistische Heimat von Jasbir Puar, der bekanntesten Queer-„Theoretikerin" der Gegenwart, deren Gesamtwerk gegenwärtig wohl der marktkompatibelste Antizionismus überhaupt sein dürfte. Nach dem 2007 erschienenen Erstling *Terrorist Assemblages*, in dem es im Anschluss an Hage um die Frage ging, warum man im Westen angeblich nicht über Suizidattacken reden könne, ohne diese zu verurteilen, und dem zehn Jahre später veröffentlichten Nachfolger *The Right to Maim*, in dem Israel unterstellt wird, aus schierem Sadismus Palästinenser gezielt zu verstümmeln[31], ist auf der Website der an der Rutgers University lehrenden Ideologin inzwischen zu erfahren: „Gegenwärtig beendet Professorin Puar ihr drittes Buch, eine Essaysammlung zu Dauer, Geschwindigkeit, Mobilität und Beschleunigung in Palästina mit dem Titel *Slow Life. Settler Colonialism in Five Parts*."[32] Der akademischen Resonanz beschert solch evidente und monomane Agitation im deutschsprachigen Raum keinen Abbruch, im Gegenteil: Puar war im Herbst 2021 Gastwissenschaftlerin am Zentrum Gender Studies der Universität Basel und als Vortragende an der Städelschule Frankfurt geladen, womit ihr akademisch salonfähiger Hass auf Israel den seit Jahren bekannten Einwänden zum Trotz der nächsten Generation vermittelt worden ist.[33]

Dass die MPG nun davon spricht, die „Glaubwürdigkeit von Wissenschaft" würde durch Hages Twitter-Tiraden untergraben, ist lediglich ein weiterer Beweis dafür, dass sich in der Institution offenkundig niemand eingehender mit der Publikations- und Vortragshistorie des Gastwissenschaftlers befasst hat. Schon eine Stichprobe gibt Auskunft über dessen Ansinnen. 2010 veröffentlichte er in einem Sammelband einen Aufsatz über „Ethnographie und politische Emotionen", der in Ich-Form von der Feldforschung im Libanon berichtete und freimütig mit „Hating Israel in the Field" überschrieben war, weil Hage seine eigene Verachtung zum wissenschaftlichen Thema erklärt hatte.[34] 2017 dozierte er an der University of Wollongong: „Die Kräfte, die es möglich machen, Kaffee in einem hippen Café in Tel Aviv zu schlürfen, sind dieselben Kräfte, die in 20 Minuten Entfernung kontinuierlich Palästinenser dem Tod aussetzen."[35] Angesichts solcher Zeilen bestehen in dieser Causa nur zwei Möglichkeiten: Entweder war Hage im Wissen um seinen Antizionismus zum akademischen Gast berufen worden – oder aber nicht. Sollte Letzteres zutreffen, drängt sich angesichts der raschen Entscheidung der MPG, sich von ihm zu trennen, unweigerlich ein weiterer Verdacht auf: dass die Wahl deshalb getroffen worden war, um mit einem irgendwie minoritären Akademiker über die eigenen Diversity-Mankos hinwegzutäuschen, die im akademischen Deutschland mittlerweile zu den unvermeidlichen Leitlinien zählen, mit denen sich Institutionen selbstvergewissern möchten, auf der Höhe der Zeit zu sein. Woher das vermeintliche Renommee des Ausgewählten überhaupt stammte, dürfte in diesem Fall ebenso wenig interessiert haben wie das, was in Hages Schriften schwarz auf weiß nachgelesen werden kann. Der als Entschuldigung gemeinte Hinweis, dass es sich um einen „in Fachkreisen renommierten

Forscher"[36] handle, wie mancherorts eilig zu vernehmen war, täuscht dabei nicht über das Problem hinweg, sondern bringt unfreiwillig den Kern der gesamten Angelegenheit auf den Punkt. Wer sich mit dem desolaten Zustand der Geistes- und Sozialwissenschaften befasst, weiß, wie absurd eine solche Ehrenrettung ist: Die einflussreichste internationale Figur der Gender Studies ist die Antizionistin Judith Butler, die stilprägendste Vertreterin der Queer Theory wiederum ist die Terrorapologetin Jasbir Puar, und wer im Feld der Postcolonial Studies nach Wissenschaftlern sucht, die *nicht* „israelkritisch" sind, hat schlichtweg nicht begriffen, womit man es zu tun hat. Auch das ist der Grund, warum sich eine antizionistische Professorin wie Serena Tolino ihrer Sache so lange sicher sein konnte: Es gibt in ihrem Metier keinerlei Widerspruch zu radikalen Postulaten, keinen Dissens, was „Palästina" anbelangt, vor allem aber keinerlei Selbstreflexion, obwohl man sich permanent mit dem Adjektiv „selbstkritisch" schmückt.

So bezeugt die Rede von einem „in Fachkreisen renommierten Forscher" nichts anderes als die unausgesprochenen Folgen der Identitätspolitik, bei der man sich den Antizionismus stets miteinkauft, was, wie obige Beispiele veranschaulichen, im Besonderen für die akademischen Varianten gilt. Noch immer wird diese Einsicht an den deutschsprachigen Hochschulen mit aller Vehemenz abgewehrt. Im November 2023 setzte der Vorstand der Deutschen Gesellschaft für Sozial- und Kulturanthropologie eine Stellungnahme „zu Israel/Palästina" auf, die im oberlehrerhaften Stil deutscher Besserwisserei nach Jerusalem telegrafierte: „Wir beobachten, dass Terror und Gewalt gegen Zivilbevölkerungen noch nie einen Konflikt gelöst haben, sondern zu einer Verhärtung von Feindschaften führen."[37] Weiter heißt es in diesem exemplarischen Dokument akademischen Lavierens: „Wir stehen in tief empfundener Solidarität mit allen jüdischen Menschen, die angesichts eines immer stärker zu Tage tretenden Antisemitismus in Deutschland und weltweit verunsichert und verängstigt sind."[38] Diese Pseudo-Sorge um das Wohlergehen der Juden wurde durch den nächsten Satz sogleich relativiert:

„Wir sind alarmiert, wenn in Deutschland und Europa gesellschaftliche Gruppen in Medien und politischen Debatten unter Generalverdacht gestellt werden und antimuslimischer Rassismus in öffentlichen Diskursen sichtbar wird. Wir verstehen Migration und Pluralität als Bereicherung unserer Gesellschaft und unterstützten die Berliner Erklärung in Verteidigung der Migrationsgesellschaft."[39] Juden, sie sich auf deutschen Straßen nicht als Juden erkennbar zeigen dürfen, weil sie sonst Gefahr laufen, von einer bestens bekannten gesellschaftlichen Gruppe angegangen zu werden, wird en passant nahegelegt, dass die für die Beleidigungen und physischen Übergriffe verantwortlichen Täter die eigentlichen Opfer seien – eine Umdeutung, die mit edelsten Absichten gerechtfertigt wird: „Als Vorstand der Gesellschaft für Sozial- und Kulturanthropologie bekennen wir uns zur demokratischen, postmigrantischen Gesellschaft in Deutschland, in der Menschen aller Zugehörigkeiten angstfrei und friedlich zusammenleben, zusammen diskutieren und zusammenarbeiten können."[40]

Es ist dieses deutsche Sendungsbewusstsein, das noch bei beiläufigsten Gelegenheiten zur Schau gestellt wird. Im Februar 2024 antwortete Enno Aufderheide, Generalsekretär der Alexander-von-Humboldt-Stiftung, in der DLF-Sendung *Campus & Karriere* auf die Frage, ob er israelischen Forschern momentan empfehlen würde, nach Deutschland zu kommen, mit „ja", da er „in der deutschen Wissenschaftsgemeinschaft eine ganz große Bereitschaft" sehe, „die Kooperation mit Israel aufrecht zu erhalten, und ich finde das richtig."[41] Ein „Aber" durfte gleichwohl nicht fehlen:

> „Wir [*sic*] haben natürlich das Problem, dass wir [*sic*] eine Regierung in Israel haben, die wirklich von der überwältigenden Mehrheit auch der Wissenschaftlerinnen und Wissenschaftler in Deutschland kritisiert [*sic*] wird für ihre Siedlungspolitik, für die Geschichte, die eben zur Verhinderung der Zweitstaatenlösung geführt hat,

> aber die gleichzeitig wissen, dass gerade die akademische Gemeinschaft in Israel überhaupt nicht mit Netanyahu in einen Topf zu werfen ist."[42]

All dies demonstriert, warum die unmissverständliche und darin sehr löbliche Erklärung der Landeskonferenz der Rektoren und Präsidenten der Berliner Hochschulen, die im November 2023 unter dem Titel „Kein Platz für Antisemitismus"[43] veröffentlicht wurde, an ihre Grenzen stößt: Universitärer Antizionismus kommt heute feinfühlig und als wissenschaftliches Anliegen daher, seine Vernichtungsfantasien sind als „Theorien" getarnt, seine Loblieder auf den Terror als „Meinung" und sein Anspruch, jedwede Debatte hierüber zu verhindern, als vorgeschobene Sorge um migrantische Mitmenschen. Das Resultat ist klar: Es gibt keinen Unterschied mehr zwischen Aktivismus und Wissenschaft. Dort, wo Judith Butler, Jasbir Puar, Ghassan Hage wie Konsorten als herausragende, förderungswürdige globale Intellektuelle gelten, und dort, wo selbst bei völlig anderen Themen beiläufig vor jüdischen Siedlern gewarnt wird, dort ist Deutschland.

Kongruenzen

> „Im Nahen Osten ist seit Sonnabend wieder Krieg. Für Schlichtdenkende hat die Hamas ‚angefangen'. Dass der Krieg eine Folge der Tatsache ist, dass Israel seit Juni 1967 palästinensisches Gebiet besetzt hält, kann man mit genug bösem Willen oder einem Übermaß an Dummheit und Gleichgültigkeit auch ignorieren. Aber die Geltung des Rechts auf Selbstverteidigung für eine Besatzungsmacht gegen die von ihr Unterdrückten ist ein zu kompliziertes Problem, als dass man es den Kräften überlassen sollte, die vor wenigen Jahrzehnten

> noch die halbe Welt unter Kolonialherrschaft hielten und dafür die widerwärtigsten Rechtfertigungen erfanden."
>
> Knut Mellenthin, *junge Welt*, 09.10.2023

> „Es werden Pläne gemacht, Gaza ganz auszulöschen [...] Genozid sieht nicht immer aus wie das, was die Nazis gemacht haben [...] Wir sehen, dass Karikaturen wie [...] ‚Hamas ist Terror' statt ‚Hamas ist ein bewaffneter Befreiungskampf' oder ‚Israelische Gewalt ist gerechtfertigt' vs. ‚Palästinensische Gewalt ist barbarisch' die öffentliche Debatte beherrschen [...] Es ist ein Fakt, dass die Gewalt, die wir sehen, zu einer lang anhaltenden Gewalt gehört, einer 75 Jahre währenden Gewalt, zu deren Merkmalen systematische Vertreibung, Mord, Inhaftierung, Festnahmen, Landraub, zerstörte Existenzen zählen."
>
> Judith Butler im Gespräch mit *Democracy Now!*, 26.10.2023

Zwei Zitate, ein Weltbild: oben das muffige Relikt des traditionellen Antizionismus, der in der alten Bundesrepublik unter anderem von den autoritären K-Gruppen gepflegt wurde, während er parallel dazu in der DDR zum Staat geworden war. Unten die munkelnde Lieblingsphilosophin all jener deutschen Akademikerinnen und Akademiker, die sich für links, kosmopolitisch, modern und tolerant halten. Die Ununterscheidbarkeit des jeweils Gesagten ist selbsterklärend.

Verdrängen, Leugnen, am Thema vorbeireden

Mittlerweile kann man fast jede beliebige Neuerscheinung zur Hand nehmen, die mit dem akademischen Zusatz „Studies" versehen ist, um unfreiwillig demonstriert zu bekommen, wieviel Platz Antisemitismus in Deutschland hat. Gerade wissenschaftliche Publikationen bezeugen das persistente Desinteresse am Phänomen. Hierzu zählen beispielsweise von herkunftsdeutschen Professorinnen und Dozentinnen verfasste Einführungen in die Gender Studies, in denen das prinzipielle Erkenntnisinteresse zum x-ten Mal damit erklärt wird, dass „alle gesellschaftlich-kulturellen Akte – Literatur, Filme, Feste, Riten bis hin zur Architektur – Aussagen über das Geschlechterverhältnis treffen" würden, weswegen das Fach bestrebt sei, „Geschlecht als universale Kategorie gesellschaftlicher Macht sichtbar werden zu lassen."[44] Wenn nun „alle gesellschaftlich-kulturellen Akte" Auskunft über die unbewussten wie manifesten geschlechtlichen Codes, Erwartungen und Übereinkünfte der hiesigen Gesellschaft geben, beweist sich diese Behauptung nicht nur an den antisemitischen Aufmärschen auf deutschen Straßen, sondern zuvörderst am akademischen Milieu, das solche Thesen aufstellt. Angesichts der sich konstant verschärfenden sozialen wie politischen Konflikte in Deutschland, zu denen im Besonderen die antisemitischen Ausschreitungen im Herbst 2023 zählen, klingt das Bedürfnis, grundsätzlich über „Literatur, Filme, Feste, Riten" zu sprechen, nicht nur wie die Botschaft aus einem Paralleluniversum, es ist auch eine: So fällt in dem Band, dem diese Formulierungen entnommen sind, auf mehreren hundert Seiten das Wort „Islam" nicht, während Antisemitismus als Phänomen des 19. Jahrhunderts gezeichnet wird und gleich eingangs zu erfahren ist, dass das geschlechterpolitische Hauptproblem der Gegenwart allen Ernstes „ein rechter bzw. kolonisierender Feminismus" sei, der gerade entstehe und „der sich rassistischer und nationalistischer Topoi bedient wie in den Debatten um sexualisierte Gewalt nach der Silvesternacht in Köln"[45] – wofür dann selbstverständlich nicht etwa ein Beweis herangezogen wird, sondern die üblichen Verdächtigen, die dazu mal einen „Essay" verfasst haben, zu dem wiederum Veronica Szimpla, Ali Tonguç Ertuğrul und Sabri Deniz Martin an anderer Stelle alles gesagt haben, was man zu diesem wie zu seinen Urheberinnen wissen sollte.[46]

Ähnliche Prioritäten setzen deutschsprachige Einführungsbände in die Queer Theory. Mike Laufenberg, Autor eines solchen, behauptet etwa, dass „wir" in der Gegenwart „vor der Möglichkeit unvorstellbarer Zerstörungen" stehen – als ob das seit Beginn der Hochtechnologie jemals nicht der Fall gewesen ist –, und erklärt zu dieser Ära „großer sozialer Anspannungen und politischer Instabilität":

> „Diese schlägt sich nicht zuletzt im Siegeszug rechter Bewegungen und antidemokratischer Staatsprojekte nieder, welche aus den Ruinen des Neoliberalismus ein autoritäres Double seiner selbst zu errichten suchen. Wie in der Formierungsphase der Queer Theory brechen auch heute Konflikte über Sexualität und Geschlecht offen auf; gesellschaftliche Fortschritte und politische Forderungen von feministischen und LGBTIQ-Bewegungen treffen auf lautstarke Reaktion. Wie damals beobachten wir heute erneut […] unheilige Allianzen zwischen politisch disparaten Akteur*innen wie linken (und ex-linken) Feministinnen und Lesben- und Schwulenbewegten auf der einen sowie rechten und autoritären Kräften auf der anderen Seite. Gemeinsam agieren sie mit vereinten Kräften gegen die Schreckgespenster der ‚Gender-Ideologie' und des ‚Queerismus' als Zerfallsformen der Zweigeschlechterordnung oder gleich der gesamten abendländischen Tradition. Doch Phänomene wie ein dezidiert trans Frauen ausschließender Feminismusbegriff, der unter dem Euphemismus ‚genderkritisch' firmiert, oder lesbisch-schwule Verlagshäuser, die Werke verlegen, die Queerfeminismus und Antirassismus bis zur Unkenntlichkeit karikieren, um sie dann zu denunzieren, bilden nur einen kleinen (wenn auch lautstarken) Teil der aktuellen politischen Lage ab."[47]

Abgesehen vom gratismutigen Kampf gegen „rechts", der hier beschworen wird – eine Queer-Theory-Konferenz zum deutschen Rechtsextremismus lässt übrigens seit mehr als 30 Jahren auf sich warten –, und der drolligen Selbstinszenierung, auf der vermeintlich richtigen Seite der Geschichte zu stehen, weil man mit der eigenen Arbeit die Gründungsideen des originären Queeraktivismus zu Zeiten der AIDS-Krise fortzuführen meint, fällt hier vor allem das Raunen auf. Laufenberg spricht in Andeutungen, weil er seinem eigenen Milieu nichts erklären muss. Was er mit dieser Passage dafür immerhin einräumt, ist, dass die Position, der er anhängt, die akademisch dominante ist. Sie stellt nicht nur die Mehrheit, sondern ist geistiger Mainstream – während der angeblich „lautstarke[] Teil" tatsächlich eine Minderheit ist, die sich aus migrantischen und/oder jüdischen Individuen zusammensetzt, die die angeblich hehren „politische[n] Forderungen" längst als Antisemitismus und als Rassismus von links durchschaut haben.

Ein in vielerlei Hinsicht erschütterndes, gleichwohl völlig durchschnittliches weiteres Beispiel für dieses akademische Milieu ist ein Sammelband, der einige Wochen nach dem 7. Oktober veröffentlicht wurde und den bezeichnenden Titel *Queerulieren* trägt, womit *Störmomente in Kunst, Medien und Wissenschaft* gemeint sein sollen.[48] Seitens des Herausgebers wird dort einleitend notiert:

> „Anstelle vom Akronym LSBT*I*+, das durch die Aufzählung einzelner nicht-heteronormativer geschlechtlicher Identitäten (wie trans* und inter*) und sexueller Orientierungen (wie lesbisch, schwul und bisexuell) Gefahr läuft, Ausschlüsse zu produzieren, favorisiere ich als Mitherausgeber_In und Autor_In […] die inklusivere Abkürzung GSAM (= genderbezogen, sexuell und amourös Marginalisierte), weil sie Gemeinsamkeiten, beruhend auf Erfahrung der Marginalisierung, Abwertung und Unterdrückung durch die heteronormative Dominanzgesellschaft betont."[49]

Es ist völlig klar, dass universitär Beschäftigte, die Sätze wie diese für Wissenschaft halten, nichts zur Analyse einer höchst gewaltsamen Welt beizutragen haben – vor allem nicht zu einer solchen, in der Juden an Leib und Leben bedroht sind. Wo man „für aufgrund von rassistischen und antisemitischen Zuschreibungen diskriminierte gesellschaftliche Gruppen“[50] lieber hauptberuflich – und selbstredend stellvertretend – Begriffe sucht, statt den antizionistischen Konsens zu stören, an dem bereits der Titel dieser Publikation vorbeiredet, ist nichts mehr zu retten.

Umgekehrt kann allerdings auch nicht mehr auf das intakte Abstraktionsvermögen Dritter gesetzt werden. „Klug sein bedeutet nicht, gut zu sein, Intellekt geht nicht mit Moralität einher“, wie Shai Davidai anmerkt, Professor an der Columbia University, auf deren Campus er im Herbst 2023 eine flammende Rede gegen die antisemitischen Zustände an den Hochschulen hielt.[51] „Klug“ ist jedoch ein relatives Adjektiv; die weiter oben zitierten Bemerkungen des einschlägigen Personals sprechen eher für die Konventionalität von Denkformen, die lediglich aus historisch-politischen Gründen zu der gesellschaftlichen Position gelangten, die sie heute innehaben. Entscheidend ist ohnehin etwas anderes, wie Davidai selbst nachgereicht hat: „Unsere Universitätsleitungen bestehen aus Feiglingen, die sich nicht um die grundlegenden moralischen Werte aufgeklärter Gesellschaften scheren. In weniger als einem Monat haben sie alles ruiniert, wofür die akademische Bildung einst stand.“[52]

Das betrifft, wie man seit dem 7. Oktober weiß, nicht nur zahlreiche US-amerikanische, sondern auch viele andere westliche Hochschulen. Ausdruck dessen sind jenes ostentatives Weitermachen und dieselbe Prioritätensetzung, die auch überall sonst beobachtet werden können. Zur Versammlung für Israel, die vor dem Brandenburger Tor ein Zeichen hätte setzen sollen, fanden sich in der Millionenmetropole Berlin vielleicht 10.000 Menschen ein – weitaus weniger, als landesweit gegen den jüdischen Staat paradierten –; zu den Demonstrationen gegen „rechts“ hingegen, zu denen Anfang

2024 mobilisiert worden war, zog es umgehend viele hunderttausend Menschen auf die Straßen.[53] Es erstaunt deshalb nicht, dass die *OSI-Zeitung*, das Magazin am Otto-Suhr-Institut der FU, ihre Anfang 2024 erschienene Ausgabe nicht etwa dem Pogrom, den Aufmärschen in Deutschland oder gar den Vorfällen an der eigenen Hochschule und dem zugehörigen Schweigen des Großteils des Personals gewidmet hat, sondern der Frage „Wie rechts ist Deutschland?".[54]

Zu diesem Sammelband

Dass neben den mörderischen Ereignissen am 7. Oktober in Israel auch die Folgen auf den Straßen Europas, Nordamerikas und Australiens, an den dortigen Hochschulen sowie in den digitalen Weiten gründlichst zu kommentieren sind, war allen klar, die die Beschäftigung mit Antisemitismus nicht für ein bloßes Thema unter weiteren halten. Dass weitaus weniger zu den gesellschaftspolitischen Hintergründen des hiesigen Pro-Hamas-Jubels veröffentlicht worden ist, als es die Schwere dieser Zäsur gebietet, fiel an den Reaktionen im deutschsprachigen Raum sogleich auf. Alle, die zu diesem Sammelband beigetragen haben – und viele andere, die nicht in diesem vertreten sind –, haben beobachtet, wie zahllose Kolleginnen und Kollegen nach dem 7. Oktober plötzlich magischerweise andere Dinge zu tun hatten. Wo man ansonsten bei jeder Gelegenheit sofort Stellung gegen „rechts" bezieht, Diversität für ein hohes Gut hält oder in der Twitter-Biografie vermerkt, man forsche zu „Antisemitismus", war plötzlich kaum etwas zu vernehmen. Diese Stille komplimentierte die Stille der schweigenden Mehrheit, die sich selbst dann nicht zu rühren gedenkt, wenn auf deutschen Straßen Parolen zu vernehmen sind, die durchaus von Neonazis stammen könnten, nun aber von „Anderen" intoniert werden.[55] In diesem Sinne reichen die hier versammelten Beiträge von Eindrücken, die noch während des Massenmords festgehalten wurden, bis hin zu rückblickenden Einschätzungen, die den jahrzehntelangen Vorlauf der gegenwärtigen Misere zu erschließen versuchen.

Die erste Sektion widmet sich dem Pogrom und seinem Applaus im Westen. Arye Sharuz Shalicar hat als Armeesprecher die Orte des Grauens besucht und von diesen berichtet; Tamar Aphek kommentiert als Musikerin den Massenmord beim Nova-Festival. Roni Fantanesh Malkai und Fatma Keser wenden sich direkt an jene Linke, deren einziges Ziel – einmal mehr – das Grölen markiger Parolen ist, die inzwischen allerdings in kultursensibler Aufmachung und mit universitär erworbenem Vokabular daherkommen. Armin Navabi widmet sich „Queers for Palestine", einer keineswegs skurrilen Devise, die mittlerweile als Prämisse und Gelöbnis auf jeder sich links gerierenden antiisraelischen Demonstration entdeckt werden kann. Camila Bassi zeigt an einem der meistzitierten akademischen Artikel dekolonialer „Wissenschaft", dass die Postcolonial Studies schon vor langer Zeit Pseudotheorien bereitstellten, mit denen sich das Pogrom konformistisch deuten ließ. Kathy Zarnegin erlebte das unmittelbare Geschehen ebenfalls von Israel aus und erkennt im Antizionismus den Fleischwolf der Gegenwart.

Der Frage nach politischem Handlungsbedarf stellt sich in irrationalen Zeiten dringlich. Aras-Nathan Keul und Cem Erkisi erläutern dies am Beispiel grundsätzlich zu leistender Aufklärungsarbeit respektive der bislang wenig beleuchteten Rolle der Gewerkschaften, während Ruşen Timur Aksak und Anastasia Iosseliani den undeklarierten aktivistischen Bedürfnissen minoritärer Linker nachgehen. Sama Maani wiederum erinnert an die Rolle der „Islamischen Republik" im globalen Antisemitismus, an die jihadistische Ideologie des Regimes und das Aufbegehren der iranischen Zivilbevölkerung gegen die Indoktrination und die Macht der Mullahs.

Die aktuellen Ausprägungen der Identitätspolitik stehen im Mittelpunkt der dritten Sektion. Kirill Grebenyuk untersucht die Selbstviktimisierung muslimischer Aktivistinnen und Aktivisten, während Ahmad A. Omeirate an den Einfluss postmoderner Theorien beziehungsweise deren Versatzstücke erinnert, die der antiisraelischen Agitation die Aura gewichtigen Denkens verleihen. Miro Verdel legt dar, dass die Rede von „Komplexität" in diesen Kreisen für das faktische Gegenteil steht, Žarko Janković schaut an der humorlosen Queerfront vorbei, die als Pointe ohne Witz ausgewiesen wird, und Emrah Erken zeigt an seinem eigenen akademischen Werdegang, dass der jüngere Queeraktivismus, der gern gegen „alte, weiße Männer" wettert, selbst von einem alten, weißen Mann abstammt.

Daran anschließend wird die Omnipräsenz des Antizionismus in Kontexten untersucht, die als „gendersensibel", als queer und queerfeministisch, als antirassistisch, als reflexiv oder als grundsätzlich aufgeschlossen gelten. Faika El-Nagashi legt die abstrakten Prinzipien und Muster frei, die dem identitätspolitischen Aktivismus zugrunde liegen. Alessandro Barberi nimmt eine Bestandsaufnahme reaktionärer Geschlechterpolitik nach dem 7. Oktober vor; Soma M. Assad kritisiert die Instrumentalisierung der *Jin, Jiyan, Azadî*-Proteste durch vermeintliche „Feministinnen". Veronica Szimpla befasst sich mit dem Schweigen des gender- und queerfeministischen Milieus zur brutalsten Frauenverachtung der Hamas. Chantalle El Helou geht der Spur nach, die von Judith Butlers Dekonstruktion des körperlichen Geschlechts zur Dekonstruktion des jüdischen Staates weist, die bis dato zwar hin und wieder vermutet worden ist, nun aber in gebotener Ausführlichkeit nachvollzogen werden kann. Niels Betori Diehl wiederum nimmt eine als „Kunstaktion" missverstandene antizionistische Darbietung zum Anlass, um über den Freiraum nachzudenken, den Kunsthochschulen wie Kunstmarkt dem antijüdischen Zeitgeist anbieten.

Klar ist seit dem 7. Oktober auch, dass der gesellschaftlich akzeptierte Rassismus dieser Tage keineswegs ein „antipalästinensischer Rassismus" ist, wie es die antizionistischen, queeren, postkolonialen und diversity-geschulten Ideologen behaupten, um eine genuine Debatte über Antisemitismus moralisch zu unterlaufen, sondern der Hass auf israelsolidarische migrantische Individuen. Die Beiträge von Peshraw

Mohammed, Arash Guitoo, Ali Ertan Toprak, Ioannis Dimopulos und Marco Antonio Cristalli belegen dies an unterschiedlichen gesellschaftlichen Arealen: am Aktivismus, an der Politik, an den Hochschulen sowie am Kulturbetrieb.

Was alle in diesem Sammelband enthaltenen Artikel neben der thematischen Klammer von Antizionismus und Identitätspolitik eint, ist das Wissen darum, dass die Tendenzen, die in den Wochen nach dem 7. Oktober so deutlich wurden wie noch nie zuvor, die immense Verdichtung einer fortschreitenden Entwicklung sind. Deren akademische wie kulturbetriebliche Forcierung durch Kreise, die Diversität, Toleranz und ein Bewusstsein für globale Anliegen propagieren, sollte inzwischen hinlänglich bekannt sein. Ob der Vorstoß der Initiative GG 5.3 Weltoffenheit, die den Kampf gegen Antisemitismus als provinzielle Macke zu karikieren versuchte[56]; die Debatte um den postkolonialen Israelfeind Achille Mbembe[57]; die klerikale Tirade vom angeblichen „Katechismus der Deutschen“[58], mit welcher der Historiker A. Dirk Moses die rassistische Fantasie auch seiner linken Kumpanen an den Hochschulen bediente, dass migrantische Menschen von Natur aus ungeeignet seien, der Shoah zu gedenken, weil ihnen diese im Gegensatz zu Kolonialverbrechen nichts sage[59]; die „Bilanz des Grauens“[60] der gesamten Documenta Fifteen; der „Kostümjude“[61] Fabian Wolff, der dem deutschen Feuilleton in vermeintlich authentischer Verkleidung verklickerte, dass Antizionismus hip, „jüdisch“ und modern sei – all dies sind nur einige prominente Beispiele für den antiisraelischen Konsens, der im angeblich aufgeschlossenen, gebildeten und vielfältigen Deutschland sehr viel Platz genießt. Die hier getätigten Prognosen sind entsprechend pessimistisch.

Anmerkungen

1 Siehe dazu Eric Matt, „Das große Bangen um Noa Argamani", in: *Tagesspiegel*, 22.11.2023.
2 Das Foto findet sich u. a. unter https://www.instagram.com/miami___wtf/p/CyUot56NVbG/ (letzter Abruf: 15.02.2024).
3 Das Video findet sich https://twitter.com/marinamedvin/status/1735677367517954516?t=bvTPz9vZF_sI7AF-nwvKkA (letzter Abruf: 15.02.2024).
4 Siehe Serena Tolinos Webseite auf der Homepage der Universität Bern: https://www.islamwissenschaft.unibe.ch/personen/prof_dr_tolino_serena/index_ger.html#panel119735 (letzter Abruf: 15.02.2024).
5 Thomas Ribi, „Antisemitische Tweets: Universität Bern löst das Institut für Studien zum Nahen Osten auf", in: *NZZ*, 01.02.2024.
6 Zitiert nach ebd.
7 Zitiert nach Lukas Haas, „Der Protest zerfrisst die Unis", *ZEIT Online*, https://www.zeit.de/campus/2024-02/antisemitismus-uni-proteste-angriff-juedischer-student (letzter Abruf: 15.02.2024).
8 Balász Berkovits, „Israel als weißer, siedlerkolonialistischer Staat in den aktivistischen Sozialwissenschaften", in: Ingo Elbe et al. (Hg.), *Probleme des Antirassismus. Postkoloniale Studien, Critical Whiteness und Intersektionalitätsforschung in der Kritik*, Berlin 2022, S. 520-551, hier: S. 551.
9 Ioannis Politis, „Siedlerkolonialismus. Oder: Die Macht der Enteignenden", in: Vojin Saša Vukadinović (Hg.), *Freiheit ist keine Metapher. Antisemitismus, Migration, Rassismus, Religionskritik*, Berlin 2018, S. 228-234.
10 Vgl. ebd., S. 234.
11 Für einen der ersten Nachdrucke siehe The Combahee River Collective, „A Black Feminist Statement", in: Zillah Eisenstein (Hg.), *Capitalist Patriarchy and The Case for Socialist Feminism*, New York 1979, S. 362-373; im Folgenden zitiert nach der deutschen Übersetzung von Melody Makeda Ledwon: The Combahee River Collective, „Ein Schwarzes feministisches Manifest", in: Natasha A. Kelly (Hg.)., *Schwarzer Feminismus. Grundlagentexte*, Münster 2019, S. 49-62.
12 Ebd., S. 53.
13 Ebd., S. 57.
14 Ebd., S. 62.
15 Russell Rickford, Twitter-Account, https://twitter.com/rickfordrussell (letzter Abruf: 15.02.2024).
16 Zitiert nach Andrew Lapin, „US university professors retract blaming Israel for Hamas massacre after censure", *Times of Israel*, 21.10.2023, https://www.timesofisrael.com/us-university-professors-retract-blaming-israel-for-hamas-massacre-after-censure/ (letzter Abruf: 15.02.2023).

17 Joseph Massad, „Just another battle or the Palestinian war of liberation?", *Electronic Intifada*, 08.10.2023, https://electronicintifada.net/content/just-another-battle-or-palestinian-war-liberation/38661 (eigene Übersetzung; letzter Abruf: 15.02.2024).

18 Vgl. o. A., „Jewish students sue Harvard over charges of antisemitism", in: *theguardian.com*, 12.01.2024, https://www.theguardian.com/education/2024/jan/12/harvard-lawsuit-jewish-students-antisemitism (letzter Abruf: 15.02.2024).

19 Siehe dazu Lucien Scherrer, „‚Angriff auf jede schwarze Frau in diesem Land' – wie Journalisten aus dem Rücktritt einer überforderten Uni-Präsidentin einen Rassismusskandal konstruieren", in: *NZZ*, 10.01.2024.

20 Siehe dazu Julius Geiler et al., „Palästina-Aktivisten besetzten Hörsaal", *tagesspiegel.de*, https://www.tagesspiegel.de/berlin/palastina-aktivisten-besetzen-horsaal-korperliche-auseinandersetzung-an-der-fu-berlin--raumung-beendet-10927540.html (letzter Abruf: 15.02.2024).

21 Stellungnahme der Max-Planck-Gesellschaft zu Ghassan Hage, 07.02.2024, https://www.mpg.de/21510533/stellungnahme-ghassan-hage (letzter Abruf: 15.02.2024).

22 Zitiert nach Dirk Banse/Martin Lutz/Uwe Müller, „Antisemitismus-Skandal erschüttert deutsche Nobelpreis-Schmiede", in: *WELT Online*, 03.02.2024, https://www.welt.de/politik/deutschland/plus249881966/Max-Planck-Gesellschaft-Antisemitismus-Skandal-erschuettert-deutsche-Nobelpreis-Schmiede.html (letzter Abruf: 15.02.2024).

23 Zitiert nach ebd.

24 Stellungnahme der Max-Planck-Gesellschaft zu Ghassan Hage.

25 Ghassan Hage, „Ghassan Hage zu seinem Rauswurf durch die Max-Planck-Gesellschaft", in: *junge Welt*, 10.02.2024.

26 Ebd.

27 Ebd.

28 Ghassan Hage, „‚Comes a Time We Are All Enthusiasm': Understanding Palestinian Suicide Bombers in Times of Exighophobia", in: *Public Culture*, Vol. 15, No. 1, Winter 2003, S. 65-89, hier: S. 89 (eigene Übersetzung).

29 Ebd., S. 77.

30 Ebd., S. 68f.

31 Vgl. Jasbir Puar, *Terrorist Assemblages. Homonationalism in Queer Times*, Durham/London 2007; dies., *The Right to Maim. Debility, Capacity*, Disability, Durham/London 2017.

32 Vgl. https://womens-studies.rutgers.edu/index.php?option=com_content&view=article&id=143:jasbir-puar&catid=66:core-faculty&Itemid=100317 (eigene Übersetzung; letzter Abruf: 15.02.2024).

33 Vgl. die Ankündigung der Universität Basel und das Lecture-Archiv der Städelschule Frankfurt für das Wintersemester 2021/2022: https://dgw.philhist.unibas.ch/de/aktuelles/veranstaltungen/details/lecture-and-workshop-with-jasbir-puar/ (letzter Abruf: 15.02.2024); https://staedelschule.de/de/offentliche-programme/lecture-archiv (letzter Abruf: 15.02.2024).

34 Ghassan Hage, „Hating Israel in the Field. On Ethnography in the Field“, in: James Davies/Dimitrina Spencer (Hg.), *Emotions on the Field. The Psychology and Anthropology of Fieldwork Experience*, Stanford 2010, S. 129-154.
35 Ghassan Hage, „On the management of the border between necro- and bio-politics“, Vortrag an der University of Wollongong, 13.04.2014, zitiert nach Marcelo Svirsky/Ronnen Ben-Arie, *From Shared Life to Co-Resistance in Historic Palestine*, Lanham 2018, S. 138.
36 o. A., „Antisemitismus-Skandal in Halle: Professor der Max-Planck-Gesellschaft verbreitet offenbar Hass-Tiraden gegen Israel“, *Tagesspiegel* (online), 04.02.2024, https://www.tagesspiegel.de/wissen/antisemitismus-skandal-in-halle-professor-der-max-planck-gesellschaft-verbreitet-offenbar-hass-tiraden-gegen-israel-11158744.html (letzter Abruf: 15.02.2024).
37 Deutschen Gesellschaft für Sozial- und Kulturanthropologie, „Stellungnahme des Vorstands zu Israel/Palästina“, 17.11.2023, https://www.dgska.de/stellungnahme-des-vorstands-zu-israel-palaestina/ (letzter Abruf: 15.02.2024).
38 Ebd.
39 Ebd.
40 Ebd.
41 Enno Aufderheide im DLF, *Campus & Karriere*, Sendung vom 10.02.2024.
42 Ebd.
43 Landeskonferenz der Rektoren und Präsidenten der Berliner Hochschulen, „Kein Platz für Antisemitismus“, 06.11.2023, https://www.lkrp-berlin.de/aktuelles/231106-kein-platz-fuer-antisemitismus/index.html (letzter Abruf: 15.02.2024).
44 Franziska Schößler/Lisa Wille, *Einführung in die Gender Studies*, Berlin/Boston 2022, S. 5.
45 Ebd., S. 10f.
46 Vgl. Veronica Szimpla, „Sisterhood und Bruderhorde. Genderforscherinnen zur Kölner Silvesternacht“, in: Vojin Saša Vukadinović (Hg.), *Freiheit ist keine Metapher*, S. 335-347; Ali Tonguç Ertuğrul/Sabri Deniz Martin, „Bemerkenswertes Urteil“, in: *Jungle World*, Nr. 17/2019, 25.04.2019.
47 Mike Laufenberg, *Queere Theorien zur Einführung*, Hamburg 2022, S. 26f.
48 Oliver Klaassen/Andrea Seier (Hg.), *Queerulieren. Störmomente in Kunst, Medien und Wissenschaft*, Berlin 2023.
49 Oliver Klaassen, „Queerulierende Widerstandsstrategien in der Schrift-1sprache. Erklärungen zu Schreibweisen“, in: ebd., S. 9-15, hier: S. 10 (Hervorhebung und jargonistische Typografie im Original).
50 Ebd., S. 15.
51 Zitiert nach Sarah Pines, „Auf dem Campus sind Vergewaltigungen verwerflich, es sei denn, das Opfer kommt aus Israel“, Interview mit Shai Davidai, *WELT Online*, 09.11.2023, https://www.welt.de/kultur/

plus248402236/Shai-Davidai-Auf-dem-Campus-sind-Vergewaltigungen-verwerflich-es-sei-denn-das-Opfer-kommt-aus-Israel.html (letzter Abruf: 15.02.2024).

52 Zitiert nach ebd.

53 Siehe dazu Pascal Beck, „Deutsche Proteste“, in: *Jungle World*, Nr. 5/2024, 01.02.2024.

54 Vgl. *OSI-Zeitung. Das Magazin am Otto-Suhr-Institut*, 27. Ausgabe, Wintersemester 2023/2024.

55 Die antizionistische Rhetorik, die Rede vom israelischen „Imperialismus“ usw. findet sich auch beim III. Weg, wo man im Übrigen schon 2014 notierte: „Natürlich ist jeder Besuch einer Pro-Palästina-Demo und Friedenskundgebung ein Zeichen gegen die verbrecherischen Völkermordmaßnahmen der Zionisten im Nahen Osten.“ https://der-dritte-weg.info/2014/07/israel-boykott-was-jeder-gegen-den-zionistischen-voelkermord-tun-kann/ (letzter Abruf: 15.02.2024).

56 Siehe dazu Tobias Ebbrecht-Hartmann, „Wir Marginalisierten“, in: *Jungle World*, Nr. 2/2021, 14.01.2021.

57 Siehe dazu Stephan Grigat, „Zionismus und Universalismus“, in: *taz*, 10.05.2022.

58 Vgl. A. Dirk Moses, „Der Katechismus der Deutschen“, *Geschichte der Gegenwart*, 23.05.2021, https://geschichtedergegenwart.ch/der-katechismus-der-deutschen/ (letzter Abruf: 15.02.2024).

59 Siehe dazu Ali Tonguç Ertuğrul/Sabri Deniz Martin/Vojin Saša Vukadinović, „Linkspaternalistischer Rassismus“, in: *Jungle World*, Nr. 28/2021, 15.07.2021; dies., „Dirk Moses und die ‚Pluralisierung‘ von Erinnerungskultur. Eine antizionistische Geschichte der Gegenwart“, in: Stella Leder (Hg.), Über *jeden Verdacht erhaben? Antisemitismus in Kunst und Kultur*, Berlin/Leipzig 2021, S. 130-142.

60 So Alex Feuerherdt, „Bilanz des Grauens: Rückblick auf die documenta 15“, *Jungle World*-Blog *Von Tunis nach Teheran*, 21.09.2022, https://jungle.world/blog/von-tunis-nach-teheran/2022/09/bilanz-des-grauens-rueckblick-auf-die-documenta-15 (letzter Abruf: 15.02.2024).

61 Philipp Peyman Engel, „Der Kostümjude“, *Jüdische Allgemeine* (online), 18.07.2023, https://www.juedische-allgemeine.de/meinung/der-kostuemjude/ (letzter Abruf: 15.02.2024).

Erste Reaktionen

Am Ort des Entsetzens

Arye Sharuz Shalicar

Wie fast jeden Freitag war ich am Abend des 6. Oktobers 2023 zum Schabbat bei meinen Eltern, die nicht weit von der Grenze zum Gaza-Streifen entfernt im Süden Israels leben. Es war das übliche gesellige Beisammensein einer säkularen Familie, das einige Stunden dauert. Im Wissen darum, dass die Hamas-Terroristen zeitgleich nur wenige Kilometer weiter weg ihre letzten Vorbereitungen trafen, um zum Massenmord loszuziehen, ist die Erinnerung an dieses Abendessen eine äußerst beklemmende.

In der Nacht zum 7. Oktober fuhr ich zurück nach Tel Aviv. Gegen 6:30 Uhr in der Früh ging die Sirene los. Meine Frau weckte mich, und wir wunderten uns, weshalb der Alarm – sehr unüblich in dieser Gegend – minutenlang anhielt. Ich schaltete den Fernseher an, und das Erste, was ich auf dem Bildschirm sah, war die Aufnahme eines weißen Pickup-Trucks voller Hamas-Schergen, die durch Sderot fuhren und dabei von einem Bewohner gefilmt worden waren. Der Beweis, dass sich die Terroristen wirklich auf israelischem Boden befanden, ergab sich lediglich aus dem Umstand, dass eine Polizeistreife an ihnen vorbeifuhr, aber nicht hielt – was nicht verwunderte, denn in diesem Auto dürfen vielleicht zwei Polizisten gesessen haben, während auf dem Truck sich etwa sieben schwer bewaffnete und maskierte Terroristen befanden.

Als ich in diesem Moment begriff, womit wir es zu tun hatten, setzte der Schock ein und ich fragte mich, wie es dieser eine Truck auf israelisches Territorium geschafft hatte. Wie kam er ins Landesinnere, um mitten in der Stadt anzuhalten? Er muss irgendwo die Grenze überquert und dann mehrere Kilometer zurückgelegt haben. Doch wie war das möglich?

Was ich nicht wusste, als ich diese Szene im Fernsehen verfolgte, war: Es handelte sich um hunderte Pickup-Trucks und

Motorräder, mit denen die Hamas-Terroristen wohl an dutzenden Stellen ins Landesinnere eingefallen waren. Schätzungen zufolge waren es 1500 bis 2000 bewaffnete Männer, die an jenem Morgen nach Israel eindrangen, um zu morden, zu entführen, zu brandschatzen, zu misshandeln, zu vergewaltigen und zu rauben. Später folgten ihnen zahlreiche palästinensische Zivilisten mit denselben Absichten.

Die nächsten Stunden versuchte ich zu verstehen, was gerade passiert. Am Mittag erfolgte der Anruf der Armee: Mir wurde gesagt, dass wir im Krieg seien und ich die Uniform anzuziehen habe. Ich habe sie seit diesem Anruf nicht mehr abgelegt. Vom Morgen des 8. Oktobers an bin ich als offizieller Sprecher der Armee in mehreren Sprachen – Deutsch, Englisch, Persisch und Türkisch – unterwegs, gebe Briefings, Interviews und Touren durch das verwüstete Gebiet.

In dieser Funktion musste ich gleich an die Orte des Geschehens – an die belagerte Polizeistation in Sderot; auf das Gelände des Nova-Festivals bei Re'im; in die grenznahen Kibbuzim –, um einen Eindruck zu gewinnen von dem, was passiert war. Zeitgleich fanden noch immer Gefechte auf israelischem Territorium statt; zahlreiche Terroristen hatten sich tagelang verschanzt, in einigen Fällen sogar wochenlang.

Bis zu den Kibbuzim durchzukommen, war selbst für Armeeangehörige eine Herausforderung. Das Gebiet, das an den Gaza-Streifen grenzt, wurde zur militärischen Sperrzone erklärt und die Zivilbevölkerung evakuiert. Um überhaupt in einen Kibbuz zu gelangen, mussten viele Sperrungen der Polizei und der Grenzpolizei durchquert werden, und auf dem Weg dorthin verhinderten alle möglichen Sicherheitskräfte nochmals die Durchfahrt, um sicherzustellen, dass tatsächlich niemand durchkam, der dort nichts zu suchen hatte.

Der erste Eindruck, der sich mir in den Kibbuzen aufzwang, war der Verwesungsgeruch von Leichen, den ich in diesem Ausmaß nicht kannte. Es dauerte Wochen, bis man in der Kampfzone, in der viele Menschen lebendigen Leibes misshandelt, verbrannt oder zerstückelt worden waren, alle Leichname überhaupt aufspüren konnte. Manche dieser Orte durchzieht ein äußerst verstörender Geruch noch immer, und die teils völlig zerstörten Häuser vermitteln nach wie vor einen fürchterlichen Eindruck von den heftigen Kampfhandlungen, die dort stattfanden.

Für mich war am 7. Oktober klar, dass ich mich nur noch auf diese eine Sache konzentrieren werde. Folglich hat mich meine eigene Familie die ersten Wochen nach dem Pogrom kaum gesehen. Einen starken Drive, zur Aufklärung dieses Verbrechens beizutragen, habe ich noch immer. Das liegt daran, dass ich der Meinung bin, die Mörderbande Hamas darf mit dieser Tat nicht durchkommen, weswegen ich meinen Einsatz allen Menschen widme, die von den Terroristen ermordet wurden – sowie den Entführten, die, während ich diese Zeilen verfasse, noch immer in irgendwelchen Verliesen im Gaza-Streifen hocken. Jeder und jede von ihnen hätte genauso gut meine Mutter oder mein Vater, mein Kind oder eine nahe Verwandte sein können.

Hinzu kommt, dass ich mit Blick auf die Zukunft – und in die Augen meiner Kinder – möchte, dass es für alle in Israel besser und sicherer wird. Denn neben den Toten und Entführten gibt es etwa 10.000 teils schwerstverletzte Menschen, von denen viele nicht mehr in ihr altes Leben zurückkehren können. Rund 600 Soldatinnen und Soldaten sind seit dem 7. Oktober gefallen; jeden Tag finden in Israel Begräbnisse statt. Nahezu alle im Land fühlen sich betroffen, weil man auf die eine oder andere Weise miteinander bekannt ist – ob mit den Familien der Ermordeten oder mit den Entführten, ob mit den Verwundeten oder mit den Reservisten, die an vorderster Front kämpfen. Der Bezug ist nicht abstrakt: Alle stehen in Verbindung zueinander. Jedes Gespräch dreht sich seit dem 7. Oktober um dieses eine Thema; alles andere ist nebensächlich. Das wird wohl mindestens so lange so bleiben, bis alle Geiseln befreit sind.

Und dann ist da noch die internationale Ebene des Krieges.

Überall im Westen kam es zu antiisraelischen Demonstrationen und Ausschreitungen, so auch in Deutschland. Da ich in Berlin aufgewachsen bin und dort lange gelebt habe, bin ich der Letzte, den die Situation dort überrascht. Ich war in Gangs mit Türken und Arabern und kenne deshalb die Realität des Antisemitismus migrantischer Milieus hautnah. Der Hauptgrund, warum ich überhaupt nach Israel gezogen bin, war der Antisemitismus auf den Straßen Berlins – und zwar bereits in den 1990er Jahren. Da ich damals einer der wenigen Juden war, der unter den Muslimen einschlägiger Stadtteile großgeworden war, bin ich mit diesem Phänomen bestens vertraut.

Mittlerweile hat der Antisemitismus sich erheblich ausgebreitet und gehört leider zur Normalität vieler großer und kleiner Städte, Schulen sowie anderer gesellschaftlicher Orte. Immer mehr Juden fühlen sich in Deutschland extrem bedroht. Und nicht nur sie, denn liberalen Muslimen, emanzipierten Frauen, migrantischen Homosexuellen und jedem, der sich in irgendeiner Weise dem Staat Israel verbunden fühlt, geht es ähnlich. Als ich 2010 meine Autobiografie *Ein nasser Hund ist besser als ein trockener Jude* veröffentlicht habe, hätte man zuhören und die richtigen Schlüsse ziehen können, was sich anbahnte – hat man aber nicht, zumal der Großteil der Menschen mit diesen Problemen damals noch nicht in Berührung gekommen war. Solange man die Schlinge nicht um den eigenen Hals spürt, kann man immer „Schwamm drüber, wird schon wieder" sagen. Seit dem 7. Oktober ist das anderes, denn seitdem spüren sehr viele Menschen diese Schlinge plötzlich um den eigenen Hals.

Freundschaft, Liebe, Offenheit – und die Mächte des Bösen

Tamar Aphek

Dem westlichen Teil der Wüste Negev im Süden Israels fühle ich mich sehr verbunden. Das liegt vor allem am InDnegev-Festival, einem der führenden Independent-Musikfestivals, das seinen Anfang mit einer Initiative nahm, die von mir ausging, als ich gerade Anfang 20 war. Gemeinsam mit dem Produzenten Uri Zur organisierte ich damals drei Open-Air-Festivals für Alternative Rock, die „Hutzmize" hießen – ein hebräisches Wortspiel für „draußen" im Sinne von „im Freien" und „aus dem Zusammenhang gerissen". Die Idee dahinter war, die Tel Aviver Bubble zu verlassen, die Musikszene in entlegenere Landesteile zu bewegen und ein großes Spektrum an Genres und Stilen zusammenzuführen. Die drei von mir organisierten Festivals fanden im Norden Israels statt; erfreulicherweise konnte ich bald aber auch beim InDnegev auftreten. Ich verliebte mich umgehend in die neue Location, Mitzpe Gvulot, die von grünen Weiten und runden Hügeln umgeben ist. Eine idyllische Atmosphäre.

Kein Wunder, dass diese Gegend auch die israelische Trance-Gemeinde anzog, die dort Raves organisierte. Auch das Supernova Sukkot Gathering – kurz Nova – entschied sich für dieses Gebiet. Das Open-Air-Trance-Festival, das sich über das Wochenende des Laubhüttenfests erstrecken sollte und am 6. Oktober begann, war die israelische Variante der stilprägenden Psytrance-Legende Universo Parallelo, die zur Jahrtausendwende in Brasilien loslegte. Das Nova fand nahe dem Kibbuz Re'im statt, der fünf Kilometer vom Gaza-Streifen entfernt ist, und seine Botschaft war das Feiern von Freundschaft, Liebe und Offenheit.

Die Philosophie von Universo Parallelo lautet: Menschen verschiedener Herkunft mit noch vielfältigeren Hintergründen ein internationales Zusammentreffen zu ermöglichen, damit diese Frieden, Liebe und gegenseitigen Respekt zelebrieren sowie neue Verbindungen eingehen können. Universo Parallelo ist zudem an Nachhaltigkeit sehr interessiert und von Umweltschutz überzeugt, weswegen die Veranstalterinnen und Veranstalter großen Wert darauf legen, der näheren Umgebung nicht zu schaden. Das Organisationsteam von Nova orientierte sich ebenfalls hieran.

Am Morgen des 7. Oktobers zählte das Festival zu den ersten Zielen der Terrorattacke der Hamas. Gegen 7 Uhr hörten die Besucherinnen und Besucher Sirenenalarm, der vor einem nahenden Raketenangriff warnte. Als sie die Flucht ergriffen, trafen sie auf unzählige schwer bewaffnete Terroristen, die ihnen auf Motorrädern, Trucks und Paraglidern entgegenkamen und wahllos alle niederschossen. Menschen, die sich in umliegenden Bunkern, Büschen und Obstplantagen verstecken wollten, wurden ebenfalls massakriert. Verletzte wurden hingerichtet. Die Hamas-Männer blockierten die Straßen und feuerten auf Autos, deren Insassen rasch noch zu entkommen versucht hatten. Es ging den Terroristen darum, so viele Zivilistinnen und Zivilisten zu treffen wie nur möglich. 364 Menschen, die das Festival besucht oder dort gearbeitet hatten, waren in kürzester Zeit ermordet worden. 40 weitere wurden nach Gaza verschleppt.

Nach Aussagen von Überlebenden und medizinischem Personal haben die Hamas-Männer gezielt Festivalbesucherinnen vergewaltigt. Es wurden Frauenleichen entdeckt, deren Genitalien verstümmelt worden waren. Bilder, die umgehend nach dem Verbrechen entstanden, zeigen Dutzende tote Körper auf dem Gelände, darunter auch vollständig verkohlte Leichname von Menschen, die zuvor noch festgebunden worden waren. Dazwischen überall ausgebrannte Autos. Mittlerweile gibt es einige Dokumentarfilme, die den Ablauf des Überfalls nachgestellt haben und die im Fernsehen sowie bei öffentlichen Vorführungen gezeigt wurden. Sie basieren auf Videoaufnahmen vor Ort und auf den GoPro-Kamera-Aufzeichnungen, welche die Terroristen zu Propagandazwecken gestreamt hatten.

Dieses lang vorbereitete Massaker ist im Namen des Islam und der jihadistischen Ideologie verübt worden, die sich im Besonderen gegen Juden richtet. Verantwortlich für dieses Verbrechen sind Menschen, die den Tod verherrlichen und Mord ausdrücklich gutheißen. Es waren unschuldige junge Leute, die von ihnen umgebracht wurden. Was die Terroristen ebenfalls attackiert haben, waren die erwähnten Werte des Festivals: Liebe, Freundschaft, ausgelassenes Feiern und die Möglichkeit, neue, ungezwungene Beziehungen aufzunehmen und einzugehen. Am Ende musste sogar der Umweltaspekt dran glauben. Die ausgebrannten Autos und die abgefackelten Felder der Umgebung sind Zeugen dieses kolossalen Unheils.

Wenige Tage nach dem Massaker hätte ebenfalls in der nordwestlichen Negev – etwa eine halbe Stunde Autofahrt vom Gaza-Streifen entfernt – das InDnegev stattfinden sollen. Ein Auftritt meiner Band war geplant. In den ersten Monaten des Jahres blüht in diesem Areal die Kronenanemone. Zehntausende dieser Blumen tauchen die ganze Gegend in ein leuchtendes Rot. Ihnen ist ein eigenes Festival gewidmet: „Darom Adom“, auf Deutsch „Roter Süden“. Eine Fortführung dieser wunderbaren Tradition ist in Planung.

Allerdings weiß niemand, was für ein Musikfestival jemals wieder in diesem Teil des Landes stattfinden soll. Die Assoziation des roten Blütenmeeres mit dem Blut, das hier vergossen wurde, wird sich nicht verhindern lassen, so dass die Blumen nun unweigerlich zu einem schmerzhaften Symbol geraten werden – und zwar für den Kampf zwischen wunderbaren Werten wie Liebe und Ausgelassenheit, Freude an Musik und der Unantastbarkeit des Lebens einerseits sowie den Mächten des Bösen andererseits.

Diesen Kräften haben wir uns alle entgegenzustellen. Das in seinem Ausmaß und Anspruch nur noch holocaust-artig zu nennende Verbrechen, das die Hamas an unschuldigen, jungen Menschen verübte, die lediglich tanzen und gute Musik genießen wollten, darf niemals vergessen werden.

Liebe BLM-Aktivisten, auch wir Israelis können nicht atmen

Roni Fantanesh Malkai

Noch während Israelis ermordet werden und die Terrororganisation Hamas Live-Videos der abscheulichen Szenen postet, veröffentlicht die Facebook-Seite BLM Chicago, die der Black Lives Matter-Bewegung zugehört, ein Statement zur Unterstützung Palästinas, darunter das Bild eines Paragliders mit der palästinensischen Flagge und der Parole „Ich stehe auf der Seite Palästinas".

In der Geschichte des wichtigen Kampfes für die Gleichberechtigung der Schwarzen gibt es keinen hässlicheren Tiefpunkt als diese der Hamas zugeneigte Unterstützungserklärung. Das sage ich wohlgemerkt als jüdische, Schwarze, israelische Frau und Aktivistin im Einsatz für Gleichheit und Gerechtigkeit. Offenbar hat das verzerrte Bild, das radikale Extremisten in den Vereinigten Staaten von Macht und Klassenbeziehungen haben, den moralischen Kompass zerrüttet, über den jeder Mensch verfügen sollte.

Ihr, die Ihr bei BLM den Slogan *I can't breathe* adaptiert habt – die Worte, die George Floyd sprach, als er auf der Straße lag und ihm das Knie eines Polizisten im Nacken die Luft nahm und so umbrachte –, wie könnt Ihr eigentlich den Blick abwenden, wenn die Hamas, eine mörderische Terrororganisation, israelischen Zivilisten die Luft abschnürt? Ich habe Neuigkeiten für Euch: Auch wir fühlen uns im Würgegriff, und auch wir können nicht atmen.

Seit 20 Jahren geht das nun schon so, während derer wir dazu genötigt worden sind, zu leiden und irgendwie mit den Geschossen und den Raketen zu leben, die auf unsere Kinder herabprasseln, und all dies nur, um – so weit möglich – zu verhindern, dass unschuldige Menschen im Gaza-Streifen verletzt werden.

Wir können nicht atmen, wenn wir den Bildern ausgesetzt werden, die das Abschlachten am 7. Oktober zeigen – ganze Familien, die ermordet wurden, aus nächster Nähe hingerichtet oder lebendigen Leibes verbrannt. Ganze Familien, einfach ausgelöscht. Wir können nicht atmen, wenn wir Babys und Kleinkinder auffinden, die versteckt wurden, während ihre sie beschützenden Eltern ermordet worden sind. Wir können nicht atmen, wenn wir Aufnahmen von Kindern und Greisen sehen, die auf grausame Weise von einer Terrororganisation in die Gefangenschaft verschleppt werden. Wir können nicht atmen, wenn wir die Videos sehen, die die Hamas selbst veröffentlicht hat und die misshandelte junge Frauen zeigen, die entkleidet worden sind und bluten, während um sie herum der Mob in Gaza frohlockt.

Wir können nicht atmen, während Journalisten aus der ganzen Welt darüber berichten, was sie mit ihren eigenen Augen gesehen haben: Abgetrennte Köpfe und geschändete Leichen. Wir können nicht atmen, wenn junge Menschen an einem Frieden und Liebe gewidmeten Musikfestival wie wehrlose Opfer niedergemetzelt werden.

Dank einer verzerrten Doktrin, die Israel mit *white supremacy* in Verbindung bringt, gebt Ihr Euch bei BLM völlig distanziert. Ihr seht die entsetzlichen Bilder, die überall veröffentlicht werden, und entscheidet Euch dafür, Euch umzudrehen und wegzuschauen. Ihr zieht es vor, das von der Hamas angerichtete Grauen zu ignorieren.

Lasst mich Euch deshalb ein bisschen von Israel erzählen, wo die meisten Juden dunkelhäutige Menschen sind, die aus arabischen Ländern und aus Nordafrika stammen. Zu diesen zählen übrigens auch Juden aus Äthiopien, die Schwarz sind, falls Ihr das vergessen haben solltet.

„Multikulturalismus" ist in Israel weder ein progressives Anliegen noch eine Parole. Es ist unsere Lebensrealität. Eine Realität, in der Juden, die in ihren rund um die Welt verstreuten Heimatländern verfolgt wurden, in das Land ihrer Vorfahren zurückgekehrt sind, wo sie eine liberale und demokratische nationale Heimstädte errichtet haben.

Der Kampf verläuft deshalb keineswegs zwischen „weißen Herrschern“ und „unterdrückten indigenen Menschen“. Es geht hier nicht um Schwarze und Weiße. Und ebenso wenig um einen Kampf zwischen Israelis und Palästinensern. Hier geht es um eine Schlacht zwischen Gut und Böse. Ende der Durchsage. Das hier ist ein Krieg gegen eine der gefährlichsten und extremsten Terrorgruppen auf Erden. Und beim Abschlachten unterschied die Hamas nicht zwischen Schwarzen, dunkelhäutigen und weißen Juden, sondern ermordete Menschen jedweder Hautfarbe – nur deshalb, weil sie Juden waren.

Ich wurde in Äthiopien geboren. Ich bin Schwarz, und die Angehörigen meines Volkes, die auf europäischem Boden ermordet und in die die Gaskammern geführt wurden, waren weiß. Und diejenigen Juden, die den Holocaust in Europa überlebten, brachten zu Zeiten der Rassentrennung in den USA eine brüderliche Allianz hervor, indem sie sich auf die Seite Martin Luther Kings und jener Schwarzen stellten, die in den 1960er Jahren für gleiche Rechte kämpften. Es braucht wirklich keinen Hellseher, um sich vorzustellen, was Dr. King, dieser wunderbare Anführer, über Eure – BLM – antijüdische Doktrin gesagt hätte. Ihr habt Euren moralischen Kompass komplett verloren und damit auch die Fähigkeit, auf der richtigen Seite der Geschichte zu stehen.

Fragen für orientierungslose deutsche Linke

Fatma Keser

Den Massen an Linken, die sich seit dem 7. Oktober auch auf deutschen Straßen versammelt haben, um ihre Solidarität mit den Palästinensern auszudrücken, ist lediglich diese eine Frage in einigen Variationen zu stellen:

Wo waren diese Demonstrationen 2007, als die Hamas mit der Machtübernahme im Gaza-Streifen umgehend ihre politischen Gegner ermordete und dann damit begann, ihre eigene Bevölkerung, die Palästinenser, zu verhaften, zu foltern und zu massakrieren, wenn sich diese für Frieden aussprachen, nicht sittsam genug oder einfach nur schwul, lesbisch beziehungsweise queer waren?

Wo waren diese Demonstrationen 2013, als syrische Zivilisten in ihren Dörfern lebendig begraben oder von den Schergen des Assad-Regimes durch Giftgas ermordet wurden?

Wo waren diese Demonstrationen ein Jahr später, als in Syrien und Irak ein Terror-Kalifat ausgerufen wurde, in das Zehntausende mordlüsterne Jihadisten aus aller Welt – viele davon Europäer und Europäerinnen – reisten, um einen Genozid an den Êzîden zu verüben und êzîdische Frauen und Mädchen in die Sex-Sklaverei zu verkaufen?

Wo waren diese Demonstrationen, als – ebenfalls 2014 – der Krieg im Jemen ausbrauch, der fast 400.000 Menschen das Leben kostete, darunter rund 85.000 verhungerte Kinder, und schätzungsweise vier Millionen Menschen zur Flucht zwang?

Warum gab es in all diesen Fällen nicht die gleiche Mobilisierung, die gleiche Erregung auf den Straßen Deutschlands?

Und was ist eigentlich mit den gegenwärtigen Opfern von Omar al-Baschir im Sudan? Was ist mit den Millionen afghanischen Frauen, deren Leben sich unter den Taliban erneut zur Hölle auf Erden verwandelt hat? Und was ist mit den Kurdinnen und Kurden, die von Recep Tayyip Erdoğan bombardiert und von Chamenei abgeschlachtet werden?

Warum mobilisiert der Tod herkunftsdeutsche Linke und identitätspolitische Aktivisten nur dann, wenn er es ihnen ermöglicht, „Kindermörder Israel“ oder *„from the river to the sea“* zu rufen, was sich nur als „Tod allen Juden“ übersetzen lässt?

„Queers for Palestine" und der Tod der Ironie

Armin Navabi

Am Morgen des 7. Oktober 2023 orchestrierte die palästinensische Terrorgruppe Hamas vom Gaza-Streifen aus einen mehrgleisigen Angriff auf Israel.[1] Ihre Schergen durchbrachen die schwer geschützte Grenze und verübten einen Massenmord an mehr als eintausend israelischen Zivilisten, darunter auch Kleinkindern.[2] Insbesondere im Westen war die politische Debatte über diese brutalen Ereignisse und den anschließenden Krieg von einer irrigen Übertragung westlicher Identitätspolitik auf den Nahen Osten geprägt, die alle Nuancen tilgt und eine komplizierte Situation auf den simplen Binarismus „Unterdrücker gegen Unterdrückte" bringt. Im englischsprachigen Raum sehen Linksradikale demnach in Palästina (Hamas inklusive) eine unterdrückte, dunkelhäutige Opferklasse, deren freiheitskämpferischer „Widerstand" gegen ihre unterdrückerischen, weißen und von den USA gestützten Kolonialisten in Israel eine gerechte Sache sei, mit der man sich zu solidarisieren habe. Dieses grob vereinfachende Bild des langjährigen Konfliktes im Nahen Osten basiert auf einem wirren wie widersprüchlichen Denken, was insbesondere in der Devise „Queers for Palestine" Ausdruck findet, die auf Anti-Israel-Demonstrationen zu vernehmen ist, inzwischen zum Meme mutierte sowie Hohn und Spott nach sich zog.[3] Es lohnt sich, der Inkohärenz dieses Konzepts nachzugehen.

Bei oberflächlicher Betrachtung scheint „Queers for Palestine" LGBT-Belange mit palästinensischer Befreiung zusammenzuführen – eine Gegenüberstellung, die einen Strudel an Häme und Kritik zur Folge hatte, da LGBT-Rechte nur schwerlich in der islamischen Welt auszumachen und die palästinensischen Gebiete hier keine Ausnahme sind.[4]

Die Parole ist weithin der Satire unterzogen worden, und Abwandlungen wie *Chickens for KFC* oder *Blacks for the KKK* heben den basalen Mangel an Wissen bezüglich der inkompatiblen Werte der westlichen Linken und der islamischen Rechten hervor, für die sich diese „Queers for Palestine" so bereitwillig einsetzen.[5]

Die Wirklichkeit könnte nicht krasser sein. Auch wenn es noch einige Luft nach oben gibt, steht Israel an vorderster Stelle[6], was LGBT-Rechte[7] im Nahen Osten angeht. In Israel sind LGBT-Individuen sichtbare Angehörige der Gesellschaft, die rechtlich geschützt[8] und mit Bürgerrechten ausgestattet sind und breite öffentliche Akzeptanz[9] genießen.

In Palästina hingegen sieht es deutlich anders aus. In der Studie, die das Williams Institute[10] an der UCLA 2021 zur weltweiten Akzeptanz von LGBT-Belangen vorgelegt hat, belegt Israel den 44. Platz unter 175 untersuchten Ländern und Gebieten. Palästina landete auf Platz 130 – hinter Russland, Saudi-Arabien und der Demokratischen Republik Kongo. Auch der *Women's Peace and Security Index* der Georgetown University[11] listet Palästina in bester Gesellschaft[12] mit dem Großteil der Region auf Platz 160 von 170. Der 2020 veröffentlichte Menschenrechtsreport von Amnesty International[13] betont die Kriminalisierung gleichgeschlechtlicher Beziehungen unter Männern in Gaza, wo diese mit bis zu zehn Jahren Gefängnis bestraft werden können und wo jedweder rechtlicher Schutz vor Anti-LGBT-Diskriminierung oder -Belästigung inexistent ist.

Dieses Fehlen an Grundrechten hat dazu geführt, dass Hunderte schwule und bisexuelle Palästinenser nach Israel geflohen[14] sind, um der Verfolgung zu entkommen.[15] Einem solchen Flüchtling, Ahmad Abu Marhia[16] – ein 25jähriger schwuler palästinensischer Mann –, war in Israel Asyl gewährt worden. 2022 wurde er in der im Westjordanland gelegenen Stadt Hebron entführt und geköpft.[17] Seine Mörder teilten Videomaterial des Mordes in den Sozialen Medien.

Doch jedes Mal, wenn dieses Missverhältnis benannt wird, zücken Kritiker schnell den Vorwurf des „Pinkwashings" –

ein Konzept, das erfunden wurde, um jedwede Diskussion über Israels fortschrittliche Haltung gegenüber LGBT-Belangen als Ablenkungsmanöver seiner Misshandlung der Palästinenser zu diskreditieren. Es bleibt ein Fakt, dass diese „Queers for Palestine" an Pride-Demos in Israel teilnehmen könnten, wenn sie es wollten. In Palästina sollten sie sich besser einen eisernen Nackenschutz zulegen, falls ihnen etwas daran liegt, ihre Köpfe zu behalten.

Ein weiterer befremdlicher Aspekt am Konzept „Queers for Palestine" ist, dass dieses bereits auf den bekannten anti-israelischen, pro-palästinensischen linken Demonstrationen auftauchte, die umgehend auf den Terrorangriff der Hamas gefolgt waren, bevor Israel also überhaupt eine Möglichkeit gehabt hatte zu reagieren. Es gibt deshalb keinerlei Möglichkeit, diese Devise und den sie umgebenden linksradikalen Eifer anders zu interpretieren denn als Signal der Unterstützung nicht nur für die Palästinenser, sondern auch für die Hamas, einer jihadistischen Bewegung also, deren erklärtes Ziel die Auslöschung des Staates Israel ist.[18] Es ist unabdingbar zu verstehen, dass die Hamas, wie 1988 in ihrer Gründungscharta festgehalten, von einer fundamentalistischen islamistischen Ideologie angetrieben wird, deren Ziel nicht nur die Vernichtung aller Juden, sondern auch die Eroberung der ganzen Welt ist[19] – ähnlich dem Islamischen Staat. Von Mitbegründer Mahmoud al-Zahar liegt eine Aufnahme vor, wie er sagt: „Die ganze Welt wird unserem Gesetz unterworfen sein, und dann wird es weder jüdische noch christliche Verräter mehr geben."[20]

Unter dem Deckmantel der palästinensischen Befreiung übersieht die westliche Unterstützung für die Hamas das tiefsitzende, radikale islamistische Ethos, das die Organisation antreibt und das, falls es nicht gebremst wird, exakt jene Freiheiten gefährden würde, die LGBT-Individuen in den Industrienationen genießen. Wer das bezweifelt, möge einmal versuchen, in den Staaten des Nahen Ostens und Nordafrikas offen schwul, bi oder trans zu sein. Nahezu all diese Länder haben Gesetze, die Homosexualität und Trans-Sein kriminalisieren[21], und einige verhängen hierfür die Todesstrafe.[22] Der Bericht „*Everybody Wants Me Dead*" von Human Rights Watch fasst das lebensgefährliche Umfeld, in dem sich LGBT-Individuen in diesen Regionen bewegen, bereits in seinem Titel prägnant zusammen.[23]

In der westlichen Linken, und das schließt die LGBT-Linke mit ein, fühlen sich viele zur Critical Social Justice[24] hingezogen, die ihnen eine verzerrte Linse zur Verfügung stellt, durch die sie mittlerweile die gesamte Menschheit nur noch in Form von unterdrückenden gegen unterdrückte Klassen wahrnehmen. Mit diesem holzschnittartigen, binären Weltbild ausgestattet, zieht es Linksradikale zu vermeintlichen Befreiungsbewegungen, die angeblich für weitere unterdrückte Gruppen einstünden. Dieses schmale Prisma verschleiert jedoch die weltumspannende Ideologie des Islamismus, für den Organisationen wie Hamas einstehen, die unterhalb der Fassade der antiimperialistischen Rhetorik ein brutales Dogma hegt, das genau den Freiheiten und Rechten entgegengesetzt ist, die LGBT-Aktivistinnen und -Aktivisten erstritten haben. Kein noch so großes Geschrei über „Pinkwashing" kann die Ironie von Leuten übertönen, die einerseits an LGBT-Emanzipation glauben, gleichzeitig aber ideologische Bewegungen bejubeln, vor denen sie alsbald selbst die Flucht ergreifen würden.[25]

Sicher, die palästinensische Bevölkerung hat mehr als genug gelitten, und es ist nicht schwierig nachzuvollziehen, dass die Rede vom palästinensischen Widerstand die Anziehungskraft einer gerechten Rebellion ausstrahlen kann, was insbesondere für jene Fraktionen der harten Linken attraktiv ist, die eigene Bestrebungen zur großangelegten Demontage unserer liberalen Gesellschaft hegen. Der stellvertretende Kitzel einer romantisierten Revolution, der manche dazu verleitet hat, für weitaus mehr als für die Palästinenser einzutreten und sich mit der Hamas solidarisch zu erklären, ignoriert die jihadistischen Ideenlehren, die den Kern solcher Organisationen ausmachen. Diese Ideenlehren unterdrücken LGBT-Palästinenser just in diesem Moment und würden, sobald sich Gelegenheit böte, auch genau diejenigen Linksradikalen unterdrücken, die nun Unterstützung für die palästinensische Sache bekunden. Und genau das ist schon einmal geschehen.

Das Nachspiel der Islamischen Revolution im Iran ist eine erschütternde Geschichte, die von Linksradikalen handelt, die in großer Zahl durch genau dasjenige islamische Regime gefoltert und hingerichtet wurden, welches sie aufgrund ihres antiimperialistischen Weltbildes unterstützt hatten. Zahlreiche Iranerinnen und Iraner, die sich linksradikalen Organisationen angeschlossen hatten, trugen die Revolution mit, nur um nach dieser von den Islamisten verfolgt zu werden, denen sie zur Macht verholfen hatten.

Umgehend nach der Revolution begann das neue, von Ayatollah Chomeini geführte Regime mit der systematischen Unterdrückung von Homosexuellen, die es zu Tausenden ermordete.[26] Diese Grausamkeiten wurden damit gerechtfertigt, „Verdorbenheit auslöschen“ und eine „Verunreinigung“ der Gesellschaft verhindern zu wollen. Zwischen 4000 und 6000 schwule, lesbische und bisexuelle Menschen sind seit der Islamischen Revolution 1979 hingerichtet worden.[27] Das iranische Rechtssystem, das in der islamischen Gesetzgebung gründet, kriminalisiert einvernehmliche Sexualkontakte zwischen gleichgeschlechtlichen Individuen, wobei die Strafen vom Auspeitschen bis zum Tod reichen. Das iranische Gesetz unterscheidet nicht zwischen einvernehmlichem und unfreiwilligem Sexualverkehr, was es den Behörden erlaubt, sowohl die Täter als auch die Opfer sexueller Übergriffe zu belangen.[28]

Bilder schwuler und bisexueller Männer, die an Kränen aufgehängt in der Luft baumeln[29], um langsam zu ersticken, dienen allen, die sich für Menschenrechte interessieren, als düstere Mahnung: Sich mit islamischen Fundamentalisten zu verbünden, ist gefährlich.

„Queers for Palestine“ und die differenzierten Gegebenheiten, die von diesen Gruppierungen vertuscht werden, beweisen nur, dass es eine informierte wie anspruchsvolle Debatte braucht – eine Debatte, die griffige Parolen und moralische Binarismen hinter sich lässt und sich jener komplexen und oftmals widersprüchlichen Ideologien annimmt, die den israelisch-palästinensischen Konflikt prägen. Auf diese Weise können wir für eine bessere Zukunft streiten, ohne dabei jene Kräfte zu stärken, die sich antithetisch zu liberalen Werten verhalten, und ohne dabei LGBT-Individuen zu verraten, deren eigene Rechte und Freiheiten so unterminiert werden. Das geht allerdings nicht, wenn die komplizierte Dynamik eines 75-jährigen Konfliktes in der Ferne mit unserer eigenen, provinziellen Identitätspolitik überschrieben wird.

Anmerkungen

1 Vgl. Alexander Palmer/Daniel Byman, „What's next for Hamas and Israel?", csis.org, 10.10.2023, https://www.csis.org/analysis/whats-next-hamas-and-israel (letzter Abruf: 01.01.2024).

2 Vgl. Dan Williams/Nidal Al-Mughrabi/Maayan Lubell, „Israel pulverises Gaza after Hamas attack as it collects its dead", reuters.com, 10.10.2023, https://www.reuters.com/world/middle-east/hamas-threatens-kill-captives-if-israel-strikes-civilians-2023-10-09/ (letzter Abruf: 01.01.24).

3 Vgl. James Kirchick, „Queers for Palestine?", advocate.com, 28.01.2009, https://www.advocate.com/politics/2009/01/28/queers-palestine (letzter Abruf: 01.01.2024).

4 Vgl. das anonym erstellte Meme zu „Queers for Palestine/Palestine for Queers", das in einem Bild eine studentische Gruppe an der USYD zeigt, die ein Banner mit der Aufschrift „Queers for Palestine" hochhält, während das zweite, mit „Queers in Palestine" unterschrieben, den Vollzug der Todesstrafe für Homosexualität in manchen islamischen Ländern zeigt: Ein Mann wird lebendigen Leibes vom Dach eines Hochhauses gestürzt. https://en.dopl3r.com/memes/dank/queers-for-palestine-queers-for-palestine-feo-action-collective-palestine-for-queers-negay-winosirayer/1202645#:~ (letzter Abruf: 01.01.2024). Siehe auch https://twitter.com/LuketheLawyer1/status/1710670231775961208 (letzter Abruf: 01.01.2024).

5 Vgl. Armin Navabi, „Pride Flags, Kid Gloves, And Islam's Religious Right", queermajority.com, 19.07.2023, https://www.queermajority.com/essays-all/pride-flags-kid-gloves-and-islams-religious-right (letzter Abruf: 01.01.24).

6 Vgl. Richard Wagenlander, „Between Tel Aviv and Jerusalem: An Overview of LGBT+ Life in Israel", freiheit.org, 06.04.2022, https://www.freiheit.org/israel-and-palestinian-territories/between-tel-aviv-and-jerusalem-overview-lgbt-life-israel (letzter Abruf: 01.01.24).

7 Vgl. The Association for Civil Rights in Israel, „Protecting and Promoting LGBT Rights in Israel“, 15.02.2009, https://law.acri.org.il/en/2009/02/15/protecting-and-promoting-lgbt-rights-in-israel/ (letzter Abruf: 01.01.24).

8 Vgl. Aidan Segal, „Israel Respects Gay Rights; the Palestinians Do Not“, algemeiner.com, 22.11.2020, https://www.algemeiner.com/2020/11/22/israel-respects-gay-rights-the-palestinians-do-not/ (letzter Abruf: 01.01.24).

9 Vgl. Pew Research Center, „Acceptance of homosexuality varies across the globe“, pewresearch.org, https://www.pewresearch.org/global/2020/06/25/global-divide-on-homosexuality-persists/pg_2020-06-25_global-views-homosexuality_0-04/ (letzter Abruf: 01.01.24).

10 Vgl. Andrew R. Flores, „Social Acceptance of LGBTI People in 175 Countries and Locations. 1981 to 2020“, UCLA School of Law, Williams Institute, November 2021, https://williamsinstitute.law.ucla.edu/publications/global-acceptance-index-lgbt/ (letzter Abruf: 01.01.2024).

11 Vgl. Georgetown Institute for Women, Peace and Security (Hg.), *Women, Peace, and Security Index*, Washington D.C. 2021.

12 Vgl. Armin Navabi, „Iran's Theocrats' Worst Nightmare is coming true“, queermajority.com, 17.10.2022, https://www.queermajority.com/essays-all/irans-theocrats-worst-nightmare-is-coming-true (letzter Abruf: 01.01.2024).

13 Vgl. Amnesty International, *Report 2020/21. The State of the World's Human Rights*, London 2021.

14 Vgl. Aaron Boxerman, „Israel to allow LGBT Palestinians granted temporary asylum to work“, timesofisrael.com, 20.06.2022, https://www.timesofisrael.com/israel-to-allow-lgbt-palestinians-granted-asylum-to-work/ (letzter Abruf: 01.01.2024).

15 Vgl. Kathleen Peratis, „For Gay Palestinians, Tel Aviv Is Mecca“, forward.com, https://forward.com/opinion/1125/for-gay-palestinians-tel-aviv-is-mecca/ (letzter Abruf: 01.01.2024); Elizabeth Arif-Fear, „Documenting the lives of LGBTQ+ Palestinians seeking asylum in Israel: An interview with playwriter Tomer Aldubi“, voiceofsalam.com, Documenting the lives of LGBTQ+ Palestinians seeking asylum in Israel: an interview with playwriter Tomer Aldubi, 03.10.2023, https://voiceofsalam.com/2023/10/03/documenting-the-lives-of-lgbtq-palestinians-in-israel-an-interview-with-playwriter-tomer-aldubi/ (letzter Abruf: 01.01.2024).

16 Vgl. o. A., „Gay Palestinian Ahmad Abu Marhia beheaded in West Bank“, bbc.com, https://www.bbc.com/news/world-middle-east-63174835 (letzter Abruf: 01.01.2024).

17 Vgl. o. A., „LGBT Palestinian kidnapped, beheaded after fleeing West Bank“, jpost.com, 06.10.2024, https://www.jpost.com/middle-east/article-719063 (letzter Abruf: 01.01.2024).

18 Vgl. David Pollock, „Israel and Hamas After Gaza War“, washingtoninstitute.org, 05.06.2021, https://www.washingtoninstitute.org/policy-analysis/israel-and-hamas-after-gaza-war (letzter Abruf: 01.01.2024).

19 Vgl. Bruce Hoffman, „Understanding Hamas's Genocidal Ideology“, *The Atlantic*, 10.10.2023, https://www.theatlantic.com/international/archive/2023/10/hamas-covenant-israel-attack-war-genocide/675602/ (letzter Abruf: 01.01.2024).

20 Vgl. Danielle Greyman-Kennard, „WATCH: Israel is only the first target, warns Hamas commander“, jpost.com, 09.10.2023, https://www.jpost.com/middle-east/article-765304 (letzter Abruf: 01.01.2024).

21 Vgl. Nora Noralla, „Tough Territory for Transgender People in the Middle East and North Africa“, hrw.org, 08.04.2022, https://www.hrw.org/news/2022/04/08/tough-territory-transgender-people-middle-east-and-north-africa (letzter Abruf: 01.01.2024).

22 Vgl. o. A., „Audacity in Adversity. LGBT Activism in the Middle East and North Africa“, hrw.org, 16.04.2022, https://www.hrw.org/report/2018/04/16/audacity-adversity/lgbt-activism-middle-east-and-north-africa (letzter Abruf: 01.01.2024).

23 Vgl. Human Rights Watch, *„Everybody Wants Me Dead“. Killings, Abductions, Torture, and Sexual Violence Against LGBT People by Armed Groups in Iraq*, o. O. 2022.

24 Vgl. Rio Veradonir, „Deconstructing Wokeness: Five Incompatible Ways We're Thinking about the Same Thing“, queermajority.com, 02.03.2023, https://www.queermajority.com/essays-all/deconstructing-wokeness (letzter Abruf: 01.01.2023).

25 Vgl. Jimmy Bangash, „Islamic Homophobia is Empowered by Leftist Silence“, queermajority.com, 18.03.2021, https://www.queermajority.com/essays-all/islamic-homophobia-is-empowered-by-leftist-silence (letzter Abruf: 01.01.2023).

26 Vgl. United Against Nuclear Iran (Hg.), *Iran's War on LGBT Cititens*, o. O., June 2023, https://www.unitedagainstnucleariran.com/irans-war-on-lgbtq-citizens (letzter Abruf: 01.01.2024).

27 Vgl. Benjamin Weinthal, „Iran sentences two gay rights activists to death“, 04.09.2022, https://www.jpost.com/middle-east/iran-news/article-716282# (letzter Abruf: 01.01.2024).

28 Vgl. United Against Nuclear Iran (Hg.), *Iran's War on LGBT Cititens*.

29 Vgl. o. A., „Iran Hangs Two Gay Men, Latest in Wave of Executions“, algemeiner.com, 13.08.2014, https://www.algemeiner.com/2014/08/13/iran-hangs-two-gay-men-latest-in-wave-of-executions/ (letzter Abruf: 01.01.2024).

„Dekolonisierung“ ist nach dem 7. Oktober keine Metapher mehr

Camila Bassi

In „Decolonization is not a metaphor“, einem vielzitierten akademischen Artikel aus den Postcolonial Studies, behaupten Eve Tuck, Professorin für Critical Race und Indigenous Studies, und K. Wayne Yang, Professor für Ethnic Studies, dass Dekolonisierung „verstörend“ sein müsse, da ihre primäre Aufgabe darin bestehe, „Indigenes Land und Leben“ zurückzuerobern und zu repatriieren; beim Begriff „Dekolonisierung“ handle es sich deshalb keinesfalls um eine Metapher, die im Dienste einer grundsätzlichen Verbesserung des Bildungswesens und der Gesellschaft stehe.

Am 7. Oktober 2023 erwachte diese Fantasiepolitik für einige Akademikerinnen und Akademiker zum Leben, und Begriffe und Sätze aus Tucks und Yangs Artikel tauchten in unzähligen Online-Kommentaren auf, um das Geschehen affirmativ zu kommentieren. „Dekolonisierung ist keine Metapher“ wurde zu einem Mantra, mit dem die „Re-Invasion“[1] von indigenem Land gefeiert wurde – und zu einem Mantra, mit dem sich zugleich jeder Akademiker schelten ließ, der sich bis dato zwar zur dekolonialen Arbeit verpflichtet hatte, an diesem Tag jedoch still geblieben war. Angesichts der entsetzlichen Gräueltaten, die von der Hamas verübt wurden – eine Gewalt, deren ideologische Komponente der Antisemitismus war –, reagierte der Großteil der akademischen Linken entweder mit deren öffentlicher Billigung oder aber mit privat eingeräumter Ambivalenz bei öffentlicher Stille.

Es ist in diesem Zusammenhang sowohl notwendig als auch aufschlussreich, sich Tucks und Yangs bereits 2012 erschienenem Artikel zu widmen, weil sich an ihm eine rassisierte Identitätspolitik des Ressentiments, der Rage und der

Rache sowie seine Vereinbarkeit mit der „Judenfrage“ aufzeigen lässt, konkret: mit der antisemitischen Idee, dass etwas getan werden müsse, um den angeblichen Schaden wiedergutzumachen, den die Juden der Menschheit zugefügt hätten. Nach dem 7. Oktober entfesselte die Devise „Dekolonisation ist keine Metapher“ die bereits zuvor bestehende ideologische Tendenz, Israel zu einer unter Strom stehenden Siedlerkolonie zu erklären – und damit zum einzigen illegitimen Nationalstaat der Welt, der zerstört werden könne und müsse –, um alle israelischen Juden als homogenes Siedlerlager zusammenzufassen, das, wenn es das Land nicht vollständig *from the river to the sea* räume, verdammt und todgeweiht sei und dem allgemeinen Menschheitskollektiv nicht mehr zugehören könne.[2]

In „Decolonization is not a metaphor“ verläuft die Schlachtlinie des Siedlerkolonialismus unmissverständlich: Siedler hätten indigenen Menschen das Land geraubt, weswegen Siedlerkolonialismus ganz grundsätzlich die Gesamtheit aller Missstände des Kolonialismus repräsentiere: Ohne räumlichen Abstand zwischen Metropole und Kolonie kombiniere er äußere und innere Modi der Kolonisierung – Ausbeutung sowie die geo- und biopolitische Lenkung von Menschen –, um die „Vorherrschaft einer Nation und deren weißer Elite sicherzustellen“.[3] Bezeichnenderweise wird die Siedler-Besatzung indigenen Landes dabei als fortwährende strukturelle Gewalt gegen Einheimische aufgefasst, nicht aber als Abfolge sich überschneidender Ereignisse, Kräfteverhältnisse und Lebensumstände.

Was das postkoloniale Verständnis des Israel/Palästina-Konflikts anbelangt, werden beispielsweise die Ereignisse der Jahre 1948, 1967 und 2001 üblicherweise unabhängig von ihren jeweils besonderen, sich überschneidenden und wechselseitigen empirischen Details gerahmt. Stattdessen gelten sie als herausragende Vorher-/Nachher-Momente eines fortwährenden, unablässigen Prozesses strukturell rassistischer Zerstörung, die das Verschwinden und die Auslöschung der Palästinenser zum Ziel habe.

Möglicherweise erklärt dies, warum auch der 7. Oktober in einer von mehr als 1000 meiner Kolleginnen und Kollegen aus der Geografie unterzeichneten Stellungnahme, dem „Palestine Statement“ der International Critical Geographies Group, als solch ein „Vorher/Nachher-Moment“ diskutiert wird, der die Gewalt gegen die Palästinenser einfach so eskalieren ließ – ohne jedweden Hinweis auf das vorherige Abschlachten, die Vergewaltigungen und die Geiselnahmen israelischer Zivilistinnen und Zivilisten durch die Hamas. Was den öffentlichen Jubel seitens mancher linker Akademikerinnen und Akademiker am 7. Oktober angeht (darunter auch einige, die jenes Statement unterschrieben haben), zeigt sich, dass die Video-Aufnahmen wortwörtlich mit der „Re-Invasion“ im akademischen Manuskript übereinstimmen: „Menschen, die illegal ein Land überfallen und dessen Indigene Bevölkerung enteignet haben, fliehen jetzt. Der Bogen der Geschichte ist lang, doch er neigt sich der Gerechtigkeit zu.“[4] Wie Tuck und Yang klarstellen, sei Dekolonisierung „unentwirrbar mit Besiedelung und Re-Invasion verknüpft“, und „genau deswegen“ sei sie „notwendigerweise verstörend.“[5]

Folglich könne es keinen Kompromiss, keine Versöhnung, keine Vereinigung und keine Übereinkunft zwischen dem kolonialen (männlichen) Siedler und der indigenen (weiblichen) Einheimischen geben, wie die Autorin und der Autor betonen, da all dies lediglich vom Ziel wegführe, sich geraubtes Land erneut und vollständig anzueignen. Deshalb gilt der postkolonialen Forschung eine Zweistaatenlösung mit zwei unabhängigen Nationen innerhalb der Grenzen vor 1967 – was den Gaza-Streifen und die Westbank einem palästinensischen Nationalstaat zuschlagen würde – grundsätzlich als Gräuel, weil dies den Siedlerkolonialismus Israels zweckmäßig legitimieren würde. *From the river to the sea*, der Schlachtruf der Hamas, ist nunmehr auch der Schlachtruf der Dekolonisierung.

Der Artikel von Tuck und Yang impliziert eine invertierte Rassisierung sowohl der „Siedler“ als auch der „Indigenen Menschen“: Alle Siedler seien schuldig, da verstrickt, und hätten so lange keine menschenwürdige Zukunft vor sich, bis sie nicht das Land geräumt haben. Siedler seien keine vollwertigen Menschen. Diese Behauptung wird über eine Umkehrung des Arguments eingeführt, dass Siedler „Indigene Völker“ rassistisch entmenschlichten:

> „Damit die Siedler einen Ort zu ihrer Heimat machen können, müssen sie die Indigenen Völker, die dort leben, vernichten und verschwinden lassen […] Indigene Menschen müssen ausgelöscht werden, müssen zu Gespenstern gemacht werden […].“[6]

Folgt man diesem Postulat, bedeutet das, dass „Indigene Völker“, die sich ihr Land wiederaneignen wollen, die Siedler, die nunmehr dort leben, vernichten und verschwinden lassen müssen. Bedenkt man dies beim Lesen des „Palestine Statement“ der International Critical Geographies Group mit – in dem nahegelegt wird, dass die Palästinenser ein Recht auf Widerstand hätten, Israel aber kein Recht auf Selbstverteidigung –, handelt es sich bei den Opfern der Hamas um solche Gespenster. In der Stellungnahme wird behauptet, dass Einspruch gegen Israels 75-jährige „Imperialismus“-, „Siedlerkolonialismus“- und „Apartheid“-Geschichte unabdingbar sei; dass Einspruch gegen die Entmenschlichung, den Hass und die Desinformation, die traditionelle wie Soziale Medien gegen die Palästinenser streuten, unabdingbar sei; dass Einspruch gegen diese Leugnung des Antisemitismus unabdingbar sei (denn Antisemitismus sei, wie es ebenda heißt, eine konstruierte Waffe, die auf pro-palästinensische Akademiker und Aktivistinnen gerichtet würde): „Wir lehnen jedwede Verwechslung der Kritik am israelischen Staat oder am Zionismus mit Antisemitismus ab.“[7]

Selbst bei einer wohlwollenden Auslegung dieses Anspruchs – etwa in Form eines instinktiven Sich-auf-die-Seite-stellen-Wollens mit den Opfern asymmetrischer Kriegsführung – scheint es hier nur Platz für einen Täter zu geben, der zum Monster fantasiert wird. In diesem Absolutismus verschmilzt „die Judenfrage“ mit dem Siedlerkolonialismus-Narrativ und dem Ziel der Dekolonisierung: Gegen die Übel, welche die Juden der Menschheit angeblich antäten, müsse etwas unternommen werden.

Bei „Decolonization is not a metaphor“ handelt es sich nicht um einen Artikel, der sich geraubtem indigenen Land an und für sich widmet, sondern um einen vollumfänglichen Appell gegen den Siedler als solchen – genauer genommen gegen den Siedler, der sich der Dekolonisierung annähert und diese ideologisch beschmutzt. „Wenn eine Metapher Einzug in die Dekolonisierung hält, macht sie die Möglichkeit der Dekolonisierung zunichte“, warnen Tuck und Yang, da sie „Weißsein rezentriert“, „Unschuld auf den Siedler überträgt“ und „eine Siedler-Zukunft bespielt“.[8] Der Beitrag wolle deshalb aufzeigen, dass die strukturelle rassistische Gewalt des Siedlerkolonialismus von der fortwährenden Besatzung indigenen Landes bis zu „Siedlerbemühungen in Richtung Unschuld“[9] reiche, worunter etwa „Siedler-Nativismus“ falle, demzufolge sich Siedler darauf beriefen, ebenfalls einheimisches „Blut“[10] zu haben, und sich „darauf konzentrieren“ würden, „das Bewusstsein zu dekolonisieren“, ganz so, „als ob“ – wie Tuck und Yang höhnen – „dies die einzige Tätigkeit der Dekolonisierung sei; *Bewusstseinsbildung* soll an die Stelle der weitaus unbequemeren Tätigkeit der Rückgabe gestohlenen Landes treten.“[11]

Vorsicht vor jenem weißen Siedler also, der sich in politisch progressive Gewänder hülle, so Tucks und Yangs Botschaft:

> „Dekolonisieren (ein Verb) und Dekolonisierung (ein Subjekt) lassen sich nicht einfach so in bereits existierende Diskurse/theoretische Bezugsrahmen einbauen – weder in kritische noch in antirassistische, und noch nicht einmal in einen juristischen Kontext. Bei der bequemen Aufnahme, Übernahme und Übertragung der Dekolonisierung handelt es sich lediglich um eine weitere Gestalt siedlerischer Aneignung.“[12]

Demnach sei die Politik der Dekolonisierung ein separatistisches Anliegen, das „indigenen Völkern" gehöre. Jedwede strategische Zusammenarbeit vermöge es weder „gegenwärtige Formen von Trauerarbeit" miteinander in Einklang zu bringen noch „kommende Konflikte" auszuschließen.[13]

Tuck und Yang fahren fort:

> „Die Integration der Dekolonisierung in siedlerische Social-Justice-Bezugssysteme verschafft der Siedlerin, die von ihrem eigenen Siedlerstatus verstört ist, eine Möglichkeit, dem unerträglichen Scheinwerferlicht der eigenen Verstricktheit, andere schon damit geschädigt zu haben, weil man lediglich man selbst ist, zu entkommen oder es zu dämmen. Das Verlangen danach, zu versöhnen, ist genauso unnachgiebig wie das Begehren, die Einheimischen zum Verschwinden zu bringen; es geht diesem Verlangen darum, sich nicht länger mit diesem Problem [den Einheimischen, CB] zu befassen."[14]

Siedler werden hier abermals essenzialisiert und erneut zum Monster aufgebläht: Von jenem Siedler, der einer Politik der Auslöschung anhängt, bis zur Siedlerin, die den Wunsch hegt, sich mit „Indigenen Völkern" zu versöhnen, drückten sie allesamt – so das Argument – eine angeborene, spezifische Tendenz aus, das Einheimische ausradieren zu wollen.

Aus dieser Annahme folgen sowohl der Jubel für den 7. Oktober als auch das ihm nacheilende Schweigen. Alle israelischen Juden – egal, ob sie Netanjahus rechter Regierungskoalition angehören, aus der bisweilen Ambitionen für ein „Großisrael" zu vernehmen sind, oder ob es sich um linke israelische Aktivistinnen handelt, die für Frieden und Aussöhnung streiten – werden für legitime Angriffsziele gehalten, weil sie ausnahmslos verschiedene Ausprägungen derselben genozidalen Tendenz verkörpern sollen, das Einheimische zum Verschwinden zu bringen.

Um auf das „Palestine Statement" der International Critical Geographies Group zurückzukommen: Israelische Juden sind dort sowohl als Opfer der Hamas als auch als widerspenstige Gruppe innerhalb Israels abwesend. Zudem gilt die dort bekundete Solidarität allen Menschen außer den israelischen Juden – selbst dann, wenn sich diese der Gewalt des israelischen Staates gegen palästinensische Zivilisten im Gaza-Streifen und der Gewalt von Siedlern gegen Palästinenser im Westjordanland entgegenstellen. Oder, in den Worten einer Person, die das Statement mitunterzeichnet hat und in den Sozialen Medien über jene jungen Individuen schrieb, die am Nova-Festival gefeiert hatten, das von der Hamas überfallen wurde: „Manchmal hat das Party-Machen auf geraubtem Land gleich neben einem Konzentrationslager, in dem eine Millionen Menschen ausgehungert werden, Konsequenzen." Und kurz darauf: „Es gibt keine ‚israelische Linke', nur diverse Grade des Genozids."

Tucks und Yangs einflussreicher Artikel ruft nach einer „Ethik der Inkommensurabilität"[15], womit eine „Ethik" gemeint ist, die „im Gegensatz zu den Zielen der Versöhnung" davon ausgeht, dass Siedler und Einheimische als Menschen deshalb unvergleichbar seien, weil sich die Angehörigen beider Gruppen niemals als menschliche Wesen vereinen ließen:

> „Versöhnung ist mit Fragen wie diesen befasst: *Wie wird sich Dekolonisierung gestalten? Was wird nach der Abschaffung der bisherigen Ordnung passieren? Was werden die Konsequenzen der Dekolonisierung für die Siedler sein?* […] Dekolonisierung muss nichts davon beantworten, denn Dekolonisierung ist weder für Siedler noch für die Zukunft des Siedlertums verantwortlich. Der Dekolonisierung geht es um Indigene Souveränität und Zukünftigkeit."[16]

Antworten auf diese Fragen setzten zudem „Regungen" voraus, „die sich äußerst unfreundlich anfühlen können."[17]

Die Devise „Dekolonisierung ist keine Metapher“ steht für eine rassisierte Identitätspolitik des Ressentiments, der Rage und der Rachefantasien, die aus Menschen Monster macht und einen Konflikt nicht etwa lösen, sondern verstetigen will – was zu einem totalen und endlosen Krieg führt, der tatsächlich gar nicht erst enden soll; leitende Fantasie ist dabei die Vorstellung eines vollständigen Sieges bei der wahrscheinlichen Realität einer totalen Niederlage. Dekolonisierung spiegelt hier eine weit verbreitete antirassistische Annahme wider, die der Idee, dass „Rasse“ real sei, Glaubwürdigkeit verleihen möchte – was „Rasse“ verdinglicht, anstatt die soziale Konstruktion hinter der Idee von „Rasse“ und deren Konsequenzen in der echten Welt herauszufordern. Es handelt sich um einen Antirassismus, welcher der Ideologie des Rassismus nicht entkommt. Tatsächlich benötigt solch eine rassisierte Identitätspolitik für die eigene Existenz zwingend einen rassisierten Feind. Durch diese Verdinglichung von „Rasse“ und die Annahme einer rassischen Essenz, Reinheit und Authentizität bei den Siedlern wie auch bei den Einheimischen verharren beide Bevölkerungsgruppen in einem Zustand, der keinerlei eigenständige Handlungsmöglichkeiten gewährt, um sich zumindest im gemeinsamen Traum nach Freiheit und im gemeinsamen Streben nach deren Verwirklichung zu treffen.

Höchst aufschlussreich, obschon in eine Fußnote ihres Artikels verbannt, ist deshalb eine Behauptung, zu der sich Tuck und Yang noch versteigen: „Rassismus ist eine Erfindung des Kolonialismus“.[18] Während sie knapp einräumen, dass nicht alle Siedler weiß sind, beharren sie später darauf, dass es einen „kolonialisierenden Trick“ (offenbar seitens tatsächlich weißer Siedler) gäbe, um Immigranten, Flüchtlinge oder Zugezogene einer Quasi-Assimilation zu unterziehen – einer scheinbaren Einverleibung in ein Weißsein, das in jedem Moment rückgängig gemacht werden könne.

„Decolonization is not a metaphor“ versteht die Welt als Exportprodukt eines europäischen Kolonialprojektes, das in *white supremacy* gründe und das – zumindest im Kontext der

USA – als „Weiß-statt-Schwarz“-Rassismus gelte. Während der Kolonialismus zwar tatsächlich ein „integrales Moment“ in der Geschichte des Rassismus gewesen ist, wie der Rassismusforscher Robert Miles in Erinnerung gerufen hat, war es „die Verbindung zwischen der kapitalistischen Produktionsweise und dem Nationalstaat, nicht aber zwischen Kapitalismus und Kolonialismus“, die das „primäre Set an sozialen Beziehungen“ ermöglichte, „in denen der Rassismus gründet und in denen er seine ersten Auswirkungen gezeigt hat.“[19]

Die Geschichte des Zionismus als einer Nationalbewegung und einem Besiedlungsvorhaben, dessen Schicksal jedoch mit dem beispiellos genozidalen Antisemitismus des Holocaust verbunden war, wird so zugunsten einer Annäherung an den Zionismus über die „Judenfrage“ getilgt. Der Antisemitismus wird dabei zu einer Form von Rassismus degradiert – zu einem Rassismus, der sich gegen Juden richte –, zugleich aber in anderer Gestalt erneut eingeführt: nämlich als vermeintlich rassistische Waffe des Zionismus und Israels, die sich gegen die missliche Lage Palästinas richte – als angeblicher Rassismus der Juden.

Anmerkungen

1 Eve Tuck/K. Wayne Yang, „Decolonization is not a metaphor", in: *Decolonization: Indigeneity, Education & Society*, Vol. 1, Issue 1, 2012, S. 1-40, hier: S. 7.
2 Siehe dazu Camila Bassi, *Outcast. How Jews Were Banished from the Anti-Racist Imagination*, London 2023.
3 Eve Tuck/K. Wayne Yang, „Decolonization is not a metaphor", S. 5.
4 Ebd., S. 7.
5 Ebd.
6 Ebd., S. 6.
7 International Critical Geographies Group, „The Palestine Statement. Against Genocide, For Liberation and Return", 11.11.2023, https://intcriticalgeographiesgroup.wordpress.com (letzter Abruf: 01.01.2024).
8 Eve Tuck/K. Wayne Yang, „Decolonization is not a metaphor", S. 3.
9 Ebd., S. 1.
10 Ebd., S. 10.
11 Ebd., S. 19 (Hervorhebung im Original).
12 Ebd., S. 3.
13 Ebd., S. 3.
14 Ebd., S. 9.
15 Ebd., S. 35.
16 Ebd., S. 35 (Hervorhebung im Original).
17 Ebd.
18 Ebd., S. 4, FN 2.
19 Robert Miles, *Racism after ‚Race Relations'*, London 1993, S. 21.

Antizionismus, der identitätspolitische Fleischwolf der Gegenwart

Kathy Zarnegin

> „The complete lack of responses to the question ‚why aren't you protesting against the killing of millions of Muslims, committed by other Muslims?', CONFIRMS 100 % that the world couldn't care less about the deaths of women, children, and innocent people UNLESS Israel is involved."
>
> Jacques J. Lichtenstein

Der Zufall wollte, dass ich am 7. Oktober 2023 in Israel war. Früh morgens hatten mich brausende Geräusche von Flugzeugen und irgendwann auch ein Sirenenalarm geweckt. Ich war überrascht, dass niemand außer mir den Alarm gehört zu haben schien, da es eine Weile dauerte, bis die Familienmitglieder im Wohnzimmer zusammenkamen. So auch die 19-jährige Tochter meiner Gastgeber, die, obwohl sie ein freies Wochenende hatte – sie absolvierte gerade ihren Militärdienst –, in Uniform dastand und mir erklärte, warum sie sofort einrücken müsse. Es war der vierte Tag meines Aufenthaltes, an dem das Schreckliche geschah.

Ich bat um Erlaubnis, sie bei der Fahrt ins Landesinnere begleiten zu dürfen. Es war Schabbat, und an diesem Tag steht in Israel alles still: Es fahren so gut wie keine öffentlichen Verkehrsmittel, und bis auf wenige Ausnahmen gibt es keinen Restaurantbetrieb. Auf den Straßen waren nur wenige Autos unterwegs, und man sah bereits die Spuren eingeschlagener Raketen. Hier und da säumten brennende Bäume die

Straße, und ab und zu tauchten in der Ferne Rauchschwaden auf. Der Krieg hatte begonnen.

Wer schon einmal in Israel gewesen ist, kennt die massiven, im übrigen Westen unbekannten Sicherheitsvorkehrungen im Alltag: Es gibt so gut wie keine Briefkästen mehr, in die man einen Brief einwerfen könnte; vor jedem Einkaufszentrum sitzt Sicherheitspersonal, das die Handtaschen kontrolliert; jeder Gang zu einem Schalter – egal, ob es sich dabei um die Post, um eine Bank oder um eine Apotheke handelt – benötigt eine digitale Anmeldung, bei der man seine Handynummer hinterlässt (was den Behörden ermöglicht, jede Person jederzeit aufzuspüren). Fragt man einen Israeli nach dem Weg, hat niemand eine Antwort. Im Kriegsfall wird alles nur noch drastischer: Das Misstrauen vor allem gegenüber Menschen, die die Landessprache nicht sprechen, nimmt in solchen Zeiten ein paranoides Ausmaß an – noch dazu, wenn man mit einem Rucksack oder einer größeren Tasche unterwegs ist. Das alles musste ich täglich erleben, dass selbst Busfahrer mir nicht sagen wollten, in welche Richtung sie fuhren. All dies ist nicht nur den Kriegen geschuldet, die das kleine Land seit der Staatsgründung 1948 bedroht haben: Es ist der Preis, den der Staat Israel für seine Existenz zu bezahlen hat – und tragischerweise vermutlich immer zu bezahlen haben wird.

Kein Staat wie alle anderen

Die Katastrophe des 7. Oktober 2023 wirft viele Fragen auf. Die eine betrifft den Zeitpunkt des Pogroms: Das Land war zuvor über Monate von heftigen Demonstrationen gegen seinen Ministerpräsidenten und gegen die konservativ-religiösen Kräfte aufgewühlt worden. Nach außen ging es um die Unabhängigkeit der Justiz, tatsächlich aber um mehr. Die laizistischen, links orientierten Milieus und Gruppierungen sehn(t)en sich nach einem „normalen" Land, das keine Kriege mehr führt. Wer einmal das Gesicht von Kindern gesehen hat, die bei heulendem Sirenenalarm im Bunker Schutz suchen müssen, versteht diesen Wunsch auf Anhieb. Und wer sich mit der Macht der Geheimdienste – zumindest mit dem, was davon erfahrbar ist – beschäftigt hat, weiß auch, dass sich diese Instanz in Israel wie in nahezu allen demokratischen Staaten der Justiz entzieht, so dass der zivilgesellschaftliche Kampf um die Unabhängigkeit der Richter einen Pro-forma-Kampf dargestellt hat, bei dem es trotzdem um die Sicherung der Demokratie ging. Die Hoffnung auf einen dem Friedensprozess zugewandten Staat ist nachvollziehbar, doch alles spricht dafür, dass die geopolitische Lage Israels eine ständige militärische Interaktion in der Region erfordert.

Eine andere und oft gestellte Frage lautet: Wie konnte dieses Massaker die sagenumwobenen israelischen Sicherheitsinstanzen (Shin Beth und Mossad) überhaupt entgehen? Bislang gibt es keine befriedigende Antwort, die das Versagen dieser Apparate der Welt erklären könnte.

Die entscheidende Frage bleibt aber die nach der antizionistischen Welle, die die Welt seither ergriffen hat. Bevor ich dieser nachgehe, möchte ich kurz ein paar Punkte beleuchten: Einer davon ist „Identitätspolitik". Sie drängt sich in diesem Zusammenhang unweigerlich auf, zumal die manifeste, gelebte gesellschaftliche Pluralität des jüdischen Staates bemerkenswerterweise keine große Rolle zu spielen scheint, wenn identitätspolitische Aktivisten im Westen gegen die angebliche „Kolonialmacht" Israel agitieren, in der sie vor allem einen Unterdrücker sehen, während ihnen die Palästinenser in dieser manichäischen Logik vor allem als Unterdrückte gelten.

Israel ist ein Einwandererland, jeder Jüdin und jedem Juden auf der Welt steht das Recht zu, dorthin zurückzukehren (*right of return*), so dass das Land, das sich über die Religion definiert, im Innern viele kulturelle Unterschiede aufweist. Juden aus aller Welt haben in Israel eine Heimat gefunden, und der Staat tut sehr viel dafür, die Einwanderung aufrechtzuerhalten. Hinzu kommt, dass manche Segmente dieser auch politisch recht heterogenen Gesellschaft (im israelischen

Parlament sind seit Jahrzehnten Dutzende Parteien vertreten gewesen) ohne auswärtige Hilfe gar nicht existieren können, weswegen viele AusländerInnen in Israel langfristige Arbeitgeber gefunden haben: Die Pflege der Kranken und Alten ist in philippinischer Hand, die Ernte wird von thailändischen oder chinesischen Hilfsarbeitern besorgt – von denen am 7. Oktober Dutzende ermordet oder entführt wurden –, und ohne Araber (von denen viele ohnehin israelische Staatsangehörige sind) wäre die Medizin bzw. das Gesundheitswesen nicht zu bewältigen. Obwohl das Land eindeutig „diverser" ist als die weitaus homogeneren Gesellschaften seiner Nachbarstaaten, wird dieser Aspekt von den antizionistischen Antirassisten im deutschsprachigen Raum vollständig verschwiegen.

Trotz dieser Heterogenität sind die identitätsstiftenden Elemente im Staat stärker: Das Judentum und die Verbundenheit mit dem Staat Israel überstrahlen jede noch so große Differenz im Lande, wie der Krieg gegen die Hamas eindrücklich vor Augen führt. Aber auch der Kitt zwischen Religion und Staat ist ein verbindendes gesellschaftliches Element. Das Militär ist in Israel keine Nebensächlichkeit. Der jüdische Staat ist *par la force des choses* derart mit dem Militärwesen verwoben, dass man sie nicht voneinander trennen kann. Zahlreiche junge Israelis, die im Ausland leben, sind nach Kriegsausbruch sofort freiwillig in ihre Heimat zurückgekehrt, um zu kämpfen. Doch die dringend notwendige militärische Stärke und Präsenz haben einen hohen Preis, was den meisten Israelis bewusst ist: Die Abhängigkeit von den Vereinigten Staaten und von anderen westlichen Ländern, die dem Land verteidigungstechnisch und ökonomisch beistehen – etwas, was Israel von antizionistischen Aktivisten besonders angelastet wird.

Die nationale Allianz äußert sich in Kriegszeiten auch durch Selbstbezüglichkeitssymbole und vereinheitlichende Zeichen, die überall implementiert werden. Im ganzen Land wehen seit Kriegsbeginn israelische Fahnen, die nicht nur vom Staat gehisst, sondern auch von Privatpersonen auf Balkonen oder an Autos und an Motorrädern angebracht wurden. Dass die meisten Menschen sogar nach den ersten 30 Tagen, die auf den Terrorangriff folgten, schwarz trugen, zeigt die Verbundenheit in Trauer. Auch die Regierung kleidete sich im Einklang: Ministerpräsident Benjamin Netanyahu trat genauso wie alle anderen Politiker von Anfang an in Schwarz an die Öffentlichkeit. Beim Beginn der Verhandlungen mit der Hamas lockerte sich der Dresscode allerdings, und am zweiten Abend der Geiselfreilassungen umgaben sich alle – der Ministerpräsident wie die Fernsehjournalisten – mit der ikonischen Landesfarbe, Blau. Der Krieg und die Trauer folgen einer Choreografie. Deren Repräsentation wird nicht dem Zufall überlassen, zumal diese für die Israelis und die meisten JüdInnen auf der Welt kein Mysterium darstellt: Außenstehende können es schlecht nachvollziehen, wenn in Israel gesagt wird, dass Israel eine große Familie ist.

Der terroristische Angriff der Hamas, bei dem an einem Tag etwa 1200 unschuldige Zivilisten brutal ermordet und 240 weitere – darunter viele Kinder und ältere Menschen – als Geisel genommen wurden, hatte die Konsequenz, dass die kurz davor noch ziemlich gespaltene israelische Gesellschaft wieder zu einer solidarischeren Einheit wurde. Derweil löste Israels rechtmäßige Verteidigung in Form eines Gegenangriffs (wobei es die Hamas ist, die bislang rund 10.000 Raketen auf Israel abgefeuert hat) jedoch eine schockierende, weltweite Welle an manifestem Antisemitismus und Antizionismus aus. Juden durchleben seither eine traumatische, nicht für möglich zu haltende Zeit. Woher kommt diese Wut, die ihnen und dem Staate Israel auf einmal entgegenschlägt? Und warum kommen auf einmal sämtliche „progressive" Positionen nicht ohne antizionistischen Einschlag aus?

Der diverse Antizionismus

Auf einmal? Antizionismus mag in jedem Kontext anders motiviert sein (der rechtsradikale hat andere Rechtfertigungen parat als der linke) und ist an sich nichts Neues. Es gibt sogar innerhalb der jüdischen Orthodoxie Positionen, die sich schon Ende des 19. Jahrhunderts gegen die zionistische Idee aussprachen, und die ultraorthodoxen Juden in Me'a Sche'arim in Jerusalem definieren sich heute noch als Antizionisten, was sie aber nicht zu Antisemiten macht. Offenbar eignet sich dieser Begriff, den nur ein schmaler Grat vom Antisemitismus trennt, dazu, um von unterschiedlichsten gesellschaftlichen Gruppierungen mit noch unterschiedlicheren ideologischen Anliegen in Anspruch genommen zu werden. Mit dem Einmarsch der israelischen Truppen in den Gaza-Streifen wurde die antisemitische Haltung vieler im Westen lebender Moslems zum politischen und publizistischen Thema, und damit auch einige lange tabuisierte Fragen, die leider zu selten gestellt und noch seltener befriedigende Antworten erhalten: Wer hat dafür gesorgt, dass so viele religiöse Fanatiker in Europa in den letzten zehn Jahren eine Heimat fanden? Und warum? Aus rein karitativen Gründen dürfte dies wohl kaum geschehen sein. Warum denken die gegenwärtig als Antizionisten aktiven Gruppierungen, die etwa „*Free Palestine from German guilt*" skandieren, nicht daran, dass der Holocaust ein deutsches Projekt und eine europäische Tragödie war und nicht eine moslemische? In der Schweiz wurden die Aktivitäten der Hamas erst knapp 50 Tage (!) nach Kriegsbeginn verboten, während das Rote Kreuz bereits die ersten Geiseln empfing. Warum fragt niemand danach, was mit den 30 Millionen Euro, die allein die Eidgenossenschaft den Palästinensern bis 2024 zukommen ließ, wirklich geschieht? Warum möchte niemand wissen, welche Firmen und Hintermänner die Aufträge für die Sanierungsarbeiten in den Kriegsgebieten des Nahen Ostens (wie auch sonst wo) erhalten? Warum möchte niemand wissen, welche europäischen Länder vom instabilen Zustand der Region profitieren? Überall ist zu lesen, dass die mächtige Hizbollah in Libanon seine Waffen vom Iran bekommt, aber niemand diskutiert die Frage, warum die westlichen Länder zur Etablierung des Mullah-Regimes beigetragen haben.[1] Warum hinterfragt niemand in den westlichen Demokratien deren Informationspolitik? Seit

Jahren beklagt Israel die Tunnel in Gaza (bisher wurden 1500 davon gezählt, wobei der längste vier Kilometer lang ist) und dass die Hamas die Bevölkerung und die dortigen Institutionen als Schutzschild benutzt – warum interessierten sich die ausländischen Medien kaum dafür? Wie unverlässlich die Angaben sind, zeigte sich bei der Explosion in einem Krankenhaus in Gaza, als eine Rakete des Islamischen Dschihads fehlzündete. Nachrichten aus aller Welt übernahmen in Windeseile die Hamas-Mär, wonach 500 zivile Todesopfer durch den israelischen Angriff zu beklagen seien, was zusätzlich von einer großen Anzahl an Social-Media-Konten weiterverbreitet wurde.[2] Daran zeigte sich, dass es deutlich einfacher ist, Israel als rücksichtslosen Okkupator zu verteufeln, als die Situation eines schwer traumatisierten Volkes zu verstehen, das seit der Shoah nichts anderes versucht, als das gerade in Deutschland vielbeschworene „Nie wieder“ zu leben – was keineswegs die vielen unschuldigen Todesopfer in Gaza rechtfertigen soll.

Die inzwischen allzu inflationär eingesetzten identitätspolitischen Vorwürfe („Rassist“, „kolonialistisch“, „transphob“ etc.) blockieren ergebnisoffene Diskussionen. Die Strategie, nicht mit Informationen oder Argumenten, sondern mit Unterstellungen zu agieren, ist infam, da diese Haltung den Raum eines Dialogs auf eine perfide Art verunmöglicht: Es handelt sich dabei nicht um das plumpe Redeverbot, das in undemokratischen Ländern praktiziert wird, sondern um etwas Raffinierteres, weil der Effekt des nachfolgenden Schweigens nicht durch ein Verbot, sondern durch eine Unterstellung hervorgebracht wird (niemand möchte mit rechtsradikalen oder regressiven Gruppierungen in eine Ecke gestellt werden). Wenn also antizionistische Aktivisten die militärischen Aktionen des israelischen Staates anprangern, sollten sie zunächst die Frage beantworten, warum sie ihre hehren Kriterien nicht auf ihr eigenes Land anwenden: Was verschafft ihnen die Gewissheit, dass westliche Länder ihren eigenen Interessen ohne blutige Verstrickungen nachgehen? Wenn der deutsche Staatspräsident der „Islamischen Republik“ ein Geburtstagstelegramm schickt, während die iranische Bevölkerung unter dem Terror-Regime leidet, und die deutsche Wirtschaft lukrative Aufträge in der Diktatur realisiert, macht sich Deutschland dann nicht auch Verbrechen schuldig? Warum hört man hierzu nie etwas von identitätspolitischen Aktivisten? Warum interessieren sich die Kritiker Israels nicht dafür, wieviel Gewinn ihre Länder allein durch Waffengeschäfte in den Kriegsgebieten erzielen? Nur weil die westlichen *Demokratien* Kriege und Konflikte auf fremdem Terrain provozieren, d. h. indirekt führen, oder solche tolerieren und sich zu Hause als Saubermänner inszenieren, heißt das nicht, daß sie nicht verstrickt sind.

Linke Opferliebe

Dass sich der Antisemitismus im Antizionismus verberge wie das „Gewitter in der Wolke“[3], wie Jean Améry bereits 1969 schrieb, ist mehrfach und ausführlich für das 21. Jahrhundert nachgewiesen worden.[4] Dass der vermeintlichen „Kritik“ an Israel in vielen Fällen ein antisemitisches Motiv zugesprochen werden darf, beweist sich schon daran, dass die glühende Empörung, die dem jüdischen Staat seit Jahrzehnten von Generationen an Aktivisten entgegengebracht wird, in keinster Weise mit der Aufregung korrespondiert, wenn es um andere Länder geht.

Juden waren stets Opfer der Geschichte und haben sich doch immer und immer wieder, noch unter feindlichsten Umständen, selbst behauptet, was im nationalen Mythos einen großen Platz einnimmt – siehe die Choreografie der Trauer nach dem 7. Oktober in Israel. Doch aufgepasst: Diese ritualisierten Momente des Gedenkens haben etwas mit der zentralen Bedeutung der Erinnerung in der jüdischen Kultur zu tun. Jüdische Identität ist geprägt von einer Kultur der Erinnerung.

Die Staatsgründung Israels geschah vor dem Hintergrund der nationalsozialistischen Ermordung der Juden Europas.

Daran werden sich die Juden in aller Welt, ganz besonders aber die in Israel, immer erinnern. Von einem Opfer erwartet man unbewusst, dass es Opfer bleibt. Ein Opfer, das seine „Rolle“ abstreift, um wie in der antisemitischen Projektion zum „Täter“ zu werden, löst Aggressionen aus. Der jüdische Staat ist selbstbewusst, dynamisch und schreckt vor nichts zurück – nicht einmal davor, zur Selbstverteidigung die Bastionen seiner Feinde auf „fremdem Territorium“ dem Erdboden gleichzumachen, was unweigerlich auch zivile Opfer fordert. Israel entspricht deshalb in keiner Weise der Vorstellung, die sich insbesondere paternalistische Linke von Juden als Opfer machen. Ich vermute, dass bei einigen Empörten nicht in erster Linie klassischer Antisemitismus im Fokus steht, sondern die Enttäuschung über den Rollenwechsel des einstigen „Opfers“, das Linke so gerne tätscheln. Vielleicht würden sie bei einer anderen Gruppe mehr Gnade und Mitgefühl zeigen, aber es sind eben Juden, die ihnen die unbequeme Wahrheit vorhalten, dass man bei existenzieller Gefahr zur Selbsterhaltung auch über Leichen geht, wenn es sein muss.

Antisemitismus hat es schon immer gegeben. In verschiedenen Kontexten, gepaart mit unterschiedlichsten Begründungen. Der antisemitische Diskurs, der seit der Shoah nicht mehr in seiner traditionellen Form salonfähig ist, tritt neuerdings häufiger als eine Art politischer Einspruch auf, der im Zionismus als eine künstliche Schöpfung des Westen eine rassistische, imperialistische und kolonialistische Macht sieht, womit er – vielleicht ungewollt – genau dort anschließt, wo der Antisemit vor dem Zweiten Weltkrieg stand: Agierte für diesen der Jude im Zentrum eines weltweiten Komplotts, der den Krieg mit sich bringen würde, sieht der zeitgenössische Antisemit, der zum Antizionisten konvertiert ist, den Staat Israel als das Gravitationszentrum einer planetarisch organisierten zionistischen Verschwörung mit blutigen Ambitionen auf dem Weg zu einem Dritten Weltkrieg.[5]

Dem ägyptischen Pharao gefielen die Israeliten nicht, weswegen er sie zur Sklaverei zwang; die Kirche sah den Juden als

Mörder Christi und erklärte ihn zu ihrem exklusiven Dauerfeind; dass der Kapitalismus seine Erfindung sein soll, wird noch immer von vielen geglaubt; zwischenzeitlich war der Jude auch für den Bolschewismus verantwortlich; bei den heutigen Linken wird der Zionismus als eine neue, mächtigere und angeblich hinterhältigere Form des Imperialismus stigmatisiert (wobei als Konsequenz der jüdische Staat als illegitim erklärt wird); in queeren Zusammenhängen schließlich wird Israel vorgeworfen, mit seiner offenen LGBT-Politik von der vermeintlichen Unterdrückung der Palästinenser abzulenken und damit *Pinkwashing* zu betreiben – Antisemitismus bzw. sein neuer Avatar Antizionismus verwursten als Fleischwolf der Geschichte alles Üble, was auf der Welt passiert, und schieben die Verantwortung Israel zu. Tragisch ist dabei nur, dass selbst dann, wenn der jüdische Staat alles täte, die von seinen Feinden gestreuten Gerüchte zu widerlegen, dies vermutlich nur weitere Vorwürfe zur Folge haben würde.

Anmerkungen

1 Als der Schah von Persien Anfang 1979 das Land verließ, erlaubten ihm keine seiner einstigen europäischen Freunde die Landung auf einem ihrer Flughäfen. Khomeini hingegen kam aus dem französischen Exil mit einer Air France-Maschine aus Paris nach Teheran angeflogen. Heute ist der französische Autohersteller Peugeot der Hauptpartner bei der Produktion des iranischen Autobauers Khodro, der im Jahr durchschnittlich eine Million Fahrzeuge herstellt.

2 Vgl. Sophia Khatsenkova, „Krankenhaus-Angriff in Gaza sorgt für ‚Fake News'-Flut auf Social Media", euronews.com, 20.10.2023, https://de.euronews.com/my-europe/2023/10/20/krankenhaus-angriff-in-gaza-sorgt-fur-fake-news-flut-auf-social-media (letzter Abruf: 16.12.2023).

3 Jean Améry, „Der ehrbare Antisemitismus", in: *Die ZEIT*, Nr. 30/1969, 25.07.1969.

4 Siehe dazu die Beiträge in Vojin Saša Vukadinović (Hg.), *Freiheit ist keine Metapher. Antisemitismus, Migration, Rassismus, Religionskritik*, Berlin 2018; Ingo Elbe et al. (Hg.), *Probleme des Antirassismus. Postkoloniale Studien, Critical Whiteness und Intersektionalitätsforschung in der Kritik*, Berlin 2022.

5 Georges Bensoussan macht in einem Beitrag, der dem Antizionismus und Antisemitismus in Frankreich gewidmet ist, auf die Bücher von Céline – *Bagatelles pour un massacre* (1937) und *L'école des cadavres* (1938) – aufmerksam, siehe „Négationnisme et antisionisme: Récurrences et convergences des discours du rejet", in: *Revue d'Histoire de la Shoah*, Vol. 166, No. 2/1999, S. 76-88.

Politik und politischer Handlungsbedarf

Der 7. Oktober – Eine Zäsur für Israel, den palästinensisch-israelischen Konflikt und für Deutschland

Aras-Nathan Keul

Am 7. Oktober sind so viele Jüdinnen und Juden an einem Tag ermordet worden wie seit der Shoah nicht mehr. Schon der Umstand, dass Israel das einzige Land auf der Welt ist, dem es übelgenommen wird, sich gegen den Terror zur Wehr zu setzen, beweist, an welchen Doppelstandards der jüdische Staat gemessen wird. Dieses Pogrom hat gezeigt, dass antisemitischer Hass und Gewalt gegen Jüdinnen und Juden immer wiederkehren können und Antisemiten genau das umsetzen wollen, was sie ankündigen – es sei denn, man hindert sie daran.

Zum Stand der deutsch-israelischen Beziehungen nach dem 7. Oktober

Wie Deutschland sich außenpolitisch gegenüber Israel verhält, hat auch einen Einfluss auf den Antisemitismus hierzulande. Auf politischer Ebene sind die deutsch-israelischen Beziehungen auch nach wie vor gut: Seit Jahren arbeiten die Regierungen, Sicherheitsbehörden, Streitkräfte, Wirtschaft und Wissenschaft eng und vertrauensvoll zusammen. Doch obwohl Deutschland nach den USA in der westlichen Welt der zweitwichtigste Partner Israels ist, hält sich die Bundesregierung stark zurück, was ein Eintreten für Israels Sicherheit auf dem internationalen Parkett anbelangt. Dies spiegelt sich neben dem Umgang mit der Islamischen Republik Iran vor allem bei den Vereinten Nationen wider, wo sich Deutschland oftmals bei antiisraelischen Abstimmungen enthält oder gar mitstimmt – mit dem vorgeschobenen Argument, man müsse auch zu anti-israelischen Regierungen gute Beziehungen pflegen und könne so noch schlimmere Anträge verhindern –, anstatt klar Position zu beziehen. Dass auch beides geht, zeigen die USA, die in der UN verlässlich an der Seite Israels stehen und dennoch in der arabischen Welt enge strategische Partnerschaften unterhalten.

Hinzu kommt ein Kulturrelativismus unter einigen Entscheidungsträgerinnen und Entscheidungsträgern, der von der Idee geleitet wird, Menschenrechte seien nicht unteilbar und gelten nicht für jeden Menschen gleich. Es ist dieses Denken, das dazu führt, dass Diktaturen als Stabilitätsfaktoren wahrgenommen werden und daher jede Freiheitsbewegung in diesen Ländern wie etwa der revolutionäre Prozess in Iran zunächst als Gefahr für Deutschlands Interessen betrachtet wird.

Dieser Kulturrelativismus bedeutet auch Verständnis für die erklärten Todfeinde Israels. Bis 2023 war Deutschland der wichtigste Handelspartner der Islamischen Republik Iran in Europa. Als der revolutionäre Prozess in Iran im Herbst 2022 einen vorläufigen Höhepunkt erreichte, hieß es aus der Außenpolitik, diese Freiheitsbewegung habe gar keine Chance und man solle sich nicht in interne Angelegenheiten anderer Länder einmischen – was übrigens niemand erwartete. Die Forderung der Menschen in Iran an uns war, unsere Unterstützung für ihre Unterdrücker zu beenden. Zwar sind die Machthaber in Teheran momentan scheinbar relativ gefestigt, doch das gerade auch, weil Deutschland es weiterhin nicht wagt, eine nachhaltige, menschenrechtsgeleitete und die Realität anerkennende Iran-Strategie zu entwickeln und für die Islamische Republik schmerzhafte Sanktionen durchzusetzen. Das betrifft insbesondere den Ölhandel mit China, über den sich die Mullahs und die Islamische Revolutionsgarde (IRGC) wesentlich finanzieren, aber auch den Waffenhandel mit Russland. Gäbe es diese nicht – und die internationalen Möglichkeiten dafür, ihn stark einzuschränken, sind vorhanden –, könnte ein bereits existierender Riss in der iranischen Führungselite verstärkt werden, der einen internen Bruch zur Folge haben könnte. Dass die Islamische Republik unterdessen Israel immer wieder mit Vernichtung droht und über die IRGC sowie über ihre Stellvertreter in der Region an der Vernichtung Israels arbeitet, wird in Deutschland schlichtweg nicht ernst genommen. Denn die Führungsriege der Islamischen Republik weiß, wie sie im Westen auftreten und was sie dort sagen muss, um als „moderat“ wahrgenommen zu werden, und welche tatsächlichen Ziele man in Gesprächen mit westlichen Vertretern besser nicht erwähnt oder über die man auf Englisch lügt und auf Farsi die Wahrheit sagt. Hassan Rouhani etwa, der als *„friendly face of terror“* bekannte ehemalige Präsident der Islamischen Republik, und sein Außenminister Javad Zarif haben auf die Frage, ob die Islamische Republik Israel wirklich vernichten wolle, sinngemäß geantwortet, dass man die Antwort hierauf den Palästinensern überlassen würde. Was das bedeuten würde, ist allen, die es sehen wollen, am 7. Oktober unmissverständlich vor Augen geführt geworden. An den Situationen unter anderem in Syrien, im Libanon, in Gaza, in der Westbank und im Jemen, wo die Quds-Einheit der Islamischen Revolutionsgarde Terror-Gruppen unterstützt, die die jeweiligen Länder erfolgreich in Failed States verwandeln, zeigt sich, dass die Islamische Republik andere die Drecksarbeit ausführen lässt und selbst aus sicherer Entfernung mit Geld, Waffen, Ausrüstung, Ideologie und Know-How unterstützt.

Vertreter und Anhänger der Islamischen Republik und der IRGC sowie deren Angehörige fühlen sich auch in Deutschland wohl. Immer wieder lassen sich etwa hochrangige Vertreter in Deutschland operieren, die Kinder genießen mit den Geldern des Regimes einen freien und westlichen Lebensstil und Agenten können ungestört Oppositionelle einschüchtern. Zudem operieren noch immer iranische Banken in Deutschland. Auch das Netzwerk der Hisbollah kann in Deutschland Geldwäsche betreiben und Spenden für den Kampf gegen Israel sammeln. Wie groß der Einfluss der Islamischen Republik genau ist, ist nicht bekannt und auch schwer, genau zu benennen, da die Behörden zum Teil schlecht ausgestattet sind und nicht die Befugnisse haben, um dies herauszufinden und entschieden dagegen vorzugehen.

Falsche Freunde der Palästinenser

Im Zuge des Unabhängigkeitskrieges Israels im Mai 1948, bei dem mehrere arabische Staaten den gerade erst gegründeten jüdischen Staat vernichten wollten, verließen etwa 750.000 dort lebende Araber das vormalige britische Mandatsgebiet – weil sie vertrieben wurden, fliehen mussten oder weil sie sich in der Annahme, der jüdische Staat könne den arabischen Angriffskrieg nicht gewinnen, vermeintlich temporär in der weiteren Region absetzten. Israel schaffte das Unmögliche und hielt der Attacke der Armeen Ägyptens, Libanons, Syriens, Transjordaniens, Iraks und Saudi-Arabiens stand.

Für diese 750.000 Menschen gründeten die Vereinten Nationen auf Druck der arabischen Länder ein eigenes Flüchtlingswerk: die United Nations Relief and Works Agency (UNRWA). Die arabischen Staaten wollten der Welt somit signalisieren, dass sie diese Flüchtlinge nicht aufnehmen würden, sondern dass diese Menschen in einen arabischen Staat zwischen Jordan und Mittelmeer zurückkehren würden – sprich: dass sie darauf setzen, dass Israel vernichtet wird. Die betroffenen Flüchtlinge aus dem ehemaligen britischen Mandatsgebiet Palästina wurden damit zu einem Faustpfand gegen den jüdischen Staat. Und noch heute arbeitet die UNRWA auf Grundlage dieses völlig unrealistischen und anti-israelischen Anspruchs. Im Gegensatz zu jedem anderen Flüchtling auf der Welt wird der Status jedes Menschen, für den die UNRWA zuständig ist, weitervererbt – mittlerweile in der fünften oder sechsten Generation. Sie sind zum Teil staatenlos, und ihre Zahl ist inzwischen auf 5,9 Millionen Menschen angewachsen. Würden diese nach Israel „zurückkehren", wäre dies das Ende des jüdischen Staates. Für die Nachkommen dieser Flüchtlinge sorgt diese Flüchtlingsdefinition dafür, dass sie in zahlreichen arabischen Ländern keine staatsbürgerlichen Rechte haben, dort zum Teil nicht arbeiten und keine Häuser bauen dürfen – obwohl sie dort seit Generationen leben. Eine Ungerechtigkeit, die die falschen Freunde der Palästinenser nicht interessiert. Denn für sie zählen Palästinenser nur, wenn diese leiden oder gegen Israel kämpfen.

Das Mandat der UNRWA ist deshalb eines der Grundprobleme, das den Konflikt zementiert. Auch die UNRWA als Organisation ist ein Friedenshindernis, da sie Lehrer einstellt, die etwa das Massaker der Hamas am 7. Oktober gefeiert haben, da in ihren Schulen von der Hamas unbehelligt Waffen lagern konnten und da sie Lehrmaterialien benutzt, die von Antisemitismus, Hass auf Israel und der Glorifizierung von Terroristen durchtränkt sind. All diese grundlegenden Probleme sind mit einzelnen Reformen nicht in den Griff zu bekommen.

Daraus muss folgen, dass die Aufgaben der UNRWA an staatliche Stellen – dort, wo die Menschen leben – übertragen werden und diese Menschen dort Staatsbürger werden müssen, wo sie jeweils leben. Vor allem braucht es ein Ende der Illusion, dass 5,9 Millionen arabische Muslime jemals nach Israel „zurückkehren" würden. Die Palästinenser brauchen Rahmenbedingungen, um an der Seite Israels demokratische, rechtsstaatliche, säkulare und überlebensfähige Strukturen aufzubauen. Deutschland hat im Jahr 2022 über 202 Millionen Euro an die UNRWA gezahlt und ist damit nach den USA mit großem Abstand der zweitgrößte Geldgeber. Ein Einfluss, den die Bundesregierung bislang nicht nutzt, um zu einem dauerhaften Frieden und Eigenverantwortung in der palästinensischen Führung beizutragen.

„Nie wieder" – Floskel oder Anspruch?

In Deutschland war „Nie wieder" vor allem auf die Vergangenheit bezogene Selbstvergewisserung und galt nie der Frage, was Antisemitismus eigentlich war und ist, wie er sich historisch gewandelt hat und wie er in der Gegenwart fortbesteht. Das ist auch der Grund, warum Israels Sicherheit als Deutschlands Staatsräson zum Teil nach hohler Phrase klingt: Die Gegenwart des Antisemitismus, lebendiges Judentum und Israel als Land spielen in dieser Hinsicht selten eine Rolle. Die Mehrheit der Deutschen kennt Juden nur von Schwarz-Weiß-Bildern aus dem Geschichtsunterricht – nicht aber als reale, lebende und handelnde Menschen, deren Meinung auch mal unbequem sein kann. Das ist nicht nur der zeithistorische Hintergrund, vor dem die aktuellen Auseinandersetzungen in Deutschland geführt werden, sondern auch das nach wie vor herrschende Grundproblem der Bekämpfung des Antisemitismus.

Der Gradmesser für Anspruch und Wirklichkeit von „Nie wieder" lässt sich anhand der Antwort auf die Frage erahnen, wer sich in Deutschland gerade sicher und wohlfühlt: Diejenigen, die von Antisemitismus bedroht sind, oder diejenigen, die praktisch ohne Konsequenzen ihren antisemitischen Hass äußern können? Der Staat kann und muss hier mehr tun, damit Antisemiten es sich zehnmal überlegen, bevor sie im Internet Hass verbreiten oder Juden auf der Straße anpöbeln. Das ist nicht das Ende der Meinungsfreiheit, sondern Intoleranz gegenüber den Intoleranten. Der deutsche Staat und die deutsche Linke haben dieses Problem lange nicht ernst genommen, weil die antisemitischen Sprüche nicht auf Sächsisch, sondern auf Arabisch gerufen werden – dieser Kulturrabatt ist ein geistiges Armutszeugnis.

„We don't need no education!"

Besondere Aufmerksamkeit erfordert in diesem Zusammenhang die Gen Z, die ganz anders als alle Generationen vor ihr primär online an Informationen gelangt, die nur selten journalistischen Mindeststandards entsprechen und sich dort eine Meinung bildet. Durch ein nebenbei produziertes TikTok-Video können Millionen erreicht, von antisemitischen Lügen überzeugt und stark emotionalisiert werden. Der Antisemitismus auf den Sozialen Medien ist so seit dem 7. Oktober explodiert. Hier allein mit nüchternen Fakten, Vorträgen und Sammelbänden dagegenzuhalten, ist naiv.

Die Normalisierung des Antisemitismus verläuft wesentlich über einen emotionalen Bezug, weswegen es auch emotionale Maßnahmen braucht, um hier gegenzusteuern. Heranwachsende – besonders mit arabischem und muslimischem Migrationshintergrund – brauchen einen positiven und empathischen Zugang zu Israel. Das kann über Vorbilder geschehen, mit denen sie sich identifizieren können und die zumindest nicht negativ gegenüber Israel eingestellt sind – die bisherigen Vorbilder aus Kunst, Medien und Sport sind hingegen Brandbeschleuniger des Antisemitismus. Auch in den Schulen muss fächerübergreifend über Israel gesprochen werden, damit sich auch ein besseres Verständnis für Israel ergibt – auch unabhängig vom Konflikt mit den Palästinensern. Auch ein deutsch-israelisches Jugendaustauschwerk, das jeder Schülerin und jedem Schüler die Möglichkeit bietet, einmal nach Israel zu reisen und das Land und die Menschen kennenzulernen, ist zentral.

Der Kampf gegen Antisemitismus sollte nicht Aufgabe der Jüdinnen und Juden sein, sondern besonders der Gruppen, die damit die größten Probleme haben – auch um ihrer eigenen Glaubwürdigkeit willen. Die größte Enttäuschung sind hier die islamischen Verbände in Deutschland, die entweder zum 7. Oktober geschwiegen haben oder sich erst zu Wort meldeten, als Israel militärisch auf die Hamas reagierte. Besonders die von islamistischen Regierungen kontrollierten Religionsbehörden mit politischer Agenda heizen den Hass an. Zu lange wurden religiöse Vereine mit politischer Agenda auch noch staatlich gefördert, wie man am Beisipiel des Islamischen Zentrums Hamburg sehen kann. Dieser laut Verfassungsschutz islamistische Verein, in dem das Weltbild der Islamischen Republik beliebt ist, war jahrelang Ansprechpartner für Fragen der Schulbildung und Teil des Staatsvertrags mit der Freien und Hansestadt Hamburg. Er wird vom Verfassungsschutz beobachtet, gilt als islamistisch und ist seit November 2023 Ziel bundesweiter Ermittlungen.

Was tun?

Das deutliche Hervorbrechen des Antisemitismus im öffentlichen Raum besonders seit dem 7. Oktober muss ein Weckruf sein und bedarf dringend einer Reihe an Konsequenzen:

Erstens muss das Strafrecht politisch verschärft werden. Antisemiten müssen es sich zehnmal überlegen, bevor sie etwas Antisemitisches im Internet posten, auf der Straße brüllen oder Juden angreifen. Für diese Maßnahme muss selbstbewusst um Verständnis in der Bevölkerung geworben werden.

Zweitens müssen bei der Ausbildung der Lehrerinnen und Lehrer und an Schulen die Lehrpläne geändert werden. Antisemitismus, gerade in seinen gegenwärtigen Formen, muss Unterrichtsthema werden. Zudem müssen Schülerinnen und Schüler die Möglichkeit haben, nach Israel zu reisen und neben dem Geschichtsunterricht auch lebendige Juden kennenzulernen.

Drittens muss bei der Vergabe staatlicher Förderung anhand der IHRA-Definition von Antisemitismus sowohl im Inland als auch über das Bundesministerium für Wirtschaftliche Zusammenarbeit und Entwicklung (BMZ) und das Auswärtige Amt (AA) ins Ausland garantiert werden, dass kein Cent an Antisemitismus geht. Besonders bei Zahlungen in die Gebiete der palästinensischen Autonomiebehörde können nicht immense Beträge im guten Glauben allein fließen, sondern es muss berücksichtigt werden, inwiefern die Zahlungen zum Frieden mit Israel beitragen und von unabhängiger Stelle gemeinsam mit israelischen Behörden geprüft werden. Kulturrelativismus, der Teile der deutschen Außen- wie Innenpolitik noch immer prägt und „Kulturrabatt" für Hass gegen Israel duldet, ist ein großes Friedenshindernis.

Der Kampf gegen Antisemitismus ist kein Sonntagsspaziergang, sondern ein Kampf, der – wenn er konsequent geführt wird – auch auf Gegenwehr stößt. Doch ein „Weiter so!" ist spätestens nach dem 7. Oktober nicht mehr möglich.

Sollten Gewerkschaften bei Antisemitismus wirklich den ersten Stein werfen?

Cem Erkisi

Nach dem 7. Oktober 2023 wurden die üblichen Lippenbekenntnisse, dass Deutschland stets auf Israels Seite stehen werde, von ersten politischen Maßnahmen wie dem Betätigungsverbot für Hamas und Samidoun flankiert. In Berlin überschlugen sich derweil die Ereignisse, was den Umgang mit Antisemitismus anbelangt. Fördermittel wurden eingefroren, im Kulturbetrieb herrschte großer Aufruhr und auch an den Hochschulen passierte Unglaubliches. Während all dies viel mediale Aufmerksamkeit nach sich zog, sind die Entwicklungen in den Gewerkschaften bislang noch nicht näher beleuchtet worden. Dabei sieht man mittlerweile auch dort, wie eine bestimmte gesellschaftliche Institution von der allgemeinen destruktiven Logik des Antisemitismus erfasst wird.

Die großen Gewerkschaften des Deutschen Gewerkschaftsbundes haben sich nach dem 7. Oktober unmissverständlich positioniert und das Verbrechen der Hamas auf Israel wahrnehmbar auf all ihren Kanälen in den Sozialen Medien als das benannt, was es ist: als einen Terrorangriff. Die Gewerkschaft Erziehung und Wissenschaft (GEW) erklärte sich auf Bundesebene klar und direkt mit zwei israelischen Schwestergewerkschaften aus dem Bildungsbereich solidarisch. Die Bundesebene verbreitete auf Initiative der Bundesvorsitzenden der GEW, Maike Finnern, ein starkes Statement. Für den Schulunterricht ist Infomaterial zusammengestellt worden, was nicht nur ein wichtiges Signal, sondern auch eine realistische Einschätzung dessen ist, was in Deutschlands Klassenzimmern bevorstehen dürfte.[1]

Allerdings ist nicht jeder im Bundesvorstand von dieser Arbeit überzeugt. Finanzchef Nick Strauss etwa zeigt sich auf Gewerkschaftstagen gerne mal im Palituch. In Diskussionen legitimiert er seine Kritik an Israel damit, dass er sich als Jude nicht von Deutschen vorschreiben lassen möchte, wie er über Israel zu reden habe. Eine öffentliche Verurteilung des Hamas-Terrors sucht man bei ihm vergeblich. Gleichgesinnt scheinen einzelne Landesverbände der GEW zu sein, die sich in ihren öffentlichen Statements nach dem 7. Oktober weniger deutlich zeigten. Auch sie formulierten keine Stellungnahmen und signalisierten keinerlei Solidarität mit den israelischen Opfern des Terrorangriffs. Der Landesverband Bremen und der Landesverband Bayern etwa haben sich nicht bemüßigt gefühlt, auch nur einen Post hierzu aufzusetzen, obwohl sie auf ihren Kanälen recht aktiv sind und ansonsten zu gesellschaftspolitischen Debatten über Extremismus und Diskriminierung beitragen. Einen Terrorangriff mit 1400 Toten, unzähligen Vergewaltigungen und hundertfachen Geiselnahmen scheinen sie jedoch vergessen zu haben. Der Landesverband Bremen organisierte bereits eine Abendveranstaltung mit Rolf Verleger, einem mittlerweile verstorbenen Verfechter der BDS-Kampagne. Der Landesverband Bayern wiederum versucht den Gewerkschaftstag der GEW dafür zu nutzen, Anträge gegen Israel durchzubekommen. Ein solcher wurde unbearbeitet an den Hauptvorstand überwiesen, kann jedoch als abgelehnt betrachtet werden.

Es macht den Eindruck, dass es vor allem Herrschaften waren, die sich heimlich über die Geschehnisse am 7. Oktober gefreut haben. Im Gegensatz dazu vertrat die weibliche Führungsebene im Bundesvorstand der GEW klar die Linie der Verurteilung des Terrorangriffs und solidarisierte sich mit Israel, vor allem aber mit den Opfern des Pogroms.[2]

Der linksradikale Nachwuchs

In Berlin geht es noch mal härter zu. Dort haben die Jugendorganisationen der Gewerkschaften Verdi und GEW ein Problem mit Unterwanderung, weil sie traditionell über eine

Untergruppe für Studenten verfügen. Dieser und anderen Gruppen ist es zu verdanken, dass die DGB-Gewerkschaften den Tarifvertrag für studentische Hilfskräfte an den Universitäten erfolgreich ausgebaut haben. So weit, so gut.

Mittlerweile ist diese studentische Gruppe der GEW Berlin aber von Linksextremisten unterwandert, die ein Problem mit Israel haben. Eine Person aus dieser Gruppe kandidiert für das Studierendenparlament der Freien Universität, zeigt sich auf dem Kandidatenfoto mit GEW-Weste und bekennt sich zur Mitgliedschaft.[3] Die Sachlage ist also, dass linke Kleingruppen mit revolutionären Umsturzfantasien[4] sich aufgrund ihrer Mitgliedschaft und weiteren Aktivitäten Gewerkschaftswesten anziehen können, um sich so bei höchst problematischen Veranstaltungen zu zeigen. Auch ein Aufruf zum Antiimperialismus, den die Gewerkschaften verfolgen sollten – was auch immer das in der Praxis bedeuten mag –, geht solchen Extremisten leicht über die Lippen.[5] Das Problem besteht nun darin, dass diese Aktivisten die Abschaffung des Staates Israel fordern, wofür sie natürlich die bekannte und unsägliche Parole mit dem Meer und dem Fluss verwenden, was dann dank der Gewerkschaftsmontur nach außen wie eine Repräsentanz der gesamten Gewerkschaft wirkt.

An der Humboldt-Universität zu Berlin kam es im November 2023 zu einem ähnlichen Vorkommnis, diesmal mit Warnwesten der Gewerkschaft Verdi. Diese wurde von einem Studenten getragen, der eine HU-Beschäftigte interviewte, die wiederum eine Kufiya über ihre Verdi-Warnweste geschlagen hatte.[6] Das mag unverfänglich wirken, es kommt aber auf die Inhalte an. In diesem Gespräch zu vernehmende Falschbehauptungen wie die, dass deutsches Steuergeld in Gaza Zivilisten töten würde, gehören vielleicht in den weltweiten Stammtisch der Sozialen Medien. Aber eine Gewerkschaft wie Verdi, die zusammen mit anderen Gewerkschaften Tarifverhandlungen für die öffentliche Verwaltung führt und mindestens dadurch staatstragend auftreten sollte, sollte sich aktiv gegen solche Mitglieder wehren.

Während es diese linken Kleingruppen gerade noch schaffen, nicht der radikalislamischen Hamas zuzujubeln, behaupten sie gleichwohl, dass Israel ein kolonialer Apartheidstaat sei. Womit wir auch schon bei der Identitätspolitik wären: Dass in der GEW oder bei Verdi inzwischen der Geist des Postkolonialismus eingekehrt ist, ist gar nicht so ungewöhnlich, denn die Gewerkschaften folgen darin den allgemeinen gesellschaftlichen Trends. Auf Funktionärsebene sind sie bereits von jenen postmodernen Ideen geprägt, in denen bekanntlich der Geist des Hasses auf Israel und die sich von den Universitäten den Weg in den Mainstream gebahnt haben. 2020 hat der in Südafrika lehrende Postkolonialismus-Vordenker und notorische Israel-Gegner Achille Mbembe über die Frage, wie mit der deutschen Vergangenheit und der Schuldfrage umzugehen sei, eine vehemente Debatte ausgelöst. Als Vertreter der These, dass Israel ein Apartheidstaat sei, wurde er in Deutschland kritisiert und öffentliche Auftritte verhindert.[7] Dies war einer der wesentlichen Weckrufe für die kulturbetriebliche Szene, in welcher der Antizionismus Konsens ist. Die Aufregung um die Documenta Fifteen, auf der sich das indonesische Künstlerkollektiv Ruangrupa zwei Jahre später unter den Augen der deutschen Verantwortlichen auf Palästina als Objekt der Begierde gestürzt hat, war nicht minder lehrreich.[8] Das Aufbegehren weiter Teile der staatlich finanzierten Kulturszene gegen eine Antisemitismusklausel, die als Bedingung für weitere Finanzierungen Anfang 2024 eingeführt und rasch wieder abgeschafft wurde, reiht sich hier nahtlos ein.[9]

Der Meinungspluralismus als Falle

Wie kommen wir also von der Auswirkung und dem Einfluss von Postkolonialismus auf die Gewerkschaften?

Gewerkschaften wollen das eigene Denken der Mitglieder nicht unterbinden. Im Gegenteil, denn je mehr aktive Mitglieder sich einbringen, umso glücklicher sind diese Organisationen – was heißt, dass sie grundsätzlich für pluralistisches

Denken eintreten. Es ist aber genau dieser Pluralismus, welcher der postkolonialen Ideologie den Weg gebahnt hat, so dass die gewerkschaftlichen Jugend- und Studentengruppen inzwischen wilde Inhalte im offiziellen Gewand verbreiten können. Allerdings muss man der GEW wie Verdi anrechnen, dass ihre offiziellen Kanäle von diesen problematischen Gruppen nicht genutzt wurden beziehungsweise die Nutzung zum Zwecke der Verbreitung der hier genannten Inhalte untersagt blieb.

Allerdings ist es jederzeit möglich, dass aufgrund verschobener Mehrheitsverhältnisse und entsprechend gewonnenen Wahlen Personen Ämter in den Gewerkschaften bekleiden, denen der revolutionäre oder postkoloniale Gestus wichtiger ist als seriöse Gewerkschaftsarbeit. Ein Meinungspluralismus in der Pressestelle kann rasch durch eine bestimmte ideologische Linie ersetzt werden, die dann entsprechende Beiträge verbreitet. Die demokratischen Mitbestimmungsrechte und die Satzungen schränken diese Gefahr durchaus ein. Eine Gewerkschaft ist also nicht verloren, bloß weil in einer Wahlperiode auffällig revolutionär dahererzählt wird. Dafür braucht es aber breite überparteiliche demokratisch gesinnte Strukturen in der Institution. Diese demokratischen Strukturen gibt es glücklicherweise sowohl in der GEW als auch bei Verdi.

Linke Studenten drängen jedoch immer wieder in die Gewerkschaften und verlieren sich manchmal in einem Linksextremismus. Daher bleibt es dringlich, dass die Gewerkschaften nicht nur rechte Strukturen und Aktivitäten innerhalb ihrer Organisation beobachten sollten, sondern auch bei postkolonialer Rhetorik wachsam bleiben müssen. Als mahnendes Beispiel kann man die Berliner Finanzierung der Kulturszene anführen: Vor dem 7. Oktober gab es kaum bis wenig Projekte, die sich nicht irgendwie positiv auf den Postkolonialismus bezogen haben. Nach den erschreckenden Ereignissen und den (fehlenden) Bekenntnissen der Postkolonialen auf den Straßen Berlins haben die Projekte einen Etikettenwechsel vorgenommen – Antisemitismusbekämpfung ersetzte Postkolonialismus.

So einfach dürfen es die Gewerkschaften ihren problematischen Mitgliedern nicht machen. Streichung von Geldern, aber auch gewerkschaftsinterne Debatten über wirre Inhalte in Gewerkschaftswesten sind schnelle, pragmatische Möglichkeiten, um zu intervenieren. Ich bin mir sicher, dass Maike Finnern als auch Frank Wernecke mir an diesem Punkt zustimmen würden, damit die Gewerkschaften wieder in Ruhe sich auf ihr Hauptgeschäft konzentrieren können: die Arbeitsbedingungen in den Betrieben und der öffentlichen Verwaltung.

Anmerkungen

1 Vgl. o. A., „Den Terrorangriff auf Israel in der Schule thematisieren", gew.de, 20.10.2023, https://www.gew.de/aktuelles/detailseite/den-terrorangriff-auf-israel-in-der-schule-thematisieren (letzter Abruf: 28.01.2024).
2 GEW-Stellungnahme, „Solidarität mit der israelischen Bevölkerung und humanitäre Hilfe für Gaza", 13.11.2023, https://www.gew.de/aktuelles/detailseite/solidaritaet-mit-der-israelischen-bevoelkerung-und-humanitaere-unterstuetzung-fuer-gaza (letzter Abruf: 28.01.2024).
3 Klasse gegen Klasse, IG-Post vom 06.01.2024, https://www.instagram.com/p/C1wscHzMGVz/?igsh=MWl0bGdlbTBhd2hiOQ%253D%253D (letzter Abruf: 28.01.2024).
4 Waffen der Kritik, IG-Post vom 06.11.2024, https://www.instagram.com/reel/CzTN00SMEBQ/?igsh=MTJ1aWVmazZyNXVyNg%3D%3D (letzter Abruf: 28.01.2024).
5 Waffen der Kritik, IG-Post vom 05.11.2023, https://www.instagram.com/reel/CzROEfGMD2t/?igsh=dmh3eDUybGE0MXVs (letzter Abruf: 28.01.2024).
6 Klasse gegen Klasse, IG-Post vom 21.11.2023, https://www.instagram.com/reel/Cz5vOmCspjh/?igsh=NDZldnRhYmdtdG83 (letzter Abruf: 28.01.2024).
7 Vgl. Jürgen Kaube, „Wer hat Achille Mbembe gelyncht?", in: *Frankfurter Allgemeine Zeitung*, 10.05.2020.
8 Vgl. Vojin Saša Vukadinović, „Das Vorspiel zum Documenta-Skandal. Veredelte Ressentiments: Wie Antisemitismus an deutschen Hochschulen salonfähig gemacht wird", in: *Frankfurter Allgemeine Zeitung*, 29.06.2022.
9 Vgl. Boris Pofalla, „Joe Chialo schockt die Berliner Kulturszene – und das ist auch gut so", *WELT Online*, 11.01.2024, https://www.welt.de/kultur/plus249450578/Antisemitismus-Klausel-Joe-Chialo-schockt-die-Berliner-Kulturszene-und-das-ist-auch-gut-so.html (letzter Abruf: 28.01.2024).

Das schwindende Fanal der Freiheit

Ruşen Timur Aksak

Können Sie sich vorstellen, dass der Hexerei beschuldigte Frauen jemals den Inquisitoren, die sie verdammten, hätten Verständnis entgegenbringen können? Nein? Ich auch nicht. Aber dieser Tage, wenn wir die marodierenden Demonstrationen, die vorgeben, „Pro Palästina" zu sein, sehen und sogar beobachten müssen, wie queere Aktivisten gemeinsam mit Hamas-Sympathisanten marschieren, dann können wir feststellen, wie schlimm es um den Grad unserer Wohlstandsverwahrlosung steht. Schließlich handelt es sich um queere Menschen, die im Gaza-Streifen – den die Hamas mit brutaler Gewalt regiert – noch nicht einmal dann einen Tag überleben würden, wenn sie dort dieselben antizionistischen Parolen rufen würden wie auf den Straßen von Wien, Berlin, London oder New York. Im Iran, das vom Regime der Ayatollahs geführt wird, würden ihre erdrosselten Leichname gar an Baukränen zur Schau gestellt werden.

Der Islamismus ist eine Ideologie des Todes im Allgemeinen, aber gerade homosexuelle Menschen waren und sind in den Augen der selbsternannten „Gottesdiener" besonders verhasst. Was für die progressive Linke im Allgemeinen gilt, gilt für queere Menschen im Besonderen: Der Islamismus ist nicht euer Freund und die Hamas ist keine „antikoloniale Befreiungsorganisation", sondern lediglich eine weitere terroristische Mörderbande, die euch als Erstes hinrichten würde, wenn sie euch denn in die Finger bekäme. Denkt an die brutal ermordeten Zivilisten in Israel, denen ihr nicht nur die posthume Solidarität verweigert, sondern schlimmer noch sie als notwendige Opfer des angeblichen Befreiungskampfes akzeptiert. Für sie gab es kein Pardon, denn der Islamismus nährt sich von Hass und Tod.

Die letzten Tage des Westens

Der Westen dieser Tage erinnert mich in seiner Trägheit und Feigheit vor der eigenen Courage an die mahnenden Worte Stefan Zweigs:

> „[...] todgeweiht schien mir Europa durch seinen eigenen Wahn, Europa, unsere heilige Heimat, die Wiege und das Parthenon unserer abendländischen Zivilisation."

Ich fürchte, uns ist der Selbsterhaltungstrieb abhandengekommen. Wir haben im Westen das verloren, was jedes Leben auf diesem Planeten auszeichnet: und zwar den Willen, sich und das Seine zu erhalten. Sie werden jetzt die Nase rümpfen und mich zum Polemiker erklären wollen, doch halten Sie inne und lassen Sie mich meinen Gedanken ausführen. Denn im Schatten der sogenannten „Pro-Palästina"-Demos von Los Angeles über London bis Wien, die in der Regel Zusammenkünfte antisemitischer, antidemokratischer oder sogar offen islamistischer Akteure waren, konnten wir vor allem eines beobachten: die Konsequenzen unseres Handelns. Besser gesagt, unseres Unvermögens zu handeln. Denn niemand, der in den letzten Jahren oder gar Jahrzehnten an einer westlichen Hochschule studiert hatte, war von den Ereignissen überrascht. Von dieser grotesken Allianz aus selbsternannten „progressiven" Linken und im Westen geborener, aber dem Westen feindlich gesinnter muslimischer Reaktionärer. Das kam nicht über Nacht, denn diese Strukturen haben sich wie eine Wucherung an den Hochschulen des Westens ausgebreitet – wir alle kennen die einzelnen Erscheinungsformen des Phänomens, darunter Postcolonial Studies, Identitätspolitik und die generelle Heiligsprechung des sogenannten „Globalen Südens", dem Diktatur, Ausbeutung und sonst alles verziehen wird, weil er eben der „Globale Süden" ist. Der Westen hat seine Bastionen der Bildung verloren. Nicht in Folge von Krieg und Zerstörung, sondern aufgrund von Kulturrelativismus und dem Unvermögen der Verantwortlichen, die Handbremse zu ziehen. Denn wenn unsere Universitäten nicht mehr die Experten und Intellektuellen von morgen hervorbringen, sondern ganz im Gegenteil „Systemgegner", die wahlweise auf den Namen Ali oder Andreas hören und alles Westliche als abscheulich, „rassistisch" oder eben „kolonialistisch" brandmarken, dann handelt es sich möglicherweise bereits um den Anfang vom Ende.

Und genau hier wird es kritisch, weil es keine albernen Studenten-Allüren mehr sind, wie wir an den Demonstrationen sehen konnten, sondern eine klare Weltanschauung, die unsere Essenz als demokratische und aufgeklärte Gesellschaften infrage stellen:

> Demokratie? Westliches Konstrukt.
> Trennung von Religion und Staat? Wer braucht das schon?
> Terror der Hamas? Alles ein Beitrag zum „antikolonialen Kampf".

So furchterregend sich diese Zeilen auch lesen, so dominant scheinen sie an neuralgischen Punkten unserer Gesellschaften geworden zu sein. Wer heute an einer westlichen Universität seiner Wahl die guten, alten westlichen Werte – Freiheit, Individualismus – vertritt, gilt schnell als „problematisch", „Eurozentrist" oder einfach als „faschistoid". Eine Zukunft in den Geistes- und Sozialwissenschaften ist damit praktisch ausgeschlossen. Man muss es sich auf der Zunge zergehen lassen: Der akademische Nachwuchs – also die Professoren, Journalisten, Politiker und Kunst-/Kulturschaffenden von morgen – wächst in einem Kontext auf, der alles ablehnt, was den Westen erst groß gemacht hat. Der Umstand, dass derweil jedoch Millionen von Menschen Jahr für Jahr in die Länder des Westens migrieren wollen und sich auch hier niederlassen dürfen, ist eben nicht dem Umstand geschuldet, dass unsere Art zu leben nicht funktionieren würde – im Gegenteil.

Warum schweigen wir?

Und doch haben wir etwas verloren. Etwas sehr Wichtiges. Unser Selbstbewusstsein. Unsere klare Haltung gegenüber Diktatoren, Potentaten und Islamisten-Führern. Mittlerweile reicht ein einziges Signalwort, um unsere ganze Selbstachtung kollabieren zu lassen. Wer einem muslimischen Migranten sagt, er dürfe weder seiner Frau noch seiner Tochter vorschreiben, wie diese zu arbeiten, zu wählen oder zu leben hätten, muss lediglich kurz das Wort „Rassismus" vernehmen, und die Causa ist jäh beendet. Wer an der Seite Israels steht, weil die Zivilbevölkerung dieser Demokratie von einer antisemitischen Terrorbande systematisch ermordet und entführt wird, darf sich dieser Tage anhören, auf der Seite eines „Kolonialstaates" zu stehen, der ja in erster Linie gar nicht existieren dürfe, gilt als moralisch korrupt. Und wer über den Islamismus sprechen will, weil er das berechtigte Anliegen hat, dieser Ideologie des Verfalls und des Todes entgegenzutreten, damit wir allesamt – ob muslimisch oder nicht – freier leben und vor allem miteinander leben können, wird auch als „problematisch" abgetan.

Ist es nicht bitter, dass gerade in unseren Demokratien, in denen Werte wie Meinungs- und Redefreiheit so hochgehalten werden, mittlerweile so wenig debattiert wird? Ich meine wirklich debattiert. Die großen, notwendigen Debatten, die keine Schonung für das fragile Selbstbewusstsein wirrer Grüppchen im virtuellen Äther und an den Hochschulen kennen. Wo sind sie? Warum schweigen wir? Wo ist unsere berechtigte Wut, dass unsere Gesellschaft als Ganzes zu scheitern droht? Wie kann es sein, dass es in unseren öffentlichen Debatten wichtiger geworden ist, ob nun Linke oder Rechte recht oder unrecht gehabt haben, statt uns konkret um jene realen Probleme zu kümmern, die seit Langem praktischer Lösungen harren?

Menschlich verstehe ich den kollektiven Wunsch, nicht in einer Welt leben zu wollen, die von Konflikten durchzogen wird. Der Krieg in der Ukraine, die Inflation, hohe Stromkosten, marschierende Antisemiten auf unseren Straßen. All das kann eine starke Fluchtreaktion auslösen. Dahingehend, dass man die Augen verschließen will, sich in eine Wohlfühl-Illusion begibt und dort auch verharren will. Doch die Realität ist erbarmungslos. Die terroristischen Einschläge kommen öfter und immer näher. Ich war lange Zeit Journalist, habe mich beruflich wie auch privat als muslimischer Mensch mit dem Phänomen des Islamismus auseinandersetzen müssen. Selbst heute erbarmt sich das Schicksal meiner nicht und nötigt mich noch immer, diesem Phänomen Paroli zu bieten. Dieses nagende Gefühl, etwas verloren zu haben, ist mir leider nicht neu.

Wien, 2. November 2020

Ich erinnere mich an jenen ungewöhnlich warmen Herbsttag, als die Welt, wie ich sie kannte, verloren ging. Am 2. November 2020 verübte ein heimischer Extremist einen Terroranschlag in meiner Heimatstadt Wien. Ein junger Mann, der in Österreich geboren war, aber eben dieses Österreich im Speziellen und den Westen im Allgemeinen als seinen „Feind" betrachtete. Er tötete an diesem Abend vier Menschen. Verletzte viele weitere. Ein ganzes Land traumatisierend. Während der Terrorist auf unseren Straßen mordete, musste ich an jenem Abend aus der Sicherheit meiner Wohnung hinaus, weil ich meine Schwester nicht erreichen konnte. Die Angst um sie machte mich wahnsinnig. Während ich noch TV-Nachrichten, Twitter und Telegram-Kanäle durchforstete, war mir klar, dass ich meine Schwester suchen musste. Währenddessen gab es die ersten Aufnahmen vom Attentäter, wie er ein muslimisches Opfer erschießt. Dieser arme Mensch verblutete auf dem kalten Stein, zu Füßen meiner Lieblingsbar, die ich wenige Tage zuvor noch besucht hatte. Meine Gedanken kreisten um sich selbst. Ich zog mich an und ging raus. Durch geisterhaft leere Straßen eilte ich in Richtung Innenstadt. Im Grunde wohne ich ja nicht weit entfernt von meiner Schwester. Bei gutem

Wetter ist es ein angenehmer Weg um die 20 Minuten. Doch an diesem Abend fühlte sich diese Distanz wie eine Ewigkeit an. Pulsierende Angst, die durch den Brustkorb zu brechen droht, und ständig die Angst vor einem weiteren Attentäter, da wir zu diesem Zeitpunkt noch nicht wussten, ob es wirklich nur der eine gewesen war. Dieser kurze Fußmarsch war der längste Weg meines Lebens. Trotzdem hatte ich Glück, da meine Schwester kurzfristig erkrankt war und ihr Handy einfach vergessen hatte aufzuladen. Als ich sie endlich aus dem Bett geklingelt hatte, verstand ich zum ersten Mal, was die alten Griechen mit dem Begriff „Katharsis" gemeint haben. Reinigung. Ich fühlte mich in dem Moment leichter als die leichteste Feder, als ich meine Schwester in Sicherheit wusste.

Und dennoch waren die Tage danach, als der Schock sich gelegt hatte, von tiefem Kummer geprägt. Der Islamismus, dieser Feind der Freiheit, hatte in meiner Heimat zugeschlagen. Es war nicht mehr eine abstrakte Gefahr, denn auch wenn Paris, London, Berlin, Brüssel oder Nizza geographisch nicht weit weg schienen, so hatten wir hier in Österreich schon seit jeher ein seltsames Gefühl, auf einer Insel der Seligen leben zu dürfen. Eine Illusion, die mir endgültig genommen worden war. Wir wurden gefährdet. Ich war bedroht. Seit diesen Tagen habe ich mir selbst geschworen, nie wieder falsche Gefühle der Nachsicht oder Solidarität mit erklärten Gegnern unserer Freiheit zuzulassen. Damals schrieb ich die folgenden Worte auf meinem Blog:

> „Es ist unser Extremismus, der in unserer Mitte brütet, wächst, gedeiht, wurzelt und vergiftet. Wir werden vergiftet. Langsam, aber stetig. Nicht weil der Extremismus die besseren Argumente hätte. Nein. Weil wir nicht den Mut aufbringen, ihn zu benennen, ihn einzugrenzen und abzusondern. Stattdessen wenden wir den Blick ab. Wir sehen weg. Und wir sehen schon so lange weg, dass es fast eine Kunst geworden ist."

Wenn ich 2023 eines gelernt habe, dann das: Israel mag uns fernab erscheinen. Aber seine Feinde sind unsere Feinde, denn wie eingangs erwähnt, sind die erklärten Gegner der westlichen Zivilisation vor allem eines: Tyrannen. Ob ein Putin in Moskau, ein Xi in Peking oder eben Khamenei in Teheran. Sie alle eint ihre erklärte Feindschaft zu Freiheit. Und Terrorgruppen wie die Hamas verfolgen nicht nur ihr eigenes antisemitisches Kernanliegen, sondern sind in globaler Perspektive auch noch die ruchlosen Erfüllungsgehilfen diverser Despoten. Und auch wenn wir unseren Blick von Israel abwenden würden, würde der Hass damit nicht verschwinden. Denn der Konflikt wird an uns herangetragen, ob wir nun wollen oder nicht. Eine Hamas, die von antiwestlichen Diktaturen finanziert und protegiert wird, wird uns nicht unbehelligt lassen, nur weil wir Israel im Stich ließen. Wir werden dafür gehasst, was uns ausmacht: eine Gesellschaft mündiger Menschen zu sein, die um ihre Freiheiten wissen und diese genießen.

Was man verloren hat, kann man zurückgewinnen. Den Selbsterhaltungstrieb, der uns abhandengekommen ist, kann man sich wieder ins Gedächtnis rufen. Unser Selbstbewusstsein, jene zu konfrontieren, die Freiheit und Demokratie verachten, kann wieder zurückkehren. Wir müssen es nur wollen. Dem Gefühl widerstehend, uns wieder in unsere Wohlfühl-Illusion zurückzuziehen, wenn die Probleme bis vor unserer Haustür angelangt zu sein scheinen.

Es wird nicht einfach werden, die Lufthoheit in unseren Debatten zurückzuerlangen, weil diese schon zu lange an unseren offensichtlichen Problemen vorbeischrammen. Aber wir sind dazu verpflichtet. Nicht nur, um das bewahren zu können, was den Westen unter allen Kulturen auszeichnet: Frieden, Wohlstand, ein hohes Maß an individueller Freiheit und sozialem Frieden. Sondern auch, um weiterhin ein Fanal für Freiheit und Demokratie auf der Welt zu sein.

Der Wiedergänger aus dem Zarenreich

Anastasia Iosseliani

Manche Dinge ändern sich nicht. Hierzu zählt etwa die Tatsache, dass sich das aus dem einstigen Fürstentum Moskau hervorgegangene heutige Russland stets nach einem „starken Führer", egal, welcher Couleur, sehnte und immer noch sehnt – ob nach einem richtigen Zaren, ob nach dem „roten Zaren" Stalin beziehungsweise nach einem seiner sechs inzwischen fast vergessenen Nachfolger oder ob nach einem kleptokratischen Ex-KGBler.

Zu den historisch unveränderten Tatsachen zählt auch, dass wir Jüdinnen und Juden bis heute Opfer von Pogromen werden können, wie anno dazumal im Zarenreich. Damals wie heute wird unser Leid ignoriert oder negiert oder man weist uns schlicht und ergreifend selbst die Schuld an Pogromen zu. Dies liegt an einem weiteren Wiedergänger aus dem Zarenreich, dem Antisemitismus, der überhaupt erst zu antijüdischer Gewalt geführt hat. Natürlich hat Russland den Antisemitismus nicht erfunden, obwohl die Ochrana, die zaristische Sicherheits- und Geheimpolizei, als Erfinderin der sogenannten *Protokolle der Weisen von Zion* gilt, einer antisemitischen Fälschung, die bis heute von Antisemiten und Unwissenden verbreitet wird und weiterhin zu Judenhass aufstachelt.[1]

Die Herrschenden in Russland haben sich über Jahrhunderte hinweg den Antisemitismus zunutze gemacht. Sie reichen von den Pogromen der sogenannten „Schwarzen Hundert"[2] – einer monarchistischen, antisemitischen Schlägertruppe im Russischen Reich – bis zu den Schauprozessen während des Stalinismus, in denen Juden als „Kosmopoliten" zum Tode verurteilt wurden, was sich nicht auf die Sowjetunion beschränkte.[3] Auch heute ist man sich im Kreml nicht zu schade, weiterhin auf den Antisemitismus zu setzen, wie man an Moskaus Freundschaft zu den Terrorregimen in

Doha und Teheran, aber auch an den Kontakten zur Hamas[4] oder an manchen Versammlungen – und ich wähle diesen Begriff hier bewusst – sieht, die im heutigen Russland geduldet werden. Man erinnere sich nur daran, wie eine antisemitische Meute im Herbst 2023 in Machatschkala aufgrund des Gerüchts, dass dort Geflüchtete aus Israel gelandet seien, den Flughafen der Hauptstadt Dagestans gestürmt hat.[5] Die Konsequenzen, die der enttäuschte Mob anschließend verschmerzen musste, waren Bagatellen im Vergleich zu dem, was den wenigen Kriegsgegnerinnen und Kriegsgegnern in Russland widerfährt. Oder man erinnere sich nur daran, wie der Wirtschaftsliberale und spätere Regierungskritiker Boris Nemzow 2015 in Gehdistanz zum Kreml auf offener Straße hingerichtet wurde, als unmissverständliches Exempel dafür, was einem widerfahren kann, wenn man sich gegen die Machthaber stellt.[6] Der Fall Nemzow ist im Zusammenhang mit Antisemitismus besonders bedeutsam, da der Politiker jüdischer Herkunft und mit seinem Vater zur russisch-orthodoxen Kirche konvertiert war, um der Diskriminierung zu entgehen, während seine Mutter, die ihrer Herkunft treu geblieben ist, am Ende ihren Sohn beerdigen musste.

So haben sich die Herrschenden in Russland seit den Zeiten Ivans dem Schrecklichen, dem ersten legitimen Zaren Russlands, den Judenhass zunutze gemacht, um von Problemen innerhalb dieses gescheiterten Imperiums abzulenken, und tun dies noch heute. Hinzu kommt, dass sie seit den Tagen der *Protokolle* den Antisemitismus exportiert haben: zuerst in den Westen und heute in die sogenannte Umma, die Gemeinschaft aller islamischen Gläubigen also, die einen äußeren Feind – zum Beispiel uns Jüdinnen und Juden – als Sündenböcke brauchen, um sich nicht gegenseitig abzuschlachten wie weiland im Iran/Irak-Krieg der 1980er Jahre.

In *Freiheit ist keine Metapher* habe ich einst geschrieben, dass selbsternannte westliche Antiimperialisten immer dann Imperialismus und Irredentismus ignorieren und/oder schönreden, wenn diese Ambitionen von Politikerinnen und Politikern, Regierungen und Organisationen aus Ländern östlich des Bug und des Dnipro und südlich des Mittelmeers ausgehen.[7] Dasselbe gilt für den Antisemitismus! Man ignoriert den Antisemitismus oder redet ihn klein, sofern dieser aus Russland, dem Iran oder den arabischen Staaten im Nahen oder Mittleren Osten kommt. Was im Falle Russlands besonders absurd ist, da Russland auf dem Papier noch eine christlich-slawische Mehrheitsbevölkerung hat und obendrein einen blonden und blauäugigen Ex-KGBler als Herrscher, der versucht, sich als moderner Zar zu inszenieren, allerdings kläglich daran scheitert, sich ein eigenes Imperium zu errichten.

Doch das kümmert jene wohlmeinenden Antiimperialisten nicht, die keinen noch so brutalen antiwestlichen und antisemitischen Despoten getroffen haben, den sie nicht mögen, und die mittlerweile schon Klimaproteste kapern, um auch damit den Juden unter den Staaten, Israel, zu verleumden. Diesen destruktiven Charakteren geht es nicht um Fortschritt, nicht um den Schutz von Menschen mit dunkler Hautfarbe, weder um Araber in Gaza und erst recht nicht um Mizrahim in Israel – und schon gar nicht um den Schutz queerer Menschen; auch dann nicht, wenn sie selbst queer sind. Denn diese Faux-Antiimperialisten machen gemeinsame Sache mit terroristischen Mörderbanden, die Vergewaltigungen als Waffe einsetzen, und opfern ihrem reaktionären Weltbild alle dunkelhäutigen Menschen, die unter der Herrschaft der Hamas, der Hisbollah, der Houthis und des Islamischen Jihad leiden (interessante Tautologie, übrigens – gibt es eigentlich noch einen anderen Jihad?). Diesen wohlstandsverwahrlosten Westlern ist es egal, dass Russland LGBT-Individuen zu einer extremistischen Bewegung erklärt hat, während ein Kopfabschneider wie der Politiker Adam Delimkhanov vom Kreml hofiert wird, weil sich der Cousin von Tschetschenen-Führer Ramzan Kadyrow dazu bereiterklärt hat, als Söldner Moskaus zu fungieren und die Menschen in der Ukraine zu foltern und zu ermorden. Das Wichtigste für diesen Menschenschlag ist es, besagten Wiedergänger aus dem Zarenreich am Leben zu erhalten. Der Antisemitismus will Menschenopfer – und für solche muss Blut fließen, und zwar jüdisches Blut. Und wie die Reaktionen auf den Massenmord an den Festivalbesuchern und Kibbuzniks am 7. Oktober gezeigt haben, wurde anschließend wieder geleugnet, verleumdet und kleingeredet und am Ende Israel die Schuld in die Schuhe geschoben. Der Antisemitismus und sein kleiner Bruder, das Pogrom, müssen am Leben erhalten werden – komme, was wolle. Somit ist es nicht verwunderlich, dass diese regressiven Faux-Antiimperialisten von halbwegs zivilisierten Staaten erwarten, mit ihrem Komfort – Bildung, rechtlicher Schutz, Meinungs-, Presse- und Religionsfreiheit – für sie da zu sein, sich aber gleichzeitig bei nur allen erdenklichen Despoten anbiedern.

Deshalb ist es auch nicht weiter überraschend, dass es diesen identitätspolitischen Elendsgestalten egal ist, dass direkt vor unserer Haustür, in der Ukraine, ein illegaler Angriffskrieg tobt, bei dem Moskau und Teheran den Ton angeben. Es ist diesen regressiven Selbstgerechten auch egal, was in Butscha und Mariupol passiert ist, und dass die Mullahs Shahed-Drohnen an Russland liefern, um diese gegen die zivile Bevölkerung und Einrichtungen in der Ukraine einzusetzen[8], solange sie sich am Juden unter den Staaten, Israel, ihr Mütchen kühlen können. So sind diese Faux-Antiimperialisten im besten Fall die nützlichen Idioten von Regimen wie Russland, der „Islamischen Republik" und zahlreicher undemokratischer arabischer Regime im Nahen und Mittleren Osten, darunter Assads Syrien und der Golfstaat Katar, der als Hauptquartier der Muslimbruderschaft gilt und bekanntlich die Hamas-Führungsriege beherbergt.[9]

Trotz all der Lippenbekenntnisse zu Diversität, Antirassismus und dergleichen mehr fallen die Aktionen dieser selbsternannten Aktivisten bestenfalls in die Kategorie jener „weißer Emigranten", die nach 1917 aus dem Russischen Reich geflüchtet sind und dem sogenannten „jüdischen Bolschewismus" die Schuld daran gaben, dass ihr Paradies nunmehr verloren war.

Was meiner Meinung nach wiederum ironisch ist, verstehen sich viele dieser vermeintlichen Aktivistinnen und Aktivisten zwar als Teil der politischen Linken, frönen jedoch einem Antisemitismus, der unter russischen Monarchisten weit verbreitet war und heute noch verbreitet ist. Dies eint dieses linke Elend zum einen mit islamistischen Antisemiten in Teheran und Doha, zum anderen mit dem Antisemitismus der sogenannten Neuen Rechten, deren Vertreter unter ihrer neumodischen Verpackung immer noch wie ihre Großeltern klingen.[10]

In dieser regressiven Brühe kann der Wiedergänger des Antisemitismus, der das Zarenreich und die Oktoberrevolution überstanden hat, weiterhin Urstände feiern. Junge, westliche Linke und Queerfeministinnen solidarisieren sich mit der Hamas und anderen islamistischen Mörderbanden, inszenieren sich als revolutionäre Avantgarde und träumen von einer Revolution der vielen und der Bunten, die jedoch mit Sicherheit nicht eintreten wird – und zwar schlicht und ergreifend deshalb nicht, weil Menschen in westeuropäischen Staaten in halbwegs funktionierenden Demokratien mit einem zivilisatorischen Mindeststandard leben, in denen keine Revolutionen stattfinden, sondern friedliche Regierungswechsel. Revolutionen sind eine politische Zwangsläufigkeit in Diktaturen, in denen Despoten in Saus und Braus schwelgen, während der Großteil der übrigen Menschen leidet. Sie sind keine Notwendigkeit in Staaten, in denen pazifistische Radfahrerinnen und Radfahrer, die in Bio-Supermärkten einkaufen, in Amt und Würden gewählt werden.

So will es diesen pseudo-progressiven Faux-Antiimperialisten nicht in den Kopf, dass sie trotz aller revolutionärer Rhetorik und modischer Selbstinszenierung mit Instagram-Profilen und Hipster-Haarschnitten doch nur ein politisches Relikt aus einer längst vergangenen Ära sind, nämlich der des Russischen Reiches. Damit hat dieser Menschenschlag im Westen einiges mit den Herrschenden der „Islamischen Republik" gemein, die trotz ihrer revolutionären Rhetorik lediglich Imperialisten in Verkleidung von Revolutionären geblieben sind. So wirkt der Antisemitismus auch hier als Band zwischen mörderischen Regimen, die bis heute ihre Imperien wiedererrichten wollen – sei es das Russische Reich in zeitgemäßer, „eurasischer"[11] Aufmachung oder das Persische Reich unter der Flagge der Mullahs. Eine antidemokratische Linke, die sich als neue Avantgarde sieht, obwohl sie nichts anderes als ein politischer Dinosaurier ist und diese Tendenzen und „Bündnisse" allen Ernstes noch immer für „links" hält, gehört deshalb auf den Müllhaufen der Geschichte. Wer weder willens noch fähig ist, aus dieser zu lernen, ist verdammt, diese zu wiederholen.

Und so wandern diese Selbstgerechten, unterstützt von akademischen Ideologen wie Judith Butler, in eitler Selbstgerechtigkeit mit ihrem guten Kumpel, dem Wiedergänger aus dem Zarenreich, weiter. Israel hat derweil seine Lektion aus der europäischen und der arabischen Geschichte gelernt und wird auch aus den Nachwehen des Pogroms vom 7. Oktober 2023 lernen. Der jüdische Staat ist bereit für die Zukunft und wird weiterleben, was sich schon daran zeigt, dass israelische Reservisten aus aller Herren Länder unmittelbar nach dem Pogrom aus der Diaspora, dem Galut, nach Israel zurückgekehrt sind, um in der Tzahal zu dienen.

Gerade weil Israel trotz dieser Unkenrufe von Antisemiten jedweder Couleur bestehen bleiben wird, bin ich der Meinung, dass dieses linke Elend genau wie die Schwarze Hundertschaft keine Zukunft haben wird. Denn aller revolutionärer Rhetorik zum Trotz recyclen diese Antisemiten Ideologien, Methoden und Strategien aus den vergangenen Jahrhunderten. Und genau deshalb sind auch sie langfristig zum Scheitern verurteilt.

Anmerkungen

1 Vgl. Binjamin Segel, *Die Protokolle der Weisen von Zion kritisch beleuchtet. Eine Erledigung*, herausgegeben von Franziska Krah, Freiburg 2017.
2 Siehe dazu Walter Laqueur, *Der Schoß ist fruchtbar noch. Der militante Nationalismus der russischen Rechten*, München 1993.
3 Vgl. etwa Jan Gerber, *Ein Prozess in Prag. Das Volk gegen Rudolf Slánský und Genossen*, Göttingen 2016.
4 Vgl. Michael Thaidigsmann, „Außenminister Lawrow empfängt Hamas-Chef", *Jüdische Allgemeine*, 02.03.2020, https://www.juedische-allgemeine.de/juedische-welt/aussenminister-lawrow-empfaengt-hamas-chef/ (letzter Abruf: 15.01.2024).
5 Vgl. o. A., „Islamistischer Mob stürmt Flughafen und macht Jagd auf Juden – Behörden melden 20 Verletzte", *WELT Online*, 30.10.2023, https://www.welt.de/politik/ausland/article248261522/Dagestan-im-Nordkaukasus-Islamistischer-Mob-stuermt-Flughafen-und-macht-Jagd-auf-Juden.html (letzter Abruf: 15.01.2024).
6 Vgl. Schanna Nemzowa, *Russland wachrütteln. Mein Vater Boris Nemzow und sein politisches Erbe*, Berlin 2016.
7 Vgl. Anastasia Iosseliani, „Iranischer Imperialismus, antiimperialistischer Egalitarismus", in: Vojin Saša Vukadinović (Hg.), *Freiheit ist keine Metapher. Antisemitismus, Migration, Rassismus, Religionskritik*, Berlin 2018, S. 27-32.
8 Vgl. Nils Hinsberger, „Schneller und präziser: Russland setzt auf neue Kamikazedrohnen aus dem Iran", *merkur.de*, 15.01.2024, https://www.merkur.de/politik/russland-ukraine-krieg-iranische-shahed-kamikaze-drohnen-zr-92776963.html (letzter Abruf: 15.01.2024).
9 Vgl. Peter Sieben, „Hamas-Chefs führen Luxusleben weit weg vom Krieg in Israel – mit Unterstützung aus Deutschland", in: *Frankfurter Rundschau*, 20.11.2023.
10 Siehe dazu die Beiträge in Vojin Saša Vukadinović (Hg.), *Randgänge der Neuen Rechten. Philosophie, Minderheiten, Transnationalität*, Bielefeld 2022.
11 Siehe dazu die Beiträge in Marlene Laruelle (Hg.), *Eurasianism and the European Far Right. Reshaping the Europe-Russian Relationship*, Lanham et al. 2015.

„What Israelis should know about Iranians“

Die iranische Gesellschaft und der Antisemitismus des Regimes

Sama Maani

In einem Videovortrag mit dem Titel *What Israelis should know about Iranians* vertritt der iranische Islamwissenschaftler und politische Theoretiker Mehdi Khalaji eine provokante These.[1] Seit dem Sieg der Islamischen Revolution im Jahre 1979, so Khalaji, werde die iranische Gesellschaft nicht zuletzt im Bildungs- und im Erziehungssystem mit antiisraelischer und antiamerikanischer Propaganda überflutet. Während die antiamerikanische Propaganda aber keineswegs erfolgreich gewesen sei – der überwiegende Teil der iranischen Bevölkerung habe ein positives Bild von den Vereinigten Staaten und großes Interesse an Produkten der amerikanischen Populärkultur –, könnte dies von der Propaganda gegen Israel nicht behauptet werden. Diese sei, Khalaji zufolge, auf durchaus fruchtbaren Boden gefallen. Weshalb keineswegs ausgemacht sei, dass nach einem eventuellen Regimewechsel ein demokratisch verfasster Iran Israel gegenüber eine freundliche Haltung einnehmen werde. Bei der Begründung seiner These vom fruchtbaren Boden, auf den die antiisraelische Propaganda gefallen sei, verweist Khalaji zunächst auf traditionelle, religiös motivierte judenfeindliche Tendenzen in der iranischen Gesellschaft.

Tatsächlich muss der weit verbreiteten Behauptung, Muslime und Juden hätten vor dem Einbruch der Moderne in islamisch beherrschten Gesellschaften – oder laut einer Variante dieses Gerüchts vor der Gründung des Staates Israel – harmonisch zusammengelebt, entschieden widersprochen werden.[2] Juden galten und gelten in islamisch geprägten Gesellschaften als Menschen zweiter Klasse, die weder vor Diskriminierung noch vor Anfeindungen noch vor Verfolgung verschont blieben.

70 Jahre nach der Niederschrift des Koran, in dem sich dem Islamwissenschaftler Abdel-Hakim Ourghi zufolge „die Tiefenschicht des Antisemitismus islamischer Prägung“[3] findet, – und Jahrhunderte vor der Einführung der ersten Judenzeichen im christlichen Europa – wurden die jüdischen Untertanen des Umayyaden-Kalifen Omar II im Jahre 717 zum Tragen gelber Gürtel verpflichtet. Auf europäischem Boden fanden die ersten antijüdischen Pogrome 1011 im islamisch beherrschten Córdoba und 1066 im islamisch beherrschten Granada statt, wo der Mob den jüdischen Minister Joseph ibn-Nagrila zusammen mit 4000 anderen Juden massakrierte. Dreißig Jahre zuvor hatten muslimische Berber im nordafrikanischen Fès über 6000 Juden massakriert, ihre Häuser geplündert und ihre Frauen versklavt. Die Liste der Verfolgungen, Diskriminierungen und Beschränkungen, denen Juden in islamisch geprägten Gesellschaften ausgesetzt waren, ließe sich freilich fortsetzen.

So schreibt der britische Staatsmann und Reiseschriftsteller George Nathaniel Curzon über die Situation der Juden im Iran des späten 19. Jahrhunderts:

> „Usually compelled to live apart in a ghetto, or separate quarter of the towns, they have from time immemorial suffered from disabilities of occupation, dress, and habits which have marked them out as social pariahs from their fellow creatures. The majority of Jews in Persia are engaged […] in professions to which is attached no great respect. They rarely attain to a leading mercantile position. In Isfahan […] they are not permitted to wear the

> kolah or Persian head-dress, to have shops in the bazaar, to build the walls of their houses as high as a Moslem neighbour's or to ride in the streets. […] In Shiraz they are very badly off. At Bushire they are prosperous and free from persecution. As soon, however, as any outburst of bigotry takes place in Persia and elsewhere the Jews are apt to be the first victims."[4]

Während die traditionelle christliche Theologie Juden als „Gottesmörder" betrachtet, könnte die traditionelle Position islamisch geprägter Gesellschaften gegenüber Juden – folgen wir der Schilderung George Curzons sowie dem Historiker Bernard Lewis[5] – als eine der *Verachtung* bezeichnet werden. Verachtung kann allerdings, wann immer sich deren Objekt nicht mehr als verachtungswürdig und schwach, sondern als stark oder gar überlegen wahrgenommen wird, in – mitunter mörderischen – Hass umschlagen. So geschehen 1066, als der jüdische Minister des muslimischen Berberkönigs Badis ibn Habus in Granada gekreuzigt wurde. Und so geschehen in Israel am 7. Oktober 2023.

Seine These, wonach die antiisraelische Propaganda des Regimes im Iran auf fruchtbaren Boden gefallen sei, begründet Khalaji in weiterer Folge aber auch mit der dominanten Position des „linken Paradigmas" in den Diskursen iranischer Intellektueller vor der islamischen Revolution 1979. „The left ideology", so Khalaji,

> „was the dominant paradigm for the intellectual environment. The majority of the secular intellectuals were leftists. Still […] in today's Iran, beside the Islamists the most powerful intellectual force belongs to the left. And the left for many reasons has its own version of anti-Israeli attitude – and fighting against imperialism and all those left values entails that they have to fight against Israel too […] This goes back before the Iranian Revolu-

> tion. Many Iranian leftists even went to Palestinian territories, in PLO camps, to get military training, so they had military, financial and organic relationships with Palestinians, who have been in fight with Israel. Actually, if you look at the prerevolutionary era, the anti-Israeli position of the secular leftists is stronger than the anti-Israeli position of many clerics.“[6]

Die von Khalaji beschriebene antiisraelische Position vieler iranischer Linker entpuppt sich bei genauerer Betrachtung freilich als Antisemitismus. Und es stellt sich die Frage, ob man der iranischen Gesellschaft – über den prononciert linken Antisemitismus hinaus – auch einen modernen Antisemitismus im Sinne Postones zuschreiben könnte. Der kanadische Historiker Moishe Postone versteht den modernen Antisemitismus bekanntlich nicht bloß als ein „Vorurteil gegen Juden“, sondern als „umfassende Weltanschauung“, in der ein tiefes Unbehagen am Kapitalismus zum Ausdruck kommt. Postone zufolge werden Juden vom modernen Antisemiten als Konkretisierung der „Abstraktheit“ des Kapitalismus und als geheime Macht hinter seiner Unfassbarkeit betrachtet – und ihre Eliminierung folglich als Erlösung. Allerdings fasst Postone den modernen Antisemitismus wohl als rein europäisches Phänomen auf. So schreibt er über die Gründe, warum dieser ausgerechnet die Juden als geheime Macht hinter der Unfassbarkeit des Kapitalismus identifiziert: „Die Periode der schnellen Expansion des industriellen Kapitals im letzten Drittel des 19. Jahrhunderts fiel mit der politischen und gesellschaftlichen Emanzipation der Juden in Mitteleuropa zusammen. Die Zahl der Juden an den Universitäten, in den freien Berufen, im Journalismus, den schönen Künsten, im Einzelhandel nahm immer schneller zu – das heißt, die Juden wurden […] besonders in Sphären und Berufen, die sich gerade ausweiteten und mit der neuen Form verbunden waren, die die Gesellschaft gerade annahm [rasch aufgenommen]“, so dass für den modernen Antisemiten „die rasche

Entwicklung des industriellen Kapitalismus durch den Juden personifiziert und mit ihm identifiziert wird."[7]

Für diese von Postone geschilderten Entwicklungen scheint es im iranischen Kontext keine Entsprechung zu geben, so dass wir geneigt sind, die Frage, ob der iranischen Gesellschaft ein genuin moderner Antisemitismus zugeschrieben werden kann, mit einem klaren Nein zu beantworten.

Allerdings bezeichnet Sayyid Qutb, der bedeutendste Theoretiker der Muslimbrüder, dessen Werke schon in den 1970er Jahren von Ali Khamenei, dem späteren Obersten Führer der Islamischen Republik, ins Persische übersetzt wurden, im ersten Teil seines Korankommentars „Im Schatten des Koran"[8] die Juden als geheime Macht sowohl hinter dem Kapitalismus als auch hinter dem Kommunismus. Eine verwirrend paradoxe Zuschreibung, die wir aber bemerkenswerterweise auch in den Fantasien moderner Antisemiten finden: „Der moderne Antisemitismus", schreibt Postone, „ist dadurch gekennzeichnet, dass die Juden für die geheime Kraft hinter [...] dem plutokratischen Kapitalismus *und* dem Sozialismus gehalten werden."[9]

Während „moderate Islamisten", so der Historiker Abbas Milani, bestrebt seien, judenfeindliche Passagen des Koran mit dem Verweis auf kriegerische Auseinandersetzungen Mohammads mit bestimmten jüdischen Stämmen historisch zu kontextualisieren und zu relativieren, macht Qutb ebendiese Passagen zur Grundlage eines radikalen Antisemitismus.[10] Wo immer aber Qutb auch nur den geringsten Abstrich von seiner Judenfeindschaft zu machen scheint, würde ihn sein persischer Übersetzer, Ali Khamenei, in einer Fußnote zurechtweisen und korrigieren – um einem noch kompromissloseren Antisemitismus das Wort zu reden.

Trotz dieser minimalen ideologischen und den gewichtigeren theologischen Differenzen zwischen dem Sunniten Sayyid Qutb und dem Schiiten Ali Khamenei war und ist Qutb für das Denken und das politische Handeln des Letzteren prägend. Wir sollten daher – den Einfluss Khameneis auf die Anhänger der Islamischen Republik bedenkend – das von

Qutb und Khamenei vertretene Amalgam aus Elementen des modernen Antisemitismus und der traditionell-islamischen Judenfeindschaft – als Drittes – zu jenen von Khalaji identifizierten ideologischen Quellen antisemitischer Einstellungen in der iranischen Gesellschaft hinzufügen.

Der Vortrag *What Israelis should know about Iranians* wurde 2016 online gestellt. Seither hat der Iran drei landesweite Protestwellen erlebt, bei denen, anders als bei den Massenprotesten nach den Präsidentschaftswahlen im Jahre 2009, offen die Abschaffung der Islamischen Republik gefordert wurde – und deren dritte, ausgelöst durch den Tod der iranischen Kurdin Jîna Amini nach ihrer Festnahme durch die islamische Sittenpolizei im September 2022, sich zur größten Protestwelle seit der Gründung der Islamischen Republik ausweitete und vielfach als *Feministische Revolution* bezeichnet wird. Auch wenn hier manch einem die Bezeichnung „Revolution“, zumal aus akademischer Sicht, kritikwürdig scheint, haben wir es ohne Zweifel mit einer Revolution des Bewusstseins zu tun. Das zeigt sich etwa darin, dass Frauen ohne Kopftuch mittlerweile zum alltäglichen Straßenbild von Teheran und anderer Städte des Landes gehören, während es vor September 2022 als Sensation galt, in der Öffentlichkeit einer Frau ohne Kopftuch zu begegnen – auch wenn ein gutes Jahr nach Jîna Amini mit Armita Garawand eine weitere junge Frau wegen Missachtung der Kleiderordnung des Regimes sterben musste.

Kenner der Islamischen Republik gehen davon aus, dass der Kopftuchzwang zusammen mit der Todfeindschaft gegen Israel *den* ideologischen Kern des Regimes bildet – und dass eine Islamische Republik ohne Kopftuchzwang genauso wenig vorstellbar sei wie eine Islamische Republik, die das Existenzrecht Israels anerkennt. Kann es aber sein, dass die iranische Gesellschaft – respektive große Teile derselben – seit der feministischen Revolution nicht nur den Kopftuchzwang ablehnt, sondern auch die Feindschaft des Regimes gegen Israel, wenn auch vermutlich in verschiedenem Ausmaß?

In einer Ende November 2023 ausgestrahlten Talkshow[11] wies Sadegh Zibakalam – systemtreuer, den sogenannten Reformern in der Islamischen Republik nahestehender Politikwissenschaftler – darauf hin, das es zwar in mehreren westlichen Großstädten, auch in den Vereinigten Staaten, Massendemonstrationen gegen „das Vorgehen Israels im Gaza-Streifen" gegeben habe, die Islamische Republik aber, zu deren Gründungsprinzipien die Todfeindschaft gegen Israel gehöre, in Teheran mit seinen 14 Millionen Einwohnern gerade einmal zehntausend Anhänger mobilisieren konnte, um ihre Solidarität mit der Hamas zu bekunden. Bei dieser Demo, spottete Zibakalam, habe es mehr Palästina-Flaggen als Demonstranten gegeben. Woran Zibakalam, als er „Palästina-Flaggen" sagte, vermutlich dachte, freilich ohne davon sprechen zu können, ist das Video einer Szene im Endspiel des iranischen Super-Pokals am 8. Oktober 2023, das im Iran viral ging. Sogenannte Basiji, Angehörige der Schläger- und Einschüchterungstruppe des Regimes, waren mit Palästina-Flaggen gekommen, woraufhin sich die Mehrheit im Fußballstadion erhob und skandierte: „Schiebt euch die Palästina-Flaggen hinten rein!"[12]

Wenn wir annehmen, dass Khalajis Urteil über antiisraelische Tendenzen bei Iranerinnen und Iranern zum Zeitpunkt der Veröffentlichung seines Vortrags zumindest partiell zutraf, dann scheint sich die iranische Gesellschaft seither signifikant gewandelt zu haben. Neben dem Versagen des Regimes, durch inszenierten Jubel über das Massaker vom 7. Oktober den Anschein zu erwecken, es gäbe im Iran eine breite Solidarität mit der Hamas, und der spektakulären Abfuhr, die den Palästina-Flaggen schwenkenden Basiji im Azadi-Fußball-Stadion zuteilwurde, sei als weiterer unter zahllosen möglichen Hinweisen auf die Emanzipation der iranischen Gesellschaft vom Israelhass des Regimes ein Fernsehbericht der *VOA Farsi* erwähnt, in der Iranerinnen und Iraner zu ihrer Sicht auf den Krieg zwischen Israel und der Hamas befragt werden. Ein auf – das Hamas-Massaker feiernde – „Kuchenverteiler" Angesprochener meint etwa: „Das war eine inszenierte Show des Regimes und seiner bezahlten Parteigänger – und hat mit uns Iranerinnen und Iranern nichts zu tun." „Diejenigen, die Kuchen verteilen und sich über die Ermordung von Menschen freuen", sekundiert eine Iranerin, „sind die Anhänger jener Islamischen Republik, die mit ihrer eigenen Bevölkerung genauso verfährt wie die Hamas mit der Bevölkerung Israels und die bei den Protesten im November 2019 1500 Menschen ermordet hat. Die Islamische Republik steht für eine Ideologie des Todes." Und: „Hinter dem Terrorismus der Hamas", sagt eine andere Iranerin, „steckt das Terror-Regime der Islamischen Republik Iran."[13]

Die vielfältigen Gründe für die Zunahme israelfreundlicher Haltungen in der iranischen Gesellschaft zu analysieren – bei denen wohl die Logik „Der Feind meines Feindes ist mein Freund" eine wesentliche Rolle spielt –, würde den Rahmen dieses Beitrags sprengen. Ein in diesem Zusammenhang wesentlicher, wenn auch selten erwähnter Faktor sei dennoch benannt. Bedenkt man die Rolle der traditionell-religiösen Judenfeindschaft als Quelle antiisraelischer Tendenzen in der iranischen Gesellschaft, genauer in ihrem islamisch geprägten Teil, verdient eine von der niederländischen Universität Tilburg durchgeführte repräsentative Umfrage besondere Beachtung, bei der sich 70 Prozent der 40.000 befragten Iranerinnen und Iraner nicht zum schiitischen Islam bekannten (60 Prozent gaben an, überhaupt keine Muslime zu sein).[14] Wohlgemerkt: Der schiitische Islam ist die in der iranischen Verfassung verankerte ideologische Basis der Islamischen Republik.

Die erwähnte Studie wurde 2020 veröffentlicht. Der folgende, im Iran beliebte Witz ist wesentlich älter. Ein Mann geht im Fastenmonat Ramadan ein Sandwich essend durch eine Straße in Teheran. Fragt ein irritierter anderer Passant: „Sie gehören wohl zu einer religiösen Minderheit?" „Nicht zur religiösen Minderheit", korrigiert ihn der Mann mit dem Sandwich, „sondern zur nicht-religiösen Mehrheit."

Anmerkungen

1 Mehdi Khalaji, „What Israelis should know about Iranians“, 18.04.2016, https://www.youtube.com/watch?v=-2L8IhMc57c (letzter Abruf: 31.12.2023).
2 Siehe dazu Sama Maani, „*Warum uns Israel erregt*“, in: ders., *Respektverweigerung. Warum wir fremde Kulturen nicht respektieren sollten. Und die eigene auch nicht*, Klagenfurt 2015, S. 57.
3 Abdel-Hakim Ourghi, „*Muslime werden dazu erzogen, Juden zu hassen*“, in: *Frankfurter Rundschau*, 06.01.2019.
4 George Nathaniel Curzon, *Persia and the Persian Question*, Volume II, London 1892, S. 510f.
5 Vgl. Bernard Lewis, *Juden in der islamischen Welt. Vom frühen Mittelalter bis ins 20. Jahrhundert*, München 2004, S. 38.
6 Mehdi Khalaji, „What Israelis should know about Iranians“.
7 Moishe Postone, „Nationalsozialismus und Antisemitismus. Ein theoretischer Versuch“, in: *Kritik & Krise. Materialien gegen Ökonomie und Politik*, Nr. 4/5, Sommer 1991, S. 6-10, hier und im Folgenden zitiert nach der Wiederveröffentlichung in *Kritiknetz. Zeitschrift für kritische Theorie.*
8 Eine englische Übersetzung findet sich unter: http://www.kalamullah.com/Books/InTheShadeOfTheQuranSayyidQutb/volume_1_surah_1-2.pdf (letzter Abruf: 31.12.2023).
9 Moishe Postone, „Nationalsozialismus und Antisemitismus“ (Hervorhebung von mir, SM).
10 Siehe dazu die Ausführungen von Abbas Milani, „From Sayyad Qutb to Seyyed Khamenei: The Islamist Challenge of Modernity“, 07.04.2017, https://www.youtube.com/watch?v=1-gMJb8WZNo (letzter Abruf: 31.12.2023).
11 Siehe https://www.aparat.com/v/ZIBJx (letzter Abruf: 31.12.2023).
12 Siehe Natalie Amiri, Tweet vom 08.10.2023, https://twitter.com/NatalieAmiri/status/1711095668826116251 (letzter Abruf: 31.12.2023).
13 Der Clip findet sich unter https://www.youtube.com/watch?v=q81o-cARQVV8&t=368s (letzter Abruf: 31.12.2023).
14 Vgl. Christian Röther, „Säkularisierung im Iran: Islamische Republik ohne islamische Mehrheit“, Deutschlandfunk, *Tag für Tag*, Sendung vom 01.03.2021.

Identitätspolitik in Aktion

Muslimische Selbstviktimisierung und muslimischer Antizionismus in identitätspolitischen Zeiten

Kirill Grebenyuk

> „Das merke ich auch bei mir: Ein dummes Missverständnis, und das kann dich den Zugang zur Community kosten und dann bist du niemand und hast nichts. Weil sich das Kollektivistische bei uns durch diese dumme Integrationspolitik so manifestiert, weil die Mehrheitsgesellschaft uns so ablehnt."[1]

Das sei laut dem deutsch-palästinensischen Comedian und Podcaster Abdul Kader Chahin einer der Gründe, warum es so schwer sei, Palästinenser zu finden, die die Hamas kritisieren. Im Gespräch mit Nele Pollatschek in der *Süddeutschen Zeitung* führt er aus, dass für ihn als Palästinenser das Einfügen in die „Community" keine Frage von Entscheidung, sondern von Notwendigkeit sei, denn diese sei der einzige sichere Rückzugsort in einer Mehrheitsgesellschaft, die einen nicht akzeptiere und von *Bild*-Hetzkampagnen sowie einem das *Spiegel*-Titelblatt zierenden, abschiebewilligen Bundeskanzler geprägt sei. Dass es die liebevoll „Community" genannte Gemeinschaft ist, die sich im Falle von Kritik an der Hamas schnell als Zwangskollektiv erweist und mit Ausschluss droht, zeigt bereits, wie viel sie ihren Mitgliedern an Diversität und Dissens, mithin Individualität, tatsächlich zugesteht.

Unklar bleibt bei Chahin, was „diese dumme Integrationspolitik" konkret sein soll. Laut eigenem Bekunden würde die „Mehrheitsgesellschaft" PalästinenserInnen nicht akzeptieren. Tatsächlich begegnet die deutsche Mehrheitsgesellschaft palästinensischen und muslimischen Individuen größtenteils mit Gleichgültigkeit. Das zeigt sich auch an der Indifferenz gegenüber den von patriarchaler und islamistischer Gewalt Betroffenen innerhalb muslimischer „Communitys", während staatliche Institutionen mit konservativen Islamverbänden kooperieren, die dieser Gewalt die ideologische Legitimation liefern.

Interessant werden Muslime hingegen als essenzialisierte Repräsentanten eines vermeintlich homogenen Kollektivs. Ihr minoritärer Antisemitismus wird selbst in seinen gewalttätigsten Formen geleugnet, verharmlost und in seiner antizionistischen Spielart mit Einladungen in Talkshows und Beiträgen für große Zeitungen belohnt. Das Motiv der Gastgeber und beauftragenden Redakteure ist neben dem üblichen kulturrelativistischen Antirassismus offenkundig der Wunsch, den „eigenen" Antisemitismus schuldentlastet von anderen ausagieren zu lassen. Dies ist eine gesellschaftlich akzeptierte Form von Rassismus, die viel mit herkunftsdeutschen antisemitischen Ressentiments zu tun hat, nicht aber mit einer wie auch immer gearteten Integrationspolitik.

In einem Instagram-Post vom 18. November 2023 beklagte Chahin seine „unglückliche Rolle" beim Thema „NOK", dem sogenannten „Nahost Konflikt". Er werde „förmlich von jeder Seite zerrissen und angegriffen". Auf die ihm angeblich häufig gestellte Frage „Warum hört man so wenig Stimmen der Palästinenser für Frieden usw.", antwortet er: „Weil man nichts mit Politik, Gesellschaft und Medien zu tun hat. Ist doch klar man. Du wirst von den Medien ständig rassifiziert und sollst dann auf Knopfdruck Position beziehen?"[2]

In einem Interview mit dem *WESTEN* beklagt er, dass die vorgebliche Mehrheitsgesellschaft gar nicht nachvollziehen könne, welchem Druck er ausgesetzt sei: „Ich muss mich am Tag 24 mal von der Hamas distanzieren, dann dreimal am Tag vom Islamismus. Dann gibt es, wenn ich Glück hab, Mittagessen. Dann noch mal siebenmal von der Hamas distanzieren. Und dann ist der Tag auch schon vorbei."[3] Chahin beißt sich aber durch, um die ihn angeblich verstoßende „Mehrheitsgesellschaft“ bei *Anne Will*, *WDR 1Live* und im *Spiegel*-Podcast *Stimmenfang* vom Expertentum seiner Sprechposition zu überzeugen – also bei zentralen medialen Formaten, die bisweilen ein Millionenpublikum erreichen.

In der Polit-Talkshow *Anne Will* forderte er am 12. November 2023 mit Blick auf die zivilen palästinensischen Opfer eine „längerfristige Waffenruhe“, damit man „diese ganze Dynamik [...] und Gewaltspirale entschleunigt, damit [...] halt der Weg aufgehen kann für Diplomatie.“[4] Er sei sich sicher, dass Bilder und Videos von den Opfern ein „Nährboden für zukünftigen Extremismus“ seien. Diese Radikalisierung sei „alternativlos“, denn es sei nicht lebenswert, ein Palästinenser in Gaza oder in der West Bank zu sein. Warum es nicht „lebenswert“ ist, warum gerade der Gaza-Streifen mit einer an sich traumhaften Küste und den Unsummen an „Hilfsmitteln“ aus dem Ausland seit dem Rückzug Israels 2005 keine blühende Landschaft geworden ist, sondern die Menschen dort vielmehr unter Arbeitslosigkeit, Strom- und Wassermangel leiden, während Hamas-Anführer in Palästen oder gleich ganz in Katar leben und ein milliardenschweres Tunnelsystem unterhalten, erklärt der geborene Nahost-Experte Chahin nicht. Ebenso wenig erwähnt er, dass es die Palästinenser in Gaza waren, die ihre Schlächter einst selber gewählt haben, und sich der Zuspruch für die Hamas nach dem 7. Oktober nach palästinensischen Umfragen – in Kooperation mit der Konrad-Adenauer-Stiftung – in der West Bank verdreifacht hat.[5] Selbstverständlich haben auch palästinensische Zivilisten, die das Pogrom der Hamas frenetisch bejubelt und sich, wie man mittlerweile weiß, auch daran beteiligt haben, keinen Platz in diesem Opfernarrativ. Die zur Identität gewordene Opferrolle abzulegen, um als handelnde Subjekte Verantwortung zu übernehmen, hieße, sich von der Schiefheilung einer spezifisch-arabischen Kränkung zu verabschieden. Diese besteht im Scheitern des islamischen Überlegenheitsanspruchs an den sozioökonomischen Realitäten im Nahen Osten. Der Neid auf das wohlhabende und militärisch starke Israel inmitten einer Zone von Chaos, Verwüstung, Instabilität und Unfreiheit, die von Marokko bis Pakistan reicht, ist neben anderen Motiven konstitutiv für den islamischen Antisemitismus in seiner antizionistischen Spielart. Bezugnehmend auf den einstigen Dhimmi-Status der Juden in arabischen Ländern bemerkt Pascal Bruckner treffend:

> „Die Wut, die der jüdische Staat hervorruft, rührt daher, dass der Jude, gestern ein Untermensch, binnen eines halben Jahrhunderts ein Gleicher geworden ist. Eine solche Umkehrung ist unerträglich. Hinzuzufügen bleibt, dass, wenn Israel nicht existierte, die arabischen Länder gezwungen wären, es zu erfinden, um ihre Niederlagen zu rechtfertigen."[6]

Doch es ging noch weiter bei *Anne Will*. Der Einwand der deutsch-israelischen Unternehmerin Jenny Havemann, dass die Hamas bisher in allen militärischen Auseinandersetzungen die Waffenruhe gebrochen habe, konterte Chahin damit, dass man über die „Wurzeln" dieser Auseinandersetzung sprechen müsse. Eine dieser Wurzeln sei, dass die Palästinenser bereits seit Jahrzehnten in „menschenunwürdigen Verhältnissen" lebten und keine Aussicht auf einen eigenen Staat, Selbstbestimmung und „Diskriminierungsfreiheit" hätten. Immerhin räumte er ein, dass es „natürlich sehr, sehr schwierig" sei, in Gaza „politisch was zu reißen", solange dort die Hamas regiere.

Chahin bediente über die gesamte Sendung hinweg das palästinensische Opfernarrativ. Zwar sei der 7. Oktober für ihn „eine Riesentragödie" gewesen, er zeigte sich jedoch nicht willens, die Motive der Hamas für die seit 2007 nur von kurzen Waffenruhen unterbrochenen Angriffe auf Israel, den eliminatorischen Antisemitismus, beim Namen zu nennen. Vielmehr insinuierte er in seinen nebulösen Schilderungen palästinensischen Leids eine israelische Schuld. Die Terrororganisation erscheint in seiner Argumentation höchstens als lästiges Randphänomen. Ob diese Position seiner Angst vor Ausschluss aus besagter „Community" geschuldet ist, unreflektierten antisemitischen Einstellungen oder ob er nach der 24. Distanzierung von der Hamas einfach zu erschöpft gewesen ist, ist gesellschaftlich letztlich irrelevant. Entscheidend ist, dass Chahin mit seiner Reichweite antizionistische Positionen im Gewand sozialpädagogischer Aussöhnungsbemühungen in die Öffentlichkeit herausposaunen konnte, ohne dass ihm jemand widersprochen hätte. Sein Plädoyer löst Fremdscham aus, wenn er, einer Schlussszene deutschsprachiger Multikulti-Schmonzetten gleich, bedeutungsschwanger resümiert, dass sowohl Juden als auch Araber gerne Hummus essen würden und sich weitaus ähnlicher seien, als sie meinten: „Es könnte alles so einfach sein", schloss er pathetisch.

Unendlich betroffen

Es soll hier nicht darum gehen, mich an einem migrantischen Comedian abzuarbeiten. Ich spreche Chahin auch keineswegs Rassismuserfahrungen ab, weder alltägliche noch institutionelle, unter der seine staatenlose Familie jahrzehntelang in Deutschland litt. Und selbstverständlich ist es menschlich nachvollziehbar, wenn er sich nicht zuletzt aus Sorge um seine Verwandten in Gaza eine Waffenruhe wünscht. Doch anders als von postmodernen Linken und Queer-Aktivisten üblicherweise suggeriert, entwachsen aus Betroffenheit weder Expertise noch moralische Überlegenheit. Ebenso wenig entbindet sie ein Subjekt von seiner politischen Verantwortung.

Chahin ist jemand, der (einigen) Antisemitismus durchaus als Problem wahrnimmt, sich gegen Islamismus ausspricht und sogar Antisemitismus-Prävention an Schulen betreibt. Aussöhnung scheint ihm ein glaubhaftes Anliegen zu sein. Er zeigt sich schockiert vom Verständnis, das der Hamas in seiner „Community" entgegengebracht wird (auch wenn er das eigene Verharmlosen wohl nicht reflektiert), räumt unumwunden ein, wie gefährlich es ist, sich in arabisch-dominierten Vierteln wie Berlin-Neukölln als sichtbarer Jude zu bewegen, und bemerkt in kritischer Absicht, dass die Öffentlichkeit überall außerhalb Israels den Palästinensern und nicht den Juden gehöre.[7] Gerade deswegen ist er ein bemerkenswertes Beispiel, weil sich an ihm zeigt, wie konstitutiv der Antizionismus für die Identität der PalästinenserInnen als Kollektiv auch in der Diaspora ist – seien sie muslimisch, christlich oder atheistisch, konservativ oder progressiv. Befeuert wird dieser durch die Selbstviktimisierung, an der sich Chahin wie gezeigt rege beteiligt. Bezeichnend ist dabei, dass nicht einmal seine Antisemitismus-Präventionsarbeit ohne diese Selbstviktimisierung auskommt; sie ist offensichtlich sogar Kernelement seines Zugangs zur Zielgruppe. Im *SZ*-Interview erläutert er seine Herangehensweise, Sensibilität für das Thema in der „Community" zu schaffen, wenn er sagt:

> „Ja, wir sind Opfer, auch geopolitisch sind wir Opfer, auch vom Holocaust, der in Europa stattgefunden hat. Und das ist nicht fair. Das ist traurig. Und deshalb haben Palästinenser ihren starken Sinn für Gerechtigkeit. Aber wenn man wirklich gerecht sein will, dann muss man jegliche Perspektive anerkennen. Weil das Unrecht, das Juden angetan wurde, ist das Schlimmste, was auf dieser Erde je passiert ist."

Die Volte, die Shoah als „das Schlimmste, was auf dieser Erde je passiert ist", zu bezeichnen, um den Vorwurf der Holocaust-Relativierung zu antizipieren und Palästinenser zu Opfern der Shoah zu erklären, ist bemerkenswert. Für das Fortschreiben des ewigen Opfer-Narrativs werden keine Kosten und geschichtsrevisionistischen Mühen gescheut.

Apropos „Integration": Mit dem Versuch, sich zumindest *auch* zu einem Opfer der Shoah zu erklären, stellt sich Chahin in beste deutsche Tradition nach 1945. Ob Bomben auf Dresden oder die Vertreibung von Deutschen aus den von den Alliierten befreiten Ländern Osteuropas: Deutsche Erinnerungspolitik wurde stets auch genutzt, um sich selbst als Opfer der Nationalsozialisten oder gar der Alliierten zu stilisieren. Solche Täter-Opfer-Umkehr dient einzig der Relativierung der Shoah, denn gelitten haben im Zweiten Weltkrieg ja alle, so das populistische Narrativ – wozu also die Juden hervorheben?

Das Gefasel von der Anerkennung „jeglicher Perspektiven" und die Vorstellung, dass Subalterne im sogenannten „Globalen Süden" letztlich die (erinnerungspolitisch) Leidtragenden eines europäischen Genozids seien, reiht sich nahtlos ein in postkoloniale Deutungen der Shoah, die sich nunmehr auf jedem Campus und im Kulturbetrieb finden. Abgesehen davon, dass der Großmufti von Jerusalem Amin al-Husseinis mit den Nationalsozialisten paktierte und auf dem Balkan Muslime für die Waffen-SS mobilisierte[8], ist der Nakhba-Mythos, den Chahin hier impliziert, nur dadurch aufrecht zu erhalten, dass die Ursache der vermeintlichen Vertreibung der Palästinenser verschwiegen wird. Diese – das dürfte Chahin wissen – ist mitnichten die Einwanderung Shoah-Überlebender, sondern der Angriff von sechs arabischen Staaten auf Israel am Tag nach seiner Gründung 1948.

Diverse Journalisten und „der Nahostkonflikt"

Auch Khola Maryam Hübsch liegt die Antisemitismusbekämpfung am Herzen – zumindest laut eigenem Bekunden. Die Journalistin ist Autorin, Mitglied der Deutschen Islamkonferenz (DIK) und seit 2021 „Vertreterin der islamischen Verbände"[9] im Hessischen Rundfunkrat. Sie ist häufiger Talkshow-Gast – zum 7. Oktober und den Folgen etwa bei *Markus Lanz*, wo sie am 15. November 2023 das palästinensische Opfer-Narrativ samt Hamas-Verharmlosung bediente.

Hübsch ist zudem das prominenteste Gesicht der Ahmadiyya-Muslim-Jamaat-Gemeinde, die missionarisch orientiert ist und eine fundamentalistische Grundhaltung aufweist, antiwestlich, hierarchisch und autoritär organisiert ist und eine repressive Geschlechtertrennung vertritt. Nach außen bemüht sich die Ahmadiyya, sich als friedliche, fortschrittliche und liberale Gemeinschaft zu präsentieren. In der Darmstädter Ahmadiyya-Gemeinde kam es 2015 allerdings zu einem von ihren eigenen Eltern verübten Ehrenmord an der 17-jährigen Lareeb Khan. Sie wurde ermordet, weil sie wie jedes andere Mädchen hatte leben wollen und sich einer drohenden Zwangsverheiratung wohl entzogen hätte.[10]

Hübsch lebt in einer Ehe, die ihr Vater für sie arrangiert hat.[11] Bei diesem handelte es sich um den 2011 verstorbenen Alt-68er und Islam-Konvertiten Hadayatullah Hübsch, Dichter und langjähriger Pressesprecher der deutschen Ahmadiyya, Leiter der Freitagspredigt der Frankfurter Nuur-Moschee sowie einst gern gesehener medialer Gast im öffentlich-rechtlichen Fernsehen.[12]

Wie schon ihr Vater bemüht auch Khola Maryam Hübsch sich darum, in der medialen Öffentlichkeit ein widerspruchsfreies Bild vom Islam als einer Religion des Friedens und der Toleranz zu vermitteln. Wichtig sei ihr etwa, Antisemitismus nicht mit „antimuslimischem Rassismus" zu bekämpfen, sondern die „Ursachen des Hasses" zu analysieren, wozu die von vielen Muslimen wahrgenommene Ungerechtigkeit seitens Politik und Berichterstattung in Bezug auf das Geschehen in Gaza gehöre. Die Verantwortung für den Judenhass liegt also, so wird hier suggeriert, bei der „Mehrheitsgesellschaft" – und man neigt dazu, Hübsch die Frage, warum Politik und Medien denn so voreingenommen seien, lieber nicht zu stellen. Für den Vorwurf des „antimuslimischen Rassismus" bemüht die Journalistin das Strohmann-Argument, man würde allen Muslimen, die „Mitgefühl für die palästinensische Zivilbevölkerung empfinden"[13], unterstellen, sie würden Israel das Existenzrecht absprechen oder mit der Hamas sympathisieren.

Tarek Baé ist der wahrscheinlich bekannteste deutsch-muslimische Polit-Influencer und verfügt über 300.000 Follower auf Instagram. Sein Content fokussiert vor allem auf die Themen Rassismus und muslimisches Leben in Deutschland.

War bei ihm bereits vor dem 7. Oktober eine gewisse Obsession mit dem jüdischen Staat festzustellen, so sieht sich der studierte Medienwissenschaftler spätestens seither berufen, im sogenannten „Nahost-Konflikt" die Rolle des vermeintlichen Aufklärers einzunehmen.

Wie in seinen anderen Beiträgen sind Muslime, hier die Palästinenser, stets die ungerecht Behandelten und die Stigmatisierten, mithin die Opfer. Israel kommt ausschließlich die Rolle des Unterdrückers, des Täters zu.[14] So bezeichnet Baé das Pogrom in klassischer Täter-Opfer-Umkehr als „Resultat der israelischen Besatzungspolitik", denn Israel habe „durch dauerhafte Eskalation auf diese Situation hingearbeitet". Demnach hätten die islamistischen Mörder – für Baé die „illegal Besetzten" – am 7. Oktober lediglich ihr „Recht auf Widerstand"[15] wahrgenommen.

Auf besonders perfide Weise instrumentalisierte Baé in mehreren Tweets palästinensische Kinder, um Israels Blockade und Luftangriffe für die schwierige humanitäre Lage im Gaza-Streifen verantwortlich zu machen. Natürlich erfolgte dabei keine Einordnung – kein Wort zur israelischen Blockade als Terrorabwehr, keines zur ägyptischen Blockade, kein Wort zu den israelischen Geiseln im Gaza-Streifen und zur berechtigten Selbstverteidigung des jüdischen Staates und selbstverständlich kein Wort dazu, warum die palästinensischen Kinder im Gaza-Streifen hungern und auf medizinische Versorgung verzichten müssen, während die Hamas andere Verwendung für ihr üppiges Budget findet. In zahlreichen weiteren Tweets hat Baé keine Gelegenheit ausgelassen, Israel mit absurden, aber altbekannten antizionistischen Vorwürfen zu dämonisieren. Von der Rede, es handle sich um „Apartheid", bis zur Behauptung, Zivilisten in Gaza würden gezielt getötet, wird das gesamte Repertoire des menschenrechtsbewegten Israelhassers abgespult.

Die Verbrechen der Hamas finden in Baés Posts derweil nur dann und lediglich am Rande Erwähnung, wenn sie als Antwort auf vermeintliche israelische Aggression verharmlost werden. Wie Ilkay Çiçek in einem aufschlussreichen Artikel mit dem treffenden Titel „Islamischer Konservatismus: Links auf Deutsch, rechts auf Türkisch“[16] schreibt, bedient sich Baé einer linksaffinen Sprache und präsentiert sich als progressive Stimme – mit Erfolg, wenn man sich ansieht, wie rege seine Beiträge aus Kreisen geteilt werden, die sich selbst antirassistisch schimpfen. Der Influencer ist smart, wortgewandt und in bester Kenntnis darüber, wie er mit den richtigen Schlagworten und dem entsprechenden Duktus eine Anhängerschaft und Allianzen in der identitätspolitischen Linken gewinnt.

Zugleich unterhält Baé, wie Ninve Ermagan[17] dargelegt hat, umfangreiche Verbindungen zu islamistischen und türkisch-rechtsextremen Gruppierungen. So arbeitete er laut eigenen Angaben für die der türkischen Regierungspartei – und damit dem Israelhasser Erdoğan nahestehenden – Seta-Stiftung, trat als Redner beim türkischen Islamverband Atib auf, welcher den rechtsextremen „Grauen Wölfen“ zugeordnet wird, und sprach 2018 bei der Jahreskonferenz des Vereins „Deutsche Muslimische Gemeinschaft“ (DMG), der laut Bundesamt für Verfassungsschutz zentralen Organisation der Muslimbruderschaft in Deutschland. Die Hamas ist übrigens ein palästinensischer Ableger der ägyptischen Muslimbruderschaft.

Baé versuchte in der Vergangenheit, Organisationen wie die aus der Türkei gesteuerte DITIB, die Atib und Mili Görüs, eine legalistisch islamistische Organisation, über seine Profile in den Sozialen Medien in ein gutes Licht zu rücken.[18] Islamismus wird von ihm entsprechend verharmlost oder gar nicht erst als Problem betrachtet. Begriffe wie „Islamismus“ oder „politischer Islam“ würde er als „Kampfbegriffe“ ablehnen, bemerkte er einmal in einem Interview.[19] Nach bekanntem Muster diskreditiert er Kritiker des politischen Islam und rückt sie in die Nähe der AfD, wie Ahmad A. Omeirate aufzeigt.[20] Den darin implizierten haltlosen und selbstviktimisierenden Vorwurf des Rassismus richtet Baé mit Inbrunst gegen kritische migrantische Stimmen. Identitäre Gesinnung ist auf weltanschaulichen Pluralismus bekanntlich nicht gut zu sprechen; ein wahrgenommener Verrat am ethnisch-religiös konstruierten Kollektiv wird daher mit besonderer Härte bestraft.

Die Selbstviktimisierung dient Baé derweil dazu, KritikerInnen zu verleumden, seine eigene Position als moralisch unfehlbar darzustellen und sich stigmatisiert fühlende muslimische MigrantInnen zu umwerben. Ninve Ermagan erntete für ihre sachlich verfasste und transparent belegte Recherche über Baés Verbindungen zu islamistischen Kreisen bereits vor der Veröffentlichung eine massive Welle von Hass und Hetze durch seine Followerschaft, die Baé gegen die Journalistin mobilisierte.

Aufschlussreich ist auch ein weiterer Influencer, der im Gegensatz zu Baé jedoch vorwiegend für öffentlich-rechtliche Medien gearbeitet hat. Malcolm Ohanwe, der jahrelang als „wichtige queere Stimme“[21] im Einsatz für Diversity, Intersektionalität und Antirassismus galt, trieb die Selbstviktimisierung verbal auf die Spitze, als er noch am Tag des größten Massenmords an Jüdinnen und Juden nach der Shoah diesen Tweet absetzte:

> „Wenn die Zunge der Palästinenser systematisch abgeschnitten wird, wie sollen sie sich mit Worten wehren? Wenn das Wahlrecht der Palästinenser unterbunden wird, wie sollen sie sich mit Kreuzen wehren? Wenn ihre Bewegung eingeschränkt wird, wie sollen sie sich mit Demos wehren? Was erwarten Leute?“[22]

Diese Täter-Opfer-Umkehr ist an Infamität schwer zu übertreffen. In beispielhafter antisemitischer Projektion beschreibt Ohanwe hier unfreiwillig die autokratischen Zustände im Gaza-Streifen und in der West Bank, für die er bar jeglicher Grundlage Israel verantwortlich macht. Denn während arabische Israelis dieselben Bürgerrechte genießen wie jüdische – wozu das Recht auf freie Meinungsäußerung sowie aktives und passives Wahlrecht gehören –, werden oppositionelle

Medien in der Fatah-regierten West Bank zensiert, wo die letzten Wahlen 2005 stattfanden, und im Gaza-Streifen, wo die Hamas auf Widerspruch nicht selten mit Hinrichtungen reagiert. Eine Erklärung, was all das mit Israel zu tun haben soll, spart Ohanwe aus. Offensichtlich will für ihn aber sein, dass den PalästinenserInnen keine andere Form des „Widerstands" als der Massenmord an Jüdinnen und Juden bleibe.

Ohanwe ist ein geradezu archetypischer Vertreter von Identitätspolitik, deren Themen – und Trugschlüsse und Fehler – er als Fernsehmoderator, Podcaster und Twitter-Aktivist popularisiert hat. Als freier Journalist war er für Formate des ÖRR, darunter für Funk, das ZDF, ARTE und den BR tätig und schrieb Gastbeiträge unter anderem für den *Spiegel*. Schon vor dem 7. Oktober trat er mit israelbezogenem Antisemitismus in Erscheinung. Als Israel 2021 von Raketen der Hamas beschossen wurde, twitterte er:

> „Wenn die Hamas ihre Raketen nicht geschossen hätte, wäre es bei schwachen unverbindlichen Pressemeldungen geblieben und sonst hätte niemand weiter über das ewig andauernde nie endende Leid der palästinensischen Menschen gesprochen. Es ist völkerrechtswidrig und wird hingenommen."[23]

Obwohl einschlägig bekannt, zogen zahlreiche in diesem Geiste verfasste Tweets sowie weitere israelfeindliche Äußerungen in öffentlich-rechtlichen Formaten für Ohanwe über Jahre keinerlei Konsequenzen nach sich. Erst seine Äußerungen nach dem 7. Oktober brachten ARTE und BR dazu, die Zusammenarbeit mit ihm zu beenden.[24]

Zu kritisieren ist nicht dieser längst überfällige Schritt, sondern die Tatsache, dass migrantisch-queere Meinungsmacher wie Ohanwe von herkunftsdeutschen RedakteurInnen, VerlegerInnen und dem Kulturbetrieb trotz oder womöglich gerade wegen ihrer antisemitischen Ressentiments seit Jahren hofiert werden. Die Qualität ihrer journalistischen Arbeit scheint deutlich weniger von Bedeutung als ihre vermeintlich authentische Sprecherposition. Dem identitätspolitischen Wahnsinn, der mittlerweile nahezu alle kulturellen Areale durchzieht, ist offensichtlich derart an einer Diversifizierung des Antisemitismus gelegen, dass migrantischen Individuen wie Ohanwe stets eine Plattform geboten wird, um ihre substanzlosen und im Kern gegenaufklärerischen Ideologeme zur Maßregelung der „weißen" Mehrheitsgesellschaft zu verbreiten, sofern sie besagtes Bedürfnis befriedigen. Wie praktisch, dass der Antisemitismus gleich mitgeliefert wird.

Selbstverständlich nutzte nicht nur Ohanwe seine Reichweite auf Social Media zu Propagandazwecken. Der unter dem Namen „Aggressionsprobleme" bekannte Influencer Serhat Sisik, der auf Instagram und TikTok aktiv ist, bemüht NS-Vergleiche und -verharmlosungen, um vermeintliche Verbote propalästinensischen Protests zu beklagen: „Leute, wir sind im Dritten Reich angekommen" und „Uns wird der Mund verboten. Wir dürfen keine friedlichen Demonstrationen machen!"[25] Sisik wartet mit 645.000 FollowerInnen auf und erhielt seit dem Hochladen seines ersten TikTok-Videos 27.5 Millionen Likes. Seine Reichweite nannte er einen „Segen Allahs". War auf seinem Kanal schon vor dem 7. Oktober neben Fitness-Tipps „Israelkritik" zu finden, so dominiert inzwischen antizionistische Propaganda seinen Content. Bezüglich der von ihm behaupteten Unmöglichkeit, propalästinensische Demonstrationen abzuhalten, ist festzuhalten, dass die laut Bundesinnenministerium im ersten Monat nach dem Überfall der Hamas abgehaltenen 450 „propalästinensische Versammlungen" 413 „proisraelischen Versammlungen" gegenüberstanden. Sisik selbst beteiligte sich als Redner an mehreren antizionistischen Versammlungen, zuletzt am 4. November 2023 vor 17.000 Menschen.[26] Das wehleidige Beklagen eigener gesellschaftlicher Marginalisierung erscheint angesichts dieser immensen Zahlen wie ein schlechter Witz, ist aber eine wohldurchdachte Lüge, die darauf abzielt, mittels Selbstviktimisierung nicht nur im eigenen Milieu, sondern auch im identitätspolitischen Social-

Justice-Becken zu fischen – mit Erfolg. Seit Jahren wird dort angebissen, sofern etwas aus migrantischem Mund kommt und ins paternalistische Opferschema passt. Der Erfolg von Influencern wie Sisik und Baé, Moderatoren wie Ohanwe und „Kulturschaffenden" wie Chahin ist nicht zuletzt das Resultat identitärer Sehnsüchte selbsterklärter herkunftsdeutscher AntirassistInnen. Der eigene Antisemitismus kann zudem von sicherer Warte aus in Gestalt der „edlen Wilden" goutiert werden.

Minoritäre Schuldentlastung

Diese Art der Selbstviktimisierung muss ernst genommen und kritisiert werden, denn sie ist Mittel zur Radikalisierung junger Muslime. Auch Gruppierungen aus dem Umfeld der verbotenen islamistischen Gruppierung Hizb ut-Tahrir wie Generation Islam (GI) oder Muslim Interaktiv nutzen das Opfernarrativ, um für das globale Kalifat zu rekrutieren. Für ihre islamistische Propaganda setzen sie vornehmlich auf Soziale Medien. Die GI organisierte nach dem 7. Oktober 2023 zudem in verschiedenen deutschen Städten Kundgebungen gegen Israel. Im bekannten antizionistischen Duktus hetzt die Organisation auf Instagram permanent gegen die „zionistischen Besatzer" und das „Zionistengebilde"[27]. In einem Post vom 28. Oktober 2023 wurde dazu aufgefordert, „die Nationalflaggen und künstlichen Grenzen niederzureißen und das Kalifat wieder zu errichten". Bei der von der GI mitorganisierten nominell propalästinensischen Demo in Essen mit 3000 TeilnehmerInnen wurde nach Geschlechtern getrennt marschiert und die Errichtung eines Kalifats gefordert. Die Auflage, das Existenzrecht Israels nicht infrage zu stellen, wurde mit lauten Buh-Rufen erwidert.[28]

Die Hamburger Gruppe Muslim Interaktiv wiederum ist auf Facebook, Instagram und YouTube präsent. Die professionell gestalteten und provokativen Videos vor hanseatischer Kulisse richten sich vor allem an junge Muslime, die in

Deutschland leben. Die Hamburger Behörde für Inneres und Sport beschreibt die Gruppierung wie folgt:

> „Die Themen sowie der von der Gruppierung verwendete Sprachgebrauch wie ‚Zwangsassimilation', ‚Diffamierung des Islam', ‚Dämonisierung von Muslimen' und ‚Wertediktatur' weisen deutliche Parallelen zu den bereits bekannten informellen Netzwerken Generation Islam (GI) und Realität Islam (RI) auf. Beide Netzwerke sind dem ideologischen Umfeld der – in Deutschland seit 2003 unter einem Betätigungsverbot stehenden – HuT zuzurechnen."[29]

Am 28. Oktober 2023 hielt die Gruppierung eine nicht angemeldete Versammlung in Hamburg ab, auf der islamistische Flaggen geschwenkt und eine paramilitärische Formation gebildet wurde. Ein teilnehmender Islamist forderte durch einen Lautsprecher ungehindert die Einführung der Scharia sowie die Errichtung eines Kalifats auch in Deutschland.[30] Die Inszenierung als Opfer der „Mehrheitsgesellschaft" zielt auch in diesem Fall nicht ausschließlich auf die Rekrutierung junger Muslime, sondern wird im Wissen um die identitätspolitische gesellschaftliche Stimmung genutzt, um sich Zuspruch und Verbündete aus einschlägigem Milieu zu sichern.

Selbstviktimisierung dient in identitätspolitischen Zeiten – ob bewusst oder unbewusst – klaren Zwecken. Sie stiftet Gemeinschaft, die durch ein Feindbild zusammengehalten wird, und entbindet von eigener Verantwortung. Solange Teile muslimischer und vor allem (muslimisch-)palästinensischer Milieus sich nicht kritisch mit ihr auseinandersetzen und sich als frei handelnde Subjekte statt Objekte innerhalb eines Opferkollektivs begreifen, ist dieser spezifischen Ausprägung des Antizionismus nicht beizukommen. Dass jedoch individuelles Ausscheren aus dem Zwangskollektiv und Selbstkritik lebensbedrohliche Folgen haben können, beweisen nicht nur prominente Personen wie Ahmad Mansour, Seyran Ateş,

Necla Kelek und Hamed Abdel-Samad, sondern auch zahlreiche liberale, säkulare und Ex-Muslime, die einen hohen Preis für ihre Freiheit zahlen mussten. Hier sollten Linke genauso wie die Mehrheitsgesellschaft in die Pflicht genommen werden. Denn statt progressive Kräfte in muslimisch-arabischen Milieus zu fördern, entscheiden sich staatliche Strukturen seit Jahrzehnten dafür, die Integration von Muslimen konservativen Islamverbänden zu überlassen, während große Teile der Linken lieber mit Islamisten gegen Israel paktieren, statt sich mit von islamistischer Gewalt bedrohten (Ex-)Muslimen zu solidarisieren. Das gilt auch für das akademische Gender-Studies-Personal, das von sich behauptet, „rassismussensibel" zu sein, tatsächlich aber mit besonderer Leidenschaft gegen die vorgenannten Islamkritiker und vor allem Islamkritikerinnen anschreibt.[31]

Widerständige PalästinenserInnen im Gaza-Streifen und dem Westjordanland sind diesem linken Milieu im Übrigen auch gleichgültig, solange die Feindbestimmung ohne Israel und Juden auskommt. An dieser Stelle soll der Umgang mit dem Mord am Palästinenser Abu Ahmad Marhia, der aufgrund seiner Homosexualität aus der Heimat in der West Bank geflohen war, nicht unerwähnt bleiben. Die Leiche des 25-jährigen Schwulen, der sich in Tel Aviv eine neue Existenz aufgebaut hatte, wurde geköpft in der West Bank aufgefunden, nachdem er Aussagen seiner Freunde zufolge vorher entführt worden sei. Laut israelischen LGBTQ-Gruppen seien dem Morddrohungen aus der heimischen „Community" vorangegangen. Zum Zeitpunkt seines Todes wartete er auf eine Einreisegenehmigung nach Kanada.[32] Anders als die Eigenbezeichnung suggeriert, löste der Fall keine Empörung, sondern dröhnendes Schweigen bei den „Queers for Palestine" aus. Denn solange PalästinenserInnen, zu Opfern stilisiert, nicht zur Dämonisierung Israels instrumentalisiert werden können, ist ihr individuelles Schicksal den AktivistInnen einerlei.

Das Ausbleiben von Emanzipierung ist aufgrund realer Bedrohung der Individuen im Nahen Osten wie auch in Westeuropa nachvollziehbar und sollte ihnen nicht individuell zum Vorwurf gemacht werden. Eine Rechtfertigung für Antisemitismus, ob israelbezogen oder anders geäußert, erwächst daraus aber genauso wenig wie aus eigenen realen oder vermeintlichen Diskriminierungs- und Leiderfahrungen. Auch Indoktrination in den Communitys oder Moscheen entbindet das Individuum nicht von der Verantwortung, sich gegen eine Hassideologie zu entscheiden.

Dass diese Verantwortung Individuen muslimischer Milieus gerade häufig in linken Kreisen abgesprochen wird, zeugt von Paternalismus und einem Rassismus der geringen Erwartungen. Letztlich sollte auch die Kritik, islamischer Antisemitismus werde in Deutschland vor allem zu rassistischer Stimmungsmache und Verdrängung eigener Schuld instrumentalisiert, mit Bedacht geäußert werden. Denn wenn auch beides nicht grundsätzlich falsch ist, so ist es doch wichtig, sofern man es mit dem Kampf gegen *jeden* Antisemitismus ernst nimmt, darauf hinzuweisen, dass Antisemitismus in Deutschland unter Muslimen laut den Ergebnissen des Berliner American Jewish Committees von 2022 nicht nur stärker verbreitet ist als in der Gesamtbevölkerung, sondern sich auch häufig gewalttätiger äußert als bei Nicht-Muslimen.[33] Die Erkenntnis, dass Antisemitismus zudem besonders stark unter Muslimen, die häufig die Moschee besuchen, ausgeprägt ist, liefert womöglich eine wichtige Grundlage für Antisemitismusprävention und -bekämpfung.

Im Übrigen funktioniert Schuldentlastung auch umgekehrt, wie der Politikwissenschaftler Matthias Küntzel aufzeigt: „Nur dann, wenn ich mir den Terror der Islamisten wegdenke, kann ich ‚Israel – Kindermörder‘ brüllen. Je mehr es mir gelingt, den Antisemitismus in der Umgebung Israels auszublenden, umso markanter treten vermeintliche Verbrechen Israels hervor.“[34] So kann auch die Viktimisierung (muslimisch) palästinensischer Menschen in Deutschland im Hinblick auf ihren Antizionismus der eigenen Schuldentlastung dienen.

Als mahnende Losung galt „Nie wieder!“ gestern. Nach dem 7. Oktober 2023 kann es nur noch darum gehen, jeglicher (Selbst-)Viktimisierung eine Absage zu erteilen und den Antisemitismus der Subjekte unabhängig von ihrer Sprecherposition ernst zu nehmen und zu bekämpfen. Während antisemitische Positionen aus dem rechtsradikalen Spektrum mittlerweile gesellschaftlich verpönt und ihre Vertreter zu Recht aus öffentlichen Debatten verbannt sind, werden antisemitische Akteure aus dem muslimischen Milieu vom identitätspolitisch geläuterten Kulturbetrieb hofiert. Sie finden dankbare Abnehmer für ihre antizionistische Propaganda, solange sie sich erwartungskonform als ewige Opfer präsentieren. Während rechtsradikale Kundgebungen und Demonstrationen aus gutem Grund massiven Gegenprotest hervorrufen, verbringen linke Gruppen derweil ihre Zeit lieber mit Befindlichkeitsrunden, wenn Islamisten die ersehnte Auslöschung Israels skandierend durch ihre Viertel ziehen.

Angesichts der realen Gefahr, die von antizionistischer Hetze für Leib und Leiben jüdischer Individuen auch in Deutschland ausgeht – das BKA meldete einen massiven Anstieg antisemitischer Straftaten seit dem 7. Oktober 2023 im Vergleich zu vorherigen Quartalen[35] –, ist das Schweigen großer Teile herkunftsdeutscher Linken zu dieser Schieflage eine Kapitulation vor dem identitätspolitischen Wahnsinn, dessen Verurteilung allen emanzipatorisch gesinnten Kräften ein Anliegen sein sollte.

Anmerkungen

1 Nele Pollatschek, „Als Palästinenser bist du ein Niemand", Interview mit Abdel Kader Chahin, in: *Süddeutsche Zeitung*, 07.11.2023.

2 Abdul Kader Chahin, Instagram-Post, 18.11.2023, https://www.instagram.com/p/CzyvdPdM1B0/?utm_source=ig_web_copy_link&igsh=MzRlODBiNWFlZA== (letzter Abruf 23.12.2023).

3 Zitiert nach Alexander Keßel, „Duisburger Comedian Abdul Chahin über den Konflikt der Palästinenser: ‚Die Juden sind nicht unser Feind'", *DER WESTEN*, 28.11.2023, https://www.derwesten.de/staedte/duisburg/abdul-chahin-duisburg-israel-palaestina-krieg-muslime-a-id300735211.html (letzter Abruf 23.12.2023).

4 ARD, *Anne Will*, „Terror und Krieg in Nahost – Wie kann das enden?", Sendung vom 12.11.2023.

5 Vgl. Palestinian Center for Policy and Survey Research (Hg.), *Public Opinion Poll*, No. 90, December 2023.

6 Pascal Bruckner, *Der eingebildete Rassismus. Islamophobie und Schuld*, Berlin 2020, S. 97.

7 Vgl. Nele Pollatschek, „Als Palästinenser bist du ein Niemand". Nachfolgende Zitate ebd.

8 Vgl. David Motadel, *Für Prophet und Führer. Die islamische Welt und das Dritte Reich*, Stuttgart 2017.

9 So die Selbstauskunft, siehe www.kmhuebsch.de/ueber-mich/ (letzter Abruf: 23.12.2023).

10 Vgl. Johannes Kandel, „Die Ahmadiyya Muslim Jama'at", in: *EZW-Materialdienst*, Nr. 69, 2006, S. 292-302.

11 So Hübschs Selbstauskunft in der Sendung *im Dialog*, Phoenix, 24.01.2015.

12 Siehe dazu Ali Tonguç Ertuğrul/Sabri Deniz Martin/Vojin Saša Vukadinović, „Autoritäre Läuterung von '68. Hadayatullah Hübsch und die patriarchale Abschottung migrantischer Mädchen in der Ahmadiyya-Gemeinde", in: Vojin Saša Vukadinović (Hg.), *Rassismus. Von der frühen Bundesrepublik bis zur Gegenwart*, Berlin 2023, S. 123-151.

13 Khola Maryam Hübsch, „Das Leid der Palästinenser ist mit dem Leid Israels verwoben", DLF Kultur, 30.10.2023, https://www.deutschlandfunkkultur.de/nahost-krieg-demonstrationen-koran-100.html (letzter Abruf 23.12.2023).

14 Vgl. Lennart Pfahler, „Influencer Tarek Baé: Islamismus in ‚woke'", *WELT Online*, 24.06.2021, https://www.welt.de/vermischtes/plus231925359/Influencer-Tarek-Bae-Islamismus-in-woke.html (letzter Abruf: 23.12.2023)

15 Zitiert nach Ninve Ermagan, „Tarek Baé und sein islamistisches Netzwerk", *zdf heute*, 10.01.2024, https://www.zdf.de/nachrichten/politik/deutschland/tarek-bae-israel-gaza-krieg-influencer-nahost-konflikt-islamismus-graue-woelfe-100.html (letzter Abruf: 16.01.2024).

16 Ilkay Çiçek, „Islamischer Konservatismus: Links auf Deutsch, rechts auf Türkisch. Warum hierzulande so viele Progressive den islamischen Konservatismus hofieren", in: *Neues Deutschland*, 30.10.2023.

17 Vgl. Ninve Ermagan, „Tarek Baé und sein islamistisches Netzwerk".

18 Vgl. ebd.

19 Redaktion Freiheitsliebe, „Islamkritiker bedienen oft Vorurteile – Im Gespräch mit Tarek Bae [*sic*], *Die Freiheitsliebe*, 22.10.2020, https://diefreiheitsliebe.de/politik/50160/ (letzter Abruf: 23.12.2023).

20 Vgl. Ninve Ermagan, „Tarek Baé und sein islamistisches Netzwerk".

21 So der Podcast Queer As Berlin in seiner Ankündigung zu Folge 47: „Zu Gast Malcolm Ohanwe über Rassismus, Sexismus und Minderheiten", QaB, Season 2, Ep. 47, 27.10.2021.

22 Screenshots finden sich bei Tomasz Kurianowicz, „‚Was erwarten Leute?': Tweet von Malcolm Ohanwe sorgt für Empörung", in: *Berliner Zeitung*, 08.10.2023.

23 Dokumentiert worden ist dieser Tweet Ohanwes vom ÖRR Blog am 17. Mai 2021, siehe https://twitter.com/oerrblog/status/1394326734896574467

24 Vgl. Joachim Huber, „Fragwürdige Hamas-Posts. BR und Arte beenden Zusammenarbeit mit Malcolm Ohanwe", in: *Tagesspiegel*, 09.10.2023.

25 Zitiert nach Gela Gitter, „Influencer gegen Israel", in: *Jungle World*, Nr. 46/2023, 16.11.2023. Nachfolgendes Zitat ebd.

26 Vgl. ebd.

27 Zitiert nach Ralf Fischer, „Mit Islamisten etwas aufbauen", in: *Jungle World*, Nr. 44/2023, 02.11.2023. Nachfolgendes Zitat ebd.

28 Vgl. Reiner Burger, „Ermittlungen wegen Verdachts auf Volksverhetzung in Essen", in: *FAZ*, 06.11.2023.

29 o. A., „Muslim Interaktiv: Neue Hamburger Gruppierung mit Nähe zur Hizb ut-Tahrir (HuT), 04.12.2020, https://www.hamburg.de/innenbehoerde/schlagzeilen/14709388/islamismus-muslim-interaktiv-hut/(letzter Abruf 23.12.2023).

30 Vgl. Denis Fengler, „Nach Gewalt bei pro-palästinensischer Demo – Durchsuchungen bei ‚Muslim Interaktiv'-Mitgliedern", in: *Die WELT*, 03.11.2023.

31 Ausführlich dazu Vojin Saša Vukadinović, „Das rassistische Bedürfnis. Gender-Theorie, xenophile Projektion, narzisstische Kränkung", in: Till Randolf Amelung (Hg.), *Irrwege. Analysen aktueller queerer Politik*, Berlin 2020, S. 309-357.

32 Siehe dazu Isabel Debre, „Shock, questions after gruesome killing of gay Palestinian", *Associated Press*, 07.10.2022, https://apnews.com/article/middle-east-israel-immigration-west-bank-gay-rights-ce95f6903faf461502cc0800b272b159 (letzter Abruf: 23.12.2023).

33 Vgl. American Jewish Commitee/Lee Ramer Institute, Antisemitismus in Deutschland. Eine Repräsentativbefragung, Berlin 2022.

34 Matthias Küntzel, „‚How Dare You Speak of Islamic Antisemitism?' ‚Antirassismus' als Schutzschild für Antisemitismus unter Muslimen", in: Ingo Elbe et al. (Hg.), *Probleme des Antirassismus. Postkoloniale Studien, Critical Whiteness und Intersektionalitätsforschung in der Kritik*, Berlin 2022, S. 448-474, hier: S. 471.

35 Vgl. Martin Lutz, „Wie der Hamas-Terror in sozialen Medien wirkt", in: *Die WELT*, 23.12.2023.

Postmoderner Antisemitismus

Über einige neue Dimensionen alter Vorurteile in identitätspolitischen Zeiten

Ahmad A. Omeirate

Greta Thunbergs Reaktion und die globale Klimabewegung

Die Reaktion von Greta Thunberg auf das Massaker der Hamas an israelischen Zivilisten am 7. Oktober 2023 hat einige Beobachter in Deutschland erschreckt und überrascht. In der Tat sind die Äußerungen der weltberühmten Umwelt-Aktivistin und vieler ihrer Mitstreiter in der weltweiten Klimaschutzbewegung beunruhigend, aber nicht unerwartet. Seit Jahren positionieren sich Klimaschützer auch an der Seite pro-palästinensischer Gruppen. Damit reihen sie sich ein in eine Schar progressiver, linker, aktivistischer und anderer Bewegungen, die pro-palästinensische, israelkritische und antisemitische Positionen und Narrative in ihren Kampf für eine vermeintlich bessere Welt integrieren.

Bei einer Klimademonstration in Amsterdam im November 2023 trug Thunberg ein schwarz-weißes Palästinensertuch und betonte, dass die Klimabewegung die Verantwortung habe, „auf die Stimmen derer zu hören, die unterdrückt werden und für Frieden und Gerechtigkeit kämpfen".[1] Sie reichte das Mikrofon an eine Frau weiter, die ebenfalls ein Palästinensertuch trug. Diese Frau erklärte, dass Israel in ihrem Land einen „Völkermord" begehe.

Ende Oktober 2023 fanden sich in einem mittlerweile gelöschten Instagram-Beitrag der internationalen Sektion der

Klimabewegung Fridays for Future wüste antisemitische Stereotype und Verunglimpfungen. Die Geschichte des Israel/Palästina-Konflikts wurde zu einer Auseinandersetzung zwischen Unterdrückern und Unterdrückten karikiert. Die Entstehung des Staates Israel wurde auf Siedlerkolonialismus und Landraub zurückgeführt, das Vorgehen der Terrororganisation Hamas mit der Erfahrung von 75 Jahren Repression und „ethnischer Säuberung" gerechtfertigt. Zudem wurden westliche Medien der Gehirnwäsche bezichtigt und als Instrumente imperialistischer Regierungen gebrandmarkt. Der Beitrag löste in Israel und Europa zu Recht Empörung aus. Die mitgliederstarke deutsche Sektion von Fridays for Future bemühte sich, sich von diesen Äußerungen zu distanzieren. Greta Thunberg, die weltweit bekannte Führungsfigur der Jugend-Klima-Bewegung, teilte einen Tweet der schwedischen Sektion, in dem die organisatorische Unabhängigkeit der Sektionen betont wurde.

Antirassistische Gruppen, Aktivistinnen des Queerfeminismus, postkoloniale Theoretiker, Verschwörungstheoretiker und islamistische Aktivisten haben unterschiedliche und manchmal auch widersprüchliche Ziele. Auffällig ist aber eine Gemeinsamkeit: Viele von ihnen kritisieren Israel und einige hegen Hass gegen Juden. Dies stellt eine enorme Herausforderung für die weltweite Bekämpfung des Antisemitismus dar, denn antisemitische Narrative und Mythen dringen so in scheinbar unverdächtige soziale und politische Kontexte ein. Oft geschieht dies unbemerkt und unreflektiert. Der Kern des Antisemitismus bleibt die feindselige Wahrnehmung von Juden, aber seine Erscheinungsformen und Kontexte verändern sich, wie der historische Blick zurück zeigt.

Der Sechstagekrieg und seine Auswirkungen auf die Linke

Der Sechstagekrieg von 1967 hatte sofortige Auswirkungen auf die linke Bewegung im Westen und gilt heute als entscheidender Moment in der Geschichte des linken Antisemitismus.[2] Vor diesem Konflikt zeigte ein bedeutender Teil der politischen Linken weltweit Solidarität mit Israel. Dies war vor allem auf die Wahrnehmung Israels als eines progressiven Staates zurückzuführen, der als Heimat für Holocaust-Überlebende und als ein Ort des sozialen Fortschritts angesehen wurde.

Israel erklärte sich 1948, drei Jahre nach dem Ende des Zweiten Weltkriegs, zu einem unabhängigen Staat und festigte in den folgenden Jahrzehnten – zahlreichen Kriegen und Terrorattacken zum Trotz – seine Existenz als Nation. Es galt als ein Land, das nach dem Schrecken des Holocaust für jüdische Menschen aus vielen Teilen der Welt Zuflucht bot. Für viele Linke war Israel zunächst eine progressive Kraft im Nahen Osten, die sich für soziale Gerechtigkeit und für die Rechte von Unterdrückten einsetzte.

Die Suezkrise 1956 führte zu einem militärischen Konflikt zwischen Israel, Großbritannien und Frankreich auf der einen und Ägypten auf der anderen Seite. Obwohl einige linke Gruppen ihre Solidarität mit Israel bereits verloren hatten, überwog die Unterstützung für Israel noch bis zum Sechstagekrieg. Am 5. Juni 1967 führte Israel einen präventiven Militärschlag gegen Ägypten, Jordanien und Syrien durch und erlangte innerhalb von sechs Tagen die Kontrolle über große Gebiete. Dazu gehörten die Sinai-Halbinsel, der Gaza-Streifen, Ostjerusalem, das Westjordanland und die Golanhöhen. Die schnelle militärische Expansion schockierte und polarisierte die internationale Linke.

Für manche Linke war die Niederlage der arabischen Staaten im Sechstagekrieg ein Wendepunkt. Israel galt ihnen fortan nicht mehr als progressiver Staat, sondern als westliche Besatzungsmacht und vermeintlicher „Brückenkopf" des „US-Imperialismus" im Nahen Osten. Diese Wahrnehmungsänderung führte zu einer verstärkten Infragestellung des Existenzrechts Israels und einer vermehrten Parteinahme für die palästinensische Seite. Die linke Bewegung spaltete sich in Bezug auf die Haltung zu Israel. Während einige Solidarität mit Israel zeigen, treten andere für eine radikalere pro-palästinensische Position ein. Diese Veränderung in der politischen Landschaft trug entschieden zur Entstehung und

Verbreitung des linken Antisemitismus bei, wie u. a. der Historiker Jeffrey Herf gezeigt hat, da Israel seither vor allem als Aggressor und Unterdrücker wahrgenommen wird.[3]

Der Wandel der politischen Linken und Israel

In der alten Bundesrepublik und in anderen westeuropäischen Ländern mobilisierten die Studentenbewegung und politisch aktive palästinensische Studentengruppen aufgrund der sich anbahnenden linken antizionistischen Wende und den einhergehenden Sympathien für Palästinenser zum gemeinsamen Kampf gegen den sogenannten „israelischen Imperialismus".[4] Einige spätere Funktionäre der antisemitischen Terrororganisation Fatah und ihrer Dachorganisation Palästinensische Befreiungsorganisation (PLO) gingen aus diesen Gruppen hervor.

Die Verbindung und das Verständnis der palästinensischen Diaspora entstanden jedoch nicht zufällig. Sie wurden zuvor durch politischen Aktivismus von palästinensischen Initiativen akribisch an westdeutschen Universitäten langwierig erarbeitet.[5] Palästinensische Studenten veranstalteten Themenabende zum Israel/Palästina-Konflikt für ihre Kommilitonen. Sie verbreiteten antizionistische und antisemitische Texte des ägyptischen Informationsamtes und gründeten schließlich eigene Printmedien, die Übersetzungen arabischer Propagandaartikel enthielten, organisierten Anti-Israel-Demonstrationen und vernetzten sich bundesweit mit anderen Zusammenschlüssen. Während ihrer Aktivitäten übernahmen sie auch antiimperialistische Versatzstücke und Vietnam-Slogans der Außerparlamentarischen Opposition. Diese wurden nun zu palästinensischen Pendants umgedichtet, um bewusst einen globalen Zusammenhang zwischen der Situation der Palästinenser und den ausgebeuteten „Völkern" der Dritten Welt herzustellen. So wurden Linke regelmäßig daran erinnert, dass die „palästinensische Sache" stets oberste Priorität haben müsse.

Ein globales Aktivismus-Phänomen

In den USA gab es in den 1960er und 1970er Jahren ähnliche Aktivitäten von radikalen linken arabischen Organisationen, die hauptsächlich auf die Ereignisse des Sechstagekriegs von 1967 und des Jom-Kippur-Kriegs von 1973 zurückzuführen sind. Solche Entwicklungen waren Reaktionen auf die Niederlagen der arabischen Staaten in diesen Konflikten. Als Antwort auf diese Niederlagen gründeten Palästinenser beispielsweise den Arab Worker Caucus (AWC), eine Gewerkschaftsvertretung, und die Association of Arab American University Graduates (AAUG), eine akademische Bildungsorganisation. Beide Organisationen wurden zunächst ins Leben gerufen, um das Verständnis zwischen arabisch-amerikanischen Gemeinschaften zu fördern.[6] Allerdings verfolgten sie, entgegen ihrer ursprünglichen Zielsetzung, eine antizionistische Agenda. Die Mitglieder dieser Organisationen waren sich nahezu ausschließlich in Themen einig, die einen Bezug zu Palästina hatten. Andere arabische Konflikte wie der libanesische Bürgerkrieg von 1975 bis 1990 und die darauf folgende syrische Besatzung des Libanons hingegen führten zu internen Konflikten, die schließlich zur Auflösung der AAUG führten.

Ein prominentes Mitglied und Vizepräsident der AAUG war der 2003 verstorbene, christlich-palästinensische Literaturwissenschaftler Edward W. Said, der von antizionistischen und postmodernen Akademikern bis heute oft zitiert wird. 1973, mehr als 30 Jahre, bevor der antiisraelische Zusammenschluss von 171 palästinensischen Organisationen 2005 zum Boykott, zur Desinvestition und zu Sanktionen (BDS) gegen Israel aufrief, hatte der AWC vermutlich die erste Divestment-Kampagne gegen israelische Anleihen überhaupt ins Leben gerufen. Diese Entwicklung in den USA zeigte schon damals, welchen Einfluss der Israel/Palästina-Konflikt und die antizionistische Agenda politisch engagierter Gruppen auf die arabisch-amerikanische Gemeinschaft und auf die akademische Welt hatte.

Postmoderner Antisemitismus

Antisemitismus wurde lange ausschließlich rechten oder rechtsextremen Bewegungen zugeschrieben. In jüngster Zeit hat sich die Antisemitismusforschung jedoch verstärkt mit dem Zusammenhang zwischen linken Weltanschauungen und Judenfeindschaft beschäftigt. Dabei werden auch Ideen untersucht, die seit den frühen 1960er Jahren eine kritische Haltung gegenüber dem Universalismus, blindem Fortschrittsglauben und objektiver Erkenntnis vertreten, die oftmals – pejorativ – als „Postmoderne" bezeichnet werden. Das zugehörige Denken, geprägt von den französischen Theoretikern wie Michel Foucault, Jacques Derrida, Gilles Deleuze und Jean-François Lyotard und anderen, betont, dass die soziale Wirklichkeit stark von Sprache und Machtbeziehungen geprägt sei. In diesem Zusammenhang werden Werte und Moralvorstellungen relativiert und allgemeingültige Wahrheiten abgelehnt. Die Postmoderne ist deshalb für ihre ausgeprägte Skepsis gegenüber Wissensproduktion im klassischen Sinn bekannt, die sich an Wahrheit, Überprüfbarkeit und Nachvollziehbarkeit orientierte. Seit den 1990er Jahren hat sich diese Skepsis auf viele wissenschaftliche Disziplinen und aktivistische Bewegungen ausgeweitet.

Postmoderne Theorien sind nicht grundsätzlich antisemitisch; von Jacques Derrida und Roland Barthes etwa sind solche Gedanken überhaupt nicht bekannt, von Julia Kristeva sogar ausgesprochen islamkritische, die in enormem Kontrast zu den kulturrelativistischen deutschen Gender Studies stehen, die traditionell islamfreundlich[7] sind. Was die aus diesem Denken mit hervorgegangenen sozialen Bewegungen anbelangt, ist zunächst festzuhalten, dass diese zwar ebenfalls nicht grundsätzlich antisemitisch sind, dennoch tendieren viele Grundprinzipien des postmodernen Aktivismus dazu, israelkritische und judenfeindliche Narrative zu befördern und argumentative Verbindungen zu anderen, noch radikaleren und eindeutig antisemitischen Akteuren und Bewegungen zu ermöglichen. Diese Aktivismusformen konzentrieren sich auf vermeintlich benachteiligte Gruppen und kritisieren allgemeine Machtstrukturen. Sie stellen etablierte gesellschaftliche Ordnungen infrage und beanspruchen Wahrheit für sich, lehnen zugleich aber eine objektive Wahrheit ab. Wissenschaft, Aktivismus und Widerstand sind hier eng miteinander verbunden, was sich an einigen akademischen Führungsgestalten dieses Milieus zeigt.

Der bereits erwähnte Literaturwissenschaftler Edward W. Said, Mitbegründer der postkolonialen Theorie, stützte sich in seiner 1978 veröffentlichten Abhandlung *Orientalismus* stark auf Michel Foucaults Idee, dass Machtbeziehungen, die auch um wissenschaftliche Ideen kreisen, die Wirklichkeit formen.[8] Said argumentierte, dass der wissenschaftlich-analytische Blick auf den Nahen Osten, einschließlich Israel und Palästina, von westlich-imperialen Perspektiven und Konstruktionen, vor allem aber von Interessen geprägt sei. Er betonte die Notwendigkeit einer Neubewertung und versuchte den Zionismus als säkulare Idee und westliches Narrativ zu dekonstruieren, weswegen er das Osloer Friedensabkommen 1993 ablehnte.

Judith Butler wiederum, Gründungsfigur der Queer Theory und bis heute wichtigste Vertreterin des Gender-Paradigmas, ist selbst jüdischer Herkunft. In ihren Werken seit den frühen 1990er Jahren argumentiert sie, dass etablierte Vorstellungen von Geschlecht Natur und performative Inszenierungen verwechselten, die auf sozialen Konventionen und Machtstrukturen basierten und daher wandelbar seien. Zugleich wendet sie sich gegen westliche Kritik an islami(sti)schen Praktiken wie der Burqa, die sie einmal eine „Übung in Bescheidenheit und Stolz“[9] genannt hat. Butler sieht den Staat Israel als Ergebnis westlicher Dominanz und Hegemoniebestrebungen. Als prominente Figur, die von der Aura eines Denkens von Weltrang umgeben ist, hat ihre Unterstützung der antiisraelischen Boykott-Kampagne wesentlich dazu beigetragen, diese zu etablieren. So wird die Rede vom antikolonialen Kampf gegen Israel durch ein intellektuelles Milieu vorangetrieben, das gerade an deutschen Universitäten hofiert wird.

Diese Beispiele zeigen, wie postmoderne Ansätze zur Entstehung und Verbreitung „israelkritischer“ Erzählungen beitragen, die in der Regel antisemitische Konnotationen haben oder ausdrücklich an der Abschaffung des jüdischen Staates interessiert sind. So hat sich die Vorstellung von Israel als kolonialem Aggressor gegenüber den inzwischen als „indigen" und „nicht-weiß" verstandenen Palästinensern in verschiedenen Bewegungen – darunter der Klimabewegung, dem Queerfeminismus, der internationalen Linken und zahlreichen antirassistischen und antifaschistischen Gruppen – ohne kritische Reflexion und ohne nennenswerte Widerrede durchgesetzt. Postnationale, postmigrantische und postkapitalistische sowie andere „Post"-Strömungen in Wissenschaft und Aktivismus tragen diese antisemitischen Ideen aus den Universitäten in die Behörden, in Redaktionen, Stiftungen, Kulturinstitutionen und emanzipatorische Subkulturen und normalisieren sie so gesellschaftlich.

Camouflierter Antisemitismus im Kontext des Israel/Palästina-Konflikts

In der Debatte um den arabisch-israelischen Konflikt und im Zusammenhang mit dem Israel/Gaza-Krieg, der am 7. Oktober 2023 begann, lassen sich ähnliche antijüdische Mechanismen beobachten, die bereits in Teilen der linksradikalen Studentenbewegung zu beobachten waren. Während in den 1960er Jahren manipulative Vergleiche zwischen Palästinensern und Vietnamesen gezogen wurden, wird ihre Situation heute häufig mit der der unterdrückten schwarzen Bevölkerung im ehemaligen Apartheidregime Südafrikas verglichen. In Zukunft dürften wohl Parallelen zur muslimischen Minderheit der Uiguren gezogen werden, die von China in Zwangslagern festgehalten und zwangssterilisiert werden.[10]

Auch heute versuchen antisemitische und antizionistische Akteure und Funktionäre, vermeintlich im Namen von Bildungs- und Menschenrechtsorganisationen, über soziale Medien oder im Kollektiv einen versteckten Antisemitismus zu verbreiten. Damit wecken sie bei Dritten mit dem vorgeschobenen Argument, sich mit dem Verbrechen der eigenen Großeltern auseinandergesetzt zu haben, gezielt das Bedürfnis, dafür sorgen zu wollen, dass sich Geschichte nicht wiederhole. Dass in dieser Konstruktion Opfer zu Tätern gemacht und judenfeindliche Verschwörungstheorien neu tradiert werden, erscheint vielen im Zuge des eigenen Entlastungsbedürfnisses und der Schuldabwehr fatalerweise durchaus rational. Hieran zeigt sich, dass sich der Antisemitismus die identitätspolitischen Codes und Gepflogenheiten längst zu eigen gemacht hat. Der Jubel, der auf europäischen und nordamerikanischen Straßen auf das Pogrom der Hamas folgte, lässt vermuten, dass der Höhepunkt dieser Entwicklung noch nicht erreicht ist.

Anmerkungen

1 Vgl. o. A., „Greta Thunberg ergreift bei Demo erneut Partei für Palästinenser", *ZEIT Online*, 12.11.2023, https://www.zeit.de/politik/ausland/2023-11/niederlande-greta-thunberg-klimademo-palaestinenser-gebiete-israel (letzter Abruf: 28.01.2024).

2 Vgl. Polina Kiourtidis, „Antizionismus als linker Kampf gegen Rassismus und Imperialismus. Das Beispiel des Sechstagekriegs", in: Vojin Saša Vukadinović (Hg.), *Rassismus. Von der frühen Bundesrepublik bis zur Gegenwart*, Berlin/Boston 2023, S. 167-186.

3 Vgl. Jeffrey Herf, *Unerklärte Kriege gegen Israel. Die DDR und die westdeutsche radikale Linke 1968-1989*, Göttingen 2019.

4 Siehe dazu die grundlegende Studie von Martin W. Kloke, *Israel und die deutsche Linke. Zur Geschichte eines schwierigen Verhältnisses*, 2., erweiterte und aktualisierte Auflage, Frankfurt am Main 1994.

5 Vgl. Ido Zelkovitz, „Der deutsche Arm der Fatah: Die Generalunion Palästinensischer Studenten (GUPS)", in: Martin Jander/Anetta Kahane (Hg.), *Gesichter der Antimoderne. Gefährdungen demokratischer Kultur in der Bundesrepublik Deutschland*, Baden-Baden 2020, S. 291-304.

6 Siehe dazu die Beiträge in der Ausgabe, die das Journal *Arab Studies Quarterly* der AAUG widmete (Vol. 29, No. 3/4, Summer/Fall 2007.

7 Siehe dazu Vojin Saša Vukadinović, „Das rassistische Bedürfnis. Gender-Theorie, xenophile Projektion, narzisstische Kränkung", in: Till Randolf Amelung (Hg.), *Irrwege. Analysen aktueller queerer Politik,* Berlin 2020, S. 309-357, hier: S. 348f.

8 Vgl. Edward Said, *Orientalism*, New York 1978; dt. *Orientalismus*, Frankfurt am Main 1981

9 Judith Butler, *Gefährdetes Leben. Politische Essays*, Frankfurt am Main 2005, S. 168.

10 Vgl. Thomas Gutschker/Michaela Wiegel, „Niederländisches Parlament verurteilt China wegen Völkermords", in: *Frankfurter Allgemeine Zeitung*, 26.01.2021.

Es ist wirklich nicht kompliziert

Anmerkungen zu politischer Komplexität und identitätspolitischer Vereinfachung

Miro Verdel

I.

Die Phrase „It's not complicated"[1], die am 13. November an der Berliner Universität der Künste im Rahmen einer dem Terror zugeneigten Aktion von Kunststudierenden zu vernehmen war, steht sinnbildlich für die totale Flachheit eines Denkens, das schon gar nicht mehr denken will, und für den Wunsch nach einfachen Verhältnissen. Noch am 7. Oktober wurden groteske Behauptungen, die das Massaker der Hamas zum legitimen Akt des Widerstands kürten, in den Sozialen Medien verbreitet. „Was dachtet Ihr alle denn, was Dekolonisierung bedeutet? Vibes? Seminararbeiten? Essays? Loser", hieß es beispielsweise bei Najma Sharif auf X. Die woke Autorin, die für US-amerikanische Magazine wie *Teen Vogue* und *InStyle* schreibt, schickte gleich noch eine Aufforderung an die vermeintlich Nicht-Woken hinterher: „Wenn ‚nicht so', wie denn sonst. Zeigt's uns lol."[2] Nur wenige Stunden nach dem Massaker hielten Fans der linken Fangruppierung Green Brigade des schottischen Fußballklubs Celtic FC Banner mit der Aufschrift „*Free Palestine – Victory to the Resistance*" in die Höhe. In einem Statement bezogen sie sich auf die Geschichte der Unterdrückung der Iren durch Großbritannien und stellten ihre Solidaritätsbekundung in die Tradition des irischen Unabhängigkeitskampfes.[3] Die *junge Welt* sprach derweil in einem Artikel, der noch am 7. Oktober veröffentlicht wurde, wahrheitswidrig, aber ganz im dekolonialen Jargon, von einem „Überraschungsangriff" auf „grenznahe zionistische Siedlungen"[4], womit die Legitimation des Massenmordes an den Menschen, die der Hamas in den Kibbuzim zum Opfer fielen, bereits sprachlich vollzogen wurde.

Die Fratze purer Verrohung eines ganzen Milieus, die in solchen Bekundungen zum Vorschein kam – vorgetragen mit unmissverständlicher Unerbittlichkeit, ohne Nuancen und ohne Grauzonen –, zeigt, wie es um die sich selbst für „progressiv" haltende, identitätspolitische Linke steht. Seit Herbst 2023 sind solche Verdrehungen und Leugnungen des Massakers in schier endloser Zahl in die Sozialen Medien gespült worden. So bleiben vom 7. Oktober und den nachfolgenden Tagen nicht nur die verstörenden Details des Pogroms in Erinnerung, sondern auch die Reaktionen von Menschen, die zwar ihre eigene Echokammer offenbar nicht mehr verlassen können, deren Menge allerdings einen Eindruck davon vermittelt, welches Ausmaß die antizionistische Agitation inzwischen gesellschaftlich hat.

Der Enthusiasmus dieser Linken für die antisemitische Gewalt lässt selbstverständlich nicht den geringsten Platz für die Opfer. „Siedler", „Kolonialstaat", „Unterdrücker", „Weißsein" und „German Guilt" sind mustergültige Begriffe des identitätspolitischen Jargons, denen bei der moralischen Umdefinition von „Pogrom" zu „Widerstand" die Schlüsselrolle zukommt. Die Logik dahinter kennt nur „Unterdrücker" und „Unterdrückte", die sich als zwei monolithische Blöcke gegenüberstehen sollen. Dies appelliert an all jene, die sich in der politischen Auseinandersetzung und Positionierung aller Ambivalenzen entledigen wollen und geistig wie politisch offenkundig nur leicht Verdauliches vertragen. Vor eine solche moralische Wahl gestellt, wird sich jede Person, die in den letzten Jahren eingebläut bekommen hat, sich selbst über ihre „Unterdrückungserfahrung" zu definieren – mit Abstufungen dürfen dies im identitätspolitischen Weltbild alle außer „weiße heterosexuelle Männer" –, mit der vermeintlich „unterdrückten" Gruppe solidarisch erklären. So wurde auch ich in Gesprächen unmittelbar nach dem Massaker mit dem Satz „Es ist mir unverständlich, dass du dich als Teil einer Minderheit nicht mit den Unterdrückten solidarisieren kannst" konfrontiert. Dieses Versatzstück war in den folgenden Tagen innerhalb eines linken Diskurses – in diversen Variationen – häufig zu vernehmen. Wer nach der Ermordung von mehr als 1200 Menschen in Israel zu solchen Formulierungen greift, macht offensiv klar, keinesfalls der Terroropfer gedenken zu wollen.

Dieses Moment der identitären Bezugnahme zeigt, wie die eigene Rassismuserfahrung oder die Diskriminierung aufgrund sexueller Orientierung zur raunenden Rechtfertigung politischer Gewalt herangezogen wird. Im Falle identitärer österreichischer und deutscher Linker ist das als milieuspezifischer Anschluss an die allgemeine Verdrängung der Shoah und deren Folgen zu verstehen – und als Versuch, sich an den trendigen internationalen antizionistischen Diskurs anzuhängen. Nur mit dessen Vokabular konnten Juden plötzlich zu weißen „Kolonisatoren" und somit aus den identitätspolitisch konkurrierenden Benachteiligungs- und Diskriminierungsgeschichten ausgeschlossen werden. Zudem wird der Rekurs auf die eigene Identität zum probaten Mittel, um sich selbst politische Klarheit zu verschaffen – nicht etwa im Sinne analytischer Kompetenz, sondern im Sinne eines Schlussstrichs unter der Last der eigenen Geschichte. Denn dort, wo behauptet wird, dass die deutsche Erinnerungskultur an die Shoah das palästinensische Leid ausblende, muss notwendigerweise die Rolle der eigenen Familie im Zweiten Weltkrieg beziehungsweise die eigene Verstricktheit in die politische Realität des gegenwärtigen Antisemitismus in globaler Dimension ausgeblendet werden.

II.

In der unterkomplexen Rede von „Unterdrückern" und „Unterdrückten", die ironiefrei für politische Analyse gehalten wird, fügt sich der Antisemitismus deshalb wie ein Puzzlestück ins Gesamtbild. Es wird noch nicht einmal zu begreifen versucht, weshalb es nach vielen Jahrhunderten der Verfolgung, Vertreibung und der deutschen Vernichtungspolitik bis 1945 notwendig ist, dass Juden über einen Schutzraum verfügen. Stattdessen wird genau dieser Schutzraum zur Projektionsfläche für neuerliche Zuschreibungen, die diese Notwendigkeit unfreiwillig nur aufs Neue bestätigen.

Das zeigt sich beispielsweise am prävalenten Schweigen der queerfeministischen Bewegung, die brutalste sexuelle Gewalt[5] marodierender Männerhorden gekonnt ausblendet, um sich einer ethischen Verurteilung des Massakers zu entziehen. Vollkommen ignoriert wird hierbei nicht nur der eliminatorische Antisemitismus der Hamas, sondern auch ihre grundlegend misogyne Ideologie. Anstatt den hundertfachen Femizid deutlich zu verurteilen, folgten – trotz eindeutiger Bilder, die sogar durch die Hamas selbst erstellt und verbreitet worden waren – systematische Leugnungen des Geschehenen. [6] Erklärbar wird dies durch den Trend zu einer „feministischen" antizionistischen Positionierung. Große Teile der internationalen intersektionalen und queerfeministischen Bewegung – auf der Ebene der Theorie oder des Aktivismus – bekennen sich mehr oder weniger offen zur BDS-Kampagne.[7] Es ist dennoch erschreckend, dass selbst angesichts des hundertfachen Femizides vielerorts das Vorgehen als dekolonialer Widerstand abgetan und gerechtfertigt wurde.

Die Zuschreibung an Israel als Übermacht ist auch der Grund, warum Israel bei jedem „progressiven" Belang passförmig „mitgedacht" werden kann: Die Zusammenführungen bekannter „progressiver" Devisen wie beispielsweise „No climate justice on occupied land" oder „Palestine is a feminist issue" machen den jüdischen Staat zur Projektionsfläche für Widersprüche, zum Austragungsort politischer Auseinandersetzungen und den sogenannten „Nahostkonflikt" zum Konflikt aller Konflikte. Ganz im Stile einer alles umfassenden Welterklärung, die aus der Geschichte des Antisemitismus bestens bekannt ist, wird Israel eine Rolle zugeschrieben, welche das Land aufgrund seiner Größe und Lage offenkundig nicht haben kann, die es getreu der irren Machtfantasien der identitätspolitischen Antizionisten aber haben soll.

III.

Die Schlichtheit dieses politischen Denkens ist eine ideale Ausgangslage für sich fortschrittlich gebenden Social-Media-Aktivismus, der das Posten und Tweeten, Reposten und Retweeten für politische Kritik hält. Durch die Mediatisierung der menschlichen Lebenswelt ist der Social-Media-Aktivismus mittlerweile zu einem Kernbereich der Politisierung geworden und soziale Medien zu einem zentralen Informationsmedium. Allerdings ist nicht von der Hand zu weisen, dass man es hierbei in gewisser Weise mit politischem Handeln zu tun hat. Denn der diskursive Rahmen dieser Sparte des Internets eignet sich vorzüglich, um über Slides und Kurzbeiträge die Politisierung der jüngeren Generation voranzutreiben. Die kommunikativen Grenzen knapper Tweets, Slides und TikToks laden hierbei vor allem zu äußerst verkürzten und vereinfachten Darstellungen ein.

Eine nicht zu vernachlässigende Rolle spielen in der politischen Bildung Influencer. Sie genießen und bewahren hierbei ihre sorgsam gestalteten Profile – diese sind immerhin ihr soziales Kapital. So mühsam es sein kann, dieses Kapital – in Form von Followern – zu erhalten, so fragil gestaltet sich der Erhalt.[8] Umso schwerer wiegt der enorme Positionierungsdruck, der infolge des 7. Oktober in Kommentarspalten gefüllt mit der Aufforderung, Stellungnahme zu beziehen, zu beobachten war. Da progressive Fitness- oder Beauty-Influencer, Twitch-Streamer, Umweltaktivistinnen, Musikerinnen etc. dem starken Druck nachgeben, sich zu „positionieren", um ihre „Follower“ nicht zu „Hatern“ zu machen, überrascht es nicht, dass massenhaft und möglichst simple Darstellungen reproduziert werden. [9]

Die Folgen einer nuancierten Antwort auf den Positionierungsdruck sieht man am Beispiel Lewis R. Gordon. Der postkoloniale Theoretiker und Autor mehrerer Bände zur postkolonialen Debatte über das Erbe Frantz Fanons folgte der Aufforderung, sich in den Sozialen Medien zu äußern. Auf X stellte er unter anderem jedoch klar, dass die Hamas nicht revolutionär sei und die Region von Israelis und Juden sterilisieren wolle. Was es heißt, der eingeforderten Eindeutigkeit nicht nachzugeben, zeigte der darauffolgende Shitstorm.[10]

Es ist daher nicht verwunderlich, wenn „Progressive“ dem Druck weichen. Besonders online greift die Dynamik der Reproduktion unterkomplexer Inhalte. Einerseits verlangen die Aufforderungen eine eindeutige, ambivalenzfreie Positionierung. Andererseits sind einfache Erklärungen zugänglicher. Die hierdurch forcierte Dekontextualisierung und historische Vereinfachung des Konfliktes zwischen der Hamas und Israel vergrößern den Resonanzraum bei denjenigen, die sich für progressiv halten, um sich mit den „Marginalisierten“ und „Unterdrückten“ zu solidarisieren. Am Ende bleibt wenig mehr als ein Selbstgespräch mit den eigenen Vorbehalten und abgespaltenen Wünschen, die nicht nur simpel, sondern in höchstem Maße antiemanzipatorisch sind, denn es geht um Massenmord. Zumindest in dieser Hinsicht bewahrheitet sich die Phrase „It’s not complicated“ – jedoch auf ganz andere Weise, als es die Anhängerschaft dieser Parole intendiert.

Anmerkungen

1 Student_Coalition_Berlin, IG-Post, 14.11.2023, https://www.instagram.com/student_coalition_berlin/p/CzoFJPZsvOi/ (letzter Abruf: 17.01.2024).
2 Zitiert nach Vojin Saša Vukadinović, „Protest und Pogrom“, *Jungle World*, Nr. 42/2023, 19.10.2023.
3 Vgl. o. A., „Green Brigade's statement calls for Palestinian flag display at Atletico Madrid game“, in: *The Celtic Star*, 10.10.2023, https://thecelticstar.com/green-brigades-statement-calls-for-palestinian-flag-display-at-atletico-madrid-game/ (letzter Abruf: 17.01.2024).
4 Nick Brauns, „Gaza schlägt zurück“, *junge Welt*, 07.10.2023.
5 Vgl. Jeffery Gettleman/Anat Schwartz/ dam Sella, „Screams Without Words': How Hamas Weaponized Sexual Violence on Oct. 7“, *New York Times*, 28.12.2023.
6 Beispiele finden sich u. a. bei Merle Stöver, „Protest und Pogrom“, *Jungle World*, Nr. 42/2023, 19.10.2023.
7 Vgl. Karin Stögner, „Angela Davis und Queer BDS. Was hat Palästina mit Feminismus zu tun?“, *CARS Working Papers # 016*, 2023.
8 Vgl. Ole Nymoen und Wolfgang M. Schmitt, *Influencer. Die Ideologie der Werbekörper*, Berlin 2021.
9 2021 stellte der dritte *de:hate report* der Antonio Amadeu Stiftung fest, dass Influencer einem hohen Positionierungsdruck zum Nahostkonflikt durch ihre Follower ausgesetzt sind. Vgl. Amadeu Antonio Stiftung, *de:hate report #3*, Berlin 2021.
10 Vgl. Udo Wolter, „Der Elefant im postkolonialen Raum“, in *Jungle World*, Nr. 45/2023, 09.11.2023.

Wie die antiwestliche Linke zur Pointe wurde, ohne den Witz zu verstehen

Žarko Janković

Kennen Sie den schon? Treffen sich zwei weiße Amerikanerinnen an einer Eliteuniversität in den USA, um den „Siedlerkolonialismus" zu verteufeln …

Klingt angesichts der Geschichte des amerikanischen Kontinents komisch, aber um die geht es den Genannten auch nicht. Es geht ihnen um das moderne Israel. Dieses kleine, an der Levante gelegene Land von der Größe Niederösterreichs mit seinen knapp neun Millionen EinwohnerInnen, das nicht nur Heimat für alle Israelis ist, sondern allen Juden weltweit potenziell als Schutzraum dient, und das von seiner Bevölkerung in den vergleichsweise wenigen Jahrzehnten seiner Existenz in mehreren blutigen Kriegen verteidigt werden musste. Ein Land, dessen besiedelte Gebiete erst mühsam der Wüste und der Malaria und anschließend der britischen Kolonialverwaltung abgetrotzt werden mussten, bis es schließlich 1948 in einer historischen Entscheidung der zu diesem Zeitpunkt schon vom beginnenden Kalten Krieg gespalteten Vereinten Nationen abgesegnet und ins Leben gerufen wurde. Über seine Geschichte haben bereits klügere Köpfe viele Seiten geschrieben; ebenso über die Kämpfe gegen mehrere arabische Staaten schon ab dem ersten Tag seiner Existenz, über den Sechstage- und den Jom-Kippur-Krieg, schließlich über die erste und die zweite Intifada. Viele weitere größere und kleinere Konflikte sollten in all den Jahren hinzukommen, aus denen dieses wehrhafte kleine Land zwar oft verletzt und traumatisiert, aber am Ende doch immer siegreich hervorging.

Dieses Land soll also eine Siedlerkolonie sein? Nein, die *einzige* Siedlerkolonie sogar. Die Geschichte, die sich gerade in den sogenannten „postkolonialen" Kreisen unter europäischen Linken und Queer-Aktivisten erzählt wird, geht so: In Palästina lebten alle Menschen glücklich und zufrieden beisammen – Muslime, Juden, Christen. Sie alle genossen ihr Dasein erst als osmanische und später als britische – nun ja – Kolonie, bis irgendwann zu Beginn des 20. Jahrhunderts die Zionisten, sprich Juden, die an einem eigenen Staat interessiert waren, aus Europa einfielen, um sich dieses Palästina einzuverleiben, es Israel zu nennen und die PalästinenserInnen – fortan natürlich alle muslimisch-arabisch – zu vertreiben. Dass es in der Geschichte der Menschheit keine auch nur annähernd staatliche Struktur namens „Palästina" gegeben hat, wohl aber altertümliche jüdische Königreiche? Dass im modernen Israel mehr als jeder fünfte Mensch ein arabischer Israeli ist, während Juden in der Westbank akut lebensgefährdet sind und im Gaza-Streifen kein einziger Jude lebt? Das ist im „postkolonialen" Kontext absolut uninteressant. Und das verhält sich mit den meisten historischen Fakten so.

Diesen hier kennen Sie aber bestimmt: Treffen sich Migrantenkinder im deutschsprachigen Raum und fordern, dass alle Menschen in ihre jeweilige Heimat zurückgehen sollen, aus der sie ursprünglich gekommen waren …

Für den vernunftbegabten Beobachter klingt das sehr verdächtig nach dem rechtsextremen Traum von der „Remigration" der eigenen Staatsbürger, wenn diese nicht deutsch genug sind. In jedem anderen Kontext würde den Befürwortern der inzwischen extrem ich-zentrierten, identitätspolitisch geprägten Linken sofort ein Licht aufgehen. Außer, es geht um Israel. Menschen, die durch die harmlose Frage, wo sie denn „ursprünglich" herkämen, laut eigener Aussage Weinkrämpfe und Schockzustände erleiden, weil das ein lebenslanges Trauma triggern würde, fordern ganz offen die Säuberung des Staates nach ethnischen, religiösen und rassischen Kriterien. Denn Israel ist – wir wissen es bereits – eine „Siedlerkolonie" und seine Bewohner sind allesamt „Siedler". Die gehören da nicht hin, die sind zu fremd und viel zu weiß. Blöd nur, dass es sich bei Millionen Israelis um Nachfahren vertriebener Juden aus nord- und ostafrikanischen Ländern, von der Levante und von der arabischen Halbinsel handelt, die selbst das mittlerweile rassentheoretisch geschulte Auge des durchschnittlichen identitätspolitischen Linken nicht mehr von „normalen Arabern“ zu unterscheiden weiß. Pfff, Fakten!

Erst wenn Israel zurückschießt, beginnt die Betroffenheit

Als die Hamas am 7. Oktober 2023 ein seit dem Zweiten Weltkrieg beispielloses Massaker an Juden anrichtete, fielen zwei Dinge sofort auf: Einerseits die wortgewaltigen Entschuldigungen, Rechtfertigungen und Kontextualisierungen des Verbrechens, noch bevor dessen Ausmaß überhaupt richtig bekannt war. Und andererseits das tosende Schweigen in gefühlslinken Kreisen aus Kunst und Kultur, Film und Publizistik, *nachdem* es bekannt war.

Ihre Stimme fanden die Genannten erst einige Zeit nach dem 7. Oktober wieder. Israel hatte da bereits massive Angriffe gegen Hamas-Stellungen im Gaza-Streifen gestartet. Wie üblich ist nicht die auslösende Tat wichtig, wenn es um Israel geht, sondern seine Reaktion. Kaum waren die ersten Bomben gefallen, konnte wieder moralisiert werden; endlich war man „schockiert“ und „betroffen“ über die Gewalt. Wo gerade noch die Worte fehlten, gab es nun kein Halten mehr. Auch das darf niemanden verwundern, denn moralische Selbsterhöhung ist die einzige verbliebene Option, wenn man eine Weltsicht pflegt, in der es im staatlichen Handeln weder richtig noch falsch zu geben scheint.

Was hierbei abläuft, lässt sich noch nicht einmal scherzhaft als „*bothsideism*“ bezeichnen. Es ist eher ein „*onesideism*“, weil Israel einfach immer Schuld an allem haben soll. Nicht einmal schrecklichste terroristische Angriffe können ohne „Aber“ verurteilt werden. Das ist auf verque(e)re Weise in sich logisch. Ein klares „Das ist falsch“ stellt einen schließlich vor die Frage, was denn richtig sei. Und richtig ist für alle vernünftigen Menschen der Kampf gegen den Terrorismus und die Solidarität mit jenen, die davon betroffen sind. Vor allem

Letzteres ist aus queeren und aus „gendersensiblen" Kreisen für Israelis aber nur schwer zu kriegen.

Die Queerfront lebt und gedeiht

Einer geht noch: Gehen deutsche Queerfeministinnen auf die Straße, um die antisemitischen Vergewaltiger und Mörder der Hamas hochleben zu lassen …

Das war schon fast der ganze Witz. Denn dieser Zustand geistiger Umnachtung nicht bloß eines einzelnen Menschen, sondern eines bedeutenden Teils einer ganzen Bewegung gehört zu den auffälligsten Absurditäten, die man in linken Kreisen vorfinden kann. Und das, obwohl es neuerdings auch „palästinasolidarische" Kommunisten gibt, die selbst die Huthi-Islamisten im Jemen mit Sprechchören feiern, weil die Israel, Juden und Amerika hassen. Letzteres ist wohl auch der Kitt, der genannte junge Queers und die denkbar queerfeindlichsten, misogynsten Akteure in Nahost ideell zusammenhält. „*Palestinian liberation is a matter of queer liberation*", lautet einer der Leitsprüche, der mehr Fragen aufwirft als beantwortet. Selbst unter der freundlichen Annahme, dass genannte Personen nicht die islamistischen, frauenverachtenden und homophoben Mördergruppen in den Palästinensergebieten unterstützen, sondern ganz allgemein die Staatswerdung Palästinas fordern, ergibt nichts davon Sinn. Warum ausgerechnet Palästina? Und noch wichtiger: Warum muss für die „queere Befreiung" Israel verschwinden, das einzige Land in der gesamten Region, in dem queere Personen so unbehelligt leben, dass sie sogar die dümmsten Parolen gegen genau dieses Land formulieren könnten, ohne dass ihnen dafür jemals etwas zustoßen würde?

Für diese Fixierung auf den jüdischen Staat gibt es unterschiedliche Gründe. Zum einen die fixe und dank postkolonialer Theorie mittlerweile breit gestreute Idee, wonach es sich um eine Kolonie, ein Apartheidsregime, eine Ethnodiktatur und so weiter handle. Zum anderen ermuntern postmoderne

Vordenker und deren Resteverwerter ihre Jünger zwar, sich in möglichst kleinen Betroffenheitskategorien zusammenzufinden, andererseits gelten in dieser Denkschule gerade die Nachkommen der Shoah-Überlebenden als privilegiert, übermächtig, reich und vor allem: weiß. Ein verheerendes Urteil, das als Rechtfertigung für jegliche Feindseligkeit gegen Israel und Juden in der ganzen Welt dient. Darüber hinaus gibt es auch unterschiedliche Erklärungen aus dem Bereich des Ethnopluralismus und sonstiger politischer Esoterik. Beispiel: Man dürfe tendenziell frauen- und homosexuellenfeindlichen Gesellschaften nun einmal keine westlichen Errungenschaften wie etwa das Konzept der universellen Menschenrechte oktroyieren. Und als nachgereichter Gruß aus den 1960er-Jahren die naivste Idee von allen: Nur die Existenz Israels verhindert ein sozialistisches Paradies auf diesem Gebiet, in dem alle Menschen frei und glücklich leben könnten. Logisch.

Wer die Verantwortlichen am Leid nicht nennt, spielt ihr Spiel

All diese geistigen Verrenkungen und falschen Schlüsse ziehen sich wie ein roter Faden auch durch die Wahrnehmung des russischen Überfalls auf die Ukraine.

Passen Sie auf, der hier ist auch gut: Startet Putins Russland einen Krieg gegen die Ukraine, beklagen westeuropäische Linke den Imperialismus der NATO und allen voran der USA. Haha!

Während man im Nahen Osten weiter mit dem althergebrachten „Unterdrücker und Unterdrückte"-Schema arbeitet, wird es hier plötzlich kompliziert, verdreht und widersprüchlich. Dies mag auch an der geografischen Nähe und der weit in den deutschsprachigen Mainstream reichenden russischen Propagandamaschine liegen.

Die Gleichsetzung der Situation der Ukraine mit jener im Gaza-Streifen ist aus dieser Perspektive naheliegend. „Wie kannst du den Überfall auf die Ukraine verurteilen und jenen auf Gaza nicht?" – diese Frage hört man heute als israelsolidarisches Individuum oft. Hier gibt der Fragende zumindest zu, dass Russland der Aggressor ist. Aber das muss nichts heißen, denn parallel dazu existieren auch Überzeugungen, wonach der Westen die Ukraine in den Krieg getrieben habe. Oder jene, wonach Russland zwar die Ukraine angegriffen, zuvor aber bedroht worden sei. Dies folgt einer zynischen Propagandalogik, in der die Weltöffentlichkeit nicht überzeugt, sondern verwirrt werden soll.

Teil davon ist auch die beliebte Taktik, dem Gegenüber genau das vorzuwerfen, was man selbst tut oder zu tun gedenkt. Überfall auf Gaza? Das Gegenteil ist richtig, da palästinensische Terrorkommandos israelische Dörfer und Städte überfallen haben. Genozid? Das Gegenteil ist richtig, da sowohl in Nahost als auch in der Ukraine nur eine Seite droht, ihre jeweiligen Nachbarn umzubringen, zu vertreiben oder umzuerziehen. In beiden Fällen wird behauptet, die Selbstverteidigung der Angegriffenen würde zur Eskalation des Konfliktes beitragen, obwohl das Gegenüber nach Belieben selbst an der Eskalationsschraube dreht und es auch in der Hand hätte, das Töten sofort zu beenden. In beiden Fällen wird das „sinnlose Verheizen junger Männer" auf dem Schlachtfeld und das Leid der Zivilbevölkerung beklagt. Das hat seine Berechtigung – jedoch nur, wenn dabei auch die Verantwortlichen benannt werden und daraus keine Anklage gegen das eigentliche Opfer entsteht. Derartige Lügen und falsche Vorwürfe gibt es viele. Doch was führt dazu, dass so viele einst kluge, heute „progressive" Köpfe sie glauben?

Der Antiamerikanismus westlicher Linker ist stets eine sichere Bank

Diese beiden kriegerischen Konflikte eint ein Umstand, der nicht nur linke Antizionisten, rabiate Judenhasser, sogenannte Friedensbewegte und gewöhnliche Antiamerikanisten von Links und Rechts zusammenbringt, sondern auch so einige

Sozialdemokraten und sogar vereinzelte Bürgerliche: Israel und die Ukraine haben das große „Pech", dass hinter ihnen der Westen steht, allen voran der Gottseibeiuns höchstselbst – die USA. Es mag viele Reibereien unter all den Splittergruppen geben, aber auf eines kann man sich verlassen: Der Antiamerikanismus der westlichen Linken ist stets eine sichere Bank. Während die Israelis dies bereits mit dem Kurswechsel der Sowjetunion hin zu den arabischen Staaten zu spüren bekamen, dem sich zunächst die moskauhörige osteuropäische Staatslinke und später auch die Studentenbewegung im Westen willfährig anschlossen, wirkt die Situation der Ukraine kurios: Der real existierende Sozialismus, dessen Unterstützung zur Zeit des Blockkonfliktes ein wichtiger Glaubenssatz für viele Linke gewesen war, ist nicht mehr. Vielmehr hat sich Russland nach kurzer Zeit der demokratischen Hoffnung zu einer Diktatur gewandelt – diesmal jedoch nicht in einer linken Ausprägung.

Ein Glück, dass in den 1990er-Jahren nicht auch noch der Westen zusammenbrach. So weiß der bauchlinke Westeuropäer von heute zumindest noch, *wogegen* er sein soll. So widersprüchlich es klingen mag, so real ist die immer stärker zunehmende Ablehnung grundlegendster Errungenschaften der Moderne und der sogenannten westlichen Werte – und zwar im Westen selbst. Hierbei geht es nicht um Dinge wie etwa ausbeuterische Praktiken in der Wirtschaft oder mangelnden Umweltschutz. Dies sind Missstände im kapitalistischen System, deren Bekämpfung stets klar gegenüber der allgemeinen Lust am Vormodernen abgegrenzt werden muss. Denn auch in linken Zusammenhängen gibt es eine gehörige Sehnsucht nach einer vermeintlich einfacheren Welt von früher.

In dieser Welt sind viele Dinge naturgegeben und unveränderlich. Die Russen, die *sind* dann eben so. Sie fühlen sich stets bedroht und erniedrigt. Und die Palästinenser *sind* auch einfach so. Sie können nicht akzeptieren, dass es einen jüdischen Staat gibt. Punkt. Ansichten, mit denen ganzen Völkern die Vernunft eines jeden einzelnen Individuums abgesprochen wird, die wir seit der Aufklärung für gegeben halten. Diese Form von Rassismus ist selbst in „antirassistischen" Kreisen weit verbreitet. Da wundert auch die Übernahme der eiskalten Logik nicht, in der die Heimat von zig Millionen Menschen zur „Pufferzone" erklärt wird, die kein Recht auf Selbstbestimmung haben kann, wenn der Nachbar das nicht will. Oder dass man mal nicht so genau hinhört, wenn die eigenen Kooperationspartner und Freunde durch die Parole *„From the river to the sea – Palestine will be free"* Mord und Vertreibung zu legitimen Mitteln erklären. Man nennt dies dann in paternalistischer Manier die „Perspektiven des Globalen Südens", hält sich dabei noch für besonders schlau, und alles ist gut.

Natürlich kommt diese antiaufklärerische Haltung in weiten Teilen der Linken zu einer sehr ungünstigen Zeit. Gewaltsame Konflikte brechen sich beinahe täglich ihren Weg in die Abendnachrichten. Gewalt ist auch in Europa wieder ein Mittel zur Problemlösung und Begleichung alter zwischenstaatlicher Schulden geworden. Währenddessen müssen wir mit linken Studierenden darüber streiten, ob die Aufklärung etwas Gutes ist oder nicht. Wir müssen uns mit gewichtigen Stimmen auseinandersetzen, die einem überfallenen und in seiner Existenz bedrohten Land mitten in Europa ernsthaft Abrüstung als Lösung empfehlen. Menschen, die so naiv sind, dass sie wie in Nahost einen Waffenstillstand vom Angegriffenen und nicht vom Angreifer fordern. Eine Linke, die sich erneut unterschiedlichsten Diktatoren, Mördern und sonstigen lebensfeindlichen Akteuren zuwendet, nur weil diese dem Westen „kritisch gegenüberstehen". Es gilt ein für alle Mal zu verstehen, dass sich hier längst ausgewachsene antiemanzipatorische und antizivilisatorische Bewegungen formiert haben. Das Wirken dieser Akteure ist nicht länger vergleichbar mit bloßer rebellischer Antihaltung und einem antikapitalistischen Sticker auf dem MacBook. Eine Linke, die das nicht versteht oder sich gar mit so etwas gemeinmacht, die feiert das Leben und die Freiheit höchstens oberflächlich. In Wahrheit ist sie dazu verdammt, immer wieder zur Pointe von Witzen zu werden, die sie selbst nicht versteht.

Jean Ziegler

Ein dekolonialer Ideologe avant la lettre

Emrah Erken

Ein neuartiges Erlebnis

„Keine Demokratie für die Feinde der Demokratie! Keine Freiheit für die Feinde der Freiheit!“

Unmittelbar nachdem ich mit diesem eher unvollkommenen Hinweis auf Karl Poppers Toleranz-Paradoxon[1] meine Ausführungen begonnen hatte, war ich vom Assistenten meines Politologie-Professors Dušan Sidjanski (*1926) abrupt unterbrochen worden. Der Kopf des Doktoranden war knallrot angelaufen und er hatte mich regelrecht niedergebrüllt: Was mir eigentlich einfiele! Zuvor hatte ich als Erstsemestriger meinen Kommilitonen die erste Seminararbeit meiner akademischen Karriere im Rahmen eines Vortrages vorgestellt, namentlich über Robert A. Dahls Studie *Polyarchy*.[2] Es war allerdings keineswegs meine durchaus passable Vorstellung dieses bedeutenden Werkes der Demokratietheorie, sondern wie ich die Zusatzfrage, die der Assistent mir unmittelbar nach meinem Vortrag gestellt hatte, beantworten wollte, was ihn bereits nach diesen zwei Einstiegssätzen geradezu zur Weißglut getrieben hatte. Seine Frage, deren Antwort (oder besser Antwortversuch) eine derart heftige Gemütserregung ausgelöst hatte, war, was in demokratischer Hinsicht von den neusten Entwicklungen in Algerien zu halten sei. Die Islamische Heilsfront (FIS) hatte im Dezember 1991 die erste Runde der Wahlen in Algerien haushoch gewonnen. Im Januar 1992 hatte die Armee geputscht und die Machtübernahme der Islamisten verhindert. Der Assistent meinte, dass meine hier geäußerte Ansicht eine paternalistische Missachtung des demokratischen Willens des algerischen Volkes darstelle. Ich, damals zarte 22 Jahre alt, erwiderte etwas unterkomplex, dass es sich bei der FIS um Islamisten handle und diese doch Feinde der Demokratie seien, worauf er aufgrund meines Insistierens noch wütender wurde. Woher ich denn wisse, dass Islamisten Feinde der Demokratie seien und woher ich denn wisse, dass unsere politische Ordnung die bessere sei, herrschte er mich an und bezeichnete meine Äußerungen als Ausdruck „westlicher Arroganz".

Mittlerweile sind mehr als 30 Jahre seit diesem denkwürdigen Februarmorgen des Jahres 1992 vergangen, als ich zum ersten Mal einer Person aus dem Westen begegnet war, die mir sinngemäß mitteilte, dass es mir mit meiner westlichen Brille nicht zustehe, Muslimen das demokratische Recht abzusprechen, Islamisten zu wählen, einen islamistischen Gottesstaat zu errichten oder überhaupt den Islamismus zu kritisieren. Auch wenn die Sympathien eines erheblichen Teils der westlichen Linken gegenüber Islamisten und islamistischen Organisationen spätestens heute, nach dem Pogrom vom 7. Oktober 2023, für alle, die noch klar denken können, offensichtlich ist, war dies damals – für mich zumindest – ein Novum und vor allem auch ein Kuriosum. Damals war ich so perplex über die Reaktion des Assistenten und natürlich auch erheblich eingeschüchtert, weshalb ich klein beigab und nicht weiterdiskutierte. Dennoch fragte ich mich: Wie konnte es sein, dass eine Person aus dem Westen als Fürsprecher radikaler Islamisten auftrat, und an was für einem Ort war ich bloß gelandet, wenn man den Widerspruch zu dieser Position ausgerechnet an einer Universität einfach niederbrüllte? Ich hatte keine Ahnung, was mir noch bevorstand.

Im postkolonialen Seminarraum

Das Studium der Hautes Études Internationales (HEI) an der Universität Genf, das ich im Herbst des Jahres 1991 begonnen hatte, bestand aus zwei Jahreskursen mit festem Stundenplan und vorgegebenen Fächern, die man obligatorisch zu absolvieren und dabei jede Prüfung zu bestehen hatte. Anschließend würde es im altehrwürdigen Institutsgebäude des HEI, in der Villa Barton am Genfersee, weitergehen, sofern man das Grundstudium „überleben" sollte, denn die Durchfallquote war recht hoch. Unterrichtet wurden im ersten Jahr die Fächer Jura (insbesondere Verfassungsrecht), Volkswirtschaftslehre, Politologie, Methodik der Politologie, Statistik, Ökologie, Geschichte und Soziologie, wobei das Fach Soziologie zwischen zwei Professoren aufgeteilt wurde. Der erste las im ersten Semester, der zweite folgerichtig im zweiten. So hörten wir im ersten Semester Patrick de Laubier (1935-2016), der uns einiges über Émile Durkheims Soziologie erzählte. Sehr viel mehr habe ich aus seinem Unterricht nicht mitgenommen. Im zweiten Semester war Jean Ziegler (*1934) an der Reihe.

Da Ziegler aufgrund seiner Publikationstätigkeit sowie seiner Freundschaften mit bekannten Sozialisten und Revolutionären wie Che Guevara, Fidel Castro oder Robert Mugabe schon damals weit über die Schweizer Grenzen hinweg bekannt war, hatte ich mit großer Aufregung auf seine Vorlesungen gewartet. Ich hatte zwar eine gewisse Vorahnung davon, was mir bevorstand, hatte allerdings anders als viele Kommilitonen seinen Bestseller *Die Schweiz wäscht weißer*[3] nicht gelesen, in dem er den Schweizer Finanzplatz massiv angegriffen und sich mit den Schweizer Großbanken und einigen sehr mächtigen Männern angelegt hatte. Meine jugendliche Sensationslust wurde nicht enttäuscht. Spektakulär waren die Vorlesungen des Narzissten, der damals für die Sozialdemokratische Partei im Nationalrat politisierte, auf jeden Fall. Genauer gesagt: Ziegler hielt nicht wirklich Vorlesungen ab, sondern missbrauchte seine Lehrveranstaltung vielmehr für sozialistische Propaganda, erzählte vor allem sehr viel von seinem ereignisreichen Leben, von Treffen mit berühmten Kommunisten, von seinem Kampf gegen den „Kapitalismus“ und gegen die „Kannibalen“, wie er Kapitalisten nannte – und natürlich von seinen Prozessen. Einmal lud er uns Studenten zwecks Unterstützung sogar zu einem gegen ihn geführten Strafprozess ein, nachdem er vom jüdischen Genfer Financier Nessim Gaon (1922-2022) wegen Ehrverletzungsdelikten angezeigt worden war, die im Zusammenhang mit *Die Schweiz wäscht weißer* standen. Ziegler möge keine Juden, hörte ich von Kommilitonen, und er hasse Israel. Ich soll meine israelfreundliche Haltung in seiner Gegenwart bloß nie offenbaren, meinte ein Freund. Dass ich an der Universität Genf meine politischen Ansichten grundsätzlich verbergen musste, hatte ich ohnehin spätestens nach meinem Vortrag über Robert A. Dahls *Polyarchy* begriffen.

Nathalie, eine Kommilitonin aus Belgien mit langem, blondem Haar, die das erste Studienjahr repetierte und mit einem Freund von mir ausging, meinte hingegen, dass ich mich aufgrund meines Namens und meines südländischen Aussehens vor der Prüfung bei Ziegler überhaupt nicht fürchten müsse. Dieser würde Studenten wie mich bevorzugt behandeln und Hellhäutige und Blonde wie sie durchfallen lassen. Rückblickend kann ich zwar nicht bestätigen, ob das Ganze systematisch erfolgte. Wahr ist allerdings, dass die blonde Flämin Nathalie die Soziologie-Prüfung bei Ziegler anders als ich auch beim zweiten Anlauf nicht bestand und von der Uni flog. Sie hatte alles gegeben, gerade für dieses Fach mehr gelernt als alle anderen, den ganzen Prüfungsstoff schriftlich zusammengefasst und beim zweiten Versuch dennoch eine extrem schlechte und völlig vernichtende Note wie beim ersten bekommen.

Im zweiten Semester bestand das Fach Soziologie nicht nur aus den Propaganda-Veranstaltungen Zieglers; vielmehr hatten wir Studenten bei einem seiner drei Assistenten, die aus welchen Gründen auch immer alle aus afrikanischen Ländern stammten, eine Seminararbeit zu verfassen. Ich wurde in die

Seminargruppe von Mohammed Abdou eingeteilt, einem Prinzen aus Benin. Meine Seminararbeit bestand darin, eine Doktorarbeit aus Benin schriftlich zusammenzufassen, die mir Abdou in Form von Fotokopien überreicht hatte. Mehr als diese Dissertation lag nicht vor, weil keine Sekundärliteratur zu dieser Arbeit und diese noch nicht einmal in Buchform in der Universitätsbibliothek vorhanden waren. Ihr Titel lautete *L'Organisation du pouvoir politique Wassangari à Kpandé (Kouandé) au XIXème siècle* („Die Machtorganisation der Wassangari in Kpandé im 19. Jahrhundert"), und sie handelte von einem Häuptling in der Gegend von Kpandé in Benin, der im Besitz „heiliger Beschneidungsinstrumente" war, die ihm seine Macht bescherten, und der auf einem Hügel seine Hütte hatte, wo ihn seine Untergebenen jeden Freitag aufsuchten, um ihm ihre Ehrerbietung zu erweisen.[4]

Die Bücher, die wir bei Ziegler zur Prüfungsvorbereitung lesen mussten, unterschieden sich thematisch nicht besonders von meiner Seminararbeit, und ich erwarb mit diesen sicherlich nicht die für das weitere Studium erforderliche Grundausbildung im Fach Soziologie, denn es handelte sich um seine eigenen Publikationen. Ziegler selbst unterschied zwar zwischen seinen *livres d'intervention* (Bücher, um politisch einzugreifen – wie etwa das erwähnte *Die Schweiz wäscht weißer*) und *livres scientifiques* (wissenschaftliche Schriften) – und gab an, dass wir als Prüfungsvorbereitung nur letztere lesen müssten; seine anderen Titel „dürfen" wir lesen. Allerdings bestanden auch seine sogenannten wissenschaftlichen Abhandlungen nur aus postkolonialer Ideologie *avant la lettre*, aus kommunistischer Propaganda, aus tiefem Hass gegen den Westen und der Verherrlichung gewalttätiger Diktaturen sowie blutrünstiger Rebellen- und Guerillatruppen. Wir hatten insgesamt drei seiner Bücher zu lesen: *La Victoire des Vaincus* („Der Sieg der Besiegten"), *Retournez les fusils! Manuel de sociologie d'opposition* („Dreht die Gewehre um! Soziologie-Handbuch der Opposition") und *Les Rebelles* („Die Rebellen: Gegen die Weltordnung").[5] Letzteres umfasste mehr als 600 Seiten und war voller afrikanischer Namen, die mir nichts sagten und die ich mir niemals merken konnte, weshalb ich die entsprechenden Kapitel großzügig übersprang und mich auf die Notizen von Nathalie verließ, die sie mir zur Verfügung gestellt hatte. Am Schluss hatte ich aus Zieglers Buch selbst einzig den Abschnitt über Augusto César Sandino aus Nicaragua gelesen, dem Urvater der Sandinisten.

Dann kam der Morgen der mündlichen Prüfung, an welchem wir Studenten erst erfuhren, wer von den beiden Professoren uns prüfen würde, was durch Losziehung entschieden wurde. Auf eine allfällige Prüfung bei de Laubier war ich völlig unvorbereitet und hätte mir glatt die schlechtmöglichste Note eingeholt. Glücklicherweise zog ich das Los „Jean Ziegler", was mich bereits erleichterte. Die Losziehung war von Abdou vorgenommen worden, der mir sogleich mitteilte, dass ich – sofern ich möchte – die Prüfung so wie vorgeladen am Morgen absolvieren könne, allerdings nur bei de Laubier, weil Ziegler wegen Zahnschmerzen ausfallen würde. Er könne die Prüfung erst am Nachmittag abnehmen. Ich lehnte das höfliche Angebot sofort ab, begab mich nach Hause und las noch einmal über meinen Sandino.

So kam es, dass ich meine mündliche Soziologie-Prüfung an der Fakultät HEI bei Ziegler absolvierte, der sich während der ganzen Prüfung die Wange hielt und, vom Zahnarzt kommend, Schwierigkeiten beim Sprechen hatte und vor sich hin nuschelte. Bevor er mit seinen Prüfungsfragen begann, wollte er von mir wissen, woher ich stamme, und sprach dabei Berndeutsch, weil ich mich vor der Prüfung einige Male auf Schweizerdeutsch mit ihm unterhalten hatte. Nathalies Worte gingen mir durch den Kopf, und ich antwortete: „Ich stamme ursprünglich aus der Türkei." Ob ich denn als Gastarbeiterkind mit meinen Eltern in die Schweiz gekommen sei, fragte er weiter, immer noch auf Berndeutsch. Ich log und bejahte die Frage. Ich wollte nicht, dass Jean Ziegler von mir erfuhr, dass mein Vater ein erfolgreicher Geschäftsmann war, den er womöglich als „Kannibale" einstufen würde, und meine Mutter eine Anwältin, und dass wir anders als viele Migranten aus der Türkei nicht als Gastarbeiter in die

Schweiz gekommen waren. Jean Ziegler war über meine Antwort, mit der ich seine rassistische Stereotypisierung meiner Person bestätigen konnte, sichtlich befriedigt, lächelte mild, soweit seine Zahnschmerzen dies zuließen, und wechselte ins Französische. Das Prüfungsthema war – o Wunder – Sandino! Ich, das vermeintliche Gastarbeiterkind, konnte praktisch jede Frage beantworten, außer die nach dem Bruder des berühmten Schriftstellers Ernesto Cardenal (Fernando Cardenal, Jesuit, Befreiungstheologe und Mitglied in der sandinistischen Regierung von Daniel Ortega). Ich bekam die Note 5,75 (von 6) und damit ein summa cum laude. Ja, ich weiß, die Welt ist nicht gerecht, schon gar nicht, wenn ein Jean Ziegler im Spiel ist!

Nachdem ich die Prüfungen der beiden Fächer Volkswirtschaftslehre und Statistik nicht bestand und über die ideologische Ausrichtung und Indoktrination, die ich in den Fächern Politologie und Soziologie vorfand, unzufrieden war, entschied ich, das Studium in Genf aufzugeben und in Basel Jura zu studieren. Jedenfalls wollte ich nicht mehr an einer Universität studieren, die ein solches Biotop wie jenes von Ziegler tolerierte, der im ersten Jahr meines Studiums unmittelbar nach dem Ende des Kalten Krieges wie ein bereits versteinerter Dinosaurier kommunistische Propaganda betrieb, zur Prüfungsvorbereitung ausschließlich seine eigenen Bücher lesen ließ, die mit Soziologie im engeren Sinn nichts zu tun hatten, sondern reine antiwestliche und linksradikale Propaganda enthielten, und blutjunge Studenten dazu verdonnerte, Seminararbeiten über die heiligen Beschneidungsinstrumente der Wassangari in Kpandé und deren politische Bedeutung im 19. Jahrhundert zu schreiben. Trotz meines Prüfungserfolgs war ich von den Zuständen an dieser Fakultät regelrecht angewidert – erst recht, als ich erfuhr, dass Nathalie, mit deren Notizen ich mich auf die Prüfung Zieglers vorbereitet hatte, eine 2 bekommen hatte und sich bereits in Belgien befand. Gemäß Darstellung ihres Freundes habe ihre Prüfung unmittelbar nach der Nachricht über Willy Brandts Tod am 8. Oktober 1992 stattgefunden, weshalb Ziegler sehr schlecht gelaunt gewesen sei. Er sei aufgrund dieses Ereignisses auch mit erheblicher Verspätung zur Prüfung erschienen. Nathalie habe nicht den Hauch einer Chance gehabt.

Der Fürsprecher von Tariq Ramadan

Nur wenige Jahre später, nachdem Ziegler meiner Kommilitonin willkürlich den Weg versperrt hatte, weiter in Genf zu studieren, bekam ein anderer, der keine blonden Haare hatte und über eine deutlich dunklere Hautfarbe verfügte als die zierliche Flämin Nathalie, die Gunst des Professors zu spüren: der Islamist Tariq Ramadan, einer der Enkel von Hasan al-Banna, dem Begründer der Muslimbruderschaft. Dessen Vater, Said Ramadan – ebenfalls einer der bedeutendsten Führungsfiguren der Muslimbrüder –, hatte 1948 als Freiwilliger im arabisch-israelischen Krieg teilgenommen, um die Staatsgründung Israels zu verhindern, später in verschiedenen arabischen Ländern Zweige der Muslimbruderschaft initiiert und galt ab den 1950er Jahren als inoffizieller „Außenminister" der islamistischen Organisation. 1958 hatte er sich in Genf niedergelassen, wo er kurze Zeit später das Islamische Zentrum Genf (CIG) gegründet hatte, das heute von seinem zweiten Sohn Hani Ramadan geleitet wird. Dieser ist einer breiteren schweizerischen Öffentlichkeit bekannt geworden, als er in seiner Funktion als Leiter des Islamischen Zentrums in einem Artikel für die französische Tageszeitung *Le Monde* im September 2002 die Steinigung von Frauen als zweckmäßige Strafe beschrieben und AIDS als eine Strafe Gottes bezeichnet hatte.[6] Wenn man heute die offizielle Facebook-Seite von Hani Ramadan aufsucht, sieht man in seinem Profilbild das R4bia-Zeichen der Muslimbrüder.[7]

Tariq Ramadan, der stets etwas galanter auftrat als sein Bruder und nach wie vor den Anschein eines muslimischen Intellektuellen erwecken will, ging einen etwas anderen Weg. Er widmete seine Dissertation, für die er an der Universität Genf immatrikuliert war, seinem Großvater Hasan al-Banna, den er völlig beschönigend als einen muslimischen Gandhi darzustellen versuchte, wofür er sogar Übersetzungen aus dem Arabischen manipuliert hatte.[8] Den in der islamistischen und antiwestlichen Organisation vorherrschenden Totalitarismus und den krassen Antisemitismus[9] hatte er in seiner politischen Kampfschrift, der jede Wissenschaftlichkeit fehlte, völlig außer Acht gelassen. Gemäß späteren Angaben seines Doktorvaters, der diese Funktion allerdings aufgrund des inakzeptablen Verhaltens seines Doktoranden später aufgab, soll dieser sich im Rahmen seiner Betreuung geweigert haben, Korrekturen an seiner mangelhaften Arbeit vorzunehmen. Ferner habe er die Mitglieder der Jury regelrecht bedrängt, ihm den Doktortitel zu verleihen. Einem emeritierten Professor der Sorbonne, der dem Expertenkreis angehörte, der Ramadans Dissertation abgelehnt hat, soll er sogar mit Klage gedroht haben. Nach der Ablehnung seiner Doktorarbeit durch die Experten beschuldigte er diese des Komplotts und der rassistischen Diskriminierung eines Muslims.

Nach der Ablehnung der Dissertation setzte Ziegler ein intensives Lobbying in Gang, damit eine zweite Jury die mangelhafte Doktorarbeit dennoch abnahm, was in der langen Geschichte der Universität Genf ein einzigartiger Vorgang gewesen sein dürfte. Ganz knapp wurde daraufhin das islamistische Pamphlet mit dem Titel *Aux sources du renouveau musulman. D'Al-Afghani à Hassan Al-Banna, un siècle de réformisme islamique*[10] („An den Quellen der muslimischen Neuerung. Von Al-Afghani bis Hasan al-Banna, ein Jahrhundert des islamischen Reformismus") als Doktorarbeit akzeptiert. Mit anderen Worten verdankt der Islamist sowohl seine akademische Karriere als auch seine Bekanntheit Jean Ziegler. Besonders bedenklich dabei ist, dass Ziegler damit einer Person, die offensichtlich mit einer politischen Mission unterwegs ist – worauf die Journalistin Caroline Fourest bereits vor Jahrzehnten hingewiesen hat[11] –, Zugang in den Wissenschaftsbetrieb verschaffte. Zumindest indirekt öffnete Ziegler damit der Muslimbruderschaft die Türen der westlichen Hochschullandschaft. Am 7. Dezember 1995 intervenierte er in seiner Funktion als Nationalrat mit einer Interpellation beim Bundesrat, nachdem Frankreich Tariq Ramadan am 26. November 1995, also nur wenige Tage zuvor, die Einreise in sein Staatsgebiet verweigert hatte. In der Begründung schrieb der Parlamentarier: „Als international bekannter Schriftsteller und Theoretiker setzt er sich für einen offenen Islam und für den Dialog mit anderen Glaubensgemeinschaften ein. Diese gegen ihn gerichtete Massnahme kommt einer Ablehnung seiner Weltanschauung gleich, die zahlreiche Schweizerinnen und Schweizer teilen.[12]"

Die Unterstützung des Muslimbruders Ramadan durch Ziegler hat niemals aufgehört – auch nicht, als ersterer wegen Vergewaltigungsvorwürfen in Frankreich in Untersuchungshaft versetzt wurde. Im September 2018 unterzeichnete Ziegler gemeinsam mit seiner Ehefrau einen offenen Brief an den damaligen Bundespräsidenten Alain Berset, der die Aufforderung enthielt, dass dieser bei Präsident Emmanuel Macron intervenieren soll, damit Ramadan freigelassen werde.[13]

Jean Ziegler, ein treuer Freund von PLO-Terroristen

2016 wurde bekannt, dass Ziegler 1970 zwischen der terroristischen PLO und der Schweiz, die damals vom sozialdemokratischen Bundesrat Pierre Graber – dem Vorsteher des Eidgenössischen Departementes für auswärtige Angelegenheiten (EDA) – vertreten wurde, der sich mit seinen sechs Amtskollegen pflicht- und verfassungswidrig nicht über sein Vorgehen absprach – ein geheimes Stillhalteabkommen vermittelt hatte. Dies geschah gegen die Zusicherung, dass gegen die Schweiz kein weiteres Attentat verübt würde, nachdem im September 1970 eine DC-8 der Swissair von PLO-Terroristen nach Jordanien entführt worden war und diese Geiselnahme eine Staatskrise ausgelöst hatte.[14] Im Gegenzug sollte sich die Schweiz an ihrem UN-Sitz in Genf bemühen, dass die PLO diplomatisch anerkannt werde.[15] Beim Stillhalteabkommen dürften allerdings auch andere Dinge besprochen worden sein, wie Ziegler selbst einräumte. So wurde aus völlig unerklärlichen Gründen eine Strafuntersuchung über den Anschlag auf ein Swissair Coronado ein halbes Jahr vor dem Geiseldrama, bei dem alle 47 Passagiere ums Leben gekommen waren, eingestellt. Als die Geschichte 2016 publik wurde, entschuldigte sich Ziegler öffentlich wegen des PLO-Deals bei den Angehörigen der Ermordeten.[16] Er rechtfertigte allerdings dennoch den Terror. Die palästinensischen Kommandos hätten sich demnach „im bewaffneten Befreiungskampf [befunden]", so dass „unter diesen Umständen gegen eines ihrer Mitglieder strafrechtlich vorzugehen, nicht empfehlenswert gewesen [wäre]"[17]. Jämmerlicher kann eine Entschuldigung nicht sein, weil dieser angebliche „bewaffnete Befreiungskampf" ein Dauerzustand ist, womit jede strafrechtliche Beurteilung palästinensischen Terrors aus dieser Sicht „nicht empfehlenswert" wäre. Folgte man der Logik Zieglers, müsste dies sogar für die Gräueltaten vom 7. Oktober 2023 gelten.

Hinsichtlich der Entschuldigung Jean Zieglers, die erst erfolgte, nachdem 46 Jahre nach dem PLO-Deal alles bekannt geworden und unumstößlich bewiesen war, ist auf ein sehr ähnliches früheres Verhalten des Professors hinzuweisen. Jahrelang war Ziegler vorgeworfen worden, dass er der Träger des Gaddafi-Menschenrechtspreises sei, was dieser stets bestritten hatte. 2013 veröffentlichte die Organisation UN Watch ein Video, das ihn bei der Entgegennahme dieses Preises neun Jahre zuvor zeigt. Er war gleichzeitig mit dem Holocaust-Leugner Roger Garaudy ausgezeichnet worden. Nachdem er erwischt worden war, gab Ziegler an, dass er den Preis zwar erhalten, aber innerhalb von 48 Stunden aufgrund seiner Funktion bei der UN zurückgegeben habe.[18] Er selbst hatte den Gaddafi-Menschenrechtspreis im Jahr 1989 ins Leben gerufen, dies kurz nach dem Lockerbie-Anschlag auf den Pan Am-Flug 103 vom 21. Dezember 1988 durch libysche Staatsterroristen, was 259 Menschen das Leben gekostet hatte. Bei den Angehörigen der Hinterbliebenen dieses Anschlags hat sich Ziegler nie entschuldigt.

Antizionistische Kontinuitäten

Ziegler, der bis 1999 für die Sozialdemokratische Partei im Nationalrat politisierte, verließ in der Folge die nationale politische Bühne und betrat ganz offiziell das internationale diplomatische Parkett. Von September 2000 bis April 2008 fungierte er als UN-Sonderberichterstatter für das Recht auf Nahrung, obwohl er als Soziologe die für diese Funktion erforderlichen Fähigkeiten nicht besaß.[19] Das war auch nicht wichtig, denn diese Funktion diente ihm ausschließlich dazu, auf internationalem Parkett gegen die Vereinigten Staaten und vor allem gegen Israel zu agitieren. 2003 veröffentlichte er einen parteiischen Bericht über die Lage in den Palästinensergebieten, in welchem er für die dort herrschenden Zustände einseitig Israel die Schuld zuschob. Vor allem wurde der Bericht von Ziegler sehr bewusst zuvor an der Presse zugespielt, bevor die Vereinten Nationen und Israel den diplomatischen Gepflogenheiten entsprechend Einsicht ins Dokument bekommen hatten, was auch seitens der UNO kritisiert wurde.[20] In seinem Bericht gab Ziegler an, dass die palästinensischen Gebiete am Rand einer humanitären Katastrophe stünden und die israelische Regierung die Palästinenser aushungere. Das Recht der palästinensischen Bevölkerung auf Nahrung werde durch angebliche „Kollektivstrafen“ wie die Abriegelungen und Ausgangssperren beeinträchtigt.[21]

Anfang Juli 2005 – die zweite Intifada hatte bis dahin bereits hunderte israelische Tote durch palästinensische Selbstmordattentäter gefordert – gab er anlässlich einer pro-palästinensischen Demonstration in Genf vor versammelter Menge an, dass Gaza „ein immenses Konzentrationslager“ sei, allerdings würden die „Wachen“ bald abziehen.[22] Das ging sogar den Vereinten Nationen zu weit, und Ziegler holte sich eine Rüge von Kofi Annan ein. Später verteidigte er sich damit, dass er damit einzig Michel Warschawsky zitiert habe, der damals das Alternative Informationszentrum in Tel Aviv geleitet hatte. „Nichts ist vergleichbar mit dem entsetzlichen Verbrechen der Shoa“, betonte Ziegler.[23]

Am 26. März 2008 wurde er in den beratenden Ausschuss des UN-Menschenrechtsrates gewählt. Trotz wachsender Kritik seitens der Vereinigten Staaten und vor allem auch durch die NGO UN Watch wurde er 2013 und dann 2016 nochmals gewählt, wo er seine einseitige israel- und amerikafeindliche Haltung heute noch weiterhin voll ausleben kann, wobei es in letzter Zeit wohl altersbedingt etwas ruhiger um ihn geworden ist. Heute fungiert er als Vizepräsident des beratenden Ausschusses des UN-Menschenrechtsrates, der seit seiner Gründung für seine israelfeindliche Haltung bekannt ist. Dazu einige aktuelle Angaben: Seit 2006 hat der UN-Menschenrechtsrat jährlich zwischen vier und acht Resolutionen zur Verurteilung Israels verabschiedet. Laut einer von UN Watch zusammengestellten Datenbank[24] stand Israel im Fokus von 103 der 280 verurteilenden Resolutionen (37 Prozent), die der Menschenrechtsrat von 2006 bis Mai 2023 verabschiedet hat. 2022 wurde Israel häufiger verurteilt als Afghanistan, Myanmar, Nordkorea und Syrien zusammen, einzig Russland wurde in diesem Jahr vom UN-Menschenrechtsrat so oft verurteilt wie Israel.[25]

Jean Ziegler und der 7. Oktober 2023

Am 7. November 2023, einen Monat nach dem verheerenden Pogrom in Israel, das von der Hamas und Teilen der palästinensischen Zivilbevölkerung begangen wurde, veröffentlichte Jean Ziegler in der *Workzeitung* der Unia, der größten Gewerkschaft der Schweiz, einen Artikel mit dem Titel „Schweizer Waffen töten in Gaza“[26], auf den etwas detaillierter einzugehen ist.

Der Artikel beginnt bereits mit mehreren Falschbehauptungen: „Gaza ist der am dichtesten besetzte Landstrich der Welt. Auf einer Fläche, kaum grösser als der Kanton Schaffhausen (365 km^2), drängen sich mehr als 2,8 Millionen Menschen.“ Gaza ist entgegen dieser häufig anzutreffenden Angabe bei Weitem nicht das am dichtesten besiedelte Gebiet der

Welt. Mogadischu wies zum im August 2023 eine geschätzte Bevölkerungsdichte von rund 33.244 Einwohnern pro Quadratkilometer auf, weswegen die somalische Hauptstadt auf Platz eins des Rankings mit der höchsten Bevölkerungsdichte im Jahr 2023 liegt. Auf Platz zwei folgt die Stadt Tanta in Ägypten mit einer Bevölkerungsdichte von 31.360 Einwohnern pro Quadratkilometer. Mit einer Bevölkerungsdichte von 30.911 Einwohnern pro Quadratkilometer folgt auf Platz drei sodann Dhaka in Bangladesch.[27] Der Gaza-Streifen hat eine geschätzte Einwohnerzahl von 2,166 Millionen und nicht 2,8 Millionen.[28] Selbst bei den von Ziegler behaupteten 2,8 Mio. wären das 7.671 Einwohner pro Quadratkilometer, womit Gaza nicht einmal in die Nähe der vorzitierten Zahlen kommt. Zum Vergleich: Die Stadt Genf hat eine Bevölkerungsdichte von 12.828 Einwohner pro Quadratkilometer, womit die Rhone-Stadt, in der auch Ziegler sein halbes Leben lang gewirkt hat, eine höhere Einwohnerdichte aufweist als Gaza, dem laut Ziegler „am dichtesten besetzte[n] Landstrich der Welt".

Dann fährt Ziegler wie folgt fort: „Als Sonderberichterstatter der Uno für das Recht auf Nahrung besuchte ich Gaza mehrmals. Ich erinnere mich an ein Gewirr von Hochhäusern, Baracken und Hütten. Die meisten Bewohnerinnen und Bewohner sind Flüchtlinge von 1948, als die israelische Armee mehr als zwei Drittel der palästinensischen Bevölkerung vertrieb." Was Ziegler bei seinen Reisen offenbar nicht gesehen hat, sind Villen der reichen Gazaer, die Einkaufszentren und den Reichtum, den es in Gaza natürlich auch gibt, der wie anderswo in der arabischen Welt auch sehr ungleich verteilt ist. Vor allem ist es komplett falsch, dass die meisten Bewohner von Gaza „Flüchtlinge von 1948" seien. Wenn das wahr wäre, müsste die Mehrheit der Bevölkerung Gazas älter als 75 Jahre sein, was überhaupt nicht stimmt, denn Gaza hat eine sehr junge Bevölkerung – rund die Hälfte besteht aus Kindern.[29] Mit Flucht und Vertreibung hat deren Situation insofern rein gar nichts zu tun. Auch die Behauptung, wonach Israel mehr als zwei Drittel der palästinensischen

Bevölkerung vertrieben habe, stimmt nicht, zumal Ziegler die komplexen historischen Begebenheiten zum Zeitpunkt der Staatsgründung Israels komplett verschweigt, auf die hier nicht näher eingegangen wird.

Weiter heißt es in dem Beitrag: „1967 besetzten die Israeli den schmalen Küstenstreifen. 2006 zog Israel die Truppen wieder ab. Wahlen fanden statt: die islamistische Hamas gewann gegen die laizistische Befreiungsorganisation Fatah." An dieser Stelle ist daran zu erinnern, an wen sich Ziegler wendet. Er spricht Gewerkschaftsmitglieder der Unia an, die mit der Geschichte dieses Gebiets nicht zwingend bewandert sind, auch nicht mit den Verhältnissen in Gaza. Die Wahlen, die Ziegler erwähnt, gaben der palästinensischen Bevölkerung die Möglichkeit, sich zwischen zwei Terrororganisationen zu entscheiden, die beide die Vernichtung Israels und die Ermordung oder Vertreibung sämtlicher Juden aus diesem Gebiet zum Ziel haben. Die Fatah ist außerdem keineswegs laizistisch, wie Ziegler behauptet, sondern nationalistisch und verfolgt eine Blut-und-Boden-Ideologie. Bereits der Name der Organisation bezieht sich auf das arabische Wort *fath*, was „Eroberung" bedeutet und einen religiösen Bezug hat. Ferner verschweigt Ziegler, dass die Hamas umgehend nach ihrem Wahlsieg die Fatah-Anhänger in Gaza grausam verfolgt und ermordet hat. Wenn man „Wahlen fanden statt" schreibt, ist dies eine euphemistische Beschreibung dieser denkwürdigen Zustände.

Anschließend kritisiert Ziegler die Blockade Gazas. Israel habe auf den Wahlsieg der Hamas mit einer totalen Wirtschaftsblockade Gazas reagiert. Ein hoher Grenzzaun schließe Gaza „noch heute" ein, so der emeritierte Professor wörtlich, und es gebe bloß zwei befestigte Grenzübergänge – was nicht stimmt. Neben zwei Grenzübergängen zu Israel existiert bei Rafah noch ein dritter nach Ägypten. Wie so viele blendet Ziegler die Tatsache, dass auch Ägypten seine Grenzen gegenüber dem Gazastreifen abgeriegelt hat, vollständig aus. Nach Ansicht Zieglers soll Israel also die Grenzen zum Gazastreifen komplett öffnen, damit die Hamas und palästinensische Zivilisten wie am 7. Oktober 2023 ins israelische Staatsgebiet eindringen können, um dort zu morden, zu vergewaltigen und zu plündern.

Dann kommen tatsächlich einige Ausführungen zum 7. Oktober 2023: „Im Morgengrauen durchbrechen rund 1500 Kämpfer der Hamas den Grenzzaun. In den benachbarten israelischen Kibbuzim und in der Stadt Aschkelon töten sie 1200 Menschen und entführen über 200 Geiseln. Wer Frauen, Kinder und unschuldige Zivilisten tötet, wer Geiseln entführt, ist ein Terrorist. Es gibt keine Entschuldigung für diese Taten – weder politisch noch religiös." Natürlich erwähnt Ziegler das Pogrom ausschließlich deswegen, um gleich gegen Israel zu hetzen, aber selbst diese Worte sind komplett daneben, weil er die Terroristen der Hamas als „Kämpfer" bezeichnet, von denen die wenigsten in echte Kampfhandlungen verwickelt waren. Außerdem verschweigt er geflissentlich die Teilnahme palästinensischer Zivilisten beim Pogrom und die Reaktion der palästinensischen Zivilbevölkerung in Gaza unmittelbar nach dem Terror in Israel und deren Umgang mit den Geiseln.

Dann legt Ziegler richtig los: „Auf den Hamas-Terror folgte am Abend des 7. Oktober der israelische Staatsterror. Die Bezeichnung stammt von Richard Falk, Völkerrechtsprofessor in Princeton, vormals Uno-Sonderberichterstatter für die besetzten palästinensischen Gebiete und zusammen mit Noam Chomsky der wohl einflussreichste jüdische Intellektuelle Nordamerikas." Falk gilt als bekannter Antisemit, der das Verhalten Israels im Gaza mehrfach mit dem der Nazis verglichen hat, unter anderem in seinem im Jahr 2007 erschienenen Artikel „Slouching towards a Palestinian Holocaust".[30] Der Hinweis auf Chomskys jüdische Religion ist sehr typisch bei den sogenannten „Israelkritikern", die gerne einen oder mehrere jüdische „Kronzeugen" hinzuziehen, um sich gegenüber dem Vorwurf des Antisemitismus bereits vorgängig abzusichern. Hinzu kommt, dass er seine Leser, wenn sie nicht genau lesen, in die Irre führt, denn weder Richard Falk noch Noam Chomsky haben die aktuelle Militäraktion gegen die Hamas als „israelischen Staatsterror" bezeichnet. Vielmehr wird dieser Ausdruck, der gemäß Ziegler auf diese illustren Persönlichkeiten zurückgehen soll, von ihm selbst zwecks Einordnung der gegenwärtig stattfindenden israelischen Militäraktion verwendet.

Ziegler weiter: „In den letzten drei Wochen hat die israelische Luftwaffe über 8000 Menschen getötet und Zehntausende Kinder, Frauen und Männer schwer verletzt. Ganze Wohnquartiere wurden dem Erdboden gleichgemacht. Der israelische Ministerpräsident Benjamin Netanjahu legitimiert die Massaker mit einem einzigen Wort: ‚Rache' (*Le Monde*, 9.10.2023)." Es stimmt nicht, dass Netanjahu die israelische Offensive mit einem einzigen Wort legitimiert habe. Das ist eine pure Erfindung Zieglers. Bereits in seiner ersten Rede unmittelbar nach dem Pogrom sagte Netanjahu: „Die Hamas will uns alle umbringen. Das ist ein Feind, der Kinder und Mütter in ihren Häusern, in ihren Betten ermordet, ein Feind, der ältere Menschen, Kinder und junge Frauen entführt, der unsere Bürgerinnen und Bürger abschlachtet und massakriert, auch Kinder, die einfach nur rausgegangen sind, um den Feiertag zu genießen. Was heute geschehen ist, hat es in Israel noch nie gegeben – und ich werde dafür sorgen, dass sich so etwas nicht wiederholt. Die gesamte Regierung steht hinter dieser Entscheidung."[31]

Ganz zum Schluss seines Artikels begibt sich Ziegler gänzlich in das Reich der Verschwörungstheorien und schreibt: „Gemäß Uno-Dokumenten (Bericht von Richard Goldstone, 2008) benützt Israel seit 2008 regelmäßig die Angriffe auf den Gazastreifen für das Testen neuer Waffen. So auch beim gegenwärtigen Angriff." Nach Ansicht des Soziologieprofessors soll also ein Bericht von 2008 Dinge beweisen, die sich lange nach der Publikation desselben ereignet haben. Vor allem führe Israel diesen Krieg nach seiner Meinung nur deswegen, weil das Land neue Waffen testen wolle. Ziegler fordert sodann die Beendigung militärischer Kooperationen zwischen der Schweiz und Israel, weil er mit seinen Steuern die „Ermordung von palästinensischen Kindern" nicht finanzieren wolle.

Zieglers queere Enkel

In den ersten Januartagen des Jahres 1990, die teilweise noch in meine Schulferien fielen, unternahm einer meiner Lehrer zusammen mit einem Kollegen von einem anderen Gymnasium eine freiwillige Studienreise nach Prag, zu der sich insgesamt rund 30 Schüler beider Schulen angemeldet hatten – auch ich. Dort wurden ich und einige andere Mitschüler unerwartet Zeuge einer historischen Rede von Vaclav Havel, der mit einem verstaubten Peugeot zu einem Gebäude beim Altstadtring gebracht wurde, wo er auf einem Balkon stehend vor Zehntausenden von Menschen sprach. Ich befand mich weit vorne, konnte ihn sehr deutlich sehen, verstand allerdings kein Wort. Das machte auch nichts. Ich schaute Havel an, sah die Hoffnung in den Augen der Menschen, die sich nach Freiheit sehnten, ihr Lächeln und ihre Tränen der Freude. Noch heute empfinde ich es als ein Privileg, dass ich diesem historischen Moment beiwohnen durfte, während die „Samtene Revolution" noch andauerte, was für mich sehr bewegend und ebenso inspirierend war.

Dieses prägende Erlebnis war sicherlich einer der Gründe, warum ich überhaupt beschlossen hatte, in Genf Politologie zu studieren. Was ich allerdings bei Ziegler vorfand, hatte nichts mit dieser Aufbruchstimmung zu tun, die in diesen Jahren allgegenwärtig war. Ich dachte damals, dass ihn mit Ausnahme einiger weniger Fanatiker niemand ernst nahm, und betrachtete ihn als einen Dinosaurier, der frustriert darüber war, dass sein geliebter Sozialismus kläglich gescheitert war. Als er allerdings später das diplomatische Parkett betrat, dachte ich an das Kichern von uns Studenten, jedes Mal, wenn er in einer seiner Vorlesungen gegen „*les cannibales*" oder „*les casino capitalistes*" wetterte, wie wir ihn nicht ernst nahmen und wie sehr wir ihn unterschätzt hatten, zumindest in der nachträglichen Betrachtung.

Rückblickend bin ich trotz allem froh, dass ich bei Ziegler studiert habe und dadurch einen aufschlussreichen Einblick in den akademischen Betrieb und insbesondere der Geistes-

und Sozialwissenschaften erhaschen konnte. Es ist eine ironische Wendung der Geschichte, dass die jüngeren Queer-Aktivisten, die gern gegen „alte weiße Männer" ätzen, weil sie sich selbst für radikal neu und systemerschütternd halten, nicht wissen, dass einer ihrer unmittelbaren akademischen Wegbereiter heute solch ein alter, weißer Mann aus der Schweiz ist. Schließlich war es Ziegler, der das, was im 21. Jahrhundert „Dekolonisation" genannt wird, schon vor Jahrzehnten gepredigt hat, als die heutige Generation identitätspolitischer Pseudo-Rebellen noch nicht einmal geboren war.

Genau deshalb war er ein Vorläufer des identitätspolitischen Wahnsinns in den entsprechenden Fakultäten, den mittlerweile alle, die vernunftgemäß denken können, erkannt haben dürften – erst recht nach dem Pogrom vom 7. Oktober 2023. Dass ich schon früh auf den postkolonialen Sumpf aufmerksam wurde und den Antisemitismus dieses akademischen Milieus erkennen konnte, verdanke ich ein stückweit auch Jean Ziegler, meinem Farbenbruder[32], meinem Lehrer und meinem erklärten politischen Gegner.

Anmerkungen

1 Karl Popper, *The Open Society and Its Enemies*, London 1945; dt. *Die offene Gesellschaft und ihre Feinde*, Band 1, Bern 1957.
2 Robert Dahl, *Polyarchy. Participation and Opposition*, New Haven 1971.
3 Jean Ziegler, *Die Schweiz wäscht weißer. Die Finanzdrehscheibe des internationalen Verbrechens*, München/Zürich 1990.
4 Madeleine Akognon, *L'Organisation du pouvoir politique Wasangari à Kpandé (Kouandé) au XIXème siècle*, unveröffentlichte Dissertationsschrift, Université nationale du Bénin 1980.
5 Jean Ziegler, *La Victoire des Vaincus. Oppression et résistance culturelle*, Paris 1988; ders. *Retournez les fusils! Manuel de sociologie d'opposition*, Paris 1980; ders., *Les Rebelles. Contre l'ordre du monde*, Paris 1983.
6 Vgl. Hani Ramadan, „La charia incompris", in: *Le Monde*, 09.09.2002.
7 https://www.facebook.com/profile.php?id=100050498649271
8 Vgl. Ian Hamel, „Tariq Ramadan: Der Sturz eines ‚neuen Propheten'", swissinfo.ch, 17.11.2017, https://www.swissinfo.ch/ger/politik/rueckschlag_tariq-ramadan--der-sturz-eines--neuen-propheten-/43658488 (letzter Abruf 22.12.2023).
9 Siehe dazu Vojin Saša Vukadinović, „Drei Herrscher der Schöpfung. Hasan al-Banna, Sayyid Qutb, Mohammed Qutb und das Erbe der Moslembruderschaft", in: Frauen und Geschichte Baden-Württemberg e. V. (Hg.), *Antisemitismus – Antifeminismus. Ausgrenzungsstrategien im 19. und 20. Jahrhundert*, Königstein/Taunus 2019, S. 131-158.
10 Tariq Ramadan, *Aux sources du renouveau musulman. D'al-Afghânî à Hassan al-Bannâ, un siècle de réformisme islamique*, Paris 1998.
11 Vgl. Caroline Fourest, *Frère Tariq. Discours, stratégie et méthode de Tariq Ramadan*, Paris 2004.
12 Jean Ziegler, „Einreiseverbot nach Frankreich gegen Professor Tariq Ramadan", Interpellation, 07.12.1995, https://www.parlament.ch/de/ratsbetrieb/suche-curia-vista/geschaeft?AffairId=19953565 (letzter Abruf 22.12.2023).
13 Vgl. Laure Lugon Zugravu, „Les soutiens de Tariq Ramadan en appellent à Alain Berset", in: *Les Temps*, 10.09.2018.
14 Ausführlich dazu Marcel Gyr, *Schweizer Terrorjahre. Das geheime Abkommen mit der PLO*, Zürich 2016.
15 Vgl. Marcel Gyr, „Schweizer Abkommen mit PLO enthüllt", in: *NZZ*, 20.01.2016.
16 Vgl. o. A., „Jean Ziegler entschuldigt sich wegen PLO-Deal", in: *Tagesanzeiger*, 24.01.2016.
17 Vgl. Marcel Gyr, „Jean Zieglers geheime Mission", in: *NZZ*, 20.01.2016.
18 Vgl. Amir Ali, „Zieglers Lüge und die Attacke der Israel-Lobby", in: *Tagesanzeiger*, 24.09.2013.
19 Vgl. o. A., „UN Special Rapporteur on the Right to Food", https://www.righttofood.org/work-of-jean-ziegler-at-the-un/un-soecial-rapporteu-on-the-right-to-food/ (letzter Abruf 22.12.2023).

20 Vgl. o. A., „Jean Ziegler, die UNO und Israel", swissinfo.ch., 04.10.2023, https://www.swissinfo.ch/ger/leben-und-altern/jean-ziegler-die-uno-und-israel/3548108.

21 Vgl. o. A., Ziegler verteidigt seinen Palästina-Bericht, in: *NZZ*, 16.10.2003.

22 Vgl. Marc Perelman, „U. N. Official Slammed for Criticism of Israel", forward.com, https://forward.com/news/1729/un-official-slammed-for-criticism-of-israel/ (letzter Abruf 22.12.2023).

23 Zitiert nach o. A., „Ziegler bezeichnet Gazastreifen als KZ", in: *Der Standard*, 15.07.2005.

24 https://unwatch.org/database/resolution-database/

25 Vgl. Brett Schaefer, „The UN Human Rights Council is broken", *GIS Reports*, 26.07.2023, https://www.gisreportsonline.com/r/human-rights-council/

26 Vgl. Jean Ziegler, „Schweizer Waffen töten in Gaza", *Workzeitung*, 03.11.2023, https://www.workzeitung.ch/2023/11/jean-ziegler-kritisiert-schweizer-waffen-toeten-in-gaza/ (letzter Abruf 22.12.2023; nachfolgende Zitate ebd.).

27 https://de.statista.com/statistik/daten/studie/37168/umfrage/ranking-der-10-staedte-mit-der-weltweit-hoechsten-bevoelkerungsdichte/

28 Vgl. Christoph Eisenring, „Hamas-Herrschaft im Gazastreifen: Jeder Zweite in Armut, drei Viertel der Jungen ohne Arbeit – und jetzt kommt alles noch schlimmer", in: *NZZ*, 10.10.2023.

29 Linah Mohammed, „Children make up nearly half of Gaza's population. Here's what it means for the war", NPR.org, https://www.npr.org/2023/10/19/1206479861/israel-gaza-hamas-children-population-war-palestinians (letzter Abruf 22.12.2023).

30 Vgl. Richard Falk, „Slouching Toward a Palestinian Holocaust", *Peace & Security*, 16.07.2007 https://web.archive.org/web/20150128010716/http://www.tni.org/archives/falk_palestinianholocaust

31 Ministry of Foreign Affairs (Israel), „Statement by Prime Minister Benjamin Netanyahu", 07.10.2023 https://www.gov.il/en/departments/news/statement-by-pm-netanyahu-7-oct-2023 (letzter Abruf: 22.12.2023).

32 Jean Ziegler v/o Carron ist ehemaliges Mitglied der Zofingia Bern, während ich, Emrah Erken v/o Cash-Mere, ehemaliges Mitglied der Zofingia Basel bin.

Geschlechterpolitik und Queeraktivismus nach dem 7. Oktober

Identität und Ideologie

Überlegungen zur ideologischen Verfasstheit queer-aktivistischer Identitätspolitik

Faika El-Nagashi

Mit den Reaktionen queer-aktivistisch geprägter Bewegungen auf den Überfall der Hamas, die am 7. Oktober 2023 die israelische Zivilbevölkerung attackierte, sind die bisherigen Annahmen, diese Bewegungen würden sich zusammenfinden, um systemische Missstände zu benennen, Macht- und Gewaltverhältnisse offenzulegen und marginalisierte Stimmen zu stärken, nicht nur in sich zusammengestürzt, sie wurden durch zahlreiche öffentliche (Nicht-)Positionsnahmen nahezu pervertiert. Während diese Bewegungen angeben, radikal für Minderheiten zu streiten, offenbaren sich in ihren Zugängen zahlreiche Widersprüche, eine absolute Hierarchisierung von Opferkategorien, eine Des-/Orientierung in Bezug auf ihr Weltbild und ihre Ideologie sowie ein Antisemitismus, der nunmehr offen zutage tritt.

Im Folgenden werden anhand der Fragen nach Kontext (Diskontinuitäten), Haltung (Dominanz), Ideologie (Disruption) und Strategien zur Veränderung (Dissidenz) in queer-aktivistischen identitätspolitischen Bewegungen einige Aspekte und Ausprägungen des Phänomens zusammengetragen und in Bezug auf ihre Effekte befragt.

Diskontinuitäten

Der gegenwärtige Queer-Aktivismus scheint von den Kämpfen der Lesben- und Schwulenbewegung und den Zielen früher LGBT(LesBiSchwulTrans)-Organisationen weit entfernt. Brüche lassen sich nicht nur ideologisch, sondern auch hinsichtlich ihrer sozialen Zusammensetzung feststellen. Eine kohärente Bewegungsgeschichte wird zwar gerne imaginiert und auf die Stonewall Riots (1969) und insbesondere die Rolle von Marsha P. Johnson zurückgeführt, einem schwulen Schwarzen Mann, der als Drag Queen aufgetreten ist. Damit wird ein „Gründungsmythos" erschaffen, der um eine Person kreist, die zu einer „Black Trans Woman" gewandelt wurde. Eine Erzählung, die sich in gerader Linie zu heutigen Kämpfen ziehen zu lassen scheint. In einer anderen historischen Deutung der Ereignisse wäre die Schwarze lesbische Frau Stormé DeLarverie die zentrale Figur in der Bewegungsentstehung. Sie und weitere sogenannte Butch-Lesben (also sehr androgyn, maskulin oder geschlechternonkonform wirkende weibliche Homosexuelle) wurden damals gewaltvoll von der Polizei abgeführt, wie dies in der Vergangenheit bereits mehrfach der Fall gewesen war, und begannen sich gemeinsam dagegen zu wehren. Sie brachten die Rebellion in Gang.

Ob nun der einen oder der anderen Interpretation folgend – die Frage danach, welche Personen bzw. Identitäten erinnert werden und welcher Platz ihnen zugeschrieben wird, ist in einer Bewegung, die identitätspolitische Pfeiler einschlägt und um Sichtbarkeit und Anerkennung kämpft, nicht trivial. Nicht nur die Entstehungsgeschichte erscheint mittlerweile eindimensional, sondern auch die Jahrzehnte lesbisch-schwuler Kämpfe um Gleichstellung einerseits und die Auseinandersetzungen innerhalb „der Bewegung" andererseits. Ausblendungen betreffen die unterschiedlichen Zugänge, Strategien, Ziele und Interessen, die vertreten wurden. Zum Beispiel: zwischen Lesben und Schwulen um das Thema Leihmutterschaft, unter lesbischen Frauen um die Themen Sexarbeit/Prostitution und Pornografie, allgemein um die politische Ausrichtung und präferierte Stoßrichtung bei Forderungen nach der „Ehe für alle" oder dem Adoptionsrecht sowie Diskussionen um Sexismus und Rassismus innerhalb der „Bewegung".

Die Wandlung von *LGB(T)* zu einer umfänglich als *queer* verstandenen Bewegung scheint in den aktivistischen Ausprägungen das Bewusstsein für diese Differenzierungen und eine Wertschätzung der unterschiedlichen Positionen zurückzulassen. Das Auftreten und die Wahrnehmung werden dadurch monolithisch, die internen Gegensätze und Unvereinbarkeiten werden geglättet. Widersprechende Stimmen werden an den Rand bzw. tatsächlich hinausgedrängt: Ältere Aktivistinnen verließen über die Jahre „ihre" Organisationen oder verspürten Druck und Diffamierung für ihre Einstellungen. Dabei ging es um Erweiterungen der Zielgruppen und den Einschluss neuer Identitäten wie Asexuelle oder nichtbinäre Personen und um die Suche nach überhaupt noch relevanten Kampagnenthemen angesichts weitgehend erreichter Gleichstellung in den meisten Ländern des Westens. An oberste Stelle rückte die Forderung nach der geschlechtlichen Selbstbestimmung (*Self-ID*), zumeist ohne Altersbeschränkung, und ein Fokus auf „*-TIQ*"-Aspekte (trans, inter, queer) mit entsprechendem Niederschlag in den Statuten, der Kommunikations- und Öffentlichkeitsarbeit und der politischen Agenda.

Ein produktiver intergenerationeller Austausch kann in diesem Rahmen nicht stattfinden. Die Anerkennung unterschiedlicher, sogar gegensätzlicher Interessen ist nicht möglich, weil dadurch die Delegitimation befürchtet wird. In weiterer Folge gibt es wenig Anbindung an nationale Geschichte, Institutionen und Akteurinnen und Akteure sowie ihr Fortwirken. Das betrifft zum Beispiel autonome oder radikalfeministische Initiativen oder auch thematische Gruppen (z. B. jüdische Homosexuelle), die sich vormals unter einem gemeinsamen Dach eingefunden haben.

Inhaltliche Positionen werden nunmehr von globalen Social-Justice-Bewegungen übernommen und in Form von Slogans aus- und weitergegeben, die nicht national kontextualisiert sind. Ein Schwerpunkt ist die Etablierung strategischer Verbindungen zu weiteren aktivistischen Feldern (z. B. Antirassismus, Sexarbeit), um im Sinne eines identitätspolitischen

Verständnisses Bündnisse zu schaffen. In diesem *allyship* geht es nicht um das Vertreten der jeweiligen eigenen Interessen, sondern ein Gemenge an Positionen, die in einer Allianz und als Gesamtpaket als progressiv gedacht und propagiert werden. Dabei kommt es auch zu Übertragungseffekten in der Identifikation über *allyship*. Dem zugrunde liegen die Hierarchisierung und Bewertung von Identitätskategorien, die in diesem Sinn als „Opferkategorien" (in repressiven und diskriminierenden Systemen) verstanden werden können. Momente der Zusammenarbeit mit mehrfach marginalisierten Einzelpersonen (oder auch Gruppen) wie geflüchteten LGBTI-Personen (zumeist in ihren Herkunftsländern verfolgt, im Zuge der Flucht von Gewalt betroffen, im langwierigen Asylverfahren steckend oder mit prekärem Status aufhältig, von Abschiebung bedroht, am Arbeitsmarkt dequalifiziert, im Alltag diskriminiert) bieten identitäre Anknüpfungs- und Identifikationspunkte (Markierungen als queer, trans, BIPoC o.Ä.). Diese Personen besetzen im ideologischen Überbau absolute Opferkategorien, die über Prozesse performativer Solidarisierung auf den hier verorteten (Queer-)Aktivismus übertragen werden. Damit werden nicht nur Inhalte und Ziele aus globalen Kontexten übernommen, sondern auch die eigene Betroffenheit (trotz privilegierter Subjektposition hinsichtlich mehrerer Achsen wie Herkunft, Hautfarbe, Staatsbürgerschaft, Ausbildung, Sprachbeherrschung, soziale Schichtzugehörigkeit u.a.) kategorial ausgeweitet, absolut gestellt und durch Identifikationsprozesse in politisches (zumeist auch persönliches) Selbstverständnis und Ausrichtung eingeschrieben.

Aus diesen Prozessen und den dadurch entstehenden Perspektiven heraus richtet sich der Blick primär auf Themen von Ausschluss und Diskriminierung im hiesigen nationalen Kontext. Gerahmt wird dies von einer moralisch und politisch bewerteten Einteilung in „*the West and the rest*", mit Fokus auf die Hegemonie westlicher Repression. Auseinandersetzungen mit Ausgrenzungen im *rest*, an den Orten der ursprünglichen und fortwährenden Verfolgung und Bedrohung der tatsächlichen (LGBTI) Opfer, aber auch innerhalb konservativ und religiös geprägter migrantischer Gruppen in der Diaspora; mit nationalistischen oder rassistischen Positionen, die auch innerhalb einer Opferkategorie existieren können bzw. mit manifesten oder internalisierten Haltungen von Antisemitismus, Sexismus oder Lesbophobie werden öffentlich kaum geführt. Im Fokus steht die Kritik an westlicher Unterdrückung, getragen von einer global orientierten, identitätspolitisch ausgerichteten und legitimierenden Aufladung.

Dominanz

Die Hierarchisierung intersektionaler Identitätskategorien ist mittlerweile in langjähriger Praxis erprobt. Das ursprüngliche Primat der Analysekategorie Geschlecht (*race, class, gender*) ist einem Konglomerat an Identitätsmarkern gewichen, die Positionen ultimativer Unterdrückung besetzen. Kritik daran wird in queer-aktivistischen Kreisen rasch als „queerfeindlich", „transphob" oder auch „rassistisch" attackiert. Diese diskursive Verengung hat auf Ebene der politischen Organisation wie auch der individuellen Positionierung ein Vakuum produziert. Zugleich ermöglicht dies denjenigen, die (bestehen) bleiben, über das Fehlen eines breiten und tatsächlich diversen Feldes von Akteurinnen und Akteuren im Bereich LGBTI/queer das eigene soziale Standing zu festigen und die verfügbaren Ressourcen (in Form öffentlicher Gelder und Förderungen) abzurufen. Die ökonomischen Zuwendungen sind dabei nicht nur existentiell wichtig, sondern bestätigen auch die inhaltliche Ausrichtung und dienen letztlich als Beleg für die Legitimität des Führungsanspruchs innerhalb (thematisch angrenzender) sozialer Bewegungen. Die Konsequenz ist unweigerlich ein weiteres Vakuum in Bezug auf Ressourcen und Relevanz anderer Positionen (wie etwa die Vertretung von LGB-Interessen oder feministische und antirassistische Anliegen, die nicht identitätspolitischen Überzeugungen anhängen und sich nicht dieser *frames* bedienen).

Die (politische) Kommunikation der eigenen Rolle und Aufgabe findet vorwiegend über Social Media statt und zielt darauf ab, Emotionen und Affekte zu generieren. Die Postulate sind für Influencer interessant und anschlussfähig. Sie können darüber ihre politische und/oder moralische Haltung zu besonders zustimmungsfähigen Anliegen präsentieren bzw. ihre (empfundene) Zugehörigkeit zu einer besonders unterdrückten Gruppe ausdrücken (*virtue signaling*). Die politische Kommunikation wird damit schnell zu einem *campaigning*, das unweigerlich mit ökonomischen Interessen verwoben ist (durch den Ausbau von Followern und Reichweite und damit verbundenen Werbeeinnahmen, bezahlte Kooperationen und weiteren Aufträgen *in real life*). Dies führt aber auch zu einer Verstärkung von (ideologischem) Führungsanspruch und dem Verstummen abweichender Positionen, die fürchten, dafür mit Shitstorms, Angriffen auf Reputation, Integrität, Job und Existenz bedacht zu werden. Eine Vielstimmigkeit von Perspektiven und Zugängen scheint nicht aushaltbar.

Ein zentraler Aspekt des mobilisierenden Elements in der Kommunikation ist die Opposition zu einem vermeintlichen „Mainstream", der als Abbild der Unterdrückungssysteme wahrgenommen wird, und ein paradoxes Misstrauen gegenüber staatlich getragenen Positionen. Mit diesen Ablehnungen wird einerseits Zusammenhalt im Inneren gefestigt und andererseits Momentum über die oppositionelle Haltung hergestellt. Widersprüche auf individuell-biografischer Ebene werden dabei ebenso ausgeblendet wie jene in Zusammenhang mit Abhängigkeiten von staatlichen Fördergeldern, die Teilnahme an Arbeitsgruppen mit institutionellen Akteurinnen und Akteuren oder die Anerkennung als Stakeholder in politischen Prozessen.

Disruption

Die Störung der gesellschaftlichen Ordnung und, damit verbunden, der repressiven Machtverhältnisse ist in die ideologische Ausrichtung queer-aktivistischer Identitätspolitik eingeschrieben. Dabei werden zentrale Konzepte etablierter theoretischer und aktivistischer Strömungen (Antirassismus, Postkolonialismus) eingebaut, umgedeutet und als Werkzeuge nutzbar gemacht. So wird beispielsweise das Konzept der „Intersektionalität" nicht mehr im Sinne der Analysen von Kimberlé Crenshaw verwendet – oder gar der Vorläuferin, dem Combahee River Collective, einer Gruppe Schwarzer lesbischer Frauen in den USA. Heute geht es um das Markieren (identitätspolitisch definierter) Deprivilegierung bzw. das Auffinden und Aufzeigen (identitätspolitisch definierter) Privilegien, beides absolut gesetzt und für ganze Gruppen von Unterdrückten bzw. Unterdrückern gleichermaßen gültig. Im Mittelpunkt stehen die Skandalisierung und Hierarchisierung von Tätern und Opfern und die Ausweitung auf eine dementsprechende Analyse globaler Machtverhältnisse. Abwesend sind jedoch Klassenanalysen sozialer Aspekte und gesellschaftlicher Ungleichheiten. Obwohl zwar unentwegt das Gegenteil behauptet wird, ist augenscheinlich, dass kein konstruktiv-kritischer Umgang mit den eigenen Identitätsmarkern stattfindet, allen voran mit realen ökonomischen Privilegien, aber auch mit (nationaler) Herkunft oder „Schuld" im Sinne persönlicher und politischer Verantwortung, die sich daraus ableitet. An die Stelle dieser Ausblendungen tritt eine symbolische, nahezu rituelle, jedenfalls aber öffentlich betriebene Aufzählung eigener Persönlichkeitsmerkmale („Ich bin weiß, hetero, cis."), mit der signalisiert wird, die vereinbarten entscheidenden Differenzkategorien mitzutragen bzw. sich dem ideologischen Überbau unterzuordnen.

Die Ablehnung von Staat und Nation als Träger der Unterdrückungssysteme ist dabei ungleich verteilt. Sie äußert sich in einer besonderen Aufmerksamkeit gegenüber Israel, das grundlegend und im Existenzrecht angegriffen wird. Darin findet sich auch ein identitätspolitischer Fokus auf „das Volk" – verstanden als Ethnie, Diaspora oder Gemeinschaft – und auf die politische Performance von Widerstand, Auflehnung, Revolution. So wird auf eine komplexe globale Gegebenheit ein simples Erklärungsbild übertragen, in dem Israel als Unterdrückung ausübender Staat umgeben von friedlich existierenden Gemeinschaften imaginiert wird.

Die erwähnte Logik der auf Social Media fokussierten Kommunikation führt dabei zu einem *ideological rush*, der ungebremsten Verbreitung des ideologisch-politischen Führungsanspruchs und der Vermehrung und Vertiefung durch Multiplikatorinnen und Multiplikatoren, gleich einem Hochgeschwindigkeitszug. Ein Stopp, eine Umkehr, Ausgewogenheit oder Differenzierung sind nicht möglich. Hinzu kommt die Orientierung in Bezug auf neu einzuschätzende Themen oder Fragestellungen entlang eines sehr engen Korridors akzeptierter (akkreditierter) Galionsfiguren (wie etwa Judith Butler), die eine scheinbar „reine Wahrheit" (*purity*) verkünden, da die strikten Vorgaben in Bezug auf Widerspruch oder Kritik auch in Bezug auf die akzeptablen Referenzen für weitere politische Ausrichtungen gelten. Für diese Rolle ist ein hohes Maß an Konformität mit den ideologischen Ankerpunkten und ihren Ableitungen nötig. Abweichungen, Differenzierungen oder gar konträre Positionen können kaum aufgegriffen und berücksichtigt werden. Dadurch entsteht eine weitere diskursive und personelle Verengung. Diskussionsräume, um ideologische Positionen zu reflektieren, zu kontextualisieren und zu kritisieren, fehlen.

Dissidenz

Angesichts der fehlenden und mitunter verunmöglichten Diskussionskultur erscheinen die Auswege aus der Dynamik begrenzt. Appelle an eine politische Verantwortung jenseits infantilisierter Formen politischer Auseinandersetzung (Trotz, Wutausbrüche, Rache, Verweigerung; Cancel Culture) werden nur bei wenigen fruchten. Diejenigen, die bereit sind, aus den dogmatischen Überzeugungen auszutreten, erkennen die ideellen Auswirkungen auf alle Lebensbereiche und die Einschränkungen auch auf Ebene des interpersonellen Austauschs.

Für solche Verschiebungen braucht es Kritik an (queer-)aktivistischer Identitätspolitik, die Gegenrede und scharfe Analyse – ebenso wie die Forcierung politischer Brüche. Konstruktive Kritik muss Pluralität und Diskussion einfordern und fördern. Austausch – sei es intergenerationell oder mit dissidenten Positionen – braucht Strukturen. Diese müssen geschaffen und aufrechterhalten werden. Dabei geht es um die Zentrierung demokratischer Grundwerte, abseits von partikularen Interessen: Menschen- und Frauenrechte, Rede- und Meinungsfreiheit, Religionsfreiheit und Säkularismus. Auch bei politischen Entscheidungen braucht es eine entsprechende Betrachtung und womöglich auch Konsequenzen und Abwägungen bei der Vergabe von Fördergeldern, der Mitwirkung an Veranstaltungen, der Einbindung in Parteistrukturen, der (symbolischen) Anerkennung.

Am 7. Oktober 2023 offenbarte sich die politische Tragweite der skizzierten Aspekte: Kaum eine bedeutende Queer-Organisation hat sich in den Wochen und Monaten danach öffentlich zu Wort gemeldet und Position bezogen. Angesichts der Monstrosität der Ereignisse und des Frohlockens über den Massenmord an mehr als 1200 jüdischen Menschen zeigt die Abwesenheit einer Verurteilung der Täter in queeraktivistischen identitätspolitischen Kreisen den Mangel an politischer und moralischer Orientierung. Eine Wahrnehmung von Jüdinnen und Juden als menschlich, als gleichwertig in der Existenz, als schützenswert, als Opfer scheint es innerhalb der ideologischen Überzeugungen nicht zu geben. Der Zuspruch für den Terror der Hamas und das Desinteresse an der Geschichte des Antisemitismus bedeutet im österreichischen Rahmen nicht nur eine politische Dekontextualisierung der Shoah, sondern eine Wendung aus der eigenen Verantwortung heraus. Sie steht für die Ausblendung massiver gegenwärtiger und vergangener Gewaltakte sowie der ihnen eingeschriebenen Täterschaft, eine radikale Entsolidarisierung mit der (jüdischen) Opfergruppe, die Hinwendung zu einem terroristischen Aggressor und die Verkehrung von Terror zu Befreiung; im Namen eines performativen, global geteilten *allyship*.

Die Einordnung Israels als „Unterdrücker“ (gegenüber einer unterdrückten palästinensischen Bevölkerung) entspricht dem auch andernorts queer-aktivistisch propagierten Verständnis einer Dichotomie von oppressor/oppressed bzw. weitergehend colonizer/colonized und schreibt Israel damit westliche Hegemonie, Täterschaft, Schuld und, in entsprechender Logik, auch whiteness zu. Dies ist nicht nur falsch, sondern blendet die systematische Verfolgung und Ermordung von Jüdinnen und Juden, die historische Bedingtheit des jüdischen Staates und die Zusammensetzung der israelischen Bevölkerung völlig aus. In Bezug auf den palästinensischen Kontext hingegen werden islamisch geprägte Formen der gesellschaftlichen Organisation und des Zusammenlebens, die andere Lebensmodelle, den Schutz von Minderheiten und diskursive Pluralität nicht vorsehen, wenig kritisiert. Einzelne Personen, die (vorwiegend in der Diaspora) queere Lebensentwürfe verfolgen können, ändern nichts an dieser Verfasstheit. Menschenrechte, Demokratie oder Rechtsstaatlichkeit scheinen nicht die relevanten politischen oder moralischen Gradmesser zu sein. Ihre Abwesenheit gibt kaum Anlass für Betroffenheit, Empörung, Kritik. Keine Fragen danach, wie eine gerechte Gesellschaft aufgebaut sein, welche Werte sie vertreten sollte. Diskussionen um patriarchale Unterdrückung oder heteronormative Gewalt fehlen weitgehend. Zu groß scheint die Bewunderung für den Ausbruch aus der Opferkategorie und seine Billigung als pars pro toto aller globalen Unterdrückungsverhältnisse. Ein beispielgebender Aufstand. Egal dabei, dass die Vorzeichen verdreht wurden und die Akteurinnen und Akteure nicht in die ihnen zugedachten Rollen passen. Der queer-identitätspolitische Aktivismus scheint hiermit einen Schlussstrich unter die eigene „Vergangenheitsbewältigung“ gezogen zu haben. In Österreich mangelt es nicht an Aktivistinnen und Aktivisten, die in den vergangenen Jahrzehnten die schweren Versäumnisse in

Bezug auf Antisemitismus im nationalen Kontext aufgezeigt haben. Es fehlen jedoch die historische und politische Kontinuität und Einbindung in queer-aktivistische Bewegungen. Denn wer die Taten der Hamas verherrlicht, sie als „Freiheitskampf", „Widerstand" oder „dekoloniale Revolution" feiert, Mörder in Social-Media-Memes glorifiziert, Flyer der entführten Geiseln von Häuserwänden und Litfaßsäulen kratzt, Demonstrationen zu Bedrohungsszenarien für Juden und Jüdinnen werden lässt, hat jeden politischen und menschlichen Kompass verloren - egal, mit welcher Ideologie oder Identität argumentiert wird.

7. Oktober 2023 – Der Zivilisationsbruch

Reaktionäre Geschlechterpolitik nach dem Pogrom

Alessandro Barberi

Wenn es aber nur noch ein Ziel gibt,
für das die Vernichtung des Anderen steht,
wie die Terrororganisation Hamas
sie gegen Israel plant und immer geplant hat […],
dann gibt es auch den Einen nicht mehr.
Und wenn es den Einen wie den Anderen nicht mehr gibt,
so ist die Zivilisation am Ende.
Es ist ein Bruch von allem,
was noch verhandelt werden kann.
Elfriede Jelinek, „Kein Einer und kein Andrer mehr"

Du sagst, Geschichte wiederholt sich nicht,
ich sag, sie reimt sich,
wenn du nicht mit deinem Opa brichst. […]
Und Free Palestine ist das Neue …
Ich sag's lieber nicht.
Ben Salomo, „Kämpf Allein"

Kein Ereignis der letzten Jahre hinterlässt in der Erinnerung einen so tiefen und einschneidenden Bruch wie das Pogrom vom 7. Oktober 2023, bei dem mehr als 1200 Menschen – Frauen, Männer, Kinder und Alte, Juden, Christen und Muslime – starben, 5000 weitere schwer verletzt und 239 als

Geiseln in den Gaza-Streifen verschleppt wurden, weil sie in Israel lebten.[1] Die Brutalität des Massakers verweist auf die sprachlosen Grenzen unseres Verstandes, gerade weil es die Grundfesten unserer Zivilisation und unseres Lebens im Namen der Barbarei und des Todes gezielt zerbrochen hat. Dabei ist dieser (re-)traumatisierende Zivilisationsbruch deutlich damit verbunden, dass von den Terroristen gezielt sexuelle Gewalt an Frauen verübt wurde, weil sie Jüdinnen waren. Frauen, die indes lange auf ihre internationale Anerkennung warten mussten. Die Überlebenden warten nach wie vor darauf. Dass der 7. Oktober 2023 zutiefst mit dem Problemkreis von Geschlecht und Sexualität verbunden ist, stellt den Ausgangspunkt dieses Beitrags dar, der das Spannungsverhältnis von Feminismus und Antisemitismus auslotet. Dabei wird auch deutlich, dass der 7. Oktober einem nach wie vor den Atem nimmt und einen sprachlos werden lässt, weil Emotionalität und Empathie nicht einfach abgestreift werden können. In diesem Kontext geht es angesichts der manifesten aktuellen Formen des Antisemitismus auch um den (zweiten) Historikerstreit, in dem seit einigen Jahren aus unvorhergesehener politischer Richtung die Singularität der Shoah „multidirektional" und intersektional infrage gestellt wurde und wird, was direkt mit dem grassierenden Revisionismus des 7. Oktober in Zusammenhang steht. Des Weiteren hat dieser Terroranschlag durch seinen eliminatorischen Antisemitismus die Erinnerung an die Shoah direkt angegriffen, um das schlimmste Trauma, dessen die Menschen sich erinnern können, nämlich die Vernichtung der europäischen Juden durch den Nationalsozialismus, zu wiederholen und zu intensivieren.

Ein theoretischer Rahmen: Geschlechterhypothesen

Mit dem 7. Oktober 2023 wird, wie auch Elfriede Jelinek betont,[2] der Begriff des Zivilisationsbruchs vielen Menschen in Erinnerung bleiben. Kaum ein Ereignis erschüttert so sehr das humanistische und demokratische Grundverständnis, weil es nicht zuletzt darum ging, die einzige Demokratie und aufgeklärte Gesellschaft im Nahen Osten und in ihr das Judentum zutiefst zu schädigen.[3] Umso aberwitziger ist der Umstand, dass sich weltweit innerhalb von kürzester Zeit sehr viele „Linke" rückhaltlos zu „Free Palestine" bekannten und in ungeahntem Ausmaß die übelsten Formen eines antisemitischen Antiimperialismus teilten.[4] Dabei ist zu berücksichtigen, dass die permanente „Kontextualisierung" des Pogroms vom 7. Oktober 2023 – das eigentlich als eine Serie von Pogromen begriffen werden muss – strukturhomolog mit der nur scheinbar „progressiven" Logik der Identitätspolitik, des Kulturrelativismus und der Postmoderne ist. Denn deren Vertreter gefallen sich dabei, im Namen des idealisierten Besonderen jedes Allgemeine und d.h. jede Universalität – sei es die der Menschenrechte, sei es die der (demokratischen) Allgemeinbildung – im unendlichen, relativierenden Vergleich der Kulturen und ihrer angeblich autochthonen „völkischen Substanzen" zu de(kon)struieren.[5]

Dieses unreflektierte und durchaus reaktionär romantisierende Bevorzugen des Minoritären – auch dies ein Grundzug postmoderner und poststrukturaler Theorien und „Politiken" –[6] betont dabei immer nur das Minderheitenrecht, kann sich aber in einer Demokratie nicht dem Majoritätsprinzip stellen und auch nicht beugen. Insofern bleibt aus dieser Perspektive – ganz im Sinne einer auf den Nationalsozialismus Martin Heideggers zurückzuführenden „Destruktion" (von Israel) –[7] nur die individualisierende Differenzierung der Differenzen, die radikale Unterscheidung der Unterschiede ohne Allgemeinheit und Universalität. Ein Umstand, der im Übrigen ganz genau der entgrenzenden Strategie des aktuellen digitalen Kapitalismus[8] entspricht, der unter diesen Bedingungen tatsächlich zu einer gänzlich entsolidarisierten „Gesellschaft der Singularitäten"[9] wird.

Dabei führen Arbitrarismus, Konventionalismus und eben Kulturrelativismus dazu, so unmoderne Begriffe wie Geltung, Objektivität, Faktizität oder Wirklichkeit und Realität nur mehr dogmatisch wegzudiskutieren, ist doch jedes Wissen „situated", intersektional verortet und damit eindeutig positioniert.[10] Schade nur, dass dadurch die mögliche Wahrhaftigkeit jedes Arguments nicht auf seine logische Wertigkeit, sondern u. v. a. auf Hautfarbe (bedenklicherweise engl. *race*), Klasse (engl. *class*) oder Geschlecht (engl. *gender*) reduziert und damit systematisch entwertet und „kolonialisiert" wird. Dies entspricht intellektuell einem brutalen Nominalismus, der in abstruser Körper- und Materialitätsfeindlichkeit die Tatsache nicht wahrnehmen kann, dass am 7. Oktober 2023 Frauen als Frauen brutal zum Objekt erklärt, entmenschlicht und getötet wurden. In der paranoiden Logik der „jüdischen Weltverschwörung" des radikal antisemitischen und damit hoch politischen Islam[11] wurden sie als Stellvertreterinnen „der Juden" in unfassbarer Weise nicht nur systematisch vergewaltigt, sondern massakriert, erschossen und zerstückelt.[12] Dabei ging es darum, in den „westlichen" Israelinnen bzw. Jüdinnen und ihrer freien Sexualität[13] auch die angeblich so übermenschlichen „Juden" in ihrer Gesamtheit auszulöschen. Dies auch, weil sich diese Frauen als Frauen z. B. am Nova-Musikfestival die westlich feministische Freiheit nahmen, gegen den für Islamisten unhinterfragbaren Koran zu verstoßen, indem sie beim Tanzen „ihre Beine schwingen" ließen.[14] Daraufhin haben die auch unter Drogen stehenden islamistischen Terroristen ihnen in ihrer grausamen Mordlust mit Allahu-Akbar-Rufen konsequenterweise zwischen die Beine und damit direkt in die Reproduktionsorgane[15] geschossen und diese Frauen als Frauen für ihre (westliche) Freiheit geschändet, ermordet und dann auch noch mit ihren zerstückelten Geschlechtsorganen gespielt. Wo liegt mithin im Sinne einer wirklich radikalen, feministischen Patriarchatskritik der „geile männliche Blick", den der Queerfeminismus doch ansonsten bei jeder Gelegenheit überall ausmachen will? Vielleicht in den Augen eines Hamas-Terroristen? Und steht nicht genau dieser Blick für Rassismus, Sexismus, Homophobie, Misogynie, Terrorismus, Demokratieverachtung, Ungleichheit und Unterdrückung, gegen welche die doch immer so empathischen „Progressiven“ angeblich aufbegehren?[16]

Genau ob dieser Frage ist spätestens jetzt Judith Butlers These aus dem Jahr 1990, Geschlecht (engl. *gender*) sei nur diskursiv konstruiert und habe (in allen Wortbedeutungen) nichts mit Sex (engl. *sex*) zu tun, an ein - auch psychoanalytisch - bemerkenswertes Ende der Verifikation gekommen.[17] Denn auch wenn im Rahmen des Feminismus und der Frauengeschichte schon zu Beginn - etwa von Barbara Duden[18] - Kritik an dieser fatalen „Entkörperung“ geübt wurde, ist diese Annahme im Bereich der Gender Studies zur Orthodoxie und also zur „differentiellen“ Doxa geworden. Sie hat inzwischen Generationen von Genderforscherinnen hervorgebracht, welche die Binarität von Frauen und Männern nur als symbolisches Produkt einer subjektlosen „Matrix“ der machtförmigen „Zwangsheterosexualität“[19] denken können und jede widersprechende These konsequent negieren und blockieren, als ob jede Heterosexualität nur unter Zwang stattfinden könnte. Der diesbezüglichen Diskursbegründerin Butler folgen sie auch dann noch rückhaltlos, wenn diese die Burka empathisch als „dekolonisierendes“ Symbol „weiblicher“ Bescheidenheit begreift, die sie vor dem „kolonisierenden“ Blick „männlicher“ Imperialisten aus dem „Westen“ schützen will.[20] Geschlechterübergreifende Wissenschaftstheorie und Erkenntnistheorie der Falsifikation? Fehlanzeige.[21]

Dass Judith Butler bereits 2006 Hamas und Hisbollah als „progressive“ und „part of the global left“[22] bezeichnete, hat sie nie ausdrücklich zurückgenommen. Im Gegenteil, sie hat nach dem 7. Oktober noch nachgelegt und mit der Rede von Israels „genocide“[23] erneut den Versuch unternommen, alles, was im (verachteten und bösen) „Okzident“ gesagt oder argumentiert wird, durch einen (romantisierten und guten) „Orient“ auszuhebeln. Sie folgt damit einem „antikolonialen“ und „antirassistischen“ Denken, das zumindest teilweise von Michel Foucault[24] und noch viel stärker von Edward Said[25] vorweggenommen wurde. Kaum jemand scheint zu bemerken, dass sich damit genau das binäre Schema von „positiver östlicher Weiblichkeit“ und „negativer westlicher Männlichkeit“ wiederholt, dessen „zwanghafte“ Matrix doch eigentlich abgelehnt und dekonstruiert hätte werden sollen. Dies entspricht freilich auch im Sinne der kategorialen Geschlechterdifferenzierung und -multiplizierung in einen Buchstabensalat namens „LGBTQAI+“ dem Verschwinden von ganz konkreten (lesbischen) Frauen und (schwulen) Männern sowie ihren Körpern in ihrer realen und auch biologischen Materialität. So wird gerade mit dem 7. Oktober deutlich, dass diese „Binarität der Geschlechter“ sich auch nicht auf vergewaltigende islamische Männer und vergewaltigte jüdische Frauen beziehen kann, sind doch Letztere – wenn überhaupt – als angeblich „Weiße“ ihrerseits nur als koloniale „böse Täter“ und Erstere als dekolonialisierende „Braune“ nur als „gute Opfer“ wahrnehmbar.[26] Wo ist eigentlich in diesem Kontext die Anhängerschaft des dekolonialen Weltbildes, die Jüdinnen und Juden attestiert, in „Palästina“ seit Jahrtausenden „indigen“ und wohl die verfolgteste Minorität der Weltgeschichte zu sein? War die Staatsgründung Israels im Blick auf das British Empire nicht buchstäblich „antikolonial“? Und wer denkt in diesem Zusammenhang – und bei aller notwendigen Kritik – an die noch bei Frantz Fanon vorhandenen positiven Bezüge auf „westliche Denker“ wie Marx und Sartre oder Freud und Lacan?[27]

In dieser gänzlichen Ablehnung sämtlicher Normen und Werte, die mit einem manichäisch bestimmten Negativbild des Westens verbunden sind, besteht die schon hinsichtlich der Shoah von Antisemiten erprobte Täter-Opfer-Umkehr, die mit dem 7. Oktober – im Sinne Immanuel Kants – das „radikal Böse“[28] relativiert. Es wird auch durch eine grauenhafte und gänzlich unlogische Schwarz-Weiß-Malerei rassifizierender Art „kontextualisiert“. Das bedeutet indes eine „Revision“ und „Relativierung“, die *à la lettre* zur Leugnung der Singularität dieses Ereignisses wird, wie sie u. a. von französischen und deutschen Holocaustleugnern seit Jahrzehnten mit Unterstützung des Iran vorbereitet wurde.[29] Dabei muss gesagt werden, dass die Terroristen der Hamas sich am 7.

Oktober 2023 für ihre Taten frei entschieden haben und also dafür vor dem Gerichtshof der reinen Vernunft genauso haftbar sind wie vor jedem weiteren Gericht. Alles andere würde Muslime im Übrigen zu reinen Objekten ohne jede Entscheidungsfreiheit degradieren und damit noch im angeblichen „Freiheitskampf" verdinglichen.

Geschlecht und Sexualität mit Blick auf den 7. Oktober 2023

Die bisher beschriebene Konstellation führt gegenwärtig und äußerst paradoxerweise dazu, die konkrete Behandlung sexueller Minderheiten durch die Hamas und andere Islamisten nicht nur herunterzuspielen, sondern erst gar nicht wahrzunehmen, dass sie körperlich und materiell mit dem Tod rechnen müssten, wären sie jetzt und unter diesen Bedingungen im – feudalen, patriarchalen und faschistischen – Gaza-Streifen: Hinter Motorrädern durch Straßen geschleift oder von Häuserdächern geschmissen zu werden, damit muss rechnen, wer hier auch nur eine homosexuelle Geste setzt, wobei nachdrücklich festgehalten werden muss, dass – wie hinsichtlich der Beweise für das Pogrom am 7. Oktober mehr als deutlich ist – Frauen dahingehend im patriarchalen Schatten des Extremismus und/als Islamismus einer noch brutaleren und gezielteren physischen Gewalt ausgesetzt sind als die ebenfalls unfassbar hart betroffenen Männer, Kinder und Alten aus Israel.

„Queers for Palestine" ist mithin aus logischer, vernünftiger und d. h. universalistischer Perspektive genauso verdreht wie niederländische Sozialdemokraten, die einmal am Christopher Street Day, also auf der Amsterdamer Pride, als verhüllte „Burqa Queens" in den Regenbogenfarben auftraten und Transparente hochhielten, auf denen u. a. „MY BURQA IS MY RIGHT AND PRIDE" zu lesen war.[30] Dass die Vielfalt der Sexualität zum Grundverständnis der laizistischen, liberalen, „westlichen" Demokratien gehört – und genau dafür steht jede Pride wie die von Amsterdam oder Tel

Aviv –, sollte mithin nicht dazu führen, der gänzlichen und unendlichen Ausdifferenzierung der Geschlechter bis hin zur Leugnung der (freien) Sexualität, Binarität, Materialität und Wirklichkeit (lesbischer) Frauen und (schwuler) Männer zu folgen. Denn dadurch werden sie gezielt aus jeder epistemologischen, soziologischen und realpolitischen Wahrnehmung gedrängt.[31] Dies kann nur zu einer partikularistischen Politik der Minoritäten und Singularitäten führen, die sich damit unter Berufung auf ihre „kleine" Mikro-Befindlichkeit und Identität, wie auch die Erfahrung der sogenannten „dritten Welle" des Feminismus lehrt, selbst ins gedankliche und politische Off einer endlosen Diversifizierung bewegt.[32] Es verhält sich hier wie mit dem allgemeinen Rahmen der Demokratie, deren Toleranzprinzip zwischen den Rechten und Pflichten der Bürger nur eine einzige Grenze kennt: die Intoleranz der Toleranz gegenüber.[33]

In diesem Zusammenhang wird auch deutlich, dass die Problembereiche Geschlecht und Sexualität direkt damit verbunden sind, dass die demokratischen Normen und Werte des „Westens", also auch der Feminismus im Sinne der Selbstbestimmung und der Emanzipation von Frauen, in allen Wortbedeutungen auf der Seite des Lebens stehen. Der Dschihad und das Kalifat hingegen kennen keinen Humanismus, keine Aufklärung und auch keine moderne Wissenschaft, weshalb ihre Kämpfer in ihrem atavistischen Patriarchalismus vollkommen rücksichts- und gnadenlos gegen die Ungläubigen vorgehen können und sich dabei auf der sicheren Seite des Todes wissen. Genau darin besteht auch die immense Gefahr des politischen Islam, weil er nicht für diese Welt, für diese Immanenz kämpft, sondern auf tausend Jahre rechnen und sich schon jetzt im Bereich der Transzendenz, also im Jenseits bei Allah, einrichten kann. Die Islamisten sind deshalb bereit, vollkommen rücksichtslos jede Grenze von Leben und Tod zu überschreiten und für ihren Gott zu töten und sogleich zu sterben.

Dennoch oder gerade deshalb kann ganz im Sinne der Aufklärung der optimistischen Hoffnung Ausdruck verliehen werden, dass es mit der langsam einsetzenden und fortschreitenden Aufarbeitung der Ereignisse des 7. Oktober (Faktensondierungen, Spurensicherungen, Videoanalysen, Zeugenbefragungen etc.) gerade ob der von Katar und mutmaßlich Teheran aus befohlenen systematischen Vergewaltigungen von israelischen Frauen (also nicht nur von Jüdinnen) langsam, aber doch zu einer Wiederkehr des Verdrängten kommen wird.[34] Dies auch in Erinnerung an die Deutsch-Israelin Shani Louk, die am 7. Oktober ermordet wurde und ein grausames Bild der Schändung und der Schande hinterließ, das ihr angesichts ihrer Schlächter in der globalen Öffentlichkeit wenigstens ihren Eigennamen (zurück-)gab. Das Verdrängte des dschihadistischen Gewaltexzesses ist vor allem der geschundene Leib von Frauen. Gerade weil sie in abscheulicher Art und Weise zum Objekt verdinglicht wurden, sind sie das Reale und die Wirklichkeit, von denen wir ausgehen und zu denen wir zurückkehren müssen.

Dass UN Women, neben annähernd allen „feministischen" Organisationen des „Westens", geschlagene zwei Monate benötigte, um auf die dschihadistische Gewalt zu reagieren und sich mit den geschändeten, ermordeten und geköpften Frauen zu solidarisieren – und dies auch nur mit einem wiederholt artikulierten „palästinensischen Aber" –,[35] entspricht mithin einem unfassbaren frauenpolitischen und feministischen Skandal, weil es hier um Frauen geht, die – ungeachtet ihrer jeweiligen soziologischen Unterschiede – als Jüdinnen gestorben sind: *#MeToo unless you're a Jew.*[36] Dies alles geschieht, weil u. a. die angelsächsische Diskussion zu einem an postkolonialer Theorie geschulten Antirassismus[37] im Rahmen der Critical Whiteness Studies in vollkommen illegitimer Art und Weise den rassifizierenden Gegensatz von „Schwarz" und „Weiß" auf eben diese „übermenschlichen Juden" und die „untermenschlichen Palästinenser" projizierte,[38] wobei damit die schon für die Shoah bezeichnende Täter-Opfer-Umkehr nun auch im Blick auf die Gräuel des 7. Oktober revisionistisch zu greifen begann und vom zweiten Historikerstreit vorweggenommen wurde.[39] Dass damit große Teile des „Westens" mit und in ihren Medien exakt auf die Kommunikations-, Manipulations- und Propagandamaschinerie der Islamisten – vom Iran über den Libanon bis in den Gaza-Streifen – hereingefallen sind,[40] bleibt ein noch systematisch zu erforschender Tatbestand einer kommenden publizistischen Aufarbeitung und Aufklärung. Wer lacht sich da ins Fäustchen?

3-D-Test für Antisemitismus

Eines war indes vor dem 7. Oktober noch nicht ganz so deutlich wie jetzt: wie tief gerade die Brutalität des eliminatorischen und apokalyptischen „Erlösungsantisemitismus"[41] in die Begriffe, Modelle und Theorien von „Progressiven" eingelassen ist. Es geht mithin um eine „Linke", die in großen Teilen nach wie vor nicht bereit ist, die dunkelsten Seiten ihrer Vergangenheit – etwa im Blick auf den Antisemitismus in den realsozialistischen Staaten, der Roten Armee Fraktion (RAF) oder auch des „Globalen Südens" – aufzuarbeiten:[42] „End Apartheid / from the river to the sea, PALESTINE will be free / FREE PALESTINE / FREE GAZA FROM AUSTRIAN AND GERMAN GUILT." Diese Schriftzüge waren als geschmierte Parolen direkt nach dem 7. Oktober mit einem roten Stern an den Wänden der Universität Wien zu lesen.[43] Hier hat das Hufeisen keine Pole mehr, es wurde – in allen Wortbedeutungen – zu einem Teufelskreis zusammengeschweißt.[44] Butler hat wohl – gegen den Strich gelesen – im Rahmen der jüngsten antisemitischen UN-Resolutionen recht: Hamas und Hisbollah sind Teil dieser globalen Linken, welche sich durch und durch darin gefällt, gänzlich schamlos und mit blutverschmierten Händen an der Seite lynchender Meuchelmörder in Ramallah zu stehen,[45] sich – dezidiert schuldumkehrend – mit den „Kindsmorden" der Hamas gemeinzumachen und in gänzlicher Kontinuität mit *From the river to the sea* zur endgültigen Vernichtung des Staates Israel und damit der Jüdinnen und Juden nicht nur aufzurufen, sondern eliminatorisch voranzuschreiten. *Depends on context?*

Dies auch in den Reihen sich als progressiv verstehender Wissenschaftler und Politiker, denen das – auch kriegsrechtlich und -strategisch – äußerst kontraproduktive Erzwingen einer Waffenruhe im Rahmen der UNO wichtiger ist als die Einsicht, dass Israel als von arabischen Feinden, Diktaturen und Pogromisten umgebene parlamentarische Republik die volle Unterstützung der demokratischen Weltgemeinschaft – eigentlich auch aus Eigeninteresse und Gründen der Selbsterhaltung – in diesem Verteidigungskrieg nicht nur benötigt, sondern vor allem verdient. Deshalb sei in unserem Kontext deutlich gesagt, dass Israel, die Knesset und die IDF in diesem gerechten Verteidigungskrieg juristisch betrachtet vollkommen verhältnismäßig und also im Rahmen des Völkerrechts operieren. Das Unfassbare des Zivilisationsbruchs vom 7. Oktober steht mithin in einem oben bereits diskutierten Zusammenhang mit einer weiteren Unfassbarkeit: im zügellosen antisemitischen Furor vermeintlich Progressiver und Linker, die mit antisemitischen Handlungen wohl auch sehenden Auges in die einfachsten Definitionen der Antisemitismusforschung hineinlaufen wollen.

Doppelstandards

Ganz egal, welches Argument aus der Geschichte des einzigen jüdischen Staates und des Judentums vorgetragen wird, kommt es aktuell und verschärft zu permanenten Doppelstandards im Blick auf Israel und die Israel Defence Forces (IDF). Eine Armee, die u. a. die Zivilbevölkerung ihrer Todfeinde vor jedem Angriff auf verschiedenen Ebenen (Telefonate, Flugblätter etc.) systematisch von kommenden Angriffen in Kenntnis setzt, um sie zu schützen, was keine andere Armee der Weltgeschichte jemals getan hat. In diesem Kontext wird Israel all das vorgehalten, was indes Israelis, also u. a. auch vielen Arabern, aber auch Thailändern am 7. Oktober 2023 angetan wurde.[46] Dabei kommt es auch in Onlineforen – wie im Fall Erwin Buchingers, eines ehemaligen Sozialministers der sozialdemokratischen Partei Österreichs (SPÖ) – dazu, linken Antisemitismus gezielt zu verleugnen und den Israelis bzw. im antisemitischen Denken „den Juden“ erneut Kindsmordlegenden anzudichten, die eine wahrhaftig mittelalterliche Geschichte haben.[47] Wessen Babys aber wurden am 7. Oktober 2023 entführt, ermordet und verbrannt? Auch der Umstand, dass die UNO Israel Jahr für Jahr menschenrechtlich öfter abmahnt als etwa China, Nordkorea oder den Iran, lässt sich ohne den traditionsreichen Antisemitismus der UNO („Zionismus ist Rassismus“) nicht erklären.[48] Daher auch die Rolle des Iran, der seit November 2023 tatsächlich den Vorsitz für das Sozialforum des UN-Menschenrechtsrats innehat,[49] also mehr als erwartbar im Sinne seines eliminatorischen Antisemitismus agieren und sich dabei der antiisraelischen und/als antizionistischen Unterstützung der Weltgemeinschaft sowie großer Teile der antisemitischen Linken sicher sein kann. Ironie gefällig? Das ist die antisemitische Weltverschwörung.[50]

Delegitimierung

Das Grundübel einer antizionistischen „Judaistik“ besteht des Weiteren darin, das „wahre“ Judentum nur in der fließenden Zerstreuung der Diaspora zu erkennen und in der Folge gegen jede „Nationalisierung“ und „Verstaatlichung“ zu verteidigen und zu idealisieren. Die Parallele zu postmodernem oder poststrukturalem Denken ist dabei offensichtlich. In diesem Zusammenhang wird die Staatsgründung am 14. Mai 1948 historisch genauso systematisch delegitimiert wie das prinzipielle und gegenwärtige Existenzrecht Israels. Die Gründung des Staates Israel wird so – atheologisch gesprochen – als „Sündenfall“ begriffen, der das eigentliche, verstreute und identitätslose Judentum verraten habe. Diese „zynische Feier der Diaspora“[51] (Ingo Elbe) entspricht einer blinden Feindlichkeit gegenüber jeder Staatlichkeit (ob Rechts- oder Sozialstaat bleibt sich da gleich) und attackiert und delegitimiert mithin auch permanent den einzigen Schutzraum, der Jüdinnen und Juden nach der Shoah blieb und nunmehr nach dem 7. Oktober bleibt.[52] Ein Raum, dessen Verletzlichkeit am 7. Oktober nur noch einmal schmerzhaft deutlich wurde, Jüdinnen und Juden weltweit tief erschütterte, in ihrem Sicherheitsgefühl und ihrer Identität verunsicherte und zutiefst verängstigte. *That was the diabolic plan.* Denn es handelt sich wahrlich nicht nur um eine theoretische Delegitimierung, da die fehlende politische Unterstützung Israels und der IDF auch noch mit systematischer Kritik an ihren – im Übrigen hochgradig diversen, inklusiven und religionsübergreifenden – Verteidigungskräften einhergeht. Die Knesset ist mithin im Rahmen dieses deutlich paranoiden Denkens kein demokratisch legitimiertes Parlament, sondern einzig und allein ein imperialistischer Repressionsapparat im verschwörungstheoretisch konzipierten Marionettentheater der Wall Street sowie der manichäisch bestimmten Zentrale USA (wir denken nach wie vor an den 11. September 2001 und den Anschlag auf das World Trade Center). Ein diktatorischer Unterdrückungsapparat, den die „armen Palästinenser"[53] in ihrem „Freiheitskampf" angeblich zu Recht unter täglichen systematischen Beschuss nehmen und der es verdient, vernichtet zu werden.

Dämonisierung

Fatalerweise entsprechen sich im Moment die antisemitischen Verschwörungstheorien der Mullahs und jene einer antiimperialistischen Linken, die beide in einem gänzlich blinden „Antikapitalismus" in Israel den „kleinen Satan" und in den USA den „großen Satan" sehen und dabei buchstäblich nur über sich selbst reden. Dies entspricht auch den antisemitischen Strategien von Boycott, Divestment and Sanctions (BDS)[54], wenn das Zentrum der internationalen Weltverschwörung sich wohl in Tel Aviv oder Jerusalem finden soll, ungeachtet der Tatsache, dass Israel in etwa so groß ist wie New Jersey, Hessen oder Niederösterreich. Das Manichäische einer gänzlich wertlosen Kapitalismuskritik, welche nichts Besseres zu bieten hat, als die Zirkulationssphäre des Handels für das Unglück der Welt verantwortlich zu machen,[55] ist deckungsgleich mit dem Antisemitismus einer Koraninterpretation, die das „Böse" ebenfalls auf das scheinbar homogene Kollektivsubjekt „der Juden" in Israel und den USA projiziert und damit eine multipolare Welt – gelinde gesagt – vereinfacht konstruiert und wahrnimmt. Dass dabei auch die klassischen Bestände linker Religionskritik[56] im Sinne der Aufklärung durch eine düstere Gegenaufklärung[57] ad acta gelegt werden, entspricht auch einer sukzessive sich verbreitenden religionssoziologischen Fehldimensionierung und Hypostase: Dem Christentum hängen etwa 2,1 Milliarden, dem Islam etwa 1,5 Milliarden und dem Judentum ... rund 14 Millionen Menschen an. Einigen Schätzungen zufolge gibt es mehr Spiritistinnen auf dieser Welt als Jüdinnen und Juden.

Historikerstreit

Dabei ist in unserem Zusammenhang auch bemerkenswert, dass mit dem zweiten Historikerstreit nunmehr Argumente von „Progressiven" vorgetragen werden,[58] die 1986 der erzreaktionäre Ernst Nolte in der *FAZ* publizierte und damit den ersten Historikerstreit auslöste.[59] Denn so wie Nolte den „jüdischen Bolschewismus"[60], mithin den „roten Terror" Lenins, für die Verbrechen der Nationalsozialisten verantwortlich machen wollte, um die Shoah und damit die Kriegsschuld der Deutschen zu relativieren und zu „entlasten", kommt es nunmehr zu einer homologen Diskurs- und Handlungslogik, nachdem die nationalsozialistischen Ideologien[61] der Mullahs im Iran, der Hamas und der Hisbollah nur als legitime Antwort auf den „dämonischen" westlichen Imperialismus von Israel und den USA gedeutet werden. Dabei geht es auch um „Irrnationales"[62], wie Karl Kraus angesichts des Nationalsozialismus in *Die Dritte Walpurgisnacht* (1933) formulierte, wenn die umwertende Umkehr von Ursache und Wirkung, von Täter und Opfer derzeit so grassiert, dass die Legitimität eines Verteidigungskrieges als direkte Antwort auf den archaischen, hemmungs- und schrankenlosen Gewaltexzess an Juden am 7. Oktober 2023 genauso angegriffen wird wie die einzige unter Dauerbeschuss stehende Demokratie im Nahen Osten – und das ist eben der Staat Israel. Gemäß des bereits genannten und vollkommen anachronistischen Antietatismus einer „Linken", die im Staat nur ein Repressionsinstrument sehen kann, soll es freilich gerade den Nachkommen der Opfer der Shoah und damit auch jenen Jüdinnen und Juden, die den 7. Oktober überlebt haben, verboten sein, einen Staat als Schutzraum zu besitzen und ihn auch wie nach dem mehr als brutalen sowie barbarischen Terroranschlag, Massaker und Vollangriff des 7. Oktober mit einer demokratisch legitimierten Armee und d. h. mit Waffengewalt im Rahmen des Völkerrechts zu verteidigen.

Conclusio

Dass sich also annähernd die gesamte Linke in entsetzlicher Empathielosigkeit darin gefiel, das Palästinensertuch, die Kufija, der 1970er-Jahre auszupacken, fällt mit der Tatsache in eins, dass sie sich in ihrem blinden, manichäischen Antikapitalismus als Antizionismus und d. i. meistens Antisemitismus auch juristisch (im Sinne des Menschen-, des Völker- und des Kriegsrechts) eineindeutig auf die falsche Seite gestellt hat. Dabei handelt es sich nur um die Oberfläche einer allgemeinen intellektuellen Devastierung der „progressiven" Kräfte, die sich auch im Verrat an Humanismus, Rationalität, Aufklärung und den demokratischen Normen und Werten des ach so verwerflichen „Westens", seiner Liberalität und Zivilisation zeigt. Die Heterogenität und Diversität unserer Gesellschaften scheinen sich doch in einem Punkt – auch auf den Straßen unserer Metropolen – versammeln zu können: Es ist der Punkt der *Antiscience*[63] (Wolfgang Wein), die in unserem Zusammenhang direkt die Bestände der Geschichtswissenschaft und näher hin die unhintergehbaren Ergebnisse der Shoah-Forschung betrifft.[64] Denn die (antisemitische) Irrationalität, mit welcher der Zivilisationsbruch des 7. Oktober auf kollektiver Ebene nur mit einem sich beständig wiederholenden „Aber" ausgesprochen wird, kommt der gut bekannten Argumentationsstrategie gleich, mit der die Exkulpation der Nazis immer schon die (doppelte) Kriegsschuld der Deutschen annullieren sollte.

Deshalb geht es in diesem Kontext und im Sinne elementarer Mitmenschlichkeit um die ethische Pflicht, immer wieder daran zu denken, dass der 7. Oktober 2023 seit der Shoah die größte Verwundung und Verunsicherung des Judentums darstellt und die eliminatorische und mehr als gezielte Attacke auf Israel und damit auf das Gedenken auch ein grausamer Angriff auf die (mentale) Architektur von Yad Vashem gewesen ist: ein zur Gänze destruktiver Anschlag auf die Erinnerung und das kollektive Gedächtnis. Es sollte in aller Deutlichkeit erkannt werden, dass die Gefahr der vollständigen Vernichtung von Jüdinnen und Juden die gesamte Zivilisation existenziell bedroht und daher zutiefst betrifft. Hoffentlich kämpfen wir in Zukunft nicht einsam und allein.[65] Nie wieder ist jetzt!

Anmerkungen

1 Danksagung: Ich danke allen Freundinnen, Kolleginnen und Genossinnen, die seit dem 7. Oktober 2023 die schwersten Stunden mit mir geteilt und diesen Text durch zahlreiche Gespräche und schriftlichen Austausch erst möglich gemacht haben. Ohne Meike Penkwitt, Florian Rainer, Barbara Serloth, Georg Koller, Hemma Marlene Prainsack, Helmut Pecher, Andrea Romstorfer, Georg Pepl, Nadine Wittke, Christian Neumayer, Bernd Herger, Florian Danhel, Reinhard Leitner, Christian Zolles und Patrick Ausserdorfer, denen ich auch ob ihrer kritischen Erweiterungen meiner Argumente tief verbunden bin, hätte ich vielleicht den Mut nicht aufgebracht, diesen Beitrag in dieser Form zu schreiben und zu veröffentlichen. Auch mag ich allen Kolleginnen und Kollegen meiner Seminare im WS 2023/2024 an der Universität Wien danken, die mit mir verschiedene Aspekte des 7. Oktober intensiv diskutiert haben. Sapere Aude! Schalom!

2 Elfriede Jelinek, „Kein Einer und kein Andrer mehr", elfriedejelinek.com, 2023, https://www.elfriedejelinek.com/ (letzter Abruf: 15.01.2024).

3 Vgl. zu einer profunden Geschichte Israels: Michael Brenner, *Israel: Traum und Wirklichkeit des jüdischen Staates*, München 2016 und Dan Diner, *Ein anderer Krieg. Das jüdische Palästina und der Zweite Weltkrieg 1935-1942*, München 2021.

4 Vgl. dazu den nach wie vor mehr als aktuellen Beitrag von Wolfgang Neugebauer, „Israel-Kritik – Antisemitismus: Versuch einer Abgrenzung", diezukunft.at, 2022 [orig. 2003], https://diezukunft.at/israel-kritik-antisemitismus-versuch-einer-abgrenzung-2003-von-wolfgang-neugebauer/ (letzter Abruf: 15.01.2024).

5 Vgl. dazu auch den hervorragenden Band von Ingo Elbe/Robin Forstenhäusler/Katrin Henkelmann/Jan Rickermann/Hagen Schneider/Andreas Stahl (Hg.), *Probleme des Antirassismus. Postkoloniale Studien, Critical Whiteness und Intersektionalitätsforschung in der Kritik*, Berlin 2022.

6 Vgl. zur klugen Kritik an dieser Minoritäts- und Peripherie-Romantisierung u. v. a. die Rezension von Terry Eagleton, „François Dosse's Deleuze & Guattari", *Artforum*, 01.04.2011, https://www.artforum.com/columns/francois-dosses-deleuze-guattari-197100/ (letzter Abruf: 15.01.2024).

7 Zur nationalsozialistischen Fundamentalontologie der Differenz von deutschem Staat und deutscher Volksgemeinschaft vgl. die hervorragende Studie von Emmanuel Fay, *Heidegger. Die Einführung des Nationalsozialismus in die Philosophie*, Berlin 2009.

8 Vgl. Philipp Staab, *Digitaler Kapitalismus. Markt und Herrschaft in der Ökonomie der Ungleichheit*, Berlin 2019.

9 Vgl. mit Blick auf die Überbetonung des Besonderen in durchaus kritischer Absicht: Andreas Reckwitz, *Die Gesellschaft der Singularitäten. Zum Strukturwandel der Moderne*, Berlin 2017.

10 Vgl. die stark rezipierte und affirmierte Situierung partiellen Wissens von Donna Haraway, „Situated Knowledges: The Science Question in Feminism and the Privilege of Partial Perspective“, in: *Feminist Studies*, Vol. 14, No. 3, 1988, S. 575-599 und die „klassische“ Theoretisierung und Visualisierung von Intersektionalität bei Kathryn Pauly Morgan, „Describing the Emperor's New Clothes: Three Myths of Educational (In)Equality“, in: Ann Diller/Barbara Houston/Kathryn Pauly Morgan/Maryann Ayim (Hg.), *The Gender Question in Education: Theory, Pedagogy & Politics*, Boulder, CO 1996, S. 105-122.

11 Vgl. dazu Ahmad Mansour, *Operation Allah. Wie der politische Islam unsere Demokratie unterwandern will*, Frankfurt am Main 2022. Vgl. aktuell auch ders., „Die Schlächter sprechen meine Sprache“, *ZEIT Online*, 30.11.2023, https://www.zeit.de/2023/51/ahmad-mansour-palaestina-israel-hamas-antisemitismus-terrorismus (letzter Abruf: 10.01.2024), sowie Ruud Koopmans, *Das verfallene Haus des Islam. Die religiösen Ursachen von Unfreiheit, Stagnation und Gewalt*, München 2020.

12 Dass diese Tatsache direkt nach dem 7. Oktober klar vor Augen stand, aber erst Monate später wieder öffentlich diskutiert wurde, belegen Jeffrey Gettleman/Anat Schwartz/Adam Sella, „‚Screams without Words‘: How Hamas Weaponized Sexual Violence on Oct. 7“, nytimes.com, 28.12.2023, https://www.nytimes.com/2023/12/28/world/middleeast/oct-7-attacks-hamas-israel-sexual-violence.html (letzter Abruf: 15.01.2024).

13 Vgl. zum universalistischen Begriff der Freiheit: Vojin Saša Vukadinović (Hg.), *Freiheit ist keine Metapher. Antisemitismus, Migration, Rassismus, Religionskritik*, Berlin 2018.

14 Sure 24, Vers 31 des Koran lautet demgemäß: „Und sage den gläubigen Frauen, dass sie ihre Blicke senken und ihre Keuschheit wahren und ihre Reize nicht zur Schau stellen sollen, außer was (anständigerweise) sichtbar ist; und dass sie ihre Tücher über ihren Busen schlagen und ihre Reize nur ihren Ehegatten zeigen sollen. Und sie sollen ihre Beine nicht so schwingen, dass Aufmerksamkeit auf ihre verborgene Zierde fällt“, zitiert nach Ahmad Mansour, *Operation Allah*, S. 116. Vgl. zu den Juden im Koran auch Abdel-Hakim Ourghi, *Die Juden im Koran. Ein Zerrbild mit Folgen*, München 2023; und ders., „Woher kommt der Hass?“, *ZEIT Online*, 17.11.2023, https://www.zeit.de/2023/48/antisemitismus-muslime-islam-juden-koran (letzter Abruf: 15.01.2024).

15 Zu dieser Frage vgl. auch Elisabeth Kaiser/Alessandro Barberi (Hg.), „Feminismus/Reproduktion“, *diezukunft.at*, 25.05.2023, https://diezukunft.at/editorial-zukunft-06-2023-feminismus-reproduktion-von-elisabeth-kaiser-und-alessandro-barberi/ (letzter Abruf: 15.01.2024).

16 Vgl. den Twitter-Account von Arye Sharuz Shalicar, Öffentlichkeitssprecher der IDF, und in diesem Zusammenhang vor allem das im Folgenden verlinkte Posting vom 02.01.2024, https://twitter.com/aryeshalicar/status/1742205026955575363 (letzter Abruf: 10.01.2023); vgl. zur inneren Logik und Funktionsweise der Hamas auch den – als *Der*

grüne Prinz 2014 von Nadav Schirman verfilmten – Bericht von Mosab Hassan Yousef: *Sohn der Hamas: Mein Leben als Terrorist*, Holzgerlingen 2010; vgl. dazu auch Maria Sterkl, „Mosab Hassan Yousef: Sohn des Hamas-Gründers bittet um Unterstützung für Israel", fr.de, 25.10.2023, https://www.fr.de/politik/geiseln-israel-krieg-hamas-gaza-sohn-des-gruenders-92599148.html (letzter Abruf: 15.01.2024).

17 Vgl. die Ursprungsszene dieser u. a. auf dem harten und subjektverneinenden klassischen Strukturalismus von Jacques Lacan und Michel Foucault aufbauenden These der radikalen Primordialität des Symbolischen in Judith Butler, *Gender Trouble. Feminism and the Subversion of Identity*, New York/London 1990.

18 Barbara Duden, „Die Frau ohne Unterleib: Zu Judith Butlers Entkörperung. Ein Zeitdokument", in: *Feministische Studien*, Heft 2, 1993, S. 24-33.

19 Vgl. Judith Butler, *Das Unbehagen der Geschlechter*, Frankfurt am Main 1991, S. 8.

20 Judith Butler, *Krieg und Affekt*, Zürich/Berlin 2009, S. 86; vgl. dem entgegen: Necla Kelek, *Die unheilige Familie. Wie die islamische Tradition Frauen und Kinder entrechtet*, München 2019.

21 Vgl. Vojin Saša Vukadinović, „Der akademische Sargnagel der Frauenemanzipation", diezukunft.at, 24.04.2023, https://diezukunft.at/der-akademische-sargnagel-der-frauenemanzipation-von-vojin-sasa-vukadinovic/ (letzter Abruf: 15.01.2024).

22 Vgl. zu dieser Entgleisung das Videodokument „Judith Butler Whitewashes Hamas and Hezbollah", youtube.com, https://www.youtube.com/watch?v=amJNIcSNPco (letzter Abruf: 15.01.2024).

23 Vgl. zur aktuell wiederholten Entgleisung das Videodokument „Palestinian Lives Matter Too: Jewish Scholar Judith Butler Condemns Israel's‚Genocide' in Gaza", youtube.com, https://www.youtube.com/watch?v=CAbzV40T6yk (letzter Abruf: 15.01.2024).

24 Auf der Suche nach einem Ort, der ein „Denken des Außen" im Gegensatz zu westlichen Rationalitätsvorstellungen möglich machen soll, schreibt Foucault etwa aus der Perspektive dieses logisch nicht einholbaren Äußeren eine Geschichte der neuzeitlichen okzidentalen Vernunft in: Michel Foucault, *Die Ordnung der Dinge*, Frankfurt am Main 1974.

25 Vgl. Edward Said, *Orientalism*, New York 1978.

26 Diesen Opfermythos, der von bedenklich vielen Palästinensern mitgetragen wird, analysiert auch Mirna Funk, „Die Palästinenser müssten sich emanzipieren wollen und den Opfermythos ablegen", nzz.ch, 18.10.2023, http://tinyurl.com/98ye3cjz (letzter Abruf: 15.01.2024).

27 Vgl. Frantz Fanon, *Peau noire, masques blancs*, Paris 1952.

28 Vgl. Thomas Assheuer, „Der kalte Blick des Postkolonialismus", *ZEIT Online*, 31.10.2023, https://www.zeit.de/kultur/2023-10/isreal-die-linke-empathie-soziologie-eva-illouz (letzter Abruf: 15.01.2024).

29 Vgl. zur Einführung den Wikipedia-Eintrag zu: „Holocaustleugnungskonferenz in Teheran 2006", wikipedia.org, 03.01.2024, https://de.wiki-

pedia.org/wiki/Holocaustleugnungskonferenz_in_Teheran_2006 (letzter Abruf: 15.01.2024).

30 Vgl. o. A. „Bericht:,Burqa Queens' beim CSD", queer.de, 18.09.2019, https://www.queer.de/bild-des-tages.php?einzel=2733 (letzter Abruf: 15.01.2024). Siehe auch das Cover der *Bahamas*, Nr. 88, Herbst 2021, zum Thema „Queer Pride gegen Israel".

31 Genau dieser Umstand ist auch mit dem Fall und den Publikationen der analytischen Philosophin Kathleen Stock deutlich geworden. Vgl. den vom Titel weg paradigmatischen Band: Kathleen Stock, *Material Girls. Why Reality Matters for Feminism*, London 2021, dt. *Material Girls. Warum die Wirklichkeit für den Feminismus unerlässlich ist,* Berlin 2022.

32 Zur Kritik an diesem Zusammenhang vgl. auch Walter Benn Michaels, *The Trouble with Diversity. How We Learned to Love Identity and Ignore Inequality*, New York 2021.

33 Vgl. zu den Grundlagen der Demokratietheorie zwischen Minderheit(en) und Mehrheit(en) auch im Blick auf die universelle Normativität des deutschen Grundgesetzes und der österreichischen Bundesverfassung: Hans Kelsen, *Vom Wesen und Wert der Demokratie*, Tübingen 1981.

34 Vgl. Michal Herzog, „The Silence from International Bodies over Hamas' Mass Rapes Is a Betrayal of All Women", newsweek.com, 22.11.2023, https://www.newsweek.com/silence-international-bodies-over-hamas-mass-rapes-betrayal-all-women-opinion-1845783 (letzter Abruf: 10.01.2022) und Ruth Halperin-Kaddari, „Es geht darum, die schlimmsten Ängste jedes Menschen wahrzumachen", spiegel.de, 24.11.2023, https://www.spiegel.de/ausland/es-geht-darum-die-schlimmsten-aengste-jedes-menschen-wahrzumachen-a-4d6e6d4b-e8cc-4f97-90d5-cf229f158333 (letzter Abruf: 15.01.2024).

35 Vgl. o. A., „UN Women Statment on the Situation in Israel and Gaza", unwomen.org, 01.12.2023, https://www.unwomen.org/en/news-stories/statement/2023/12/un-women-statement-on-the-situation-in-israel-and-gaza (letzter Abruf: 15.01.2024).

36 Vgl. die https://www.metoo-unlessurajew.com/ (letzter Abruf: 15.01.2024).

37 Vgl. zur Kritik an verschiedenen Formen des Postkolonialismus: Jan Gerber (Hg.), *Die Untiefen des Postkolonialismus*, Hallische Jahrbücher #1, Berlin 2021.

38 Eine klare Unterscheidung von Rassismus gegenüber „Untermenschen" und der antisemitischen und paranoiden Annahme eines parasitären und unendlich überlegenen „jüdischen Übermenschen" trifft auch der grundlegende Text von Ingo Elbe, „‚… it's not systemic'. Antisemitismus im postmodernen Antirassismus", Rote Ruhr Uni, 2023, https://www.rote-ruhr-uni.com/cms/texte-und-vortrage/article/it-s-not-systemic-658 (letzter Abruf: 15.01.2024).

39 Vgl. u. v. a. Susan Neimann/Michael Wildt (Hg.), *Historiker streiten. Gewalt und Holocaust – die Debatte*, Berlin 2022.

40 Volker Weiß, „Massaker und Message“, sueddeutsche.de, 30.10.2023, https://www.sueddeutsche.de/kultur/nahost-krieg-in-israel-israel-gaza-volker-weiss-hamas-botschaft-1.6295924?reduced=true (letzter Abruf: 15.01.2024).
41 Saul Friedländer, *Das Dritte Reich und die Juden*, München 2008, S. 101.
42 Vgl. dahingehend im Blick auf die österreichische Linke: Stephan Grigat, „Israel als Streitfall – Antisemitismus und die radikale Linke in Österreich“, diezukunft.at, 02.02.2022, https://diezukunft.at/israel-als-streitfall-antisemitismus-und-die-radikale-linke-in-oesterreich-von-stephan-grigat %EF %BF %BC/ (letzter Abruf: 15.01.2024).
43 Vgl. o. A., „Bericht: Wien: Uni Campus mit antisemitischen Parolen beschmiert“ – Anzeige erstattet“, kurier.at, 30.10.2023, https://kurier.at/chronik/wien/uni-campus-mit-antisemitischen-parolen-beschmiert-anzeige-erstattet/402650474 (letzter Abruf: 15.01.2024).
44 Vgl. zu diesem Teufelskreis auch: Georg Koller, „Ein antikapitalistischer Doppelmord. Vom Tode des Mitgefühls und der Sachlichkeit in der Israel-Frage“, diezukunft.at, 19.11.2023, https://diezukunft.at/ein-antikapitalistischer-doppelmord-vom-tode-des-mitgefuehls-und-der-sachlichkeit-in-der-israel-frage-von-georg-koller/ (letzter Abruf: 15.01.2024).
45 Marco Seliger, „Kunststudenten in Berlin betreiben antisemitischen Aktivismus und verbreiten eine Kultur der Angst“, in: *NZZ*, 30.11.2023.
46 Mit der Internetseite *oct7 map* gibt es online die Möglichkeit, sich im Sinne einer faktenorientierten Kartografie die Dimensionen des Massakers vom 7. Oktober vor Augen zu führen und deutlich zu machen: Mapping the October 7th Massacre, oct7 map.com, 2023, https://oct7 map.com/ (letzter Abruf: 15.01.2024).
47 Die diesbezüglichen antisemitischen Ausfälle von Herrn Erwin Buchinger wurden seitens des Autors archiviert und können auf Anfrage jederzeit dokumentiert werden.
48 Vgl. dazu Alex Feuerherdt/Florian Markl, *Vereinte Nationen gegen Israel. Wie die UNO den jüdischen Staat delegitimiert*, Leipzig 2018; vgl. dazu auch den guten Wikipedia-Eintrag zur „Resolution 3379 der UN-Generalversammlung“, die 1975 den Zionismus generell als Rassismus verurteilte und nach dem Fall der Mauer 1991 formal zurückgenommen wurde. Mental hat sich im Rahmen der UNO aber nichts geändert, wikipedia.org, 10.10.2023, https://de.wikipedia.org/wiki/Resolution_3379_der_UN-Generalversammlung (letzter Abruf: 15.01.2024).
49 Vgl. o. A., „UN-Watch-Bericht: Iran to Chair UN Human Rights Forum on Thursday, Sparking Protests“, *unwatch.org*, 01.10.2023, https://unwatch.org/iran-to-chair-un-human-rights-forum-on-thursday-sparking-protests/?fbclid=IwAR0uqTo7WA4LFgWgq0etZ0JwSj 6PQm1_d_JTtq9-MBTc9CoourAW1dlIepQ (letzter Abruf: 15.01.2024).
50 Vgl. o. A., *Die antisemitische Weltverschwörung*, Themenschwerpunkt von: *konkret*, Nr. 7/2021, Hamburg.
51 Ingo Elbe verwendet diese Formulierung im Blick auf Moshe Zuckermann und kommt ganz in diesem Sinn auch kritisch auf Judith Butler

zu sprechen. Vgl. Ingo Elbe, „„... *it's not systemic*"", S. 27. Der in diesem Zusammenhang diskutierte Text ist: Moshe Zuckermann, „Kritische Theorie in Israel. Analyse einer Nichtrezeption", in: ders. (Hg.), *Theodor W. Adorno. Philosoph des beschädigten Lebens*, Göttingen 2004, 9-24.

52 Dass es auch progressive Versuche gab, den Staat durchaus positiv als Befreiungsinstrument zu begreifen, belegt Pierre Bourdieu, *Über den Staat. Vorlesungen am Collège de France 1989-1992*, Berlin 2014.

53 Nach mehreren Umfragen unter der palästinensischen Bevölkerung empfindet ein Gutteil den 7. Oktober 2023 als eine Form der Genugtuung. Auch glauben rund 90 % der Befragten gerade *nicht*, dass mit diesem Pogrom Kriegsverbrechen begangen wurden.

54 Alex Feuerherdt/Florian Markl, *Die Israel-Boykottbewegung. Alter Hass in neuem Gewand*, Berlin 2020.

55 Vgl. Moishe Postone, „Antisemitismus und Nationalsozialismus", in: ders., *Deutschland, die Linke und der Holocaust. Politische Interventionen*, Freiburg 2005, S. 165-194. Des Weiteren ders., „Nationalsozialismus und Antisemitismus – Ein theoretischer Versuch", nadir.org, 2002, https://www.nadir.org/nadir/aktuell/2002/01/19/8195.html (letzter Abruf: 15.01.2024).

56 Neben der Religionskritik der Junghegelianer wäre es möglich, im Blick auf Max Webers (und auch Pierre Bourdieus) Religionssoziologie in diesem Bereich Klarheit zu schaffen und Aufklärung zu finden. Vgl. Heinz Pepperle/Ingrid Pepperle, *Die Hegelsche Linke. Dokumente zu Philosophie und Politik im deutschen Vormärz*, Frankfurt am Main 1986; Max Weber, *Religion und Gesellschaft. Gesammelte Aufsätze zur Religionssoziologie*, Frankfurt am Main 2010.

57 Vgl. Alex Gruber/Philipp Lenhard, *Gegenaufklärung. Der postmoderne Beitrag zur Barbarisierung der Gesellschaft*, Freiburg/Wien 2006.

58 Vgl. zur aktuellen Relativierung der Singularität der Shoah neben zahlreichen weiteren Publikationen: Michael Rothberg, *Multidirektionale Erinnerung. Holocaustgedenken im Zeitalter der Dekolonisierung*, Berlin 2021 und A. Dirk Moses, „Der Katechismus der Deutschen", *Geschichte der Gegenwart*, 23.05.2021, https://geschichtedergegenwart.ch/der-katechismus-der-deutschen/ (letzter Abruf: 10.01.2022).

59 Vgl. Rudolf Augstein et al., *„Historikerstreit": Die Dokumentation der Kontroverse um die Einzigartigkeit der nationalsozialistischen Judenvernichtung*, München/Zürich 1987.

60 Vgl. dazu u. a. Mario Keßler (Hg.), *Leo Trotzki oder Sozialismus gegen Antisemitismus*, Berlin 2022. Die Einleitung Keßlers zu diesbezüglichen Texten Trotzkis erläutert klar und deutlich die russische und deutsche Entstehung des Begriffs vom „jüdischen Bolschewismus" im Umkreis reaktionärster Kräfte.

61 Den historisch faktischen Zusammenhang von Nationalsozialismus und islamischem Antisemitismus behandeln Trigg Jonathan, *Hitler's Jihadis. Muslim Volunteers of the Waffen-SS*, Cheltenham 2009, David Motadel, *Islam and Nazi Germany's War*, New York 2017 und Matthias

Küntzel, *Nazis und der Nahe Osten. Wie der islamische Antisemitismus entstand*, Leipzig 2019.

62 Vgl. Karl Kraus, *Die dritte Walpurgisnacht*, München 1967, S. 72.

63 Vgl. Wolfgang Wein, „Anti-Science", in: MEDIENIMPULSE 60 (2), 2022, *medienimpulse.at*, https://journals.univie.ac.at/index.php/mp/article/view/7299 (letzter Abruf: 15.01.2024).

64 Vgl. im Blick auf die Shoah dazu das grundlegende Standardwerk: Raul Hilberg, *Die Vernichtung der europäischen Juden*, 3 Bände, Frankfurt am Main 1990.

65 Stefan Grigat, *Die Einsamkeit Israels. Zionismus, die israelische Linke und die iranische Bedrohung*, Hamburg 2014. Vgl. dazu auch den bemerkenswerten Song „Kämpf allein" von Ben Salomo, https://www.youtube.com/watch?v=Ylc7LlKjkts (letzter Abruf: 15.01.2024). Es sei abschließend und nachdrücklich auf den ersten Kommentareintrag zu diesem Lied und Video verwiesen, in dem jede Textzeile der Lyrics mehrfach mit Onlinequellen gestützt wird und damit im Sinne eines Faktenchecks weitere Diskussionen möglich werden lässt.

„Enraged, I fight back"

Über die Instrumentalisierung von Jin, Jiyan, Azadî durch vermeintliche Feministinnen seit dem 7. Oktober

Soma M. Assad

Das Hamas-Massaker in Israel am 7. Oktober war das schwerwiegendste Pogrom an Jüdinnen und Juden seit der Shoah. Diese Zäsur zeigt vor allem, dass viele „Feministinnen" und „Progressive" es mit ihren eigenen Idealen nicht ernst meinen, wenn es um Jüdinnen und Juden und um Israel geht. Insbesondere zum internationalen Tag gegen Gewalt an Frauen, dem 25. November, haben identitätspolitische Aktivistinnen ausgerechnet den kurdischen Frauenkampf-Slogan *Jin, Jiyan, Azadî* (dt.: „Frau, Leben, Freiheit") für ihre israelfeindlichen Aufmärsche vereinnahmt. Der vorliegende Beitrag versucht eine Kritik an diesen aktuellen Entwicklungen zu formulieren: Vermeintlich feministische Progressive im Westen verschleiern aufgrund ihres Antisemitismus den Zusammenhang zwischen Kräften, die im Nahen Osten gegen den Islamismus und Terrorismus kämpfen. Dabei verraten sie nicht nur mühsam erkämpfte feministische und emanzipatorische Werte, sondern vereinnahmen und instrumentalisieren den kurdischen Befreiungskampf, um Israel sowie Jüdinnen und Juden zu isolieren.

Wofür steht Jin, Jiyan, Azadî?

Die Hauptidee von *Jin, Jiyan, Azadî* ist, dass die Befreiung der Frau und ihre Selbstbestimmung mit dem kurdischen

Befreiungskampf zusammenhängt. Damit besagt dieser Slogan, dass ohne die Befreiung der kurdischen Frauen vom Patriarchat kein freies Kurdistan existieren kann. Mit Patriarchat ist hier nicht nur die Vorherrschaft der Männer innerhalb der kurdischen Gemeinschaft, sondern die türkischen, iranischen und arabischen Kolonisatoren und deren islamistische Regierungen und Proxies gemeint. Der kurdische Kampf gegen politische Verfolgung durch die Machthaber in der Türkei, im Iran, in Irak und in Syrien ist damit immer an die Geschlechterfrage gekoppelt.

Die geistigen Wurzeln der *Jin, Jiyan, Azadî*-Bewegung sind in der kurdischen Unabhängigkeitsbewegung des späten 20. Jahrhunderts verortet. Die kurdische Arbeiterpartei PKK (Partiya Karkerên Kurdistanê) hat in ihrem allerersten Programm von 1979 die „Aufgaben der Revolution Kurdistans" unter anderem als „Abschaffung aller Arten feudaler Unterdrückung der Frauen und Festschreibung der Gleichheit von Männern und Frauen" bestimmt.[1] Mit der Herausbildung der kurdischen Frauenbewegung als wesentlichem Teil der kurdischen Unabhängigkeitsbewegung wurde der Slogan zunächst von deren Mitgliedern gerufen. Im Rückzugsgebiet der PKK, dem Kandil-Gebirge im Norden Iraks – das knapp 100 Kilometer südlich der türkischen Grenze liegt und nicht weit vom Iran entfernt ist –, arbeiteten kurdische Frauen an einer Basissolidarität mit anderen Frauen in den übrigen Teilen Kurdistans und andernorts.[2] Zunächst mobilisierte *Jin, Jiyan, Azadî* Kurdinnen und Kurden in Nordkurdistan und in der Südosttürkei. Bedeutend und auch für die westliche Welt relevant wurde der Slogan schließlich im Zuge der Frauenrevolution in Rojava/Nordwestsyrien, welche von den kurdischen Frauenverteidigungseinheiten getragen wurde, den YPJ (Yekîneyên Parastina Jin). Mittlerweile ist die Parole zum einheitlichen Ruf für die revolutionäre Bewegung in Ostkurdistan/Westiran und im gesamten Iran und in Afghanistan geworden. Um diesen Erfolg zu verstehen, ist zunächst an die politische Entwicklung in den 2010er Jahren zu erinnern.

Rückblick auf den Genozid des IS und die aktuelle Rolle der Türkei

Frauen und Kinder sind immer die ersten Opfer von Krieg und leiden auch an dessen Nachwirkungen besonders. Vor allem Islamisten und Militärs in Diktaturen nutzen Vergewaltigung und Misshandlungen von Frauen als Kriegsstrategie, da diese Gewaltform der zusätzlichen Erniedrigung des Feindes dient. Der Frauenkörper wird von autoritären Kräften nochmals zum Objekt, konkret: zum zusätzlichen Kriegsschauplatz, gemacht. Die international angereisten Terroristen des sogenannten „Islamischen Staats“ – darunter mehr als 1100 Männer und Frauen allein aus Deutschland[3] – haben 2014 im Irak einen Genozid an den Êzîdinnen und Êzîden verübt und im kurdischem Gebiet des Landes sowie in Syrien einen Krieg gegen Kurdinnen und Kurden begonnen, teilweise mithilfe der arabisch-sunnitischen Zivilbevölkerung.

Dieser Genozid war zugleich ein Femizid, denn Tausende Êzîdinnen – unter ihnen zahlreiche junge Mädchen und Kinder – wurden missbraucht, vergewaltigt, ermordet und als Sex-Sklavinnen gehalten und weiterverkauft. Zwar befinden sich noch immer bis zu 3000 Êzîdinnen in IS-Gefangenschaft,[4] doch mithilfe von US-Luftunterstützung haben die kurdischen „Volksverteidigungseinheiten“ YPG (Yekîneyên Parastina Gel), darunter insbesondere die Frauenverteidigungseinheiten YPJ, den Islamischen Staat erfolgreich bekämpft und weitestgehend aus Kurdistan zurückgedrängt. Mit diesem Sieg ging unweigerlich die Idee der Frauenrevolution von *Jin, Jiyan, Azadî* einher.

Den IS-Schergen galt die Ermordung durch die Hand einer Frau als Verhinderung des ersehnten „Märtyrertods“ (Shahid) und damit der Verheißung einer posthumen Belohnung in Gestalt von 70 Jungfrauen, die einem Shahid im Paradies angeblich zustehen, weswegen sie vor den Frauenbataillons der YPJ große Angst hatten.[5] In den inzwischen zurückeroberten Gebieten in Rojava, die nunmehr von den YPJ verwaltet werden, wurden bereits Wahlen durchgeführt. In der

Übergangsregierung wurden Vertreterinnen und Vertreter verschiedener ethnischer und religiöser Gruppen – darunter êzidischer, assyrischer, armenischer und alwatischer Herkunft – gewählt. Zudem wurde ein System etabliert, das Frauen und junge Mädchen zur Selbstständigkeit verhilft und sie allgemein ermächtigt.[6]

Entlang der knapp 900 Kilometer langen Grenze zur Türkei finden sich Camps für Geflüchtete, in denen vor allem jene Êzîdinnen und Êzîden untergebracht sind, die den IS überlebt haben. Diese Einrichtungen werden immer wieder vom türkischen Militär angegriffen. Im Frühjahr 2018 startete die islamo-nationalistische Regierung unter Präsident Recep Tayyip Erdoğan eine Offensive gegen die kurdische Stadt Afrin und eroberte sie in einem knapp drei Monate andauernden Krieg, der auch in der Türkei kritisiert wurde. Diese Machtdemonstration sollte Erdoğan auch dabei helfen, von innenpolitischen Konflikten abzulenken, die er vor allem durch eine schlechte Wirtschaftspolitik selbst zu verschulden hat und die zu einem historischen Höchststand der Inflation im Land geführt hat. Zum anderen diente der Krieg der Selbstbehauptung als sunnitische Bastion in der Region, was insbesondere als Geste gegen den Iran zu verstehen ist, der Bashar al Assad unterstützt. In diesem Zuge näherte sich die Türkei ideologisch und strategisch der islamistischen Hamas an. So setzten sich die Bodentruppen des Eroberungsfeldzugs in Afrin im Frühjahr 2018 aus Al-Qaida-nahen arabischen Jihadisten, auch bekannt als SNA („Syrian National Army"), sowie aus der Ahrar al-Sharqiya zusammen – einer weiteren Gruppe, die zwar Teil der SNA ist, deren Mitglieder jedoch von der Türkei als loyale Söldner ausgebildet wurden. Die türkische Luftwaffe – die zweitstärkste NATO-Armee – bombardierte Afrin derweil aus der Luft.

Durch die Invasion der Türkei in Rojava wurden auch Gefängnisse zerstört, in denen von der YPG gefangengenommene IS-Terroristen einsaßen, wodurch diese entkamen. Laut Augenzeugen sollen diese inzwischen Häuser besetzt haben, in denen vormals Kurdinnen und Kurden gelebt haben, die vor den Türkei-nahen Islamisten fliehen mussten.[7] Die islamistischen Türkei-Proxies sahen in Kurdinnen und Kurden vor allem „Atheisten" und „Kommunisten", verfolgten und vertrieben sie unter „Allahu Akbar"-Rufen, besetzten ihre Häuser und zerstörten kurdische Symbole, die sie für Götzen halten.[8] Zudem richteten sie Menschen hin, die sie für YPG-Kämpfer hielten und die sie als „Schweine" bezeichneten; von diesen bestialischen Taten existieren Aufnahmen.[9] Bekannt sind auch Fälle von Vergewaltigungen êzîdischer und kurdischer Frauen.[10] Mittlerweile verschleiern sich über 90 Prozent der Frauen in Afrin aus Angst vor Misshandlungen und Vergewaltigungen. Die türkischen Söldner ziehen durch die Straßen der Stadt und ermahnen Frauen, die nicht verschleiert beziehungsweise in den Augen der Jihadisten nicht angemessen gekleidet sind.[11] Unter Erdoğan wurde die Türkei im Zuge der türkischen Invasion in Rojava islamistisch ausgerichtet, was nicht nur eine politische Kooperation mit der Hamas umfasst, sondern auch eine ideologisierte Politik des Islamismus, der gesellschaftlich immer stärker wirkt.

Nach dem Massaker am 7. Oktober und der Aufrufung des islamistischen Kriegs gegen Israel und die jüdische Gemeinschaft weltweit am darauffolgenden Freitag, dem 13. Oktober – dem sogenannten „Tag des Zorns", an dem in der Diktion der iranischen Mullahs zur Gewalt gegen Israel und Juden weltweit aufgerufen wurde –, veranstaltete Erdoğan in stillschweigender Konkurrenz zur „Islamischen Republik" eine eigene Massenkundgebung in Istanbul. Dort behauptete er am 29. Oktober vor Zehntausenden Anhängern, dass es sich bei Israel um eine Besatzungsmacht handle, und wiederholte, dass die Hamas keine Terrororganisation sei. Hierfür ließ er sich von der Masse, die türkische und palästinensische Flaggen schwang, für seine antisemitische Terrorverharmlosung bejubeln.[12] Was antisemitische Propaganda anbelangt, wurde Erdoğan allerdings von Ali Erbas überholt. Der Chef der türkischen Religionsbehörde Diyanet bezeichnete Israel unmittelbar nach dem Pogrom als einen „rostigen Dolch im Herzen der muslimischen Welt" und überbot dies kurz darauf mit der

Bemerkung, dass der jüdische Staat „mit seinen Angriffen, die auf einem schmutzigen und perversen Glauben basieren", in Gaza einen Genozid verübe.[13] Zudem sprach er Jüdinnen und Juden die Existenzberechtigung in Israel ab, indem er behauptete, dass Jerusalem den Muslimen gehöre, und ergänzte: „Palästina und Gaza sind Heimatländer der Muslime und werden es bis ans Ende der Zeit bleiben."[14] Als höchster geistlicher Würdenträger des Landes formuliert Erbas die ideologische und theologische Linie der Türkei und ist zudem Dienstherr von über 900 Imamen in Deutschland, so dass sich hieraus unmittelbare Folgen für die hiesige Gesellschaft ergeben. Am 15. Januar 2024 hielt der israelische Fußballprofil Sagiv Jehezkel nach seinem Ausgleichstor für Antalyaspor gegen Trabzonspor in der türkischen Liga seinen bandagierten Arm mit dem kleinen geschriebenen Schriftzug „100 days, 7.10." und einem kleinen Magen David in die Kamera. Er erinnerte am 100. Tag nach dem Pogrom an das Massaker, das die Hamas angerichtet hatte, und an die Menschen, die sie noch immer in Geiselhaft hält. Noch am selben Abend stellte sein Verein Antalyaspor ihn frei und der türkische Fußballverband befürwortete diese Entscheidung, da Jehezkels Verhalten „absolut inakzeptabel" gewesen sei. Daraufhin wurde der Fußballer festgenommen; die türkische Justiz ermittelte wegen des Verdachts der „Öffentlichen Anstiftung zu Hass und Feindseligkeit" gegen ihn. Zum Glück wurde Jehezkel freigelassen und konnte nach Israel ausreisen. Dennoch zeigt der Fall, welche anti-israelische, konkret: islamistischen und antisemitischen Terror verharmlosende Stimmung in der Türkei vorherrscht.[15]

Die antisemitische „Islamischen Republik Iran" und der 7. Oktober

Das iranische Regime steht der heutigen Erdoğan-Türkei in staatlichem Antisemitismus in nichts nach. Die sogenannte „Islamische Republik Iran" basiert auf der Revolutionsideologie von Ruhollah Chomeini (1902-1989), einem glühenden

Antisemiten. In einer seiner ersten Reden nach der Machtergreifung 1979 bezeichnete der Ayatollah Israel als eiternden und krebsartigen zionistischen Tumor im Körper der islamischen Länder.[16] Chomeini hat ein apokalyptisches islamistisches Herrschaftssystem geschaffen, die *Welāyat-e Faqīh* (dt.: „Statthalterschaft der Rechtsgelehrten“), das Frauen und Minderheiten als Menschen zweiter Klasse begreift und sie in einem permanenten Angstzustand hält, und das die „Befreiung von Quds“ (arabisch für Jerusalem) zum Ziel hat – also die Zerstörung des jüdischen Staates.

Diese Ideologie, die der Iran mit seiner Politik des „Revolutionsexports“ – sprich: der geografischen Ausdehnung der Islamischen Revolution – in die gesamte Welt hinaustragen will, hat einen vernichtungsantisemitischen Kern, der nicht nur Israel, sondern alle jüdischen Menschen in der ganzen Welt gefährdet. Für diesen Revolutionsexport verfügen die Mullahs über eine eigens ausgebildete Einheit: Die sogenannten „Quds-Brigaden“, ein Teil der Revolutionsgarden. Deren Aufgabe reicht von der Systemerhaltung durch das brutale Niederschlagen regimekritischer Proteste für Demokratie auch im Ausland bis hin zu besagter „Befreiung“ Jerusalems von den Juden. Im Inland sind die Revolutionsgarden für die brutale Niederschlagung der *Jin, Jiyan, Azadî*-Proteste verantwortlich, im Ausland für die Verfolgung Oppositioneller sowie für die Vorbereitung von Anschlagsplänen auf jüdische und israelische Einrichtungen. So wurde Mitte Dezember 2023 durch ein Verfahren am Oberlandesgericht Düsseldorf nicht nur öffentlich, dass ein Deutsch-Iraner 2022 einen Anschlag auf eine Synagoge in Bochum geplant hatte, sondern auch, dass eine staatliche iranische Stelle in diese Anschlagspläne involviert war.[17]

Nicht nur der Verfassungsschutz warnt vor dem langen Arm des Regimes. Die Revolutionsgarden stehen in den USA und Kanada längst auf der Terrorliste, in Europa jedoch immer noch nicht auf EU-Ebene, obwohl diese Forderung bereits mehrfach im europäischen Parlament erhoben worden ist. So wurde vom juristischen Dienst des europäischen Rats ein Rechtsgutachten erstellt, auf das sich die grüne Außenministerin Annalena Baerbock im Frühjahr 2023 bezog; schenkt man ihren Worten Glauben, läge keine stichfeste rechtliche Grundlage für ein solches Verbot vor.[18] Laut *taz* sei dieses Gutachten jedoch lediglich eine Ausrede für das Außenministerium gewesen, da es unter Bezugnahme auf drei Völkerrechtsexperten nicht besagt, dass es juristisch unmöglich wäre, die Revolutionsgarden auf die EU-Terrorliste zu setzen.[19] Es liegt die Vermutung nahe, dass das deutsche Außenministerium hier fadenscheinig argumentiert, weil der politische Wille für ein solches Verbot schlichtweg inexistent ist. Fest steht jedenfalls, dass die Einstufung der Revolutionsgarden als Terrororganisation in der EU und ihr Verbot in Deutschland längst überfällig sind. Eine solche Terrorlistung würde das Regime erheblich unter Druck setzen und dessen Isolierung verstärken. Dies wäre auch ein wichtiges Zeichen der Solidarität mit der Demokratiebewegung im Iran und ein Signal, dass die Sicherheit Israels, dessen Existenzgarantie deutsche Staatsräson ist, ernst genommen wird.

Neben der strategischen und finanziellen Unterstützung der Hamas sorgt das Mullah-Regime außerdem im Irak, Libanon und Jemen für Instabilität und hilft Russland bei dessen Angriffskrieg gegen die Ukraine mit der Lieferung von Militärgütern aus. Nicht von der Hand zu weisen sind die Atom-Ambitionen des Regimes und die regelmäßigen Vernichtungsdrohungen gegen Israel. Das Hamas-Massaker am 7. Oktober wurde in Teheran von einigen Tausend Regime-Anhängern gefeiert.

Das Mullah-Regime stellt mit der schiitischen Achse – die neben Syrien unter Assad noch die von Chomeini mitgegründete libanesische Hisbollah[20] umfasst – insbesondere für Israel, Kurdinnen und Kurden und im Exil lebende Iranerinnen und Iraner, aber auch für den gesamten Nahen Osten eine reale Gefahr dar, zumal es seit über 40 Jahren waltet, Chaos stiftet. Während der 7. Oktober für Israel und die jüdische Gemeinschaft und darüber hinaus eine Zäsur ist, verdeutlicht das Massaker die grundsätzliche Gefahr, die vom iranischen Regime ausgeht, das kurz vor dem Pogrom vermehrt internationaler Kritik ausgesetzt gewesen war. Die Weltöffentlichkeit blickte auf die „Frau, Leben, Freiheit“-Proteste im Land und kritisierte die Niederschlagung der Frauen- und Demokratiebewegung durch das Regime. Die Mullahs wurden international immer weiter isoliert und dürften sich in die Ecke gedrängt gefühlt haben. Mit dem Terror-Anschlag der vom Iran mitfinanzierten Hamas liegt das globale Augenmerk nunmehr nicht auf der, das Regime in ernsthafte Bredouille bringende „Frau, Leben, Freiheit“-Bewegung und ihren mutigen Protestierenden.

Die Unterdrückung, Misshandlung, Vergewaltigung bis hin zur Ermordung (kurdischer) Frauen gehören ebenfalls fest zur Politik des islamistischen Regimes. Der bekannteste Fall ist die Ermordung der 22-jährigen Kurdin Jîna Amini – auch unter ihrem von den Mullah-Behörden oktroyierten Vornamen „Mahsa“ bekannt –, die am 13. September 2022 von der iranischen „Sittenpolizei“ in Teheran festgenommen wurde, weil sie angeblich ihr Kopftuch nicht „richtig“ getragen habe. In der Haft – mittlerweile gibt es etliche bestätigte Zeugenaussagen und Berichte des Tathergangs – wurde Amini so heftig geschlagen, dass sie bereits im Koma liegend in ein Krankenhaus eingeliefert wurde und am 16. September einem Schädel-Hirn-Trauma erlag. Hierbei handelt es sich keineswegs „nur“ um die Gewalt einzelner „Sittenpolizisten“, sondern um die des gesamten Mullah-Regimes, die Aminis Leben auf dem Gewissen hat. Ihr Tod löste eine landesweite Protestbewegung aus, denn der vermeintliche Einzelfall ist ein weiterer staatlicher Mord an der Angehörigen einer Minderheit – und diese Gewalt hat in der „Islamischen Republik“ traurige Tradition. Seit 1979 verstärkten die Mullahs im Iran die Unterdrückung und Verfolgung der kurdischen, belutschischen und lurischen Bevölkerungsgruppen, ebenso die der Bahai, aller Oppositionellen und der Frauen. So erließ Chomeini bereits am 19. August des Jahres eine Fatwa, die zum „Jihad gegen Kurden“ aufrief und alsbald zur Ermordung von 10.000 Zivilistinnen und Zivilisten führte.[21] Qasem Soleimani, Kommandeur der Quds-Brigaden, war als General für die brutale Niederschlagung der Proteste von Kurdinnen und Kurden gegen die Chomeini-Islamisten verantwortlich.[22] Im Irak war er nach 2014 für mehrere Anschläge auf US-Stützpunkte verantwortlich, weswegen die USA Soleimani am 3. Januar 2020 mit einer Drohne gezielt töteten. Seitdem wird sein Todestag vom iranischen Regime und Regime-Anhängerinnen und Anhängern weltweit – auch in Deutschland – begangen. Im von Iran-Proxies „Hashd al Shabi" besetzten kurdischen Kirkuk und den besetzten Gebieten der Provinz Diyala in Irak ist dieses Jahr der 3. Januar zum Staatstrauertag für Soleimani ausgerufen worden.[23] Dies reiht sich in eine Folge von Repressalien und Schikanen der „Islamischen Republik" gegen die kurdische Bevölkerung in Südkurdistan/Nordirak ein. Am 15. Januar 2024 beschoss das iranische Regime mit Raketen und Drohnen die Stadt Erbil (Südkurdistan/Nordirak). Dem iranischen Raketenangriff fielen mehrere Zivilistinnen und Zivilisten zum Opfer, das jüngste ein elf Monate altes Baby.[24]

Während die IDF sich gegen die von Teheran finanzierte und von Ankara unterstützte Hamas verteidigt, protestieren Kurdinnen und Kurden, Belutschinnen und Belutschen und Iranerinnern und Iraner unter dem aktuellen Protestruf „Frau, Leben, Freiheit" gegen die Türkei und das Regime in Iran. Die Verwendung des Protestmottos zum Kampf gegen die islamistischen Mullahs und der revolutionären Überwindung der Diktatur nahm nicht zufällig in den kurdischen Gebieten seinen Anfang. Kurdinnen und Kurden leiden nicht nur aufgrund ihrer Ethnie und Religion an Mehrfachdiskriminierung – der kurdische Bevölkerungsanteil ist in der schiitischen „Islamischen Republik" mehrheitlich sunnitisch –, sondern auch aufgrund ihrer Klasse, denn im Iran gehören sie zur ärmsten Bevölkerungsschicht. Dass Kurdinnen und Kurden sich seit Jahrzehnten hiergegen wehren, zieht nicht nur den Hass der Mullahs, sondern auch das Ressentiment persischer Nationalistinnen und Nationalisten sowie einiger exilierter Shah-Anhängerinnen und -Anhänger auf sich, die in ihnen vor allem „Separatisten" sehen. Ähnliches gilt für die belutschische Minderheit. Das ist auch der Grund, warum das iranische Regime in kurdischen und belutschischen Gebieten bei den immer wieder aufflammenden Protesten härtere Artillerie einsetzt als in den persischen Landesteilen. Jîna Amini war eine freiheitsliebende kurdische Frau und verkörperte schon damit alles, was die Mullahs und ihre Handlanger von der „Sittenpolizei“ verachten. Dass Letztere Amini ins Fadenkreuz nahmen, war schon deshalb unvermeidlich, weil sie eine Frau im Iran war. Doch aus dem Umstand, dass sie Kurdin war, resultierte ihr Todesurteil.

Bei Aminis Beerdigung in ihrer kurdischen Heimatstadt Saqqez kam es am 17. September 2022 zu einem historischen Moment, denn die kurdischen Frauen nahmen auf dem Ayçî-Friedhof aus Protest das obligatorische Kopftuch ab – eine Straftat im Iran – und riefen unter anderem „Jin, Jiyan, Azadî“. In den nächsten Tagen begannen auch andere kurdische Frauen in den kurdischen Städten und Dörfern unter demselben Protestruf, der sich als Kampfslogan gegen die Islamisten auf die Frauenrevolution in Rojava bezog, zu demonstrieren und nahmen zum Teil ebenfalls ihre Kopftücher ab. Wenige Tage später dehnten sich die Proteste auf das gesamte Land aus. Aminis Ermordung führte zu einer bemerkenswerten Solidarität mit den Kurdinnen und Kurden – und die *Jin, Jiyan, Azadî*-Revolution bescherte der Islamischen Republik eine ernsthafte Destabilisierung.

Das Pogrom der Hamas in Israel bestärkte den Iran genauso wie Islamisten weltweit, gegen den verhassten israelischen Feind zu mobilisieren. Das Mullah-Regime weiß, dass die Aufmerksamkeit einer überwiegend antiisraelischen Weltöffentlichkeit dem sogenannten „Nahost-Konflikt“ gilt, und heißt das Pogrom der Hamas auch deshalb willkommen, da es von der Innenpolitik und den *Jin, Jiyan, Azadî*-Protesten ablenken kann. Anlässlich des vierten Todestags von Qasem Soleimani hat der iranische Präsident Ibrahim Raisi vor einer großen Menge öffentlich antisemitisch, antiamerikanisch und antikurdisch mobilisiert und behauptet: „Qasem Soleimani hat nicht zugelassen, in der Gegend ein zweites Israel zu errichten.“[25] Mit „in der Gegend“ waren die kurdischen Gebiete im

Irak, allen voran Kirkuk gemeint, das seit dem 16. Oktober 2017 durch die Hashd al Shabi besetzt ist, die Soleimani bis zu seinem Tod unterstanden. Der Iran bleibt unter den Mullahs explosiv für die gesamte Region und ist eine lebensgefährliche Bedrohung, allen voran für Kurdinnen und Kurden, für Frauen und für Israel – und für Jüdinnen und Juden in Europa.

Der Antisemitismus wird durch den Verrat „feministischer Progressiver" bestärkt

Wie alle Angehörigen islamistischer Organisationen verachten die für den antisemitischen Massenmord an mehr als 1200 Menschen verantwortlichen Hamas-Terroristen zuvörderst Frauen.[26] Ihre bestialischen Taten filmten sie mit GoPro-Kameras, um ihre Propagandabilder live in alle Welt zu senden. Es gehört zur Kriegsführung der Hamas, dass sie ihre bestialischen Taten durch teilweise professionell und auch zum Teil auf Englisch produzierte Propagandabilder und -videos auf bekannten Kanälen im Internet veröffentlichen. Die Antisemitismus- und Social-Media-Forscherin Monika Hübscher bewertet dies als strategische Kriegführung der Terrororganisation, die zur Anstachelung und Normalisierung von Gewalt gegen Israelis und Jüdinnen und Juden führen sollen.[27] Diese Bilder sollen entmenschlichen und die Flut an veröffentlichtem Propagandamaterial weltweit von Usern verbreitet werden. Teilweise griffen auch Journalistinnen und Journalisten auf das Material zurück. Außerdem gehört zur Strategie der Hamas-Terroristen, dass sie ihre Opfer, und zwar vor allem die weiblichen, als „Kriegstrophäen" zur Schau stellen, um ihre Macht damit doppelt zu präsentieren: Ungefilterte Social-Media-Beiträge führen ohnehin zur Verrohung der Gesellschaft, die von der Hamas auf eine Verrohung gelenkt wird, die sich gegen Israelis und Jüdinnen und Juden richten soll. Die von den Hamas-Schergen misshandelten nackten Frauenkörper wurden öffentlich dargeboten, indem sie sie auf Pick-ups luden und durch Gaza-Stadt fuhren, während palästinensische Jungen und Männer die Leichen bespuckten. Die Menschenrechtsorganisation Physicians for Human Rights – Israel (PHRI) und viele weitere israelische Menschen- und Frauenrechtsorganisationen zeigen in ihren Berichten, die auf den Erzählungen und Schilderungen überlebender Frauen basieren, dass gezielte geschlechtsspezifische sexuelle Gewalt ein wesentlicher Teil der Anschläge vom 7. Oktober war. Dies bestätigte auch noch einmal eine ausführliche Recherche der *New York Times*, deren Investigativ-Journalisten zwei Monate lang in Israel mit Überlebenden, mit der Polizei sowie mit anderen zuständigen Behörden gesprochen und an den Anschlagsorten recherchiert haben.[28] Mittlerweile ist bekannt, dass die Hamas-Terroristen den expliziten Befehl ausführten, Frauen und Kinder zu „beschmutzen“.[29]

Wie haben nun die Weltöffentlichkeit und insbesondere die sich „progressiv“ und „feministisch“ wähnenden Linken im Westen auf das größte Pogrom an Jüdinnen und Juden seit der Shoah reagiert? Während Israel weiterhin von Raketen der Hamas und der konkurrierenden Terrororganisation Palestinian Islamic Jihad, von der Hisbollah und den ebenfalls vom Iran unterstützten Huthi-Milizen angegriffen wird, blieb eine globale öffentliche Solidarität mit den Israelis und den jüdischen Gemeinden im Ausland aus. Dem nicht genug, folgte auf den 7. Oktober ein rasanter Anstieg des Antisemitismus weltweit. Antijüdische Straftaten stiegen allein in Deutschland in der ersten Woche nach dem 7. Oktober um über 240 % im Vergleich zum Vorjahreszeitraum an.[30] Die Recherche- und Informationsstelle Antisemitismus (RIAS e. V.) hat seit dem Pogrom deutschlandweit 29 antisemitische Vorfälle pro Tag verzeichnet.[31] Noch während die Hamas auf israelischem Territorium wütete, verteilten Berliner Islamisten am Abend des 7. Oktobers auf der Sonnenallee im Stadtteil Neukölln Süßigkeiten und feierten den Massenmord als „Widerstand“. Maßgeblich beteiligt an der antisemitischen, terrorverharmlosenden „Süßigkeiten-Aktion“ und an weiteren antisemitischen Kundgebungen war Samidoun, eine Vorfeld-Organisation der auf EU-Ebene als Terrororganisation eingestuften „Volksfront zur

Befreiung Palästinas" (PFLP), deren deutsche Selbstbezeichnung „Solidaritätsnetzwerk für palästinensische Gefangene" lautet.[32] Mittlerweile – besser spät als nie – unterliegen Samidoun wie Hamas einem Betätigungsverbot in Deutschland.[33] Am 14. Januar 2024 wurde in Berlin bei der Demonstration linker Gruppierungen im Gedenken an die Ermordung von Karl Liebknecht und Rosa Luxemburg „Yemen, Yemen, make us proud, turn another ship around" gerufen. Damit feierten die sich selbst als kommunistisch verstehenden Demo-Teilnehmenden die vom Iran unterstützen Huthi-Milizen, die im Roten Meer Handelsschiffe angreifen, die sie mit Israel in Verbindung bringen.[34] Dies ist ein offener Bündnisaufruf seitens angeblicher Linker mit dem islamistischen Regime im Iran.

Israel und den jüdischen Gemeinden im Ausland wurde nach dem 7. Oktober keine Gelegenheit gegeben zu trauern. Solidaritätsveranstaltungen für die zerstörten Kibbuzim und die Angehörigen musste die jüdische Gemeinschaft fast ausschließlich selbst organisieren. So fand zum Beispiel in Berlin Ende Oktober 2023 das Konzert „Sing 4 Israel" statt, das ausschließlich von jüdischen Organisationen organisiert wurde. Ein Solidaritätskonzert, das von der Gesamtgesellschaft getragen und an dem beispielsweise verschiedene deutschlandweit bekannte Künstlerinnen und Künstler singen würden und dies zum Beispiel in öffentlich-rechtlichen Medien ausgestrahlt werden würde, blieb bis heute aus.

Insbesondere Menschen- und Frauenrechtsorganisationen, die sonst für konfliktbedingte geschlechterspezifische Gewalt als Strategie der Kriegsführung sensibilisiert sind, reagierten nicht auf das kaum auszuhaltende Bildmaterial vom Pogrom und auf die Berichte israelischer Frauen, die das Massaker überlebt hatten.[35] Die UN Women – das internationale Gremium, das sich der Geschlechtergerechtigkeit und der Selbstermächtigung von Frauen weltweit verschrieben hat – vermochten es nicht, den antisemitischen, frauenverachtenden Hamas-Terror als solchen zu verurteilen.[36] Der National Council of Jewish Women verfasste deshalb gemeinsam mit über 140 weiteren Frauenrechtsorganisationen einen Brief an die UN

Women, die Verbrechen der Hamas als Menschenrechtsverbrechen anzuerkennen.[37] An Interessenlosigkeit an der Region kann das Schweigen nicht liegen, denn die UN Women legten bereits am 20. Oktober einen ausführlichen Bericht über die „verheerenden Auswirkungen des Kriegs auf Frauen und Mädchen in Gaza“ vor.[38] Gleichwohl waren sie bis zum 25. November – dem Internationalen Tag gegen Gewalt an Frauen – nicht willens, die islamistischen Täter zu verurteilen und die israelischen Frauen zu unterstützen. Diese Entsolidarisierung isoliert die Opfer brutalster körperlicher Gewalt und versetzt sie in eine Position, in der es für sie noch schwieriger ist, über die Misshandlungen zu sprechen. Damit wird ihnen einmal mehr signalisiert, über das Erlebte zu schweigen.[39]

Ähnliches war auch andernorts zu beobachten. Anstatt sich mit den israelischen Frauen solidarisch zu erklären, haben viele „Linke“ in Westeuropa und Nordamerika, die sich als feministisch und progressiv verstehen, den Hamas-Terror zu antikolonialem „Widerstand“ verharmlost, gefeiert oder gar in klassischer antisemitischer Manier als Lüge bezeichnet. Außerdem haben sie den Slogan *Jin, Jiyan, Azadî* und Symbole der kurdischen YPJ für ihre israelfeindliche Agenda vereinnahmt. Dies resultiert keineswegs aus fehlenden Informationen über die politische Situation vor Ort. Vermeintlich feministische „Progressive“ überführen sich durch ihr Agieren selbst ihrer antisemitischen Doppelmoral. Ihre Vereinnahmung der *Jin, Jiyan, Azadî*-Bewegung und weiterer tatsächlich progressiver Bewegungen steht für nichts anderes als für die geistige Verbrüderung mit Islamisten – und für ihren eigenen Antisemitismus. Aus der Vorgehensweise legalistischer islamistischer Gruppierungen und legalistischer Rechtsextremisten in Europa ist bekannt, dass sie nicht nur regressive Bewegungen, sondern auch Instrumente der Demokratie und damit verbunden demokratische Begriffe für ihre faschistoide, demokratiefeindliche Agenda vereinnahmen.[40] Eine sich vermeintlich für progressiv haltende und für Frauenrechte einsetzende Linke ähnelt diesen Strömungen ideologisch und methodisch.

Die sich selbst als feministisch bezeichnende Organisation Zora Deutschland etwa weiß sehr genau um die politischen Verhältnisse im Nahen Osten. Am einjährigen Todestag Jîna Aminis organisierten ihre Mitglieder im Rahmen eines großen Bündnisses „feministischer" Organisationen eine Demonstration in Berlin, die sich allen voran gegen die „Islamische Republik" richtete. Das iranische Regime als Finanzier und Unterstützerin der Hamas auch nach dem 7. Oktober öffentlich zu verurteilen, vermochte Zora Deutschland hingegen nicht, denn das Leid jüdischer und israelischer Frauen interessiert die Gruppierung nicht. Sie hat sich aktiv dagegen entschieden, solidarisch mit den weiblichen Opfern der Hamas-Islamisten zu sein. Außerdem lügt sie bewusst darüber hinweg, dass sich das kurdische *Jin, Jiyan, Azadî* vor allem gegen den Iran und die Türkei richtet – genauer: gegen den arabischen, türkischen und iranischen Kolonialismus und Islamismus. Die einzigen militärischen Kräfte im Nahen Osten, die aktuell erfolgreich hiergegen kämpfen, sind die YPJ und die IDF.

Eine andere Gruppe, die sich selbst „Alliance of Internationalist Feminists" (AIF) nennt, hat neben einer Reihe an zutiefst terrorverherrlichenden, antiisraelischen und antisemitischen Kundgebungen ausdrücklich am 25. November 2023 – dem Internationalen Tag gegen Gewalt an Frauen – zur Solidarität mit dem „palästinensischen Widerstand gegen Vertreibung, Landraub und ethnische Säuberung" aufgerufen. Der antisemitische, misogyne Hamas-Terror wurde dort als Widerstand gefeiert. Außerdem hat die AIF unter dem Motto *„Enraged, We Fight Back!"* eine Kundgebung veranstaltet – verstanden als „Erinnerung" an die „Schwestern", die sich gegen „Kolonialismus, Imperialismus und Diktatur" als Ausdruck des Patriarchats eingesetzt hätten. Auf dem Sharepic zur Demonstration sind unter anderem ein Profil einer YPJ-Kämpferin neben Ikonografien von Frauenkämpfen zu sehen. Neben den Namen der PFLP-Terroristin Leila Khaled setzten die hierfür Verantwortlichen den Namen der PKK-Mitbegründerin Sakine Cansız, die im Januar 2013 gemeinsam mit Fidan Doğan und Leyla Şaylemez in Paris von einem türkischen Nationalisten ermordet wurden, der Verbindungen zum türkischen Nachrichtendient MIT hatte. Hierauf wird im Ankündigungstext selbstverständlich nicht weiter eingegangen, dafür aber der europäische Kolonialismus und „US-Imperialismus" als Grund für die Staatsgründung Israels und Israel als Wurzel allen Übels – sogar für die Situation in Kurdistan – verantwortlich gemacht. Damit wird in antisemitischer Manier die wirkliche Kolonialpolitik der Türkei umgedeutet.

Bewusst ausgespart bleibt eine kritische Haltung zum Islamismus, ob in der Variante des Islamischen Staates oder in der Geschlechter-Apartheidsversion des iranischen Regimes. Und ein Einsatz für feministische Grundsätze und die Verurteilung sexueller Gewalt qua Terrorismus? Fehlanzeige. Stattdessen werden die kurdischen Frauenkämpfe von diesen genannten Organisationen für deren unverblümten Hass auf Israel und auf Jüdinnen und Juden instrumentalisiert. Bezeichnend war zudem, dass diese Kundgebung fast nur aus einem Meer aus Fahnen der Palästinensischen Autonomiegebiete bestand. Das hat absolut nichts mit kurdischen Kämpfen um Selbstbehauptung und noch weniger mit einer internationalen feministischen Solidarität zu tun, sondern zeigt einzig den antisemitischen, faschistoiden Charakter solcher Organisationen. Kurdinnen und Kurden sind neben Israelis und Jüdinnen und Juden sowohl Leidtragende des Islamismus als auch des türkischen, iranischen und arabischen Kolonialismus, der von den vermeintlich „Antikolonialen" unerwähnt und unberührt bleibt.

Es wird noch lange dauern, bis alle Details der Verbrechen der Hamas-Terroristen und das, was die Israelis am 7. Oktober und danach durchlebt haben, vorliegen. Bis dahin ist eines jedoch gewiss: Als Befreiung vom patriarchalen Joch – dessen Hyperbel, wie hier dargelegt, der Islamismus der Hamas in Gaza, der Mullahs im Iran und der Erdogan-Türkei ist – steht *Jin, Jiyan, Azadî* für die unabdingbare Solidarität mit Israel und allen Jüdinnen und Juden.

Anmerkungen

1 Anja Flach, *Frauen in der kurdischen Guerilla. Motivation, Identität und Geschlechterverhältnis in der Frauenarmee der PKK*, Köln 2007, S. 48.
2 Vgl. Rojin Mukriyan, „The Global Impact of Jin, Jiyan, Azadî", The Kurdish Center for Studies, 12.09.2023, https://nlka.net/eng/the-global-impact-of-jin-jiyan-azadi/ (letzter Abruf: 03.01.2023).
3 Vgl. Bundesamt für Verfassungsschutz, „Islamismus und islamistischer Terrorismus", https://www.verfassungsschutz.de/DE/themen/islamismus-und-islamistischer-terrorismus/islamismus-und-islamistischer-terrorismus_node.html (letzter Abruf: 03.01.2024).
4 Vgl. Thomas von der Osten-Sacken, „3. August: Erinnerung an den Völkermord an den Jesiden im Irak", *Von Tunis nach Teheran*, 03.08.23, https://jungle.world/blog/von-tunis-nach-teheran/2023/08/3-august-erinnerung-den-voelkermord-den-jesiden-im-irak (letzter Abruf: 03.01.2024).
5 Ben Wedeman/Kareem Khadder/Alessandro Gentile/Adam Dobby, „This is a story about Syria at war, but it's not a war story", cnn.com, 11.01.2016, https://edition.cnn.com/2015/12/09/middleeast/syria-war-story-wedeman/index.html (letzter Abruf: 03.01.2024).
6 *Ihr Wille als Waffe*, ND Podcast, Folge 6: „Ständige Bedrohungen", 25.12.2022, https://www.nd-aktuell.de/podcasts/ihr-wille-als-waffe (letzter Abruf: 03.01.2024).
7 Asser Khattab, „Filled with hatred and a lust for blood': Turkey's proxy army in northern Syria accused of abusing civilians", in: *Washington Post*, 10.11.2019.
8 Vgl. ebd.
9 Vgl. Elizabeth Tsurkov, Tweet vom 12.10.2019, https://twitter.com/Elizrael/status/1183062803197939714 (letzter Abruf 03.01.2024).
10 Vgl. Elizabeth Tsurkov, „Who Are Turkey's Proxy Fighters in Syria?", in: *The New York Review*, 27.11.2019, https://www.nybooks.com/online/2019/11/27/who-are-turkeys-proxy-fighters-in-syria/?lp_txn_id=1515894 (letzter Abruf: 03.01.2024).
11 Vgl. ebd.
12 Vgl. Al Jazeera English, „Turkey's Erdogan tells pro-Palestinian rally Israel is ‚an occupier'", 29.10.2023, https://www.youtube.com/watch?v=tU5gP8OyHzU&ab_channel=AlJazeeraEnglish (letzter Abruf: 03.01.2024).
13 Zitiert nach Jan Michael Marchart/Theo Anders, „Erdoğans Chef-Imam hetzt gegen Israel, Schweigen und Ablehnung in Österreich", in: *Der Standard*, 11.11.2023.
14 Zitiert nach ebd.
15 Vgl. o. A., „Israelischer Profi wegen Torjubels in der Türkei festgenommen", *WELT Online*, 16.01.2014, https://www.welt.de/sport/article249530826/Sagiv-Jehezkel-Israelischer-Profi-in-Tuerkei-festgenommen-jetzt-wieder-frei.html (letzter Abruf: 19.01.2024).

16 Vgl. Wahied Wahdat-Hagh, „Als Khomeini zum Heiligen Krieg gegen Israel aufrief“, in: *Die WELT*, 26.09.2008.

17 o. A., „Auswärtiges Amt bestellt nach Anschlagsurteil Irans Vertreter ein“, *ZEIT Online*, 19.12.2023, https://www.zeit.de/politik/ausland/2023-12/diplomatie-iran-urteil-anschlag-synagoge-beziehung (letzter Abruf 03.01.2024).

18 Vgl. Michael Thaidigsmann, „Neue Iran-Sanktionen beschlossen – aber keine Terrorlistung der Revolutionsgarde“, *Jüdische Allgemeine*, 20.02.2023, https://www.juedische-allgemeine.de/politik/neue-iran-sanktionen-beschlossen-aber-keine-terrorlistung-der-revolutionsgarde/ (letzter Abruf: 03.01.2024).

19 Vgl. Jean-Philipp Baeck, „Terrorlistung von Irans Revolutionsgarde: Hinters Rechtsgutachten geduckt“, in: *taz*, 18.12.2023.

20 Vgl. Mina Khani, „Wie Teheran mit Palästina Politik macht“, in: *ak*, Nr. 697, 17.10.2023.

21 Gast Arbeiterin, „Kurdische Geschichte im Iran“, *Renk Magazin*, 16.03.2023 https://renk-magazin.de/kurdische-geschichte-im-iran/ (letzter Abruf: 03.01.2023).

22 Vgl. Karim Sadjapour, „Why the U.S. Assassination of Soleimani Is a Windfall for Iran's Mullahs“, *Time.com*, 09.01.2020, https://time.com/5762017/iran-leader-soleimani-martyr-trump/ (letzter Abruf: 03.01.2024).

23 Ein Aufruf findet sich unter https://www.instagram.com/p/C1 mS4bttsBU/?utm_source=ig_web_copy_link (letzter Abruf: 03.01.2024).

24 Vgl. o. A., „US State Department offers condolences to victims of Erbil strikes“, rudaw.net, 16.01.2024, https://www.rudaw.net/english/kurdistan/160120242 (letzter Abruf: 19.01.2024).

25 Eine Aufnahme findet sich unter https://www.instagram.com/reel/C1uWbf0qRkF/?utm_source=ig_web_copy_link (letzter Abruf: 03.01.2024).

26 Ausführlich dazu Fethis Benslama, *Was junge Menschen zur Radikalisierung treibt*, Berlin 2017.

27 Vgl. Alexandra Hawlin, „Wie die Hamas im Netz Propaganda betreibt“, *zdf heute*, 26.10.2023, https://www.zdf.de/nachrichten/politik/ausland/propaganda-hamas-israel-social-media-100.html (letzter Abruf: 03.01.2024).

28 Vgl. Jeffrey Gettleman/Anat Schwartz/Adam Sella, „‚Screams Without Words‘: How Hamas Weaponized Sexual Violence on Oct. 7“, *nytimes.com*, 28.12.2023, https://www.nytimes.com/2023/12/28/world/middleeast/oct-7-attacks-hamas-israel-sexual-violence.html (letzter Abruf 03.01.2024).

29 Physicians for Human Rights, „Gender-Based Violence as a Weapon of War during the October 7 Hamas attacks“, phr.org.il, 26.11.2023, https://www.phr.org.il/en/gender-based-violence-eng/ (letzter Abruf: 03.01.2024).

30 Isabel Lerch, „Seit Hamas-Angriff: Deutlich mehr antisemitische Vorfälle", NDR.de, 18.10.2023, https://www.ndr.de/nachrichten/info/Seit-Hamas-Angriff-Deutlich-mehr-antisemitische-Vorfaelle,antisemitismus334.html (letzter Abruf: 03.01.2024).

31 Vgl. Bundesverband RIAS e. V. (Hg.), *Antisemitische Reaktionen auf den 07. Oktober*, Berlin 2023.

32 Vgl. Amtsblatt der Europäischen Union, Durchführungsverordnung (EU) 2022/147 des Rates, 03.02.2022, https://eur-lex.europa.eu/legal-content/DE/TXT/HTML/?uri=OJ:L:2022:025:FULL (letzter Abruf: 03.01.2024).

33 Vgl. Bundesministerium des Innern und für Heimat, „Vereinsverbote für ‚HAMAS' und ‚Samidoun', Pressemitteilung, 02.11.2023.

34 Vgl. Alexander Fröhlich, „‚Gewalt, die mich entsetzt und unerträglich ist.' Polizist bei linker Demo in Berlin gegen Kopf getreten", in: *Tagesspiegel*, 15.01.2024.

35 Vgl. Amelie Botbol, „Global women's rights groups silent as Israeli women testify about rapes by Hamas", The Times of Israel, 23.11.2023, https://www.timesofisrael.com/global-womens-rights-groups-silent-as-israeli-women-testify-about-rapes-by-hamas/ (letzter Abruf 03.01.2024).

36 Siehe dazu auch den Beitrag von Alessandro Barberi in diesem Sammelband.

37 National Council of Jewish Women, „NCJW, Israel Women's Network, and 140+ Women's Organizations Call for Urgent Action – Response to UN Women's Statement of October 13", 30.10.2023, https://www.ncjw.org/news/ncjw-israel-womens-network-and-140-womens-organizations-call-for-urgent-action-response-to-un-womens-statement-of-october-13/ (letzter Abruf: 03.01.2024).

38 UN Women, „Press release: UN Women report reveals devastating impact of the crisis in Gaza on women and girls", 20.10.2023, https://www.unwomen.org/en/news-stories/press-release/2023/10/press-release-un-women-report-reveals-devastating-impact-of-the-crisis-in-gaza-on-women-and-girls (letzter Abruf: 03.01.2024).

39 Anastasia Tikhomirova, „#MeToo unless you're a Jew – über fehlende Solidarität mit Jüdinnen", Edition F, Dezember 2023, https://editionf.com/israel-terror-sexualisierte-gewalt-solidaritat/ (letzter Abruf: 31.12.2023).

40 Vgl. Thomas Schmidinger, „‚Legalistischer Islamismus' als Herausforderung für die Prävention. Was tun, wenn Gewalt nicht das Problem ist?", bpb.de, 17.12.2020, https://www.bpb.de/themen/infodienst/322922/legalistischer-islamismus-als-herausforderung-fuer-die-praevention/ (letzter Abruf: 03.01.2024); WI-Talk: „Islamismus vs. Rechtsextremismus", werteinitiative.de, 13.10.2022, https://werteinitiative.de/wi-talk-islamismus-vs-rechtsextremismus/ (letzter Abruf: 03.01.2024).

Im mentalen Barbieland

Der fortlaufende gendertheoretische und queerfeministische Verrat an jüdischen Frauen

Veronica Szimpla

> „While I was touring the camp I encountered three men who had been inmates and by one ruse or another had made their escape. I interviewed them through an interpreter. The visual evidence and the verbal testimony of starvation, cruelty and bestiality were so overpowering as to leave me a bit sick. In one room, where [there] were piled up twenty or thirty naked men, killed by starvation [...]. I made the visit deliberately, in order to be in position to give first-hand evidence of these things if ever, in the future, there develops a tendency to charge these allegations merely to ‚propaganda'."
>
> Dwight D. Eisenhower an George C. Marshall, 15. April 1945 zu seinen Besuchen in den befreiten Konzentrationslagern

Bereits am Morgen des 7. Oktober 2023 wurde das Internet von Videoaufnahmen geflutet, die Hamas-Kämpfer und ihre Opfer zeigen. Die Terrororganisation hat mit GoPros und anderer Hardware viele ihrer Taten gefilmt und gestreamt. Eines dieser Videos wurde noch am Tag des Pogroms vom Investigativ-Journalisten Benjamin Strick, der auf Militär- und Sicherheitsbelange spezialisiert ist, auf X (vormals Twitter) veröffentlicht und anhand der Geodaten zuerst von ihm, später vom Nachrichtensender CNN verifiziert. Es ist eine Minute und zwölf Sekunden lang, wurde in Shuja'iyya im Gaza-Streifen gedreht und zeigt die Entführung einer jungen, israelischen Frau wenige Stunden nach dem Überfall.[1]

In diesem Video sieht man zunächst einen schwarzen Jeep, der laut Strick vermutlich der IDF entwendet worden war, und einen jungen Hamas-Schergen – dessen Erscheinungsbild später Vermutungen aufkommen ließ, er stamme eventuell nicht aus Gaza –, der mit Schussweste und kleinkalibriger Schusswaffe hantiert. Er öffnet den Jeep hinten und zerrt eine junge Frau mit langen, braunen Haaren aus dem Kofferraum, deren Arme hinter ihrem Rücken mit Kabelbindern gefesselt sind. Sie ist lediglich mit einem T-Shirt sowie mit einer Jogginghose bekleidet, barfüßig, und blickt verstört um sich. In dem Moment, in dem sie aufgestanden ist und von hinten gezeigt wird, sieht man, dass ihre Achillesfersen brutal durchschnitten worden sind, so dass sie kaum gehen kann. Auch an ihren Waden findet sich Blut, zudem weisen ihre Arme sichtbare Verletzungen auf. Während der Hamas-Terrorist sie triumphal vor sich herschiebt, rufen er, seine Mitkämpfer und einige zivile Zuschauer energisch und laut „Allahu Akbar".

An der Seitentür des Jeeps öffnet ein zweiter Terrorist die Tür, und der erste zwingt die Frau an ihren Haaren drückend in den Wagen hinein. Weitere Hamas-Männer stürzen hektisch hinzu, die mitfahren wollen. Um sie herum finden sich männliche Zivilpersonen ein, die das Geschehen offensichtlich in freudiger Erregung begrüßen. Niemand hilft der jungen Frau oder scheint gar entsetzt darüber, was passiert. Der Wagen hält kurz an, es scheint eine Art Gerangel zu geben, um das Auto herum Tumult. Im Hintergrund sind Sirenen und vermutlich auch ein Schussgeräusch zu vernehmen, zudem passiert ein Wagen des Roten Halbmondes die Szene. Das Auto steht, Hamas-Kämpfer wie Zivilisten bewegen sich um den Jeep mit der entführten Frau, die man nicht mehr sieht. Dann endet das kurze Video.

Plattform-User spekulierten auf X, dass die junge Frau aufgrund der Platzierung der Blutflecken vermutlich anal vergewaltigt wurde. Nachfolgend machte deren Mutter öffentlich, dass es sich um die 19-jährige Friedensaktivistin Namaa Levy handelte, die am Morgen des 7. Oktobers von der Hamas aus dem Sicherheitsraum in einem Haus im Kibbuz Nahal Oz entführt wurde.[2] Nachrichten, wie es um sie steht oder ob sie überhaupt noch am Leben ist, blieben bis Anfang 2024 aus. Levy befand sich zum Zeitpunkt der Drucklegung dieses Beitrags mutmaßlich noch immer in Geiselhaft.

Fast so schockierend und grausam wie das Video selbst waren die Reaktionen der Social-Media-User unter Stricks Tweet. Sie deckten von einem apathischen „Na und?" über das gelogene „Das passiert Palästinensern jeden Tag" bis zur Verschwörungstheorie, dass Israel alles nur inszeniert habe, um einen angeblichen „Genozid" in Gaza zu begehen, alles ab – und reichten bis zum bekannten Duktus, dass die Entführte eine israelische Soldatin und „daher eine Killerin" sei. Selbst Gratulationswünsche an die Terroristen finden sich unter den Repliken. Solidarische Stimmen hingegen bekundeten Mitgefühl mit der jungen Frau, wünschten ihr Freiheit und den Hamas-Verantwortlichen eine gerechtes Urteil. Strick bestätigte unter seinem Posting, dass die junge Frau eine Zivilperson ist, die zwar wie alle Israelis ihres Alters bei den IDF, aber sicher keine aktive Soldatin sei.

Die Antworten auf den Tweet stammten primär aus der englischsprachigen Welt, bisweilen kamen sie aber auch von Accounts mit arabischen oder israelischen Locations. Der Clip wurde im deutschsprachigen Raum ebenfalls zur Kenntnis genommen, wo er eine ähnliche Bekanntheit erlangte wie ein anderes Video, das den leblosen, entsetzlich verdrehten Körper der deutsch-israelischen Tattoo-Künstlerin Shani Louk zeigte, die offenbar noch versucht hatte, vom Gelände des Musikfestivals *Supernova* zu fliehen. Ihr Leichnam wurde auf einem offenen Jeep durch den Gaza-Streifen gefahren, wo sich Passanten an ihm ergötzten und ihn bespuckten. Auch auf diese Aufnahmen und auf die spätere Todesnachricht folgten in den Sozialen Medien teils schockierend apathische bis grausame Kommentare.

Neben unzähligen Privatpersonen aus aller Welt, die in den nachfolgenden Wochen mit anonymen Accounts auf diversen Plattformen an der medialen Diskussion und Berichterstattung zum 7. Oktober teilnahmen, meldeten sich in Deutschland auch Personen aus dem Gender-Studies-Milieu und dem Queerfeminismus zu Wort. Weitaus aufschlussreicher als deren später aufgesetzte Beiträge zum Geschehen war ihr pointiertes Schweigen zu den hier beschriebenen Gräueltaten. Während ein großer Teil der deutschen Medien laufend über diese berichtete und bisweilen auch auf die furchtbaren Details einging – Betroffenheit und Solidarität mit den Opfern des 7. Oktober wurden beispielsweise von *EMMA* bekundet[3] –, blieb der große Aufschrei hier aus. Und das, obwohl ein solcher in den 2010er Jahren wortwörtlich sinnstiftend in diesem Milieu gewesen war, als sogenannte „Netzfeministinnen" unter dem Hashtag #aufschrei auf Sexismus hinzuweisen versuchten.

Das bekannte genderfeministische Schweigen

Das Weltbild dieses Milieus und sein gesellschaftspolitischer Anklang wurden bereits in zwei Sammelbänden dieser Reihe erörtert: in *Freiheit ist keine Metapher* sind seine ideologischen Ausprägungen und sein akademischer Niederschlag analysiert worden, in *Zugzwänge* seine Folgen am konkreten Beispiel von Flucht und Sexualität.[4] Will man die ausgebliebenen oder äußert fragwürdigen Reaktionen von Deutschlands pseudofeministischem Mainstream[5] verstehen, ist im Anschluss an diese beiden Publikationen zunächst in Erinnerung zur rufen, dass die internationalen Vorbilder des hiesigen Gender- und Queerfeminismus seit Langem Stellung gegen Israel beziehen, woraus auch sein Kleinreden des Antisemitismus und sein Schulterzucken gegenüber der Gewalt an Juden resultieren.

Schon 2006 nannte die Antizionistin Judith Butler, Mitinitiatorin der Queer Theory und bis heute innig verehrte Galionsfigur der Gender Studies, Hamas und Hisbollah eine „Kraft", die von der internationalen Linken als „progressiv" eingestuft werden sollte. Butler, selbst Jüdin, wollte damals in den offen antisemitischen Terrorbanden ein revolutionäres Subjekt entdeckt haben, mit dem sich westliche Linke und Progressive solidarisch zeigen sollten. Später behauptete sie, missverstanden worden zu sein, denn von den Mörderbanden trenne sie ihr Anspruch auf Gewaltlosigkeit.[6] Damit gab sie implizit zu, dass sie mit diesen gleichwohl das Ziel teilte, auf das Ende des jüdischen Staates hinzuarbeiten. Nach dem 7. Oktober zeigte sich Butler zwar schockiert über die Gräueltaten; ihren ideologischen Prämissen folgend galt ihre Empörung der Gewalt als solcher, nicht aber deren Motor, dem islamistischen Vernichtungs-Antisemitismus. Unbeirrt sprach sie in einem Essay zum Pogrom davon, dass es wichtig sei, „die Geschichte der Palästinenser und ihres Strebens nach Freiheit und dem Recht auf politische Selbstbestimmung, nach Befreiung von kolonialer Herrschaft und durchdringender militärischer Gewalt"[7] zur Kenntnis zu nehmen.

Was die aktivistische Ebene anbelangt, lohnt es sich, in diesem Kontext auch auf die in den USA entstandene #metoo-Bewegung zu blicken. #metoo setzte sich erklärtermaßen zum Ziel, dass von sexueller Gewalt betroffene Frauen diese öffentlich thematisieren sollten, erlittene Gewalt gesellschaftlich nicht verschwiegen werden dürfe und dass Täter, wenn möglich, einer gerechten Strafe zugeführt werden. Diese Bewegung wurde 2006 von der amerikanischen Aktivistin Tarana Burke als Hashtag auf der längst verstorbenen Plattform MySpace initiiert, gelangte aber erst 2017 als virales und mediales Phänomen zu immenser internationaler Aufmerksamkeit, als hierüber Hollywoods Missbrauchsskandale bekannt und medial breit thematisiert wurden. So wurde der berühmte Miramax-Produzent Harvey Weinstein vor Gericht gebracht, da er mehr als 100 ihm unterstellte Schauspielerinnen nicht nur sexuell belästigt und genötigt, sondern eine große Zahl von diesen auch vergewaltigt haben soll. Seine Verurteilung zu 16 Jahren Haft wird oft als Teilerfolg der #metoo-Bewegung gesehen.[8]

Burke, selbst Überlebende sexueller Gewalt, äußerte sich im Oktober 2023 nicht umgehend zu den Anschlägen der Hamas oder zur brutalen Gewalt der Terroristen an israelischen Frauen. Auf ihrem Instagram-Account erfolgte erst zwei Wochen nach dem Pogrom ein kommentargesperrter Post mit der bekannten Devise „*Cease fire now*"[9], und im November ein kurzes Statement, dass sie als Aktivistin mit allen Opfern sexueller Gewalt solidarisch wäre. Zwar nannte sie in diesem Zusammenhang mehrere Länder namentlich, darunter auch Israel, doch die Details des Pogroms und die filmisch festgehaltenen sowie von Zeugen bestätigten Vergewaltigungen, Demütigungen und sexuellen Schandtaten, auf die häufig brutalster Mord oder Geiselhaft folgten, wurden weder von Burke noch von ihrem Team thematisiert.[10]

Die „*Cease fire now*"-Forderung wird häufig von internationalen Aktivisten und Feministinnen erhoben, die sich zuvor gar nicht oder nur auf verhaltene Weise kritisch zum 7. Oktober gezeigt haben. Auffällig war, dass die genderfeministischen und antiimperialistischen Kämpfer für „soziale Gerechtigkeit" plötzlich sehr parteiisch erwachten, als sich Israel schützend vor seine Bürger stellte. So forderten sie den jüdischen Staat sogleich dazu auf, die Kampfhandlungen – die nicht nur der Zerstörung der Hamas, sondern auch der Befreiung der Geiseln gelten – einzustellen, gefährdeten diese doch die palästinensischen Zivilisten im Gaza-Streifen. Damit stand die körperliche Unversehrtheit, die am 7. Oktober keinerlei Aufmerksamkeit aus diesen Kreisen erhalten hatte, plötzlich doch im aktivistischen Fokus. „*Cease fire now*" forderte in diesem Sinne beispielsweise auch Schauspielerin Susan Sarandon, die im Zuge des Pogroms mit negativen Bemerkungen zu Israel auffiel.[11]

Hieran bestätigt sich in verschärftem Maße, was allen, die sich bereits mit diesem Milieu befasst haben, bekannt sein dürfte: Antisemitismus und die – ironischerweise „intersektionale“ – Verwindung antijüdischer und sexueller Gewalt sind für die genderfeministischen Ideologinnen und „gendersensiblen“, queeren Aktivistinnen schlichtweg irrelevant. Weder gedenkt man in diesen Kreisen, sich tagesaktuell mit diesem Belang zu befassen, noch diesen längerfristig zu diskutieren oder sich gar mit seinen historischen Gründen wie mit seinen politischen Ausprägungen in der Gegenwart zu befassen. Stattdessen wird der Hass auf Jüdinnen vollständig verschwiegen oder geschickt mit anderen Themen vermischt, um ihn auf diese Weise hintanzustellen oder ganz zu trivialisieren, worauf zurückzukommen sein wird.

Von den bekannteren #metoo-Protagonistinnen scheint einzig die jüdische Schauspielerin Natalie Portman Empathie für die entführten und für die ermordeten israelischen Frauen zu zeigen. Sie besuchte die Familien einiger Geiseln und forderte auch medial zu deren Befreiung auf. Portman zeigte sich in der Vergangenheit dem Zionismus zugeneigt und besitzt neben der US-amerikanischen auch die israelische Staatsbürgerschaft. Ihre Schauspielkollegin Mayim Bialik wiederum, die sich nicht an der #metoo-Kampagne beteiligt hatte, äußerte sich direkt nach dem 7. Oktober unmissverständlich pro-israelisch, bekundete ihre Solidarität und ihre Unterstützung für die Opfer:

> „My heart is big. My heart can hold love for Israel, the homeland of the Jewish people. My heart feels the immense pain and horror the Israeli people are experiencing and I share that pain. My heart feels fear because of the antisemitism moving through this world with no end in sight. My heart feels rage for the lack of unanimous global support for a swift return of the hostages taken by Hamas, the terrorist organization terrorizing Israelis and Palestinians alike. My heart can hold all of this. Can yours? #bringthemhomenow“[12]

Für diese und andere Posts erntete Bialik konstant Kritik. Social-Media-User bezichtigten sie unter anderem, als Agentin für Israels Regierung zu arbeiten oder einen planmäßigen Kindermord zu unterstützen. Hier zeigte sich, wie verbreitet das antisemitische Gerücht von den kindermordenden Juden auch in den Vereinigten Staaten ist. Angesichts solcher Reaktionen erstaunt es auch nicht, dass jüdischen Frauen, die bereits über die von ihnen erfahrene sexuelle Gewalt berichtet haben, in den Sozialen Medien nicht geglaubt wird.[13]

Blickt man nun nach Deutschland, wo sich in den 2010er Jahren viele Protagonistinnen des gender- und queerfeministischen Spektrums für #metoo engagiert haben, zeichnet sich ein ähnliches Bild ab. Wie bei den amerikanischen Kolleginnen dominieren hier Schweigen und Verlegenheit. Das bekannteste deutschsprachige queerfeministische Printmedium ist das *Missy Magazine*, das seit 2008 erscheint und von der Journalistin Stefanie Lohaus mitgegründet worden ist. Einer breiteren Öffentlichkeit wurde diese erst 2023 bekannt, als sie in der ARD-Talkshow hart aber fair in einer geschlechtlich gemischten Runde mit der Verwaltungsfachangestellten und CDU-Nachwuchspolitikerin Lisa Schäfer über Sexismus debattierte. Diese berichtete in der Sendung, regelmäßig von jungen, patriarchal sozialisierten migrantischen Männern belästigt zu werden – in Sprachen, die sie nicht verstehe. Nachdem Moderator Louis Klamroth süffisant intervenierte und fragte, ob Schäfer kein Englisch verstehe, obwohl unmissverständlich klar war, welche Sprachen gemeint waren, und Schäfer präzisierte, dass es sich um Männer mit einem „komplett anderen Frauenbild" handle, warf Lohaus eilig hinterher: „Ich wollte nur sagen, ich lebe in Berlin-Neukölln, mir geht's so auf dem Oktoberfest."[14] Das dürfte sie als antirassistische Reaktion verstanden haben wollen, tatsächlich handelt es sich jedoch um nichts anderes als um die Entsolidarisierung von einer Frau, die bereits einschlägige Erfahrung mit sehr konkretem Sexismus gemacht hat, und folglich um Täterapologetik.

Lohaus ist in diesem Zusammenhang auch deshalb hervorzuheben, weil sie kurz vor dem Pogrom „Stärker als Wut“ veröffentlicht hat, eine völlig idealisierte genderfeministische Chronik, die von den 1980er Jahren bis zur Gegenwart reicht. Der erste Satz in ihrem Buch lautet: „Ja, ich bin eine wütende Feministin.“[15] Von dieser Wut ist allerdings wenig zu spüren, wenn es um Antisemitismus geht – und noch weniger, wenn es um Antisemitismus in Verbindung mit sexueller Gewalt geht. Höchst aufschlussreich ist etwa eine Anekdote, in der die Autorin schildert, wie sie sich in den 2000er Jahren in Hamburg beim Freien Sender Kombinat engagierte. Dort erprobte sie einen „Popfeminismus“, der genau das ist, was dieser Name sagt: Unterhaltung. Als es beim Radio aus politischen Gründen einmal unbequem wurde, empfand Lohaus dies als müßig, stressig und unnötig, denn „im FSK entwickelte sich ein intensiver, fast gewaltvoller Streit über Antisemitismus in der Linken. In der Folge zog ich mich hier zurück. Und mein Bedarf an linken Debatten war erst mal gedeckt.“[16] Während sich selbstverständlich niemand uninformiert an Diskussionen beteiligen muss, zeigt diese kurze Episode aus Lohaus' politischem Leben, welche Haltung die Journalistin bevorzugt, wenn es um die Diskriminierung und die Verfolgung von Juden insbesondere in links-feministischen Kontexten geht: wenn möglich, keine.

So erstaunt es auch nicht, dass Lohaus nach dem 7. Oktober wie viele ihrer gender- und queerfeministischen Weggefährtinnen schwieg. Erst fünf Tage später teilte sie auf ihrem X-Kanal Links, die auf Artikel zu ansteigendem Antisemitismus hinwiesen, ohne aber eigene Statements zur Gewalt in Israel folgen zu lassen.[17] Zwar nimmt Lohaus zur Kenntnis, dass Antisemitismus ein Problem ist, was im Vergleich zum internationalen Gender-Studies- und Queer-Theory-Personal wie der antizionistischen Verschwörungstheoretikerin Jasbir Puar schon als minimaler Fortschritt zu verstehen ist. Zu mehr als simpelsten Lippenbekenntnissen und leichtem, unkontroversen Artikel-Sharing in den Sozialen Medien scheint sie jedoch nicht in der Lage zu sein.

Es entsteht ohnehin der Eindruck, als ob die Kreise, denen Lohaus zugehört, die von Anfang an klar ersichtliche sexuelle Gewalt gegen jüdische Frauen am 7. Oktober krampfhaft nicht kommentieren oder diskutieren möchten. Ähnlich seiner Mitbegründerin hielt sich auch das *Missy Magazine* zum Angriff auf Israel bedeckt. Am Tag des Pogroms wurde auf der Instagram-Seite der Zeitschrift nichts gepostet, und auch auf seinen übrigen Kanälen war nichts zu vernehmen. Zwei Tage später folgte ein Statement zum antisemitischen Anschlag in Halle 2019.[18] Während darin nur von „Rechtspopulismus" und „neoliberaler Gleichgültigkeit" die Rede ist, wird muslimischer Antisemitismus, der Terror der Hamas und Ähnliches nicht angesprochen – und der 7. Oktober mit keinem Wort erwähnt. Noch am selben Tag postete das *Missy Magazine* dann eine zweite Stellungnahme zu Halle, die ebenfalls nichts zum Pogrom sagte.[19] Das Schweigen der queerfeministischen Zeitschrift zum Massenmord an Juden in Israel und zur sexuellen Gewalt an Jüdinnen durch die Hamas-Schergen fiel schließlich sogar treuen *Missy*-Fans und Followern auf. So fragte ein User unter dem Halle-Posting interessiert: „Mögt ihr noch was zu Israel sagen oder schweigt ihr das tot? Hat auch was mit Antisemitismus zu tun, ne."

Am 10. Oktober folgte schließlich eine recht gezwungen wirkende und für Kommentare gesperrte Stellungnahme der Redaktion:

> „Liebe Missy-Community,
> auch uns beschäftigt der globale Kriegszustand. Nicht nur die Menschen in der Ukraine, Äthiopien, Syrien, Bergkarabach oder Rojava werden von Bomben und Gewalt terrorisiert, auch in Israel und Palästina ist die Lage durch den terroristischen Angriff der Hamas eskaliert. In Gedanken sind wir bei unseren jüdischen und palästinensischen Freund*innen, bei allen Betroffenen und ihren Angehörigen. Wir als Missy wollen nicht sprachlos bleiben. […]

Nicht verhandelbar ist für uns, dass:
- die Hamas keine revolutionäre Grassroots-Bewegung ist, sondern eine islamistische und terroristische Organisation und wir den Angriff auf Juden und Jüd*innen in Israel verurteilen
Nicht verhandelbar ist für uns, dass:
- wir als Feminist*innen für ein gutes Leben für alle kämpfen, das inkludiert selbstverständlich die Lebensbedingungen von Palästinenser*innen
Nicht verhandelbar ist für uns, dass:
- wir uns gegen Machtkämpfe von Herrschenden, die auf dem Rücken von Zivilist*innen ausgetragen werden, positionieren.

Über tausend Tote wurden in den letzten Tagen in Israel und Gaza gezählt, die Zahl wird in den kommenden Wochen noch steigen. Dass Unterdrückung, Ausbeutung, Antisemitismus und Rassismus in ihrem Kern benannt und ohne Kompromisse verurteilt und bekämpft werden müssen, steht außer Frage. DER GEZIELTE ANGRIFF VON ZIVILBEVÖLKERUNG KANN NIEMALS LEGITIM SEIN. Die grauenhaften Taten durch die islamistische Terrororganisation Hamas sind auf das Schärfste zu verurteilen. Den Schutz von Jüdinnen und Juden innerhalb wie außerhalb des Staates Israel zu fordern, muss neben der Kritik an der rechten Regierung Israels, der Siedlungspolitik und der nun angekündigten Totalblockade, die die sowieso schon gebeutelte palästinensische Zivilbevölkerung in Gaza hart treffen wird, stehen. Feministische Arbeit bedeutet für uns auch, dass wir füreinander da sind und im Dialog bleiben, auch wenn Widersprüchlichkeiten und verschiedene Lebensrealitäten manchmal schwer auszuhalten sind.“[20]

Hier fällt erneut auf, dass es den Autorinnen des Magazins offensichtlich bereits schwerfällt, Antisemitismus überhaupt beim Namen zu nennen – und das zu einem Zeitpunkt, als sich vor den Augen der Weltöffentlichkeit das brutalste Massaker an Juden seit dem Zweiten Weltkrieg abspielte. Hervorgehoben werden zunächst die Ukraine und Rojava, nicht aber Juden in Israel, obwohl es gerade um Gewalt gegen diese, und zwar insbesondere gegen Jüdinnen, geht. Wie selbstverständlich mussten hier zudem – und noch vor Beginn von Israels *Operation Protective Edge* – auch die Palästinenser solidarisch erwähnt werden, aus deren Mitte heraus die Angriffe auf Israel erfolgt waren. Zwar räumte das *Missy Magazine* ein, dass die Hamas kein positiver Bezugspunkt sein könne. Die sexuelle Gewalt an jüdischen Frauen blieb jedoch vollständig dethematisiert, obwohl die internationale Berichterstattung genau diese umgehend hervorgehoben und sie inzwischen auch genauer dokumentiert hat. Das *Missy*-Selbstverständnis lautet bekanntlich „feministisch", zahllose Artikel der Zeitschrift haben in den vergangenen beiden Jahrzehnten körperliche Übergriffe angesprochen, diese kritisiert, analysiert und angeprangert. In dem Moment aber, als diese sexuelle Gewalt jüdische Frauen in brutalster Form traf und überwiegend von antisemitischen, muslimischen Männern begangen wurde, wurde sie von der Redaktion mit keinem Wort thematisiert.

Stattdessen schossen die Autorinnen gegen Israels „rechte Regierung", gegen die Siedlungspolitik und die Blockade Gazas. Dass Israel als souveräner Staat ein Recht auf Selbstverteidigung und als demokratisches Land die militärische Pflicht hat, seine Bürger zu beschützen, spielt offenbar keine Rolle. Ebenso wurde hier der Mythos von der verarmten und hungernden palästinensischen Zivilbevölkerung perpetuiert, der nur teilweise der Wahrheit entspricht, denn am Elend der Palästinenser sind weder Israels Regierung noch die Israelis schuld, sondern die durch und durch korrupte Hamas, deren Führungsriege – zu denen auch Milliardäre zählen – teils in Katar lebt. Das kriminelle Verhältnis dieser Führungselite zum Geld ist gut bekannt; es geht um veruntreute und für den Terrorismus abgezweigte Beträge in Milliardenhöhe, Geld, das nicht zuletzt aus Deutschland stammt.[21] Obwohl es selbstverständlich ist, dass sich die Blockade Gazas auf dessen Bevölkerung nachteilig und schädlich auswirkt, müsste auch den *Missy*-Redakteurinnen und -Autorinnen geläufig sein, dass ein souveräner Staat einen derart schweren Angriff auf seine Bürger nicht unerwidert lassen kann – es handelt sich keinesfalls um einen „Blutrausch", sondern um eine Schutzmaßnahme. Hinzu kommt, dass sich die Hamas laut einer letzten Meinungsumfrage (Gaza Opinion Poll) großer Unterstützung seitens der Zivilbevölkerung im Gaza-Streifen sicher sein kann; 72 % der Befragten gaben nach dem Pogrom an, dass der Terrorangriff am 7. Oktober „korrekt" gewesen sei.[22]

Die antisemitische Gesinnung vieler Palästinenser ist in queerfeministischen Kreisen kein Geheimnis, wird jedoch ähnlich wie der muslimische Antisemitismus selten bis gar nicht thematisiert. Interessanterweise sprach *Missy*-Redakteurin Hengameh Yaghoobifarah in einem Interview mit dem Blog *Belltower News* noch vor dem 7. Oktober über Antisemitismus, wenn auch nicht explizit über muslimischen.[23] Dort kritisierte sie die Unterstützung der queeren „Community" für die antisemitische BDS-Kampagne und bemängelte eine fehlende kritische Haltung in den eigenen Kreisen zu Antisemitismus im Allgemeinen und zu BDS im Besonderen. Obwohl sie hervorhob, dass die vielgerufene Parole „*From the river to the sea*" ganz klar einen Vernichtungswunsch gegen Israel ausdrücke, schwächte sie diese Einsicht dahingehend ab, dass dies vielen Parolen-Rufern nicht geläufig sei. Yaghoobifarah, deren Publikationen in den 2010er Jahren zu den besonders eindrücklichen Beispielen identitätspolitischen Kauderwelschs zählten[24], will nunmehr offenbar als Kritikerin des Antisemitismus auftreten. Wie ernst sie es damit meint, gab sie in diesem Interview ebenfalls zu Protokoll:

> „Wir hatten 2018 ein Dossier zu Antisemitismus im Heft. Da gab es auch Kritik an israelbezogenem Antisemitismus und Missy wurde in bestimmten

> Lagern – auch weil ich dabei bin – als antideutsch bezeichnet. Was ja totaler Bullshit ist, weil viele Leute, die wir featuren, BDS supporten. Wir boykottieren niemanden. Das ist aber bei uns auf jeden Fall ein nicht durchdiskutiertes Thema: Würden wir Judith Butler oder Angela Davis gar nicht mehr featuren? Oder würden wir sie vielleicht nur zu diesem Thema nicht featuren? Mir wäre wichtig, das dann eben auch kritisch einzuordnen."

Man stelle sich vor, ein feministisches Magazin böte einer Rassistin oder einem Sexisten eine Kooperation oder ein Feature an, weil er oder sie vielleicht ein paar „intersektionale" Anliegen mit der Redaktion teilt. Trotz vorgeschobener Kritik am queer-linken Hang zum Antisemitismus scheint Yaghoobifarah ähnlich wie ihre *Missy*-Kolleginnen einen generösen blinden Fleck aufzuweisen, wenn es um ihre „Community" geht. Dies zeigt sich nicht zuletzt daran, dass sie an einem anderen Punkt äußerst entschieden auftritt: So betont sie an selber Stelle, dass das Blatt auf keinen Fall eine „TERF" (*trans-exclusionary radical feminist*, pejoratives Akronym für Radikalfeministin) featuren würde.[25] Offenbar ist die Zeitschrift eher dazu bereit, erklärten Feindinnen Israels wie Butler oder Davis eine Plattform anzubieten als einer Frauenrechtlerin.

Am Ende schloss Yaghoobifarah mit den üblichen Relativierungen:

> „Antisemitismus und Rassismus sind beides dringliche Probleme. Und es gibt sie im linken Spektrum. Aber es gibt sie beide auch extrem gewalttätig von rechts: Neonazis, die Terroranschläge verüben, White Supremacy in den USA und Europa, die Attentäter von Hanau bis Christchurch oder der NSU. Die sind ja nicht nur rassistisch, die sind auch antisemitisch. Es ist total verblendet, das gegeneinander auszuspielen."

Auch hier macht Yaghoobifarah deutlich, dass sie nicht gewillt ist, über muslimischen Antisemitismus zu sprechen. Antisemitismus scheint für sie ein „weißes" Problem zu sein, das seinen Ursprung im Rechtsextremismus habe und bedauerlicherweise irgendwie von der linken Szene angenommen worden sei. Im Interview wirkt es gar so, als ob Yaghoobifarah es der queeren „Community" – die sie zwar im identitären Sinne für divers und vielfältig hält, nicht aber in weltanschaulichen Fragen – nicht zutrauen würde, antisemitisch zu sein. Als ob dieses Milieu nicht verstünde, was mit „*From the river to the sea*" gemeint sei, enthebt sie dieses von jeglicher Mitverantwortung am global perpetuierten Antisemitismus.

Neues aus der Forschung

Auch Deutschlands akademische Genderfeministinnen bewegte der 7. Oktober kaum bis gar nicht.

Zunächst ist hier das Ausbleiben von offiziellen Statements auf universitärer Ebene und in den Medien zu konstatieren – keine einzige der hiesigen Gender-Studies-Vertreterinnen bezog auf unmissverständlich vernehmbare Weise Stellung. Auf X setzte Andrea Geier, Literaturwissenschaftlerin an der Universität Trier und vom öffentlich-rechtlichen Rundfunk gern gebuchte „Diversity"-Erklärerin, zeitnah ein paar Tweets ab, in denen sie die Hamas als Terroristen bezeichnete und die Gewalt verurteilte.[26] Allerdings kritisierte sie mit keinem Wort ihre Kolleginnen, ihren Fachbereich und dessen internationale Galionsfiguren, die sich, wie angeführt, schlichtweg nicht für Antisemitismus und die damit verbundene Gewalt interessieren. Obwohl Geier im Gegensatz zu vielen ihrer Gesinnungsgenossinnen inzwischen immerhin zur Kenntnis genommen hat, dass Antisemitismus ein Problem ist, zog sie es im Herbst 2023 vor, über Weihnachtsfilme zu dozieren statt über die immer noch inhaftierten und brutal misshandelten jüdischen Gefangenen der Hamas, insbesondere die weiblichen Geiseln.[27]

Geiers Kollegin Sabine Hark, eine der bekanntesten hiesigen Professorinnen für Gender Studies, teilte auf X fremde Tweets (Retweets) zum Pogrom; sie selbst veröffentlichte kein Statement über die Seite ihrer Hochschule, der Technischen Universität Berlin.[28] Dafür findet sich in ihrem X-Account ein geteilter Spendenaufruf für Gaza; der Tweet beginnt mit den Worten „Palestine on my mind".[29] Am 19. Oktober teilte Hark einen Beitrag des Accounts *Democracy Now!*, der von einem angeblichen „Abschlachten" palästinensischer Kinder in Gaza spricht; noch am gleichen Tag folgte ein retweetetes Interview von *Democracy Now!*, in dem eine Journalistin Israels Bürger als rachsüchtig bezeichnet und die israelische Regierung als Faschisten verunglimpft.[30] Am 28. Oktober folgte ein Retweet von SPD-Politikerin Sawsan Chebli, der erneut palästinensische Kinder zu Thema hatte.[31] Chebli war von 2016 bis 2021 Bevollmächtigte des Landes Berlin beim Bund sowie Staatssekretärin für Bürgerschaftliches Engagement und Internationales in der Berliner Senatskanzlei. Sie ist immer wieder mit plumpsten antiisraelischen Aussagen aufgefallen, Israel verunglimpfte sie einmal als „neue Nazis".[32]

Hark wie Chebli scheinen sich darin einig zu sein, dass es absolut unproblematisch ist, das antisemitische Stereotyp vom kindermordenden Juden zu verbreiten, das sich hinter der vermeintlichen Sorge um palästinensische Kinder verbirgt, die in einem militärischen Konflikt selbstredend immer in Mitleidenschaft gezogen werden. Verschärfend kommt hier hinzu, dass in jenen Tweets von „Abschlachten" gesprochen wird, was die antijüdischen Ritualmordlegende fortschreibt: 75 Jahre nach Gründung des jüdischen Staates, der inzwischen von mehrheitlich hochaggressiven, muslimischen Ländern umgeben ist, fantasiert der westliche und nahöstliche Antisemitismus nun ein fanatisches Morden muslimischer Kinder durch jüdische Soldaten.

Mit keinem Wort gedachte Hark der Opfer des 7. Oktobers persönlich oder sprach explizit über die sexuelle Gewalt gegen die weiblichen Geiseln, womit angesichts ihrer akademischen Rolle und Verantwortung schon alles über den

Zustand der deutschen Gender Studies gesagt wäre. Stattdessen folgten Anfang Dezember ein paar Bekundungen auf X, die dem Antisemitismus zwar eine gewisse Relevanz einräumten – allerdings nicht etwa wegen der Ermordung von mehr als 1200 Juden durch die Hamas, sondern wegen deutscher Rechtsextremisten.[33]

Botschaften aus der Unlogik

Folgt man der Unlogik dieses Milieus, existiert Antisemitismus nur von rechts, muslimischer Antisemitismus hingegen gar nicht, während Linke und Queers lediglich versehentlich, nie willentlich antisemitisch seien. Es verwundert deshalb kaum, dass die Social-Media-Auftritte der nationalen wie internationalen Gender-Koryphäen Antisemitismus immer nur als Randnotiz erwähnen – und zwar nur dann, wenn er wie am 7. Oktober nicht mehr zu ignorieren ist –, ihn aber allen intersektionalen Ermahnungen zum Trotz nie auf dieselbe Dringlichkeitsstufe mit Rassismus oder Sexismus stellen. Dass der Antisemitismus im Vergleich zu vielen anderen Diskriminierungsformen eben nicht nur ein Unterdrückungsmechanismus, sondern eine Vernichtungsideologie ist, wird geflissentlich ignoriert.

Diese Vernichtungsideologie wurde am 7. Oktober mit aller Gewalt sichtbar und entlud sich an friedlichen Zivilistinnen aus Israel und aller Welt. Doch die sexuelle Brutalität der Täter ist dem „gendersensiblen“ Milieu nicht der Rede wert – weder den amerikanischen noch den hiesigen #metoo-Aktivistinnen, weder herkunftsdeutschen „Popfeministinnen“, Gender-Studies-Professorinnen noch queerfeministischen Aktivistinnen. Nichts summiert die Geisteshaltung dieses Milieus besser als eine Veröffentlichung der *Zeitschrift für Medienwissenschaften*, auf deren Gender-Blog nur drei Tage nach dem Pogrom eine „pop-“ und queerfeministische Runde um die gendertheoretisch orientierte Medienwissenschaftlerin Julia Bee Prioritäten setzte. So hätten die Beteiligten den

Barbie-Spielfilm von Regisseurin Greta Gerwig gesehen „und woll(t)en den ganzen Sommer darüber reden!“[34]. Kein Innehalten, keine Empathie und selbst Monate später an selber Stelle noch immer kein Wort der Solidarität mit den Opfern, geschweige denn ein Interesse daran, sich einmal als Deutsche mit der Gegenwart des Antisemitismus zu befassen – wohlgemerkt auf einem Blog, der sich laut Untertitel angeblich der „Antisemitismuskritik“ widme.

Diese Gleichgültigkeit und die nahezu kafkaesken Ablenkungsmanöver der gender„feministischen“ Avantgarde sind so unverzeihlich wie ihre plump per Social Media geteilten Versuche, das Pogrom zu „kontextualisieren“. Vor allem aber ist dieses Schweigen nichts anderes als der fortwährende Verrat an den Grundfesten des Feminismus.

Anmerkungen

1 Benjamin Strick, Tweet vom 07.10.2023, https://twitter.com/BenDoBrown/status/1710639496591536172 (letzter Abruf: 03.01.2024).
2 Für die Entführte ist eine Website eingerichtet worden, um auf ihre fortwährende Geiselhaft hinzuweisen: https://www.bring-naama-levy-home.org/ (letzter Abruf: 03.01.2024).
3 Vgl. das Statement von Alice Schwarzer, „Vergewaltigung: Ukraine bis Israel", https://www.emma.de/artikel/vergewaltigung-von-der-ukraine-bis-israel-340809 (letzter Abruf: 03.01.2024).
4 Vgl. Vojin Saša Vukadinović (Hg.), *Freiheit ist keine Metapher. Antisemitismus, Migration, Rassismus, Religionskritik*, Berlin 2018; ders. (Hg.), *Zugzwänge. Flucht und Verlangen*, Berlin 2020.
5 Siehe dazu Vojin Saša Vukadinović, „Das rassistische Bedürfnis. Gender-Theorie, xenophile Projektion, narzisstische Kränkung", in: Till Randolf Amelung (Hg.), *Irrwege. Analysen aktueller queerer Politik*, Berlin 2020, S. 309-357.
6 Vgl. Katharina Hamann, „In diesem Kampf gibt es keinen Platz für Rassismus." Judith Butler im Gespräch über Rassismus, Homophobie und Antisemitismus", in: *Jungle World*, Nr. 30/2010, 29.07.2010.
7 Judith Butler, „Über den Terror der Hamas und die Geschichte der Hamas", in: *Der Freitag*, Nr. 42/2023, 19.10.2023.
8 Ausführlich dazu Karen Boye, *#MeToo, Weinstein and Feminism*, Cham 2019.
9 Tarana Burke, IG-Post, 26.10.2023, https://www.instagram.com/p/Cy13H-Vr99K/ (letzter Abruf: 03.01.2024).
10 Tarana Burke, IG-Post, 17.11.2023, https://www.instagram.com/p/CzuiUROrnUg/ (letzter Abruf: 03.01.2024).
11 Vgl. o. A., „Hollywood stars urge Biden to push for ceasefire in Israel-Hamas war", Al Jazeera, 21.10.2023, https://www.aljazeera.com/news/2023/10/21/hollywood-stars-urge-biden-to-push-for-ceasefire-in-israel-hamas-war; Susan Sarandon, IG-Post, 02.12.2023, https://www.instagram.com/p/C0VdJBjuTFa/?hl=en (letzter Abruf: 03.01.2024).
12 Noa Tishby, IG-Post, 30.10.2023 https://www.instagram.com/p/CzCBQHpLVk6/?hl=en (letzter Abruf: 03.01.2024).
13 Ein anschauliches Beispiel hierfür ist folgender Reddit-Thread: https://www.reddit.com/r/Palestinian_Violence/comments/18yu9u8/propalestinians_mocking_mia_schem_a_former/?rdt=44965 (letzter Abruf: 03.01.2024).
14 *hart aber fair*, ZDF, Sendung vom 19.06.2023.
15 Stefanie Lohaus, *Stärker als Wut. Wie wir feministisch wurden und warum es nicht reicht*, Berlin 2023, S. 9.
16 Ebd, S. 125.
17 Stefanie Lohaus, https://twitter.com/slow_haus?lang=en (letzter Abruf: 03.01.2024).
18 *Missy Magazine*, IG-Post, 09.10.2023, https://www.instagram.com/p/CyKs68stTuu/?img_index=1 (letzter Abruf: 03.01.2024).

19 *Missy Magazine*, IG-Post, 09.10.2023, https://www.instagram.com/p/CyK6p42Ltg6/?img_index=1 (letzter Abruf: 03.01.2024).
20 *Missy Magazine*, IG-Post, 10.10.2023, https://www.instagram.com/p/CyOL9l8oc5x/?img_index=7 (letzter Abruf: 03.01.2024; Hervorhebung im Original).
21 Vgl. Tricia McDermott, „Arafat's Billions", *CBS News*, 07.11.2023, https://www.cbsnews.com/news/arafats-billions/ (letzter Abruf: 03.01.2024).
22 Vgl. Dan Williams, „Poll shows Palestinians back Oct. 7 attack on Israel, support for Hamas rises", reuters.com, https://www.reuters.com/world/middle-east/poll-shows-palestinians-back-oct-7-attack-israel-support-hamas-rises-2023-12-14/ (letzter Abruf: 03.01.2024).
23 Stefan Lauer/Nicholas Potter, „Antizionismus gibt ein Gefühl von Widerstand", Interview mit Hengameh Yaghoobifarah und Rosa Jellinek, *Belltower News*, 02.10.2023, https://www.belltower.news/judenhass-underground-antizionismus-gibt-ein-gefuehl-von-widerstand-152921/ (letzter Abruf: 03.01.2024).
24 Siehe dazu Patsy l'Amour laLove, „Beißreflexe. Kritik an queerem Aktivismus, autoritären Sehnsüchten, Sprechverboten", in: dies. (Hg.), *Beißreflexe. Kritik an queerem Aktivismus, autoritären Sehnsüchten, Sprechverboten*, Berlin 2017, S. 16-43, hier: S. 25f.; Marco Ebert, „Queering ‚Die Ordnung'. Die affirmative Rebellion als Kritik an ‚Kultureller Aneignung'", in: ebd., S. 111-124, hier: S. 118f; Melanie Götz, „Critical Sadness", in: ebd., S. 124-129.
25 Vgl. Stefan Lauer/Nicholas Potter, „Antizionismus gibt ein Gefühl von Widerstand".
26 Andrea Geier, Tweet vom 01.11.23, https://twitter.com/geierandrea2017/status/1719611666814431410 (letzter Abruf: 17.01.2024).
27 https://twitter.com/geierandrea2017, aufgerufen am 16.01.23, vgl. Tweet vom 25.11.2023 zum Gespräch mit Geier über Weihnachtsfilme.
28 https://twitter.com/sabine_hark, ff., aufgerufen am 09.01.2024.
29 Sabine Hark, Retweet vom 14.10.23, https://twitter.com/DrYoFiggy/status/1713312879791796489 (letzter Abruf 19.01.2024).
30 Sabine Hark, Retweet vom 19.10.23, https://twitter.com/democracynow/status/1715040865826086984 (letzter Abruf 19.01.2024).
31 Sabine Hark, Retweet vom 28.10.23, https://twitter.com/SawsanChebli/status/1718145297946230809 (letzter Abruf 19.01.2024).
32 Zitiert nach Marcel Görmann, „Israel als ‚neue Nazis' verunglimpft: SPD-Politikerin Chebli teilt brisanten Beitrag", *DER WESTEN*, 31.10.2023, https://www.derwesten.de/politik/israel-sawsan-chebli-spd-antisemitismus-e-id300687434.html, letzter Abruf: 03.01.2024).
33 Sabine Hark, Tweet vom 07.12.2023, https://twitter.com/sabine_hark/status/1732655902556127460 (letzter Abruf: 17.01.2024).
34 Julia Bee et al., „Wir haben Barbie gesehen und woll(t)en den ganzen Sommer darüber reden!", GAAAP_THE BLOG, 10.10.2023, https://zfmedienwissenschaft.de/online/wir-haben-barbie-gesehen-und-wollten-den-ganzen-sommer-darueber-reden (letzter Abruf: 03.01.2024).

Die Vordenkerin des queeren Antizionismus

Von Judith Butlers Prägung der Queer Theory zur Dekonstruktion des jüdischen Staates

Chantalle El Helou

> „In ihrem Kampf gegen die Ausschreitungen des kritischen Geistes […] machen sie [die Konterrevolutionäre, C.E.] jeglichen Dualismus zunichte: die Ewigkeit wird nicht mehr der Zeit entgegengesetzt, das Sosein dem Dasein, das Mögliche dem Wirklichen, das Gedankliche dem Sinnlichen, ja nicht einmal mehr das Jenseits dem Diesseits. Ihr stark immanentes Denken läßt nichts über der greifbaren Welt der Geschichte bestehen. Diese sonderbaren Frömmler prangern verbissen die Illusion der Hinterwelten an."
>
> Alain Finkielkraut, *Die Niederlage des Denkens*

Bekanntlich war eine israelfeindliche Haltung schon vor dem 7. Oktober 2023 Common Sense in der Queer Theory und im queeren Aktivismus – auch und gerade im deutschsprachigen Raum.[1] Das zeigte sich in Einzelgesprächen wie in öffentlichen Statements; hin und wieder gingen Veranstaltungen und ganze Veranstaltungsorte damit hausieren.

Mit dem Pogrom wurde deutlich, wie tief der Hass gegen Israel im gegenwärtigen Queer-Aktivismus tatsächlich sitzt. Dort, wo die terroristische Gewalt gegen Juden nicht eindeutiger, nicht barbarischer sein könnte, veranlasste diese die vermeintlich Progressiven nicht etwa dazu, ihre lang gepflegte Israel-Feindschaft im Sinne der Zivilisation aufzugeben, sondern sich mit *noch* größerem Eifer der Dämonisierung des jüdischen Staates und der Rechtfertigung des Terrorismus zu widmen. Was die antizionistischen Queers im Angriff der Hamas auf israelische Zivilisten verteidigen dürften, ist ihr sich darin manifestierender Stellvertreterkrieg gegen die Zivilisation. Als deren verhasstes Symbol gelten ihnen Juden und Israel, das man gern selbst von der Erde fegen würde, aber nicht kann. Die Erfüllung dieses abgespaltenen Wunsches, die Erfüllung der ersehnten Barbarei verteidigt man daher im Terrorismus der Hamas.

Bei dieser queeraktivistisch-antizionistischen Agitation darf eine Ikone der Queer Theory nicht fehlen: Judith Butler. Sie scheut diesbezüglich keine Statements und Einschätzungen, aus denen ihre klare Positionierung gegen Israel deutlicher nicht hervortreten könnte. Der Umstand, dass die queere Ikone zugleich scharfe Antizionistin ist, dient dem Queer-Aktivismus als willkommenes Autoritätsargument und als akademisch legitimierter Kompass für fortwährende Aufstachelung. Die Politikwissenschaftlerin Ljiljana Radonić hat bereits herausgestellt, dass sich Butler in ihrem Antizionismus radikalisiert hat.[2] So überrascht es nicht, dass sie nach dem 7. Oktober die Verteidigungsmaßnahmen Israels gegenüber der Hamas und die damit einhergehenden Bombardements palästinensischer Einrichtungen im Gaza-Streifen einen „Völkermord" nannte. Was Israel dort mache, sei nicht die notwendige Zerstörung terroristischer Infrastruktur, sondern „Genozid", bemängelte Butler im Gespräch mit der US-amerikanischen Nachrichtensendung *Democracy Now!*, wo sie präzisierte: „It doesn't always look like the Nazi regime, but it can be the systematic undercutting of the livelihood, the health, the well-being [and the] capacity to persist."[3] Bei dieser Rhetorik darf natürlich nicht ausgelassen werden, Israel als Wiedergänger des Nationalsozialismus darzustellen. So bemängelte Butler das „Wording", mit dem die Medien über den 7. Oktober und die Folgen berichtet haben: Anstatt von der Hamas als Terrororganisation zu sprechen, könnte ihr zufolge alternativ von „bewaffnetem Widerstand" die Rede sein.

Wer immer noch glaubt, bei Butlers 2006 an der Universität Berkeley getätigten Bemerkung, Hamas und Hisbollah seien „Teil der globalen Linken"[4], handle es sich um ein Missverständnis oder eine bösartige Unterstellung, wird sich durch ihre aktuellen Statements eines Besseren belehren lassen müssen. Zuletzt unterstellte sie Israel, es würde die palästinensischen Zivilisten nicht nur als Kollateralschaden in Kauf nehmen, sondern sie gezielt töten. Der Terror der Hamas, den Butler zu „Widerstand" verharmlost, sei ohnehin nur eine Reaktion auf Jahrzehnte struktureller Gewalt seitens des jüdischen Staates.[5] Hervorzuheben ist in diesem Zusammenhang auch ihr Erklärungsversuch für dieses angeblich gezielte kollektive Töten und Vertreiben: Palästinenser würden demnach nicht nur nicht als Menschen gesehen, palästinensisches Leben sei sogar „a threat to what the idea of the human is, that is being defended by Zionist politics shared by Israel and the US and many Western powers."[6] Die Palästinenser würden also eine Bedrohung für die zionistische Idee des Menschseins darstellen, weswegen sie von ebenjenen Zionisten verfolgt würden.

Auf den Zusammenhang zwischen der Dekonstruktion des körperlichen Geschlechts und der Dekonstruktion des jüdischen Staates haben bereits einige Autoren hingewiesen. Der Literaturwissenschaftler Bruno Chaouat hat – wiewohl recht oberflächlich – gezeigt, dass Butlers 1990 erschienene Abhandlung *Gender Trouble* Unordnung zum Ziel hat, als deren Gegnerin die Heteronormativität bestimmt wird. In ihren späteren Schriften wird diese Logik, wie in diesem Beitrag gezeigt werden soll, in der Figur des Zionisten fortgeführt.[7] Auch der Literaturwissenschaftler Magnus Klaue hat bereits auf den Zusammenhang zwischen Butlers Hass auf die Frauenbewegung und Israel hingewiesen, die sie beide als Verräter an der Subversion zurückweist.[8]

Ein „toxischer" Modus des Menschseins

Was sich bei Butler längst als ideologische Konstante herauskristallisiert hat, ist die Idee eines sich abgrenzenden, auf Souveränität beharrenden Subjekts, dessen staatliches Antlitz nun Israel sei. Der jüdische Staat ist für Butler die Verkörperung einer philosophischen Idee, die sie ablehnt: die Vorstellung eines wehrhaften Subjekts.

Ihrer Israel-Feindschaft widmete Butler bereits 2013 eine eigenständige Monografie, die antizionistische Schrift *Am Scheideweg*, die den Untertitel *Judentum und die Kritik am Zionismus* trägt.[9] Das darin tonangebende Motiv ist zugleich das argumentative Verbindungselement zwischen ihrer Fortführung der Queer Theory und ihrem Antizionismus. Dieser lässt sich somit nicht von ihrem restlichen Denken abkoppeln. Gleich zu Beginn charakterisiert sie den Staat Israel als Projekt, das auf Unterwerfung aus sei:

> „Sollte es mir gelungen sein zu zeigen, dass man zur Kritik der staatlichen Gewalt, der kolonialen Unterdrückung von Bevölkerungsgruppen, der Vertreibung und Enteignung auf jüdische Quellen zurückgreifen kann, dann habe ich damit zugleich zeigen können, dass eine jüdische Kritik der von Israel ausgeübten staatlichen Gewalt zumindest möglich, wenn nicht sogar ethisch geboten ist."[10]

Die sogenannte „Kritik" ist damit von Anfang an auf die staatliche Gesamtheit Israels bezogen. Die analytische Aufgabe bestehe nun darin zu zeigen, „dass durchaus jüdische Werte der Kohabitation oder des Zusammenlebens mit Nicht-Juden zum ethischen Kernbestand des Diaspora-Judentums gehören [...]", und dass somit „die Verpflichtung auf soziale Gleichstellung und soziale Gerechtigkeit integraler Teil säkularer, sozialistischer und religiöser jüdischer Traditionen ist."[11]

Der Fixpunkt von Butlers Ethik, den sie in diesem Machwerk unablässig umkreist, ist die Diaspora, das Leben der

Juden unter nichtjüdischer Mehrheit also, der sie die Vorstellung eines auf vollständiger (*Ab-*)*Trennung* von Nicht-Juden basierendes Israel entgegensetzt. Soziale Gleichstellung und soziale Gerechtigkeit werden dabei der Diaspora zu- und Israel abgesprochen. Der jüdische Staat stehe somit nicht nur dem ethisch Gebotenen entgegen, sondern auch der Gesamtheit der jüdischen säkularen, sozialistischen und religiösen Traditionen. Angeblich zeichne sich eine unethische jüdische Position durch „Formen der staatlichen Gewalt […], die der politische Zionismus eingeführt und aufrecht erhalten hat"[12] – diese „unethische" jüdische Position sei demnach der Zionismus.

Dennoch möchte Butler nicht bei einem rein von jüdischer Perspektive ausgehenden Antizionismus verharren, sondern mit *jedem* Ansatz jüdischer Exklusivität brechen.[13] Denn auch die jüdische Kritik am Zionismus würde eine Dominanz des Jüdischen bedeuten, was sie den „Zionistischen Effekt" nennt: „Alles, was die jüdische Hegemonie in der Region erweitert, ist Teil des Zionistischen Effekts, ganz gleich, ob es sich als zionistisch oder anti-zionistisch begreift oder nicht."[14] Damit wird zugleich der Zionismus näher definiert, den Butler weniger als jüdische Souveränität in Gestalt eines Staates versteht, sondern als nicht-staatliche jüdische Hegemonie.[15] Ihre Zurückweisung eines rein jüdischen Denkrahmens offenbart ihre selbst beschriebene, unbedingte Ablehnung der Exklusivität. Für Butler sei klar, dass „[n]ur durch ein Ende des politischen Zionismus, der den Staat Israel beharrlich auf Prinzipien jüdischer Souveränität gründet, […] umfassendere Gerechtigkeitsgrundsätze für die Region umgesetzt werden [können]."[16] Die jüdische Selbstbestimmung könne also keine Begründung und keine Form finden, die der Gerechtigkeit genüge. Sogar die sozialistische Selbstorganisation in Kibbuzen sei wichtiger Bestandteil des expansionistischen Siedlerkolonialismus und damit der Unterdrückung gewesen.[17] Folglich behauptet Butler, „dass man nicht Zionist sein und zugleich für ein gerechtes Ende der kolonialen Unterdrückung kämpfen"[18] könne. Sie stellt also ausdrücklich klar, dass es keine Form des Zionismus und damit keine Form der jüdischen *Souveränität* geben könne, die nicht unterdrückerisch sei. Damit erteilt sie den historisch-politischen Existenzgründen Israels und seiner aktuellen Existenzform eine Absage.

Der ethisch verträgliche Jude

Butler hält ihre Agitation gegen den Zionismus für eine ethische Position, in der soziale Gerechtigkeit und Gleichheit als unvereinbar mit jüdischer Exklusivität gelten. Diese gilt wiederum als Unterdrückung. Als wichtigste Perspektive versteht sie ein „bestimmtes Verständnis der jüdischen Werte der *Diaspora*", das „entscheidend für die Formulierung einer Kritik des Nationalismus und des Militarismus" sei, denn „der ethische Bezug zum Nicht-Juden war und bleibt Teil eines antiseparatistischen und nicht-identitären Denkens ethischer Bezüglichkeit, demokratischer Pluralität und globaler Koexistenz."[19] Das Leben in der Diaspora wird hier mit dem Nicht-Identitären gleichgesetzt, während das Leben unter jüdischer Mehrheit umgekehrt als identitäres Projekt definiert wird.

Ihre Argumentation will Butler aber nicht als rein religiöse verstanden wissen, sondern als eine Universalisierung religiöser Prinzipien.[20] So behauptet sie weiter, dass der von ihr zu universalisierende Ansatz aus der Erfahrung von Unverständnis resultiere, die Menschen unterschiedlicher Herkunft und Prägung machten, wenn sie aufeinandertreffen: „Da ich zudem in einer Welt mit anderen lebe, die diese Prägung nicht mit mir teilen, sehe ich mich in meiner Orientierung desorientiert, aus dem Rahmen gedrängt, und eben diese Desorientierung ist die Bewegungsrichtung ethischen Handelns und der Wendung gegen Hegemonialisierung."[21] Dieser Satz spezifiziert, was Butler als Nicht-Identität fasst. Während das Leben eines Juden unter Juden als Umsetzung identitären Denkens begriffen wird, zeichne sich Nicht-Identität durch *Desorientierung* aus. Es wird zu zeigen sein, dass dieses Prinzip der Desorientierung, der Zerstreuung und der vermeintlichen Unbestimmtheit das Hauptthema und Verbindungselement zwischen der Queer Theory und dem Antizionismus in Butlers Schriften ist.

An dieser Stelle ist zunächst hervorzuheben, dass ihr Universalismus-Begriff rein negativ ist, weil sich das Universale in dem manifestiere, was es nicht sei:

> „Wird der Prozess der Universalisierung zum Prozess der Assimilation unterschiedlicher Diskurse in eine etablierte Ordnung, dann wird der Partikularismus dieser Ordnung in den Status des Universellen erhoben und dessen eigene hegemonistische Macht effektiv verschleiert. Die Formen der Universalisierung, die diese Machtregimes am wirkungsvollsten bekämpfen, sind diejenigen, die zugleich das ‚Unassimilierbare' als Vorbedingung einer heutigen Form der Universalisierung erkennbar machen und die Auflösung und Reformulierung des Universalisierungsprozesses im Namen des Unassimilierbaren fordern."[22]

Universell sei also einzig die Verunsicherung der eigenen Position durch das Aufeinandertreffen nicht universalisierbarer Positionen. Der Universalismus, in dessen Namen Butler den Zionismus angreift, wird also verworren-tautologisch als universelle Unmöglichkeit zum Universalen definiert, weswegen als einzig legitimer Universalismus der Antiuniversalismus bleibt.

Die Vorstellung, Universalismus erschöpfe sich darin, alle universalen Ansprüche als verschleierte Partikularinteressen zu entlarven, entspricht vor allem Butlers verklärter Vorstellung der Diaspora: „Was das Jüdischsein, wenn nicht die jüdische Religion betrifft, kennzeichnet diese Verschiebung ein bestimmtes diasporisches Denken. Zugleich bekräftigt sie ethische Werte, die uns an Menschen ohne eindeutige nationale, kulturelle, religiöse, ethische Zuordenbarkeit zu den Normen binden, die unsere kulturelle Selbstdefinition prägen."[23] Diesem Anspruch genüge der Zionismus nicht und könne es gar nicht, „weil er einen Nationalstaat auf der Grundlage von Unterdrückung, Zerstörung oder Vertreibung der Einheimischen verlangt und erweitert."[24] Butler bestreitet jedoch, das Jüdische im Universalen auflösen zu wollen. Sie wolle lediglich ins Zentrum stellen, dass „die Betrachtung des Jüdischseins im Moment seiner Begegnung mit dem Nicht-Jüdischen und der sich daraus ergebenden Zerstreuung des Selbst"[25] stehe.

Hier ist zu betonen, dass Butler die „Begegnung mit dem Nicht-Jüdischen" als eine konkrete Begegnung fasst. Würde sie eine abstrakte Differenzierung meinen – von der individuellen Begegnung losgelösten –, wäre die „Begegnung" von Jude und Nicht-Jude kein Argument gegen ein Leben als Jude in einer jüdischen Mehrheit. Mit Bezug auf den französischen Philosophen Emmanuel Lévinas versucht Butler, ihr konkretistisches Verständnis diasporischen Lebens zu begründen:

> „Ist eine Bedingung jüdischen Lebens die Bindung des Juden an den Nicht-Juden, dann sind beide nicht voneinander zu trennen; jedenfalls lässt sich der Jude nicht ohne den Nicht-Juden denken, auch wenn wir nicht wissen, ob das auch umgekehrt gilt. Jude sein heißt indes, in Bezug zum Nicht-Juden zu leben, ohne einer identitären Einkapselung zu verfallen."[26]

Dass sich Juden nicht ohne Nicht-Juden denken lassen, ist so banal wie die Feststellung, dass es den Tag bzw. einen Begriff von Tag nur geben kann, weil ein Zustand existiert, der sich in seinen Eigenschaften derart von diesem unterscheidet, dass man ihn vom Tag abgrenzen und zum Nicht-Tag, also zur Nacht erklären kann – oder, um an den Feminismus zu erinnern, dessen Subjekt Butler mit diesem hilflosen Verweis dekonstruieren wollte: Ohne Männer gibt es keine Frauen und umgekehrt. Dass es Juden also nur deshalb geben kann, weil es Nicht-Juden gibt, ist eine Binsenweisheit, die erst einmal nicht viel mehr aussagt, als dass eine simple Differenzierung existiert, die durch den Bezug zweier Entitäten aufeinander entsteht. Butler unterstellt aber, dass genau dies eine Trennung dieser Entitäten unmöglich mache. Zuerst scheint sich diese Trennung nur auf das Denken zu beziehen, weil der Jude nicht ohne den Nicht-Juden gedacht werden könne. Im nächsten Satz schreibt sie allerdings, dass Jude-Sein auch bedeute, in Beziehung zum Nicht-Juden zu *leben*. Mit einer Unmöglichkeit zur Trennung ist demnach die abstrakt-gedankliche und die konkret-geografische Trennung zwischen Juden und Nicht-Juden gemeint. Butler schließt von der abstrakt-gedanklichen Unmöglichkeit, von Juden ohne Nicht-Juden zu sprechen, auf die Unmöglichkeit für Juden, von Nicht-Juden getrennt zu *leben*.

Da sich die „jüdische Nation auf der Basis jüdischer Souveränität definiert, was bedeutet, dass die Palästinenser auf Dauer in der Minderheit gehalten werden sollen […]", basiere jüdische Selbstbestimmung „auf Strategien zum dauerhaften Ausschluss und zur dauerhaften Beschränkung der Bewegungsfreiheit, und *eben damit* wird auch eine dauerhafte Beziehung zu den Palästinensern aufrechterhalten. In keiner Weise beendet die Strategie des Totalausschlusses den Zustand der ungewollten Nachbarschaft und der permanenten Kontakte […]."[27] Abgesehen davon, dass Butler antiisraelische Gewalt als notwendige Folge karikiert und die gesamte Verantwortung für feindliche Angriffe damit einfach dem jüdischen Staat zuschlägt, wird hier eine Vergeblichkeitsthese aufgestellt, die ihrer postmodernen Denkschablone entspricht: Abgrenzung führe – kontextunabhängig – zum genauen Gegenteil. Sie unternimmt damit einen Sprung vom Abstrakten zum Konkreten; der Bezug der Identität auf die Nicht-Identität müsse demnach stets ein konkreter sein.

Dieser von Butler als notwendig unterstellte Zusammenhang ist zwar unlogisch, dafür aber ihrem ideologischen Ziel dienlich: der Darstellung der Diaspora – und damit der Auslieferung des Juden an die Willkür potenziell antisemitischer Nicht-Juden – als einem verpflichtenden, weil einzig ethischen Lebensentwurf. Dieser Gedanke wird bei Butler zur Behauptung ausgebaut, dass jeder Versuch, sich gegen die Zusammengehörigkeit zu behaupten, eine gewalttätig-identitäre Grenzziehung einleite. Jeder Versuch einer Trennung sei vergeblich, da sie den Grundsätzen menschlichen Lebens widerspreche. Diese heraufbeschworene Vergeblichkeitsthese lässt als gewaltlose Alternative nur die gedachte und gelebte Unbestimmtheit des Subjekts zu.

Ethik der Zerstreuung

Butlers Antizionismus kreist um die Abwehr von Identität bzw. um das, was sie sich lediglich in Form wechselseitig abhängiger Identität vorstellen kann.[28] In Anlehnung an Lévinas schreibt sie, dass „das Subjekt durch den anderen konstituiert" werde: „Die andere Person ist, so könnte man sagen, ‚dort' und ist ‚nicht ich'; sie ist damit eine ‚Alterität' in einem klar lokalisierbaren Sinn. Zugleich [...] bin ich von innen her zerrissen durch diesen ethischen Anspruch, der als Konstitutionsbedingung meiner selbst zugleich und irreduzibel ‚dort' und ‚hier' ist."[29] Ausgehend von diesem Subjektverständnis will sie zeigen, dass eine explizit jüdische Ethik deckungsgleich mit dem sei, was sie bereits als allgemein Menschliches identifiziert zu haben glaubt: „Ich bin der Auffassung, dass die Loslösung von uns selbst Bedingung einer bestimmten dezidiert nicht-egologischen ethischen Beziehung ist. Sie ist die Antwort auf die Ansprüche der Alterität und legt die Grundlagen für eine *Ethik in der Zerstreuung*."[30] Als spezifisch jüdisch gilt Butler folglich die Loslösung vom Selbst – einerseits wegen der von ihr unterstellten diasporischen Tradition, andererseits aufgrund der unterstellten Notwendigkeit dieser Zerstreuung als Voraussetzung für eine ethische Beziehung zwischen Menschen überhaupt.

Am Beispiel des Gebots „Du sollst nicht töten" bezieht sich Butler abermals auf Lévinas und auf die herausragende Rolle des Judentums, besonders in seiner messianischen Tradition, welche Rache zurückweist.[31] Gerade das im Messianismus angelegte Warten, das laut Butler stets ein Warten auf Gerechtigkeit sei, sei darauf angelegt, niemals erfüllt zu werden: Gerechtigkeit trete auf Erden schlichtweg nicht ein. Gleichzeitig könne jeder Mensch der Messias und damit der leidende Gerechte sein, der das Leid anderer auf sich laden und die Verantwortung dafür übernehmen könne.[32] In einem weiteren Bezug auf Lévinas stellt sie fest, dass die Juden durch die historische Erfahrung der Verfolgung besonders sensibel für die messianische Verantwortung seien.[33] Da sie schweres Leid erlitten haben, sei es nun an ihnen, auf die ethischen Ansprüche anderer Verfolgter einzugehen.[34] Da Butler zufolge die Gewaltlosigkeit eine „Enteignung dieses ‚Ich[s]' erfordert"[35] und sie diese Enteignung im diasporischen Zustand erkannt haben will, stimmt sie dessen Erhalt zu.[36]

Der sich durch Butlers Überlegungen ziehende Punkt ist nun, dass es nicht nur darum gehe, „das jüdische Leben in seiner Diaspora als befasst mit der ethischen Beziehung zum Nicht-Juden und der Kohabitation nicht als geschichtliche Notlösung" zu begreifen, „sondern als grundlegende Aufgabe der jüdischen Ethik"[37]. Damit erweitert sie ihre Subjekttheorie, die sie bereits in *Das Unbehagen der Geschlechter* ausgearbeitet hat, um den Philosemitismus – und folglich um die Fokussierung auf Israel. Diese *Ethik der Zerstreuung*, die sie als allgemein menschlich, aber auch als spezifisch jüdisch begreift, ist somit eine direkte Konsequenz ihrer Subjektverachtung. Um zu zeigen, dass Butlers Antizionismus, der auf der Verklärung tödlicher, weil vereinzelnder und dadurch ohnmächtig machender Auslieferung an den Anderen basiert, keine Inkonsistenz, sondern die folgerichtige Konsequenz ihrer Geschlechtertheorie ist[38], die sich damit unrettbar diskreditiert, ist an dieser Stelle zunächst auf Butlers Ideen einzugehen, die sie in den 1990er Jahren zur „postfeministischen" Ikone machten.

„Othering" als Erklärung der sexuellen Differenz

In *Das Unbehagen der Geschlechter* steht die Frage der vermeintlichen Natürlichkeit von Geschlecht und die Genese des geschlechtlichen Unterschieds – der sexuellen Differenz – im Vordergrund. Die Erklärung dieses Unterschieds verwandelt sich im Laufe Butlers Analyse jedoch in eine allgemeine Subjekttheorie. Ausgangspunkt ihrer Überlegung zur Herkunft der sexuellen Differenz ist ihre Kritik an feministischer Theorie und an den politischen Setzungen der Frauenbewegung. In der unbelegten und empirisch nicht zu haltenden Behauptung, diese wolle „die" Frau als zeit- und kulturübergreifendes Subjekt vertreten und basiere darum auf deren Wesensbestimmung,[39] will Butler im Anschluss an Michel Foucault jene „Macht" analysieren, die sowohl die Geschlechterbinarität als auch das Subjekt hervorbringe. Eine Geschlechterordnung, die nur die Kategorien „männlich" und „weiblich" kenne, sei der Effekt von Zwangsheterosexualität.[40] Auffällig ist, dass für Butler die Frage des Geschlechts von vornherein eine der Identität ist, genauer: einer Einheit mit sich selbst, und damit nur zweitrangig eine gesellschaftliche Frage. Der ausdrückliche Zweck ihrer Überlegungen ist die Kritik am Emanzipationsziel der Frauenbewegung, da Emanzipation ein Subjekt voraussetzt. Sowohl von diesem gesellschaftspolitischen Ziel als auch von der Behauptung eines genau abgrenzbaren Kollektivsubjekts – Frauen – müsse das feministische Projekt befreit werden. Wiederum auf Foucault rekurrierend, will Butler zeigen, dass besagtes Subjekt nicht unterdrückt, sondern im Gegenteil durch die Heterosexualität, hier verstanden als gesellschaftliche Institution, hervorgebracht werde. In diesem Sinne ergibt Emanzipation als politisches Ideal für Butler keinen Sinn, da diese nicht über ihre Bedingungen – die bestehenden Normen – hinausweisen könne, weswegen das Subjekt-Sein für Butler nicht *vor* dem (psychoanalytisch gemeinten) Gesetz der Subjekt-Werdung stehe.[41] Subjekt-Sein bedeutet für Butler Identität – eine „bruchlose Kategorie", die auf „ausgeschlossenen Positionen"[42] basiere, weswegen die Konstruktion von Identität grundsätzlich zu überdenken sei. Die Frage, wie sich die „Zwangsheterosexualität" aufrechterhalte und wie man sie unterlaufen könne, ist für Butler also von Anfang an keine bloße Frage der Geschlechtlichkeit, sondern eine Frage des Menschseins, nämlich des Subjekt-Seins selbst. Die Geschlechterfrage ist hier mit der Frage nach der Selbstidentität der Person verknüpft. So fragt Butler „[i]n welchem Maße [...] die Identität, die innere Kohärenz des Subjekts und sogar der selbstidentische Status der Person durch die *Regulierungsverfahren* der Geschlechter-Ausbildung und Teilung konstituiert [werden]?" Altklug hält Butler fest, dass „‚Identität" eher ein normatives Ideal als ein deskriptives Merkmal der Erfahrung dar[stellt]". Ausgehend von dieser Binsenweisheit schlussfolgert sie: „Da aber die ‚Identität' durch die stabilisierenden Konzepte ‚Geschlecht' (*sex*), ‚Geschlechtsidentität' (*gender*) und ‚Sexualität' abgesichert wird, sieht sich umgekehrt der Begriff der ‚Person' selbst in Frage gestellt, sobald in der Kultur ‚inkohärent' oder ‚diskontinuierlich' geschlechtlich bestimmte Wesen auftauchen [...]."[43] Butlers Kritik an der sexuellen Differenz zielt immer schon auf die Dekonstruktion des menschlichen Subjekts ab.

Ihre Kritik am Versuch der Neuen Frauenbewegung, Frauen zum politischen Subjekt zu erheben, resultiert aus einem Misstrauen gegen die Unterscheidung zwischen Natur (*sex*, biologisches Geschlecht) und Kultur (*gender*, soziales Geschlecht), da nach Butler jeder Verweis auf Natur schon immer die gesellschaftlichen Anteile zu leugnen versuche, die sich zur Rechtfertigung einer repressiven Geschlechterordnung auf „Natur" beziehen.[44] In Erinnerung an Claude Lévi-Strauss gehe es ihr stattdessen um die Frage, „inwiefern [...] identitätslogische Systeme stets der Konstruktion gesellschaftlich unmöglicher Identitäten [bedürfen], um eine unbenannte, ausgeschlossene, doch vorausgesetzte Relation zu besetzen, die von dieser Logik selbst verschleiert wird?"[45] Eine Identität müsse sich zu ihrer eigenen Stärkung auf andere, ausgeschlossene Identitäten beziehen, die jedoch unsichtbar blieben, obwohl sie – genauso wie die sichtbare Identität – Teil eines gemeinsamen Verhältnisses seien. Was hier noch als Frage formuliert wird, beantwortet Butler wenige Zeilen später, indem sie das konkretisiert, was sie unter Identitätslogik versteht:

> „Der Strukturalismus setzt die *Totalität* und *Geschlossenheit* der Sprache voraus und ficht sie zugleich an. [...] Alle sprachlichen Termini setzen eine linguistische Totalität der Strukturen voraus, deren Ganzheit unterstellt und implizit erfordert ist, damit jeder Term eine Bedeutung tragen kann. [...] Der poststrukturalistische Bruch mit Saussure und mit den identitätslogischen Tauschstrukturen bei Lévis-Strauss weist sowohl die Totalitäts- und Universalisierungsansprüche als auch die Annahme von binären strukturalen Gegensätzen zurück, die implizit bewirken, daß die bestehende Ambiguität und Offenheit der sprachlichen und kulturellen Bedeutung eingeschränkt wird."[46]

Die zurückgewiesene „Identitätslogik" zeichne sich also durch „Totalität" und „Geschlossenheit" aus. Damit ein Begriff etwas bedeuten kann, muss eine ihm vorausgehende, einheitliche Struktur vorausgesetzt werden, auf die er sich beziehe. Die tatsächliche *Unbestimmtheit* werde dadurch erst strukturiert. Butlers Überlegung zur sexuellen Differenz eilt also die Vorstellung eines *Othering* voraus – die Andersmachung eines eigentlich Gleichen zur Abkapselung des Selbst –; ihre späteren Gedanken werden im Folgenden als bloße Übertragung dieser einen Denkschablone offenbar.

Jede Bestimmtheit des Seins ist schon hier, in *Das Unbehagen der Geschlechter*, als rein sprachlich und damit als Geschlossenheit (Identität) markiert. Wenn jede Bestimmtheit Sprache ist und jede sprachliche Bezeichnung Totalität für sich beansprucht, dann erscheint jede Bestimmtheit als Behauptung von Totalität. Hier beginnt Butler, allen

„Bestimmtheiten“ zu unterstellen, auf *Othering* zu basieren. Vorab steht für sie das Unrecht fest, das von jeder Bezeichnung ausgeht, sodass ein politischer Ausweg – hier aus dem Feminismus, später aus dem Zionismus – darin ausgemacht wird, Begrifflichkeiten grundsätzlich unbestimmt zu halten.

Dies gilt im Besonderen für die Differenz zwischen Männern und Frauen. In einem Rückgriff auf die französische Fortführung der Psychoanalyse durch Jacques Lacan bezieht sich Butler auf das Theorem des Phallus-Habens und Phallus-Seins, um die Identitätslogik zu beschreiben. Demnach sei die männliche Position (Phallus-Haben) als aktive Position, das aktive Begehren bestimmt, während sich die weibliche Position (Phallus-Sein) dadurch auszeichne, passiv begehrt zu werden:

> „So bedeutet der Phallus ‚sein‘ der ‚Signifikant‘ des Begehrens des Anderen zu sein bzw. als dieser Signifikant zu *erscheinen*. Anders formuliert: der Phallus ‚sein‘ heißt: das Objekt, der/die Andere eines (heterosexualisierten) männlichen Begehrens zu sein und zugleich dieses Begehren zu repräsentieren oder zu reflektieren. Diese/r Andere bildet also nicht die Grenze der Männlichkeit in einer weiblichen Andersheit, sondern lediglich den Schauplatz einer männlichen Selbst-Ausarbeitung. Der Phallus ‚sein‘, bedeutet also für die Frauen, daß sie die Macht des Phallus widerspiegeln […] und den Phallus gerade dadurch bezeichnen, daß sie sein Anderes, sein Fehlen, die […] Bestätigung seiner Identität ‚sind‘. […] die Macht des Phallus [ist] durch die weibliche Position des Nicht-Habens bedingt […].“[47]

Für Butler ist Identitätslogik also etwas, das sich durch Aktivität (männlich) und Passivität (weiblich) vollzieht. „Die“ Frau repräsentiere das aktive Begehren „des“ Mannes durch ihren Mangel an aktivem Begehren. Aktivität könne sich nur herstellen, indem sie sich auf Passivität beziehe. Der Mann stößt laut Butler explizit nicht auf eine weibliche Position, die seine Grenze darstellt, sondern auf eine Nicht-Position, die er benötigt, um sich selbst überhaupt erst als Position zu setzen. Daraus ergebe sich die Unmöglichkeit einer Selbstbegründung der männlichen Position, basiere sie doch auf der Abgrenzung von der weiblichen Nicht-Position, während die männliche Bestimmtheit auf der weiblichen Unbestimmtheit basiert.

Dieser Ansatz Butlers erklärt, warum ihre Theorie der Geschlechterdifferenz eine genuin sexistische ist. Wenn man nach der sexuellen Differenz fragt, den anatomischen Körper und die gesellschaftliche Bedeutung seiner reproduktiven Potenz aber völlig verwirft, verbleibt als einziger Erklärungsansatz das *Othering*. Die *Othering*-Theorie ist also selbst Konsequenz eines Konstruktivismus, der nur Sprache als subjektprägende Kraft kennt. Da Butler den Körper als Ausgangspunkt des Geschlechtlichen zurückweist, bleibt ihr nichts anderes übrig, als ihre Überlegungen zu Geschlecht mit Geschlechterklischees (männlich-aktiv/weiblich-passiv) zu untermauern. Um Butlers Theorie deshalb vor dem Vorwurf der Lächerlichkeit zu bewahren, wird dieser Feststellung oft entgegengehalten, dass es sich hier nur um ein Gedankenexperiment handle und nicht die Wirklichkeit unterstellt werden solle: Natürlich gäbe es keine empirischen Frauen und Männer, die so wie in Butlers Modell leben (können), heißt es dann apologetisch, der Clou bestehe schließlich darin zu zeigen, dass diese Polarisierung gar nicht lebbar sei. Freimütig wird also zugegeben, dass Butler den Gegenstand ihrer Kritik – die starke Polarisierung der Geschlechtscharaktere – absichtlich erfindet, um diese überhaupt erst dekonstruieren zu können. Wenn diese Polarisierung aber real gar nicht besteht, sondern nur ein rhetorischer Kniff einer postmodernen Denkerin ist, sexuelle Differenz also real ohne die starke Polarisierung der Geschlechtscharaktere besteht, dann ist ihre künstliche Polarisierung für die Erklärung der sexuellen Differenz (und des Sexismus) obsolet.

Nicht nur, dass dies Butlers gesamten Ansatz untergräbt, es delegitimiert erst recht die weiteren Implikationen für die Auseinandersetzung mit tatsächlich bestehenden Phänomenen wie etwa mit Homosexualität, der Butler unterstellt, die binäre Geschlechterordnung aufrechtzuerhalten. Von der Lösung des selbstkreierten Problems Regeln zur Auseinandersetzung mit tatsächlich existierenden Phänomenen abzuleiten, scheint allerdings reichlich absurd, wenn die festgesetzte Regel (*Othering*) auf einer erfundenen Polarisierung beruht, um dann tatsächlichen Phänomen unterstellt zu werden.

Denn die Entgegensetzung von Identität (Bestimmtheit) und Nicht-Identität (Unbestimmtheit) ist bei Butler kein rein abstrakter Prozess, sondern kann nur konkret in einem zwischenmenschlichen Aufeinandertreffen stattfinden, bei dem der eine Part die aktive Position gegenüber der anderen, passiven Nicht-Position einnimmt. Diese Bezugnahme sei Butler zufolge von Abhängigkeit gekennzeichnet, da diese Position nicht ohne die Nicht-Position sein könne. Dieser Gedanke prägte Butlers populäres Performativitäts-Theorem, das besagt, das geschlechtliche Positionen von konkreten Handlungen hervorgebracht würden, es in diesem Sinne also keine gesellschaftliche, sondern nur eine zwischenmenschliche Dimension (geschlechtlicher) Bestimmtheit zwischen einem Ich und einem Anderen gebe. Diesen Ansatz radikalisiert Butler in erneutem Bezug auf Lacan:

> „Er beschreibt die Beziehung der Geschlechter (*sexes*) dahingehend, dass sich das sprechende ‚Ich' als maskuliner Effekt der Verdrängung offenbart, der zwar in der Pose eines autonomen, selbstbegründeten Subjekts auftritt, dessen Kohärenz jedoch durch jene sexuellen Positionen in Frage gestellt wird, die das ‚Ich' im Prozeß der Identitätsbildung ausschließt. Das Subjekt entsteht […] nur unter der Bedingung einer primären Verdrängung der vor-individuellen inzestuösen Lüste […].“[48]

Die männliche Position, die Butler zuvor als die Position der Identität und nun auch als Subjektposition beschreibt, sei die Position eines *sprechenden Ichs*, das sich durch die Behauptung von Autonomie auszeichnet. Ganz nach der Regel des *Otherings* ist diese Autonomie aber keine selbstbegründete, sondern werde durch Ausschlüsse gebildet. Autonomie sei genau jene Bestimmtheit des Seins, die zu ihrer Festigung eine Abgrenzung von unbestimmter Vielheit vornimmt, darunter inzestuöse Lüste. Individuation wird hier als künstliches Ergebnis einer Zurückweisung der Unbestimmtheit präsentiert. Drei eigentlich zu unterscheidende Phänomene werden damit gleichgesetzt: Identität, Subjekt und Männlichkeit fallen in eins und zeichnen sich durch den Wunsch nach Ganzheit und Stabilität des Selbst aus.

Die Positionen der Aktivität und Passivität schließen sich bei Butler nicht nur radikal aus, sondern seien zugleich durch eine wechselseitige Abhängigkeit geprägt, da die Position nur durch die Nicht-Position und umgekehrt ermöglicht wird. Mit einer der Seiten dieser binären Einteilung identisch zu werden, sei jedoch keine gegenseitige Ergänzung, sondern eine von Verlust und Mangel gekennzeichnete Erfahrung.[49] Das *sprechende Ich*, das mit der männlichen Position gleichgesetzt wird, zeichne sich dadurch aus, einen Anspruch auf Autonomie und Ganzheit zu erheben. Diese Einheit des Ichs mit sich selbst (Identität) könne jedoch nie verwirklicht werden bzw. bleibe eine Illusion, weil es auf der Verdrängung sich widersprechender sexueller Positionen beruhe. Diese werden jedoch nicht einfach verleugnet, sondern in den Anderen verschoben. In der Begegnung mit dem Anderen werde das Ich erneut mit ihnen konfrontiert, was seine vermeintliche Ganzheit irritiere. Die Aufrechterhaltung der Autonomie, also der Männlichkeit, „erfordert jedoch, daß die Frauen die männliche Macht reflektieren und sie überall in der Realität ihrer illusorischen Autonomie versichern.“[50] Das bedeute für den Mann jedoch eine absolute Abhängigkeit von der Frau – und dementsprechend, das Ziel der Autonomie zu versäumen, was jedoch geleugnet werde.[51]

Demnach basiere das Streben nach Autonomie auf einer genuin *geschlechtlichen* und vor allem problematischen Identitätslogik: Identität *ist* männlich und kann überhaupt erst geschlossen sein, *weil* sie sich auf eine passive Offenheit bezieht. Die weibliche Position ist hier keine eigene Bestimmtheit mehr, sondern die Position des Nicht-Habens und des Mangels, eine Un-Position also.[52] „Die" Frau bezeichnet folglich kein Eigenes, sondern das Nicht-Vorhandensein des Männlichen, das gleichzeitig mit der Aktivität zusammen gedacht wird.[53] Aktivität, Begehren und Autonomie werden für Butler zu einer Frage der Identität und damit zu einer Frage geschlechtlicher Identifizierung, konkret des Mannseins. Die Identität, die mit der männlichen Position gleichgesetzt wird, ist aufgrund ihrer Abhängigkeit von einer Position des Mangels nicht selbstbegründet und darum instabil.

Diese tiefe Zusammengehörigkeit von Geschlecht und Subjekt-Sein wird auch in *Körper von Gewicht* betont, Butlers zweite einflussreiche gendertheoretische Schrift, die 1993 in den USA und zwei Jahre später in deutscher Übersetzung erschien. Hier führte sie ihre in *Das Unbehagen der Geschlechter* aufgestellte Behauptung weiter, dass Subjektwerdung ein geschlechtlicher Prozess sei,

> „in dem eine körperliche Norm angenommen […] wird, was im strengen Sinne nicht *von einem Subjekt* durchgemacht wird, sondern als etwas [gedacht wird], durch das das Subjekt, das sprechende ‚Ich', gebildet wird, nämlich dadurch, daß ein solcher Prozeß der Annahme eines Geschlechts durchlaufen worden ist."[54]

Dieser Gedanke weist das Subjekt-Sein, das „sprechende Ich" als männlich aus, das nicht erst ein Geschlecht annehme, weil es vor dem Geschlecht überhaupt kein *sprechendes Ich* gäbe. Erst das Erlangen geschlechtlicher Bestimmtheit ermöglicht dieses Ich. Diesen Prozess, im Jargon „Intelligibilität" genannt, stellt Butler als einen Ausschluss dar, der „bestimmte sexuierte Identifizierungen ermöglicht und andere Identifizierungen verwirft und/oder leugnet."[55] Diese verworfenen Identifizierungen – samt der Menschen, die diese Identifizierungen aufweisen – bilden ein „konstitutive[s] Außen".[56] Konstitutiv seien sie deshalb, weil die eigene Bestimmtheit ohne sie unmöglich wäre, während sie dem Subjekt deshalb äußerlich seien, weil Bestimmtheit kein authentisches Inneres abbilde, sondern nur in Abgrenzung zu diesem Außen ermöglicht werde.

Butler zufolge zeigt Subjekt-Sein in erster Linie, „wie der Vorgang der Abstoßung ‚Identitäten' festigen kann, die auf der Instituierung des ‚Anderen' (oder einer Reihe von ‚Anderen') durch Ausschließung und Beherrschung beruhen."[57] Dass mit Ausschluss auch Beherrschung einhergehe, schließt an den Gedanken an, dass das konstitutive Außen (die Un-Position der Frau für die Position des Mannes) für die Identität, die es festigt, eine radikale Abhängigkeit bedeutet. Da Butler der Gedanke entgeht, dass ein Subjekt gerade wegen mangelnder Identität in der Lage ist, mit seinen eigenen Brüchen und Verwerfungen umzugehen, ohne hierfür auf die Unterdrückung seiner Mitmenschen angewiesen zu sein, kann sie sich ein nach Autonomie strebendes Subjekt nur als selbst- und fremdunterdrückendes vorstellen.

Dass Identität – eine vollständige Einheit mit sich selbst – unmöglich ist, ist eine Binsenweisheit. Keineswegs ergibt sich aus der Identitätslosigkeit die Eigenschaftslosigkeit bzw. Unbestimmtheit, geschweige denn ein Argument gegen die Existenz des Subjekts. Für eine philosophische Einsicht, die in der Lage ist, zwischen Subjekt und Identität zu trennen, ist es problemlos möglich, emanzipiert und selbstbestimmt zu sein, *ohne* dem anderen Gewalt anzutun. Für Butler ist das aufgrund der Gleichsetzung dieser Phänomene jedoch unvorstellbar. *Dieser* Kurzschluss ist wohl wiederum einem Denken geschuldet, das in postmoderner Manier nicht mehr zwischen Bezeichnung und Bezeichnetem unterscheiden kann bzw. will.

Der Philosoph Panagiotis Koulaxidis hat in *Freiheit ist keine Metapher* darauf hingewiesen, dass Butlers Theorem eine systematische Unterwanderung von Kritik und Urteil bedeutet. Die von ihr geforderte Anerkennung des Anderen, die vom Urteilen ablassen soll, ist keine Anerkennung des Anderen, sondern nur der Verhältnisse, in denen sich der Andere befindet.[58] Diese Schlussfolgerung Butlers ist angesichts ihrer Prämissen logisch: Wenn die Position des *sprechenden Ichs* nicht selbstbegründet ist, stellt es eine Bedrohung der Geschlossenheit dieser Position dar, wenn Menschen, die das konstitutive Außen bekleiden, nicht mehr ihrer Rolle und damit nicht mehr ihrer Funktion als Bestätigung der männlichen Identität entsprächen. Weil sich Butler die Konstituierung des *sprechenden Ichs* als direktes Aufeinandertreffen vorstellt, müssen auch die konkreten Verhaltensweisen des Anderen kontrolliert werden. Die ständige Instabilität, durch die sich das *sprechende Ich* laut Butler wegen seiner absoluten Abhängigkeit auszeichnet, lässt es für sie als Verursacher von Herrschaft und als Quell der Unterdrückung erscheinen. Ihr synonymer Gebrauch der Begriffe „Identität", „Subjekt" und „Männlichkeit" wird damit um ein viertes Phänomen erweitert, nämlich das der „Beherrschung". Als Verursacher von Gewalt und Unterdrückung gilt paradoxerweise gerade derjenige, der nach Selbstbestimmung strebt, da zum Zwecke seiner Autonomie der Andere und dessen Unbestimmtheit unterworfen werden müssten. Dass ausgerechnet Emanzipationsbestrebungen die Ursache der Gewalt sein sollen, führt zu einer Verschiebung der gesamten Problemwahrnehmung: Nicht Unterdrückung ist das Problem in der Welt, sondern die Versuche zu deren Überwindung.

Wie geht Butler mit ihrer Behauptung um, Selbstbestimmung ließe sich nur über Fremdmachung, über Ab- und Ausgrenzung herstellen? Sie radikalisiert ihren eigenen Ansatz in Bezug auf die Anthropologin Mary Douglas, indem sie feststellt, dass die

> „Umrisse ‚des Körpers' durch Markierungen gezogen werden, die versuchen, bestimmte Kodes der kulturellen Kohärenz zu errichten. Jeder Diskurs,

> der die Begrenzung des Körpers zu errichten versucht, dient dem Zweck, bestimmte Tabus zu setzen und rational zu begründen. Diese Tabus betreffen die geeigneten Schranken, Haltungen, Formen des Austauschs, die definieren, was den Körper konstituiert: ‚… die Vorstellungen vom Trennen, Reinigen, Abgrenzen und Bestrafen [haben] vor allem die Funktion, eine ihrem Wesen nach ungeordnete Erfahrung zu systematisieren. Nur dadurch, dass man den Unterschied zwischen Innen und Außen, Oben und Unten, Männlich und Weiblich, Dafür und Dagegen scharf pointiert, kann ein Anschein von Ordnung geschaffen werden.'"[59]

Der gesamte Diskurs der Selbstbestimmung und Autonomie dient Butlers Analyse nach einzig und allein der Herstellung von Ordnung – Normativität – in einem Feld der Unordnung oder der Unbestimmtheit. Diese Schlussfolgerung reiht sich ebenfalls logisch in die Regeln ihres Denkens ein: Wenn der Versuch des *sprechenden Ichs*, sich als solches zu behaupten, nur über die beherrschende Abgrenzung von anderen Menschen gelinge, kann es – und die dazugehörigen Eigenschaften wie Autonomie – nicht länger als erstrebenswert gelten. Wenn das Subjekt-Sein nur in Form gewaltsamer Übernahme des Lebens denkbar ist, lässt das nur eine Schlussfolgerung zu: Das Subjekt muss verschwinden.

Butler lässt in *Das Unbehagen der Geschlechter* noch zaghaft durchscheinen, dass die „‚Ungeordnetheit' […] auch neu als Gebiet *kultureller* Ungeregeltheit und Unordnung reformuliert werden [kann]. […] [Die] Analyse legt nahe, daß die Schranke des Körpers niemals bloß durch etwas Materielles gebildet wird, sondern daß die Oberfläche des Körpers: die Haut, systematisch durch Tabus und antizipierte Übertretungen bezeichnet wird […]."[60] Der Ausblick, den Butler hier gibt, bezieht sich also nicht auf die Emanzipation, auf ein Selbst, das auch ohne Gewalt gegen den Anderen geformt und erhalten werden könne, sondern auf die Möglichkeit, das Subjekt-Sein und alle Bestimmtheit samt und sonders überwinden zu können und in eine allgemeine Zerstreuung überzugehen. Die Diaspora als Leben des vereinzelten Subjekts in Ohnmacht, Abhängigkeit und Ausgeliefertsein sei also nicht nur das, was sich Butler für Juden wünscht, sondern solle endlich gelebte Verwirklichung dessen werden, was alle Menschen angeblich ohnehin konstituiere. Wenn jede Bestimmtheit lediglich (sprachlich) konstruiert ist, lasse sie sich auch zurücknehmen. Die Grenzen des Körpers seien somit keine anatomischen, sondern nur die nach außen verschobenen Grenzen einer Ich-Bildung, die sich durch gegenseitige Abstoßung vollziehe.

Der Historiker Marco Ebert hat gezeigt, dass Butler mit dem Aufruf, die Selbstbestimmung zurückzuweisen, nichts Originelles, sondern einzig die Radikalisierung des bereits Bestehenden vorschlägt. Das menschliche Leben in der gegenwärtigen, Waren produzierenden bürgerlichen Gesellschaft zeichnet sich entgegen Butlers Behauptung gerade nicht durch Unabhängigkeit des Einzelnen aus, sondern durch dessen Ohnmacht, weil er den herrschenden Verhältnissen ausgeliefert ist. Gerade diese subjektkränkenden Konsequenzen bürgerlicher Vergesellschaftung gelten Butler nicht nur als erhaltenswert, sondern als zu intensivieren, weswegen sie das Subjekt selbst und die ihm möglich gewordenen Freiheiten vollständig zurückweist.[61]

Die Ablehnung der Souveränität

In *Am Scheideweg* zieht Butler die logischen Konsequenzen aus ihrer Subjekttheorie, welche politisch selbstverständlichste Bestrebungen – Autonomie, Sicherheit und Freiheit – als männlichen Identitätswahn und als zwangsläufige Formen von Beherrschung zurückweist. Die argumentative Dämonisierung Israels ist somit eine konsequente Weiterführung ihrer Argumentation gegen die sexuelle Differenz.

Im Einklang mit dem Subjektverständnis ihrer Geschlechtertheorie schreibt Butler unmissverständlich, dass der Andere „mir nicht nur als Teil assimiliert [ist], sondern [...] unassimilierbar [bleibt] als der, der meine eigene Kontinuität unterbricht und ein ‚autonomes' Selbst gegenüber einem ‚autonomen' Anderen verunmöglicht."[62] Das Unterbrechen der Stetigkeit des Selbst bedeutet für Butler die Verunmöglichung von Selbstständigkeit. So gebe es „eine Heterogenität noch vor meinem Sein, durch die das autonome Subjekt, das ich zu sein scheine, permanent dezentriert wird."[63] Wie in *Das Unbehagen der Geschlechter* gelten Selbstständigkeit und innere Stabilität hier als Schein. Die Irritation, die der Andere für das eigene Selbst bedeutet, sei so tiefgehend, dass Selbstständigkeit undenkbar werde: „Wo beginne und ende ‚ich' und welches sind die lokalisierbaren Parameter des ‚Anderen'?"[64] Die Irritation durch den Anderen drohe, jederzeit eine Verschmelzung einzuläuten. Dem Begriff der Identität – unter dem Kontinuität, Autonomie, Abkapselung und Einheit gefasst werden – stehen Zerrissenheit, Abhängigkeit und Dezentrierung gegenüber.

Für die Verantwortung im Zusammenleben bedeutet das: „Wir tragen Verantwortung für das Leiden des Anderen nicht nur, wenn wir es offensichtlich verursacht haben."[65] Vielmehr „kann ich meine Beziehung zum Anderen nicht verleugnen, ganz gleich, was der andere tut, ganz gleich auch, was mein eigener Wille sein mag. Tatsächlich ist Verantwortung keine Frage der Kultivierung eines Willens (wie für die Kantianer), sondern der Anerkennung einer unwillentlichen Empfänglichkeit als Quelle der Offenheit für den Anderen."[66] Eben weil die Abgrenzung vom Anderen vergeblich sei und zu Gewalt führe, könne Verantwortung noch unter Bedrohung des eigenen Lebens nicht zurückgewiesen werden, da der „vorgängige und unwillentliche Bezug zum Anderen verlangt, dass wir weder dem Voluntarismus noch der impulsiven Aggression nachgeben, wie sie der egoistische Selbsterhalt verlangt."[67] Der Andere „übermittelt so ein striktes Verbot impulsiver Aggression gegen den Verfolger."[68] Damit wird jede Selbstverteidigung illegitim, da „[d]as Leben des anderen zu zerstören, um das eigene zu verteidigen, […] nichts anderes als die Abwendung vom Antlitz [bedeutet]“[69], das Butler nach Lévinas als Zusammenführung der eigenen und fremden Verletzlichkeit fasst.

Butler meint zwar, dass die Beziehung zum Anderen „immer schon in einem sozialen Kontext [stattfindet], zu dessen Geschichte und Gegenwart auch immer schon der Konflikt gehört“[70], dieser „Kontext“ wird aber nicht weiter spezifiziert. Es geht ihr an dieser Stelle keineswegs um eine Auseinandersetzung mit arabischer Gewalt gegen Juden, die es lange vor Israels Staatsgründung gab, oder darum, eine historische Einbettung der Notwendigkeit eines jüdischen Staates zu formulieren: Dass es nicht etwa den arabischen Nachbarn und den Palästinensern, sondern allein Israel und den Juden an Motivation für den Frieden fehlte und fehlt, ist für Butler ohnehin unstrittig.

Der „soziale Kontext“ und der „Konflikt“, von denen sie spricht, verweisen stattdessen auf das vermeintliche Grundprinzip des menschlichen Daseins. Jede konkrete Auseinandersetzung erscheint lediglich als konkreter Ausdruck einer allem zugrundeliegenden, vom Kontext unabhängigen Dynamik des *Othering*. Beeinflusst werden könne demzufolge einzig, wie auf diese Dynamik reagiert wird – eben mit Abgrenzung und Gewalt in der Selbstverteidigung oder aber mit Einsicht in und Hinnahme der Bedrohung des eigenen Lebens. Gerade hinsichtlich des Massakers an Juden am 7. Oktober 2023 – der Folter, der Vergewaltigung und der barbarischsten Weise, Menschen zu töten – zeigt ein Aufruf, derartige Handlungen ohne Gegenwehr über sich ergehen zu lassen und damit zum willigen Komplizen der eigenen Auslöschung zu werden, den vehementen Zynismus dieser und aller ähnlichen Theorien auf.

Am Scheideweg ist ähnlich Butlers übrigen Schriften – und gerade jenen zur Gewalt – maßlos pathetisch und im Kern menschenverachtend. Der tiefen Ergriffenheit nicht nur der eigenen vermeintlichen Erkenntnis, sondern vor allem der behaupteten Tragik geschuldet, dass gerade im Versuch der Selbstverteidigung die Ursache für Gewalt begründet sei, kann die sich als besonders nachdenklich und differenziert gebarende Denkerin angesichts des angeblich niederen Selbsterhaltungstriebes der Israelis nur spötteln oder in freilich sehr besorgtem Tonfall mahnen, man möge sich nicht zu sehr auf das eigene Überleben versteifen.

Gemäß Butlers Subjekttheorie kann die Einsicht in die Fragilität des eigenen Lebens – die ja ebenfalls eine unbestrittene Binsenweisheit ist, denn warum sollte man Vorkehrungen zur Selbstverteidigung treffen, wüsste man nicht, dass man selbst verletzlich ist? – aber nicht auf abstrakt-bewusster Ebene bleiben, sondern muss konkret und stetig bewiesen werden. So ist bei Butler eben nicht nur Geschlecht performativ (*doing gender*), sondern auch das Subjekt-Sein (*doing subject*). Subjekt sei man erst, wenn man entsprechend handelt, sich also autonom gibt und Verletzungen abwehrt. Die von Butler geforderte Überwindung des Subjekt-Seins (*undoing subject*) könne somit nur durch die tatsächliche Erfahrung von Gewalt bzw. stetiger Gewaltandrohung und der Bejahung dieser gelingen:

> „Gewaltlosigkeit entstammt […] somit keinem Ort des Friedens, sondern entspringt einer permanenten Spannung zwischen der Furcht, Gewalt zu erleiden, und der Furcht, Gewalt zuzufügen. Frieden ist ein aktiver Kampf gegen die Gewalt, und es gibt keinen Frieden ohne die Gewalt, die er in Schach zu halten sucht. […] Die Beziehung ist also von Anfang an nicht ohne Gewalt: Ich werde vom Anderen gegen meinen Willen in Anspruch genommen und meine Verantwortung für ihn entspringt dieser Unterwerfung.“[71]

Butler kann zwar behaupten, grundsätzlich und immer gegen Gewalt zu sein, aus ihrer Theorie geht aber das genaue Gegenteil hervor: Ihr Plädoyer für Gewaltlosigkeit erfordert in seiner Konsequenz die tatsächliche Existenz von Gewalt, um das hochmütige Subjekt wieder in die Schranken seiner Niedrigkeit zu verweisen. So sei es wichtig, „dass diese Art der Verfolgung mich nicht unversehrt lässt, ja diese Verfolgung zeigt gerade, dass ich niemals unversehrt gewesen bin."[72] Der fortwährende Beweis eigener „Versehrtheit" sei – ihrem konkretistischen Denken treu bleibend – deshalb so wichtig, weil *Othering* und damit Autonomie und Sicherheit ebenfalls konkret, nämlich durch direkte zwischenmenschliche Begegnungen konstituiert würden. Einzig das konkrete Durchbrechen der Illusion der eigenen Unversehrtheit – also tatsächliche Verletzung, Erniedrigung und Tötung – könne dieses *Othering* irritieren. Aus der metaphorischen Gewalt, die das Tötungsverbot bedeutet, wird damit die konkrete Notwendigkeit zur Auslieferung an die Gewalt.

Butlers sprachmonistische Feindschaft gegenüber der Leiblichkeit zeigt sich hier unmittelbar: Die Empfindungen des Körpers und die damit einhergehenden Ziele wie die Verhinderung von Schmerz und Tod stehen der Ethik nur im Wege, weswegen die Körperlichkeit als sprachliche Konstruktion (oder Materialisierung, der die Sprache vorausgeht) entlarvt und erniedrigt werden müsse. Die von Butler als zeitlos gesetzte Ethik verlangt gerade die Erfahrung von Schmerz und Ohnmacht. Da Butlers Sprachkonstruktivismus jedoch keine Leiblichkeit vor dem Diskurs kennt, bleibt der Leib dem Diskurs immer etwas schuldig. Nicht nur das Begehren, sondern auch die Leiblichkeit, die Empfindsamkeit des Körpers und damit das Leben selbst sind für Butler keine Gaben der Natur, sondern ein bedingtes Ergebnis des Diskurses – und dadurch grundlegend an den Anderen gebunden. Das, was das Individuum in die Welt bringe, sei demnach die Abhängigkeit vom Anderen. Sich ein Widerstandsrecht gegen die Übergriffigkeit der Welt herauszunehmen, komme damit geradezu einem blasphemischen Verstoß gegen die Schöpfung und ihrer Gesetze gleich. Dieser Logik entsprechend führt sie fort:

> „Ich bin verantwortlich für das, was der andere getan hat, was nicht bedeutet, dass ich es selbst getan habe, sondern dass ich es erleide und dass ich in diesem Erleiden Verantwortung dafür übernehme. Ich nehme nicht länger meinen Platz ein. Ich habe dem Anderen meinen Platz abgetreten, aber, was noch viel wichtiger ist, der Andere hat meinen Platz eingenommen, ihn usurpiert und mich zur Geisel genommen. Etwas ‚anderes' drängt sich ‚an meine Stelle' und ich kann meinen Platz nur noch als den bereits durch den Anderen besetzten Platz begreifen. Der Andere ist nicht ‚dort' (*la bas*), jenseits von mir, er konstituiert mich von Grund auf."[73]

Die Verletzungen, die Verfolgung mit sich bringe – seien es psychische oder physische –, gelten als erstrebenswerter Durchbruch durch die diskursiven Grenzen des *Otherings* und sollten bejaht werden. Erst, wenn die Beziehung der Menschen zueinander vom potenziellen Getötet-Werden dominiert werde und es hiergegen kein Aufbegehren mehr gäbe, genüge die soziale Beziehung auch ihrer Existenzbedingung, der Abhängigkeit des Einen vom Anderen. Politisch übersetzt bedeutet das: Erst, wenn der Jude tatsächlich in dauerhafter Bedrohung seiner Existenz lebt und seine Geiselnahme, Folter und Tötung ohne Gegenwehr auch noch als Konstitutionsmomente seiner eigenen Existenz anerkennt, genügt er Butlers ethischem Anspruch.

Souveränität könne demnach nur eine Lüge des Zionisten sein, der nicht nur gegen das ethisch Gebotene aufbegehre, sondern auch gegen den Grund allen Daseins. Der eigentliche Modus des Menschseins sei Usurpation, und jeder Hochmütige, der gegen diese Ordnung der Welt aufbegehre, müsse zwangsläufig scheitern. Weil das Eigene nur durch den Anderen existiere, müsse man diesem bedingungslos Untertan sein. Dieser bizarre Masochismus steigert sich bei Butler zu der Aussage, der Mensch sei „nichts anderes als diese Pflicht, und er wird durch das Gebot [nicht zu töten, CE] selbst am Leben erhalten, zugleich aufgerichtet und überwältigt. Das bedeutet, dass das Selbst keine Substanz ist und dass das Gebot kein kodifizierbares Gesetz ist; jeder existiert nur durch einen Anruf, der vereinzelt, überwältigt und zwingt."[74] Das menschliche Leben solle demnach vollständig in Zwang und Unterdrückung aufgehen.

Für die Bebeispielung und vorbildliche Erfüllung dieser Subjekttheorie müssen die Juden und der Staat Israel deswegen herhalten, weil Butler das antisemitische Zerrbild vom wurzellosen, zersetzenden Juden positiv umkehrt und bejaht. Diese Eigenschaften, die im Antisemitismus bekanntlich eine wesentliche Rolle spielen, seien nicht nur in der jüdischen Tradition angelegt und das einzig wirklich universell Menschliche – vielmehr stelle diese Selbstaufgabe ein anzustrebendes Zukunftsmodell dar. Impliziert wird, dass der wehrhafte Jude – der Zionist also – nicht nur gegen sein Jüdischsein verstoße, sondern gleich gegen die Subjektwerdung als solche. Butlers Vorstellung von Subjektivierung diktiert ihr nicht nur, wie alle Menschen werden sollen, sondern unterstellt ein intersubjektives Gesetz, das vom Subjekt nur gewaltsam verleugnet werden könne. Demnach könne Gewalt nicht verhindert werden, sondern nur das Leiden an ihr, das Folge der Verleugnung der eigenen Existenzursache (Abhängigkeit vom Anderen) ist.

Dass die hier schillernde Forderung, auf (gewalttätige) Selbstverteidigung zu verzichten, im Falle Israels bedeuten würde, dass seine jüdische Bevölkerung der restlosen Vernichtung ausgeliefert wäre, verschweigt Butler. Der Zionismus sei ihr zufolge ohnehin keine Reaktion auf die versuchte Auslöschung des europäischen Judentums. Die Antwort auf die Shoah, die sich ihrer Meinung nach darin erschöpfe, dass sich eine Nation durch die angebliche Reinigung von einer nicht anpassungsfähigen Bevölkerungsgruppe neu zu begründen versucht habe, müsse in der Absage an alle weiteren Versuche nationaler Organisation bestehen. Die Erfahrung der Verfolgung, die Juden historisch gemacht haben und deren schlimmste Form Butler niemals als planmäßige, leidenschaftlich durchgeführte und millionenfache Vernichtung benennt, sollten ihrer Meinung nach zu allgemeinen Ansprüchen geriert werden.[75] Damit entfällt Antisemitismus als Ursache der Shoah, während der Nationalsozialismus in der verallgemeinernden Rede vom „toxischen" Nationalismus eingeebnet wird, dem sie den Zionismus zurechnet. Shoah und Zionismus erscheinen somit als zwei Modalitäten ein und derselben Sache und die Palästinenser als die neuen Juden – als Opfer der ehemaligen Opfer, die jetzt Täter geworden seien.

Wenn nicht der antisemitische Vernichtungswahn der Deutschen bis 1945 Anlass für den Zionismus geben kann, bleibt Butler zu dessen Erklärung nur die agitatorische Rede von der „militarisierten Kolonialbesatzung"[76], die sich erst im Nachhinein mit dem Verweis auf die Naziverbrechen zu rechtfertigen versuche. Doch selbst dann, wenn der Zionismus auf antisemitischer Verfolgung gründen sollte, rechtfertige das nach Butler keinen Anspruch auf Souveränität.[77] Diese vulgärsten antisemitischen Äußerungen, die im Gemurmel eines jeden Stammtischs zu vernehmen sind – Täter-Opfer-Umkehr; von der Shoah angeblich profitierende und damit die Welt täuschende Zionisten –, sind der Endpunkt einer mit solchem Aufwand betriebenen und sich hochtrabend-differenziert gebenden „Überlegung".

Ganz der Annahme verpflichtet, dass Eigenes nur durch den Ausschluss Anderer gelinge, fragt Butler noch:

> „Was täte Israel ohne seine unterworfene und ausgewiesene Bevölkerung, ohne seine Enteignungs- und Vertreibungsmechanismen? In seiner gegenwärtigen Form kann Israel gar nicht ohne diese Mechanismen auskommen, ohne sich selbst als Israel zu zerstören. So gesehen ist die Bedrohung Israels Folge seiner grundlegenden Abhängigkeit von Enteignung und Vertreibung zur Aufrechterhaltung seiner Existenz."[78]

Verantwortung für die Gefahr, der Israel gegenübersteht, müssen also die Juden auf sich nehmen, die sich ganz selbstverschuldet in ein unlösbares Dilemma manövriert hätten. Die Lösung für die seit der israelischen Staatsgründung 1948 existenzielle Gefährdung bestehe angeblich darin, „die palästinensische und die jüdische Geschichte zusammenzudenken", indem auf den unterschiedlichen, aber „diasporischen Charakter"[79] beider verwiesen werde. Mit positivem Bezug auf den postkolonialen Vordenker und Steine-auf-Israel-Werfer Edward W. Said solle das „jüdische Volk an seinen Status als Exilanten, Wanderer, Flüchtlinge"[80] erinnert werden, um „aus dieser Besonderheit allgemeinere Grundsätze zum Schutz von Minderheiten und Flüchtlingen [...] abzuleiten", da „sich die diasporische Existenz inmitten kultureller Heterogenität [konstruiert] und [...] Differenz oder Pluralität als Bedingung des eigenen Daseins [verlangt]."[81] Die Diaspora wird hier deshalb fokussiert, weil sie „die Grenzen der Identitätsbildung in diesem Zusammenleben und Leben unter den Anderen markiert [...]."[82]

Anstatt die Behauptungen poststrukturalistischer Theorien über die Funktionsweise von Subjekt und der Herkunft von Gewalt zu bestätigen, falle der zionistische Jude also dem Maskulinismus und dem Identitätswahn des modernen Subjekts anheim und werde zum Verräter an der Diaspora. Für den Juden sei dies sogar ein noch größeres Verbrechen als für alle Nicht-Juden, denn der Jude verharrt in Butlers philosemitischer Interpretation bereits in der allgemein gewünschten Abhängigkeit vom Anderen. Nicht nur er selbst war in der zweifelhaften Position, keiner Einkapselung zu verfallen - er war auch der nicht-identische Stachel in den nicht-jüdischen Nationen, in denen er lebte. So ist für postmoderne Ideologen wie Butler nicht nur beklagenswert, dass der Jude durch die Gründung eines Judenstaates nun selbst dem Souveränitätsgedanken, dem angeblich „toxischen" Modus des Menschseins anheimgefallen sei, sondern dass er auch nicht mehr als subversive Irritation in anderen „Identitäten" dienen kann: Er ist der Subversion entzogen. Anstatt weiterhin mit vermeintlich gutem Beispiel voranzugehen, in der Diaspora zu leben und damit potenziell der Gewalt und der Willkür der Antisemiten ausgeliefert zu sein – anstatt also den für Butler als grundsätzlich wünschenswert charakterisierten Zustand eines ausgelieferten Lebens bewusst zu halten, sodass dieser auf alle Menschen ausgeweitet werden könne –, wendet er sich der Verteidigung seines Lebens zu.

Vom Elfenbeinturm in die Graswurzel

Butlers früher Beitrag zur Queer Theory ist nicht von ihrem Antizionismus zu trennen. Diese Erkenntnis dürfte mittlerweile auch zu ihren etwas umsichtigeren Anhängern vorgedrungen sein. So vermerken sie affirmativ, dass es nur scheinbar eine Merkwürdigkeit sei, dass sich Butler in ihren jüngeren Publikationen nur noch mit dem Thema Gewalt und Frieden auseinandersetzt, obwohl ihr Ausgangspunkt doch die Geschlechtlichkeit gewesen ist.[83] Denjenigen wiederum, die Butlers geschlechtertheoretische Hypothesen schätzen, vor ihrem Antizionismus jedoch zurückschrecken, muss nunmehr klar sein, dass die antiisraelische Position der allseits bejubelten Denkerin keine Unannehmlichkeit ist, die parallel zu ihrer „eigentlich guten" Geschlechtertheorie verläuft, sondern die Konsequenz aus Überlegungen, die bereits in *Gender Trouble* ausgearbeitet wurden.

Während zunächst der Verdacht naheliegt, dass sich Butler dank ihres Kulturrelativismus dem woken Lager angeschlossen hat, das identitätspolitisch gegen Israel zu Felde zieht, zeigt die genaue Analyse ihrer Schriften, dass sie keineswegs auf einen Trend aufgesprungen ist. Als größte Kulturrelativistin, die eigentlich alles Universelle verneint, argumentiert Butler gerade gegen Israel universalistisch, indem sie den Zionismus als Versuch einer Identitätsstiftung salopp als Identitätspolitik zurückweist. Genau das macht ihre politischen Ideen besonders anschlussfähig, denn dieser Vorwurf erfreut sich in Deutschland großer Beliebtheit, wie sich nicht zuletzt am kulturbetrieblichen Erfolg von Omri Boehm[84] und Susan Neiman[85] zeigt. Obwohl diese Philosophen argumentativ in keinem krasseren Gegensatz zu Butler stehen könnten, sind sie in dieser Hinsicht voll auf Linie mit ihr.

Zunächst scheint Butlers Vorstoß nicht an klassische Schuldabwehr anzuschließen, da er sich frisch, unverbraucht und alles andere als konservativ gibt. Und doch kommt er dem deutschen Bedürfnis, mit dem Erbe des Nationalsozialismus aufzuräumen, sehr gelegen: Die Gründe für die Vertreibung und die Tötung von Menschen sind für Butler in einer bestimmten Form des Menschseins selbst angelegt, weswegen konkrete Verbrechen in der Menschheitsgeschichte bloßer Ausfluss ontologischer Standards seien. Butler betreibt damit eine Universalisierung der Shoah, denn ihr postmodernes Denken leitet die Schuldabwehr über eine Abwehr der Singularität der Shoah ein. Das ist gerade deshalb perfide, weil diese Universalisierung zu einer Relativierung der Ermordung der europäischen Juden bei gleichzeitiger moralischer Instrumentalisierung führt: Während die historischen Fakten über Auschwitz im Sinne der Universalisierung ausgeblendet werden, wird das Geraune über die in der Shoah sich allgemein zeigenden menschlichen Abgründe laut.

Weil die Vernichtung der Juden eine durch das falsche Menschsein (*Othering*) verursachte Monstrosität gewesen sei, kann auch der Deutsche als Rebell gegen diese Weise des Menschseins – als dessen Vertreter nun Israel festgeschrieben wird – rehabilitiert werden. Damit wird Auschwitz nicht nur die Singularität eines historisch beispiellosen Verbrechens abgesprochen, sondern auch der Schrecken genommen, weil Butler die Bedrohung und Auslöschung des eigenen Lebens ohnehin als grundsätzlich alternativlos begreift. Dadurch wird die Shoah auf perfide Weise zu einer intensivierten Zurückweisung menschlicher Abhängigkeit karikiert. Der Unwille, in der Erklärung der Judenvernichtung spezifischer zu werden, sich also nicht dem Antisemitismus und dessen gesellschaftlicher Funktion zu widmen, sondern stets auf dem allgemein Menschlichen zu beharren, führt Butler zum gerade für Deutsche höchst komfortablen Schluss, dass jeder das Opfer und jeder der Täter hätte sein können. Dieses *Othering* ist so grundsätzlich, dass in dieser Logik die ehemaligen Opfer heute die Täter sein müssen. Die Juden als neue Nazis hinzustellen, ist der furiose Schluss einer „Beweisführung", die sowohl die eigene Theorie legitimieren als auch Israel delegitimieren soll. Dies knüpft exakt an eine in der deutschen Gesellschaft äußerst beliebte Annahme an, die bereits Hannah Arendt[86] vertrat: dass sich der unbedingte Vernichtungswille an jeder beliebigen Differenz hätte entfalten können. So können sich die deutschen Täter am Ende doch wieder – obschon abstrakt – als potenzielle Opfer der Nazis fantasieren.

Obwohl es eigentlich offensichtlich sein sollte, dass Antizionismus auf Holocaustrelativierung basiert, bleibt seine Beliebtheit nicht nur unangefochten, sondern gewinnt durch seine akademische Popularisierung in Deutschland weiter an Zulauf. Nach dem 7. Oktober hat sich die Verquickung des Queer-Aktivismus und der Queer Theory mit dem Antizionismus weiter radikalisiert. Es ist kein Zufall, dass jene, die glauben, mit vermeintlicher Nichtbinarität gegen die sexuelle Differenz zu Felde zu ziehen, auch im Zionismus den Feind ausmachen. Vielleicht haben sie Butlers Schriften nicht gelesen, doch die Botschaft, dass jede Exklusivität auf *Othering* basiere und deswegen böse sei – und sich vor allem Israel der Einsicht dieser Botschaft widersetze und sich damit zum Feind der Menschheit mache –, ist bis ganz nach unten durchgesickert.

Die gegenwärtige Verbindung zwischen queerem Aktivismus und Queer Theory kann ebenfalls auf eine Tradition zurückblicken. Viele Lesben hatten den misogynen Gehalt von Butlers frühen Schriften von Anfang an verdrängt. Die spektakuläre Karriere der Gender-Theoretikerin war nur deshalb möglich, weil ihrem Ansinnen, den Feminismus zu entschärfen, indem er von Frauen befreit werden sollte, noch der konservativste Uni-Professor zustimmen konnte. Aus Begeisterung über den akademischen Erfolg einer Butch und aufgrund dieses vermeintlichen Alleinstellungsmerkmales wird Butler bis heute von Lesben verteidigt.

Indes muss klar festgehalten werden, dass die queere Ikone und Konsorten am Ende des Tages auf der Seite der Barbarei stehen. Über die Vernichtung menschlichen Lebens vergießt die queere Avantgarde nur Krokodilstränen. Ihnen war niemals an der Verbesserung des Bestehenden gelegen, und dies liegt in ihrer zynischen Ideologie selbst begründet: Der Fluchtpunkt ihrer Überlegungen ist ein Todeskult.

Anmerkungen

1 Siehe dazu u. a. die Beiträge in Patsy l'Amour laLove (Hg.), *Beißreflexe. Kritik an queerem Aktivismus, autoritären Sehnsüchten, Sprechverboten*, Berlin 2017; Vojin Saša Vukadinović (Hg.), *Freiheit ist keine Metapher. Antisemitismus, Migration, Rassismus, Religionskritik*, Berlin 2018; Till Randolf Amelung (Hg.), *Irrwege. Analysen aktueller queerer Politik*, Berlin 2020; Vojin Saša Vukadinović (Hg.), *Zugzwänge. Flucht und Verlangen*, Berlin 2020; sowie Benedikt Wolf, „Kritische Lektüren zu Sexualität und Literatur. Einleitung", in: ders. (Hg.), *SexLit. Neue kritische Lektüren zu Sexualität und Literatur*, Berlin 2019, S. 10-34.

2 Vgl. Ljiljana Radonić, „Judith Butlers antizionistische Radikalisierung und deren post-nationalsozialistische Rezeption", in: Vojin Saša Vukadinović (Hg.), *Freiheit ist keine Metapher*, S. 214-227.

3 *Democracy Now!*, „Palestinian Lives Matter Too: Jewish Scholar Judith Butler Condemns Israel's ‚Genocide' in Gaza", 26.10.2023, https://www.youtube.com/watch?v=CAbzV40T6yk (letzter Abruf: 23.12.2023, nachfolgende Zitate ebd.).

4 Vgl. o. A. [ISGAP], „Judith Butler and the Normalization of Hamas and Hezbollah within Progressive Social Movements", 18.10.2023, https://isgap.org/post/2023/10/judith-butler-and-the-normalization-of-hamas-and-hezbollah-within-progressive-social-movements/ (letzter Abruf: 22.12.2023).

5 So Butler bei Democracy Now!, „Palestinian Lives Matter Too".

6 Zitiert nach ebd.

7 Vgl. Bruno Chaouat, *Is Theory Good for the Jews? French Thought and the Challenge of the New Antisemitism*, Liverpool 2020, S. 212.

8 Vgl. Magnus Klaue, „Die Dekonstruktion des jüdischen Staates", *WELT Online*, 22.11.2023, https://www.welt.de/kultur/plus248376428/Judith-Butler-Dekonstruktion-des-juedischen-Staates.html (letzter Abruf: 22.12.2023).

9 Judith Butler, *Am Scheideweg. Judentum und die Kritik am Zionismus*, Frankfurt am Main/New York 2013.

10 Ebd., S. 9.

11 Ebd.

12 Ebd., S. 10.

13 Vgl. ebd.

14 Ebd., S. 11.

15 Während Butler vorgibt, die angebliche Gleichsetzung von „Jude" und „Zionist" zurückzuweisen, führt sie hier die abgelehnte Verbindung von Jude-Sein und Teil-des-Zionismus-Sein wieder ein, indem ihr die jüdische Perspektive als zu dominant und damit als „zionistischer Effekt" erscheint.

16 Judith Butler, *Am Scheideweg*, S. 30.

17 Ebd, S. 31.

18 Ebd.

19 Ebd., S. 32 (Hervorhebung von mir, CE).
20 Vgl. ebd., S. 33.
21 Ebd., S. 34.
22 Ebd., S. 35.
23 Ebd.
24 Ebd., S. 36.
25 Ebd., S. 39.
26 Vgl. ebd., S. 52.
27 Ebd., S. 247 (Hervorhebung im Original).
28 Es sollte hier klar festgehalten werden, dass die größte Vulgarität in Butlers Ansatz die Vorstellung ist, dass jede Bestimmtheit des menschlichen Lebens (beispielsweise Geschlecht) eine Identität sei. Dieser Vorstellung geht die Annahme voraus, dass überhaupt jede Vorstellung von Ich, Körperlichkeit oder Grenzen des Körpers sprachlich konstruiert sei, der eigentliche Zustand also die körperlose Unbestimmtheit ist. Daraus geht die Unterstellung hervor, dass jedem Auftauchen von Bestimmtheit eine aktive Abgrenzung und Ausschließung anderer Attribute vorausgeht, die in ein anderes Subjekt transportiert werden, an dem diese ausgestoßenen Attribute dann bekämpft werden können (*Othering*). Das Gegenteil von Unbestimmtheit ist aber nicht zwangsläufig Identität: Als Subjekt eine Bestimmtheit aufzuweisen, heißt nicht automatisch, diese Bestimmtheit für sich selbst identitär zu vereinnahmen, sich also einzubilden, man würde mit diesem Attribut in eins fallen. Es gibt keinen Grund anzunehmen, dass sich widersprechende Leidenschaften grundsätzlich ein Problem für ein Subjekt darstellen. Warum sollte die Zusammengehörigkeit des Ichs erst bewiesen und aufwendig konstruiert werden müssen? Die Gespaltenheit des Subjekts findet schließlich in ein und demselben Körper statt.
29 Ebd., S. 52.
30 Ebd., S. 39 (Hervorhebung von mir, CE). An diesem Satz wird auch Butlers rhetorisches Vorgehen offensichtlich, das ihren Schriften einen für viele Leser zunächst einschüchternden Charakter, weil schwer verständlichen Stil verleiht. Der Egologie, die sich dem Subjekt-Sein widmet, stellt Butler die Auffassung entgegen, dass das Subjekt-Sein unausweichlicher Charakter des Menschseins sei. „Nicht-egologisch" sei dasselbe wie die Loslösung vom Selbst. Sie sagt in diesem Satz also nichts mehr, als dass das Aufgeben der Subjektzentrierung die Bedingung des Aufgebens der Subjektzentrierung ist. Ihre Schriften sind voller solcher Tautologien, die nur aufgrund von begrifflichen Kniffen nicht sofort als solche offensichtlich werden. So kann sich Butler ungerechtfertigterweise in eine Aura der Intellektualität hüllen.
31 Vgl. ebd., S. 53f.
32 Vgl. ebd., S. 55.
33 Vgl. ebd., S. 57.
34 Vgl. ebd., S. 65 und S. 77.
35 Ebd., S. 67.
36 Vgl. ebd.

37 Ebd., S. 181.

38 Das haben auch schon andere gesehen, leider affirmativ: So zeigt sich Christina Thürmer-Rohr ganz vereinnahmt von Butlers Erniedrigung des Subjekts und scheut sich nicht, diese in Sachen pathetischer Formulierung noch zu übertreffen: „Pluralität als Verbundensein mit dem Leben anderer geht hier jeder Wahl voraus. Denen Platz einzuräumen, die ‚nicht ich' sind, durchkreuzt diese Wahl. Butler formuliert diesen Gedanken in passivischen Wendungen – über sich selbst und den eigenen Souveränitätsanspruch hinausgetragen*werden*, in meinem Selbstsein herausgefordert*werden*, vom Anderen herausgerufen*werden*, Enteignet*werden* –, Wendungen, die signalisieren, dass ich angesichts der Existenz der Anderen das Recht auf Souveränität einschränke oder abgebe, von ihnen enteignet bin. Freiwilligkeit, Selbstentscheidung, Selbstidentität, Freiheit des Subjekts stehen gegenüber der Koexistenz der Anderen in Frage." Christina Thürmer-Rohr, „Kontroversen zur Kohabitation. ‚Denken von anderswo'", in: *Feministische Studien*, Nr. 33/2, 2015, S. 308-322, hier: S. 318.

39 Vgl. Judith Butler, *Das Unbehagen der Geschlechter*, S. 64f.

40 Vgl. ebd., S. 7-9.

41 Vgl. ebd., S. 16f.

42 Ebd., S. 20.

43 Ebd., S. 37f. (Hervorhebung im Original).

44 Vgl. ebd., S. 65f.

45 Ebd., S. 69.

46 Ebd., S. 70 (Hervorhebung im Original).

47 Ebd., S. 75 (Hervorhebung im Original).

48 Judith Butler, *Das Unbehagen der Geschlechter*, S. 76.

49 Vgl. ebd.

50 Ebd., S. 77.

51 Vgl. ebd.

52 Das ist der Grund, weswegen es in dieser Theorie unsinnig erscheint, den Begriff „Frau" weiterhin zu benutzen. Weil die Frau eine reine Negativdefinition und eine Kategorie ist, die laut Butler ex negativo aus dem gebildet werde, was ihr fehle, *ist* die Frau der Mangel. Für diese Nicht-Position einen eigenen Begriff zu verwenden (Frau), zeige lediglich die Illusion auf, dass fälschlicherweise angenommen wird, die Nicht-Position sei eine eigene, positiv bestimmbare Position. Die Frau sei aber eigentlich keine Frau, sondern ein Nicht-Mann.

53 Da Butler hier zu beweisen glaubt, dass Frauen kein eigenes Geschlecht sind, sondern nur das Nicht-Männliche, kann sie den vermeintlichen Irrweg einer feministischen Politik behaupten, die sich auf Frauen bezieht. „Die Frau" als Eigenes zu behaupten, sei Ausdruck der Illusion, bei dieser Nicht-Position handle es sich um eine Position. Feministische Politik müsse sich daher, um nicht länger auf die vermeintliche Frauen-Lüge hereinzufallen, eher der Dekonstruktion von Positionen widmen als der Bestätigung dessen, was die binäre Geschlechterdifferenz stütze.

54 Judith Butler, *Körper von Gewicht*, 11. Auflage, Frankfurt am Main 1997, S. 23 (Hervorhebung im Original).
55 Ebd.
56 Ebd.
57 Judith Butler, *Das Unbehagen der Geschlechter*, S. 197.
58 Vgl. Panagiotis Koulaxidis, „Rückruf. Judith Butlers Antihumanismus des Anderen", in: Vojin Saša Vukadinović (Hg.), *Freiheit ist keine Metapher*, S. 162-169, hier: S. 167.
59 Judith Butler, *Das Unbehagen der Geschlechter*, S. 193.
60 Ebd., S. 193f. (Hervorhebung im Original).
61 Vgl. Marco Ebert, „Die ‚Identifikation mit dem Leiden'. Zur Apologie der Gewalt bei Judith Butlers Agitation nach dem 11. September 2001", in: Vojin Saša Vukadinović (Hg.), *Freiheit ist keine Metapher*, S. 170-213, hier: S. 173f.
62 Judith Butler, *Am Scheideweg*, S. 53.
63 Ebd.
64 Ebd.
65 Ebd., S. 58.
66 Ebd.
67 Ebd., S. 59.
68 Ebd.
69 Ebd., S. 74.
70 Ebd., S. 74.
71 Ebd., S. 75.
72 Ebd., S. 76.
73 Ebd.
74 Judith Butler, *Am Scheideweg*, S. 84.
75 Vgl. ebd., S. 36f.
76 Ebd., S. 39.
77 Vgl. ebd.
78 Ebd., S. 249f.
79 Ebd., S. 250.
80 Ebd., S. 250.
81 Ebd., S. 251.
82 Ebd., S. 251.
83 Vgl. Lars Distelhorst, *Judith Butler*, Paderborn 2009, S. 90.
84 Vgl. Omri Boehm, *Radikaler Universalismus. Jenseits von Identität*, Berlin 2022, S. 150-155.
85 Vgl. Susan Neiman, *Links ≠ woke*, Berlin 2023, S. 24-28.
86 Vgl. Hannah Arendt, *Eichmann in Jerusalem. Ein Bericht von der Banalität des Bösen*, 5. Aufl., München 1964, S. 17.

Die roten Hände

Antisemitismus mit menschlichem Antlitz

Niels Betori Diehl

Die heute noch spürbare, wenn auch etwas eingestaubte Erhabenheit mancher Konzeptkunst der 1960er und 1970er Jahre geht aus ihrem Verzicht auf jeglichen politischen Symbolismus hervor. Wer der skulpturalen Arbeit *Variations of Incomplete Open Cubes* (1974) von Sol LeWitt (1928-2007) begegnet, auf den der Begriff „Konzeptkunst" zurückgeht, wird mit einer logisch systematisierten Abfolge 122 offener Kuben konfrontiert, die bei Vermeiden identischer Wiederholungen alle Konfigurationen konsequent berücksichtigt und durchspielt. In dieser Konsequenz liegt zugleich der interpretative Schlüssel. Eine eindeutige Lesart, wie man sie in der gegenwärtigen Aufmerksamkeitsökonomie erwartet, mitgeliefert zu bekommen, fehlt. „Irrationale Gedanken sollten streng und logisch verfolgt werden"[1], lautet einer von Lewitts „Sentences on Conceptual Art" aus dem Jahr 1969, einem theoretischen Leitwerk der Konzeptkunst. Die Kunsthistorikerin Rosalind Krauss, die LeWitt durch Samuel Beckett liest, hat das Subversive an seinem unerbittlichen Festhalten an einer Idee in ihrem Essay „LeWitt in Progress" (1978) herausgearbeitet. Gerade diese Konsequenz wende sich gegen die „Zwecklosigkeit des Zwecks"[2], so Krauss, das Zu-Ende-Denken entlarvt sich selbst als genüssliche Farce. Konzeptkunst als Humoreske. Der Land-Art-Künstler Robert Smithson, ganz der humorbefreite Naturbursche, hat LeWitts Werke als „Gefängnisse ohne Sinn und Verstand"[3] bezeichnet, was man als Kompliment verstehen sollte. Seine Open Cubes zu betrachten und beglückt in sich hineinzulachen, bedeutet, sie zu verstehen.

Wie das Verschwinden der Glühwürmchen, das Pier Paolo Pasolini 1975 in einem Artikel für die Zeitung *Corriere della Sera* als Sinnbild für den Übergang von den bäuerlichen Werten zum „hedonistischen Faschismus" der italienischen Neuzeit deutete, ist das Erlöschen dieses Glücksgefühls das Maß für den Gräuel unserer Zeit. Es ist eine Zeit der Abwehr gegenüber dem Imaginativen und dem Uneindeutigen, die man als Ersatzhandlungen im normierten Anderssein der queeren Bewegung wiederfindet: Jeder Vorliebe ihre eigene Fahne. In den 1950 erschienenen *Studien zum autoritären Charakter* bezeichneten Theodor W. Adorno und seine Co-Autoren auf der Basis von Erich Fromms Forschungsarbeit diesen Reflex als Anti-Intrazeption und nahmen ihn als Variabel in die von ihnen entwickelte „Faschismusskala" auf.[4] Als marxistische jüdische Intellektuelle, die während der Zeit des Nationalsozialismus aus Deutschland in die USA emigriert waren und versuchten, die Ursachen für die Hinwendung zu Autoritarismus und Antisemitismus sozialwissenschaftlich zu ergründen, verorteten sie den autoritären Charakter rechts – und nur rechts. Leicht sind hier vor allem in Anbetracht von Adornos früherem strategischem Schweigen über Stalins Unterdrückung der linken Opposition und über die Moskauer Prozesse Ende der 1930er Jahre die Grenzen einer Ideologiekritik auszumachen, die sich aus der Ideologie heraus – dem Marxismus – an die Aufdeckung ideologischer Motive in der Gesellschaft machen wollte. Dieser wesentliche strukturelle Makel macht den Rekurs auf den autoritären Charakter noch heute zu einem nützlichen Knüppel gegen jegliche konservative Regung, wenngleich beispielsweise das von Else Frenkel-Brunswik entwickelte Konzept der fehlenden Ambiguitätstoleranz[5], sprich: der Fähigkeit, Mehrdeutig- und Widersprüchlichkeiten zu ertragen, sich ja gerade anbietet, die woke, identitäre Linke mit ihrer moralisierenden, diskursverweigernden und diskreditierenden Haltung deutlich als autoritär und als zwangsläufig antisemitisch auszumachen.

Bei der Adorno-Lektüre kann man dabei zeitweilig fast vergessen, dass er nun mal Marxist war, wenn auch einer, der mit dem Versiegen revolutionärer Arbeiterbewegungen und dem Schwinden jeglicher Hoffnung auf die Möglichkeit eines „wahren" Sozialismus in der Sowjetunion die Klassenanalyse der Gesellschaft nach und nach immer stärker ablehnte. Hätte er im Sommer 1969 in Zermatt nicht unbedingt wandern gehen wollen, wäre er womöglich dem Tod durch Erschöpfung entkommen, und das Konservative, das seinen unvergleichlich scharfen Beschreibungen von Verlusterfahrungen immanent ist, wäre in den darauffolgenden Jahrzehnten in seinem Werk – man stelle sich Adornos Schriften der 1980er Jahre vor! – womöglich deutlicher emporgedrungen. „Aus der Entfernung ist der Unterschied von Wiener Werkstätte und Bauhaus nicht mehr so erheblich", schreibt Adorno in den *Minima Moralia*: „Mittlerweile haben die Kurven der reinen Zweckform gegen ihre Funktion sich verselbständigt und gehen ebenso ins Ornament über wie die kubistischen Grundgestalten."[6] Man stelle dem die Konsumkritik des modernistischen Traditionalisten und Vordenkers der architektonischen Postmoderne, Adolf Loos, gegenüber, aus seinem Manifest „Ornament und verbrechen" von 1908: „Der wechsel der ornamente hat eine frühzeitige entwertung des arbeitsproduktes zur folge. [...] Die balltoilette der frau, nur für eine nacht bestimmt, wird ihre form rascher wechseln als ein schreibtisch. Wehe aber, wenn man den schreibtisch so rasch wechseln muß, wie eine balltoilette, weil einem die alte form unerträglich geworden ist [...]."[7]

Könnte man doch nur den marxistischen Ballast, der wie eine Pflichtübung Adornos Betrachtungen verflacht und stellenweise prosaisch wirken lässt, einfach herauslektorieren! Die Größe Adornos liegt ja gerade darin, dass es sich mit ihm über das beschädigte Leben selbst dann reflektieren lässt, wenn man die Ursache des Schadens nicht auf Kapital und Konsum beschränken mag.

Die Perkolation des Postkolonialen

In der Kunst hat sich aus der Not heraus die Methodik etabliert, der von Adorno und Loos beschriebenen ästhetischen Erschöpfung unserer Zeit, zu der man heute nichts zu sagen haben scheint, mit der politischen Aufladung des Werks entgegenzuwirken. Die alten erprobten künstlerischen Strategien dienen allenfalls noch als visuelle Köder, während die pseudoprogressive Obsession mit identitätspolitischen Belangen und immer marginaleren oder gänzlich imaginären Missständen einem Werk die nötige Gravitas verleihen, das es als Kunst selbst nicht mehr zu erzeugen vermag, weil jegliche Ambivalenz gleich dem Reaktionären zugeordnet wird. *L'art pour l'art!* Kein Urteil klingt heute vernichtender.

Von einem Künstler der Generation Santiago Sierras, dessen Karriere Mitte der 1990er Jahre begann, werden die kunstgeschichtlichen Referenzen noch bewusst erfrischend plakativ zitiert, die Botschaften wirken geradezu bodenständig marxistisch: Sierra zitiert die ästhetischen Formeln der frühen Konzeptkunst überdeutlich, von der nüchternen technischen Titelgebung bis hin zur Schwarz-Weiß-Dokumentation der Aktionen, während er sich thematisch immer wieder an Ausbeutung und Klassenkonflikt abarbeitet. Der krasse Gegensatz zwischen Menschen, die zusehen, und Menschen, die arbeiten, wird bei Sierra jedoch sinnlich erfahrbar, ohne dass man sich seinen politischen Überzeugungen gleich *en bloc* anschließen müsste: Für *160 cm line tattooed on 4 people* (2000) heuerte Sierra vier heroinabhängige Prostituierte an, sich für den Preis eines Schusses eine kontinuierliche Linie auf ihre aneinandergereihten Rücken tätowieren zu lassen; für *7 forms measuring 600 × 60 × 60 cm, constructed to be held horizontal to a wall* (2010) rekrutierte Sierra 28 Zeitarbeiter über eine Agentur, um sie für einen Mindestlohn sieben schwarze minimalistische Blöcke auf den Schultern tragen zu lassen, in Anlehnung an die Karyatiden der klassischen Architektur.

Das absolute Primat der Idee, wie es Sol LeWitt zelebriert hat, ist heute als künstlerische Praxis gänzlich historisiert und unzugänglich. Doch selbst der kritische Realismus eines Santiago Sierra wird bestenfalls geringgeschätzt, wenn er nicht als moralisch abstoßend vehement abgelehnt wird. Als der spanische Künstler 2021 auf dem Dark Mofo Festival in Tasmanien versuchte, in das postkolonialistische Spiel einzusteigen, war der Aufschrei groß. Für seine Arbeit *Union Flag* wollte er sich auf Instagram und Facebook durch den Aufruf zu freiwilliger Spende – „WE WANT YOUR BLOOD" – Blut von tasmanischen Aborigines besorgen, um darin eine britische Flagge zu tränken. Der Kreativdirektor des Festivals, Leigh Carmichael, gab dem Druck der Proteste nach und cancelte die Arbeit, der Privatsammler und Gründer des gastgebenden Museums Mona, David Walsh, entschuldigte sich öffentlich. Der Vorsitzende des Aboriginal Land Council of Tasmania, Michael Mansell, verteidigte dagegen *Union Flag* und forderte, dass sie ausgestellt werde.[8] Selbstverständlich sind Carmichael und Walsh weiß, Mansell dagegen Aborigine, und selbstverständlich wurde Mansells Wunsch nicht entsprochen. Das Hyperventilieren der *Professional Managerial Class*, das immer dann einsetzt, wenn es irgendwie um als gefährdet betrachtete Minderheiten geht, und die Gelassenheit der vermeintlich selbst Betroffenen sind mittlerweile zum Running Gag, zu Material für Memes geworden. Doch selbst wenn Sierras kitschige Geste, durch die er den Fokus vom allgegenwärtigen Rassismus-Diskurs doch noch auf die Extraktion als kapitalistisches Wirtschaftsmodell im Kolonialismus lenken wollte, die Zensur passiert hätte, müsste man dies als regelbestätigende Ausnahme betrachten: Künstler, die sich mit der „sozialen Wirklichkeit" auseinandersetzen und sich also explizit politisch äußern wollen, werden nicht bloß wie Sierra irgendwie dazu genötigt, „mit der Zeit zu gehen" und identitätspolitische Thematiken aufzugreifen, sondern müssen dies immer auch im Bewusstsein ihrer eigenen Position tun. Wer von Ausbeutung reden will, muss natürlich über die Ausbeutung von Minderheiten sprechen. Die weiße *Working Class* hingegen, die *deplorables*, sind mindestens zu ignorieren. Wenn der Künstler einer vermeintlich unterdrückten Minderheit angehört, verleiht ihm dies Autorität. Seine Arbeit ist dann über jegliche inhaltliche Kritik erhaben, es sei denn, der Kritiker gehört einer offiziell noch stärker unterdrückten Minderheit an.

Dem weißen Künstler bleibt nach Jahrzehnten der Perkolation der postkolonialen Theorie in jede Pore des Kunstbetriebs und im Sinne der Intersektionalität – also der Analyse der Überschneidungen und des Zusammenwirkens verschiedener Diskriminierungsformen, die eine Hierarchie der Unterdrückten konstituiert – keine andere Rolle als die des Reuigen, der Besserung gelobt, oder die des eifrigen „Verbündeten“, des „Allys“.

Kokain und KGB

Und genau dieser Typus saß am 13. November 2023 hundertfach auf dem kalten Steinfußboden der Universität der Künste in Berlin und streckte seine säuberlich mit blutroter Farbe ausgemalten Handflächen vor sich in die Höhe – in Solidarität mit einem „Volk“, das es nie gegeben hat. Oder, um es mit Hamas' ehemaligem Innenminister Fathi Hammad zu sagen, der erst 2012 verlautbart hatte: „Allah sei gepriesen, wir alle haben arabische Wurzeln [...]. Brüder, die Hälfte der Palästinenser sind Ägypter und die andere Hälfte sind Saudis.“[9]

Der Wunsch nach einem palästinensischen Staat ist zum Großteil eine sowjetische Erfindung. Der Entwurf der PLO-Charta 1964 in Moskau geht auf eine Zeit zurück, in der die Sowjetunion an der Schaffung sogenannter „Volksbefreiungsfronten“ interessiert war, die als Zentren der marxistischen Indoktrination und der antikapitalistischen Opposition fungieren sollten. Der KGB gründete die PLO, finanzierte sie, bildete ihre Terroristen aus und versorgte sie mit Waffen – mit dem Ziel, Israel als einzigen Vertreter des demokratischen Westens im Nahen Osten zu unterminieren. Im selben Jahr gründete der KGB auch die von Ernesto „Che“ Guevara geführte Nationale Befreiungsarmee Boliviens und 1965 die Nationale Befreiungsarmee Kolumbiens. Artikel 24 der ursprünglichen Charta besagt, dass von der PLO keine „regionale Souveränität" über das Westjordanland oder den Gaza-Streifen ausgeübt werde: Das imaginäre „Palästina", das die PLO von Anfang an beanspruchte, erstreckt sich über das gesamte Territorium Israels. Aus Aufzeichnungen des persönlichen Sicherheitsberaters des rumänischen Diktators Nicolae Ceauşescu, dem späteren hochrangigen Überläufer Ion Mihai Pacepa (1928-2021), geht klar hervor, das Jassir Arafat als einziges Ziel immer schon die Vernichtung Israels vor Augen hatte.[10] Und wie sollte es auch anders gewesen sein, war Arafat doch direkter Nachfolger von Amin Al-Husseini (ca. 1895-1974), dem Großmufti von Jerusalem, der 1941 Adolf Hitler in Berlin traf, um mit ihm die Endlösung der Judenfrage zu bereden. Hitler vergewisserte ihm in einem Gespräch, das wie Al-Husseinis Besichtigung eines Konzentrationslagers fotografisch dokumentiert ist, zu Deutschlands Zielen gehöre auch die Auslöschung der sich im arabischen Raum unter dem Schutz der Briten befindlichen Juden. Er hoffte, Deutschland würde bald „das Kaukasische Tor nach dem Mittleren Orient"[11] aufstoßen können. Für Hitler wurde Al-Husseini der wichtigste außereuropäische Helfer im Nahen Osten und spielte eine entscheidende Rolle für die Ausbreitung des Antisemitismus im arabischen Raum.

Der Kreml stellte Arafat prominente Berater zur Seite. Nicolae Ceauşescu sollte helfen, sein Image aufzupolieren und aus strategischen Gründen zu seiner Mäßigung beizutragen. Aus Pacepas Enthüllungsbuch *Red Horizons* aus dem Jahr 1987 kennen wir den Tenor Ceauşescus manipulativen Einredens auf Arafat. „Du musst einfach immer weiter behaupten, dass du mit dem Terrorismus brechen und dass du Israel anerkennen wirst – immer und immer und immer wieder", empfahl er: „Der Westen würde es lieben."[12] Dann begann er zu philosophieren: „Der dialektische Materialismus funktioniert, sagen wir mal, wie Kokain. Es wird dein Leben nicht verändern, wenn du es ein- oder zweimal ziehst. Wenn du es aber jeden Tag nimmst, wird es dich zu einem Süchtigen machen, zu einem anderen Menschen. Das ist die qualitative Veränderung." Arafat entgegnet ihm: „Eine Nase vom pazifistischen Arafat, Tag für Tag ...? "[13]. Und Ceaușescu: „Genau, Bruder Jassir. Der Westen könnte sogar süchtig nach dir und deiner PLO werden."[14]

General Võ Nguyên Giáp, enger Vertrauter Hô Chí Minhs und Meister kommunistischer Organisations- und Propagandatechniken im Vietnam-Krieg, riet Arafat aufzuhören, „von der Vernichtung Israels zu reden" und stattdessen seinen Terrorkrieg als „einen Kampf für die Menschenrechte" auszugeben – dann nämlich würde ihm „das amerikanische Volk aus der Hand fressen."[15] Dies war in Vietnam gelungen, wo die Umdeutung des Konflikts zwischen Sozialismus und Kapitalismus in einen Freiheitskampf der „indigenen" Bevölkerung die Menschen im Westen erfolgreich zu Kriegsgegnern gemacht hatte.

Mhamed Yazid, Informationsminister in zwei algerischen Kriegsregierungen, erteilte Arafat einen ähnlichen Rat. Von der Lage Israels als kleines Land, dessen Existenz von den arabischen Staaten bedroht wurde, sollte durch die Darstellung des palästinensischen Kampfes als Befreiungskampf abgelenkt werden. Dem Araber käme dann die Rolle des in seiner Existenz Unterdrückten zu, der nicht nur den Zionisten, sondern dem gesamten Weltimperialismus entgegensteht.[16]

1975 setzte sich die Sowjetunion für den Beschluss der UN-Resolution 3379 zur „Beseitigung aller Formen der Rassendiskriminierung" ein, die den Zionismus als eine Form des Rassismus bezeichnete und Israel in eine Reihe mit Südafrika und Rhodesien stellte.[17] Proto-Antirassismus, Sowjet-Style. Ein Jahr zuvor, 1974, hatte Jassir Arafat in seiner berühmten Olivenzweig-und-Gewehr-Rede vor den Vereinten Nationen dasselbe akademische Vokabular der radikalen amerikanischen Linken seiner Zeit übernommen, das auch die ahnungslosen UdK-Studenten mit ihren „Condemn Genocide"- und „Stop Colonialism"[18]-Sprechchören wiederkäuten: Er nannte Israel ein „zionistisches Gebilde", also einen illegitimen Staat, und erklärte den Zionismus wiederum zur „imperialistischen, kolonialistischen und rassistischen Ideologie", die zutiefst „reaktionär und diskriminierend" und – hier kommt die bis heute beliebte Volte – mit dem Antisemitismus gleichzusetzen sei wie „eine andere Seite der gleichen Münze."[19]

Bereits Anfang des 20. Jahrhunderts erschien in Russland das weiterhin vor allem im Nahen Osten auch im akademischen Bereich einflussreiche antisemitische Pamphlet *Die Protokolle der Weisen von Zion*, das vorgab, die Pläne jüdischer Weltverschwörer wiederzugeben, und in dem der Antisemitismus als Strategie der Juden für ihren Machterhalt umgedeutet wurde. „Wir brauchen den Antisemitismus", schreibt der unbekannte Autor in seiner fiktiven Rolle als jüdischer Verschwörer, „um unsere Brüder aus den unteren Schichten zusammen zu halten.[20]" 1942 notierte Martin Heidegger, „das wesenhaft ‚Jüdische'" sei der „Höhepunkt [ihrer] Selbstvernichtung in der Geschichte".[21] Der „rechnerische Geist" der Juden habe zu einer „Verjudung der Technik"[22] geführt, die sich im Zuge der Industrialisierung gegen die Juden wendete. Durch den Holocaust wird also eine „Reinigung des Seyns" ermöglicht, die Nazis werden zu „Instrumenten schicksalsgerechter Abläufe"[23], wie es Emmanuel Faye, Sidonie Kellerer und François Rastier 2015 in einem Artikel zur Veröffentlichung von Martin Heideggers „Anmerkungen" formuliert haben.

Heute finden wir dieselbe Täter-Opfer-Umkehr nicht nur in einer Flut von TikTok-Videos wieder, in denen Nichtswissende mit pseudowissenschaftlichem Ton den angeblichen „Genozid" der Israelis an den Palästinensern und die Legitimität des Jihads einem jungen Publikum verkaufen; oder auf Plattformen wie *The Grayzone* von Max Blumenthal, der das israelische Militär für die meisten Opfer der Pogrome vom 7. Oktober verantwortlich macht und massenhaft mit Zitatschnipseln aus Presseartikeln Manipulation betreibt.[24] Ein TV-Nachrichtenkanal wie CNN macht sich ebenso willentlich zur Hamas-Propagandaschleuder und berichtet, israelische Streitkräfte, die in Gaza nach den sterblichen Überresten der Geiseln vom 7. Oktober suchten, hätten mindestens 16 Friedhöfe „geschändet".[25]

Sanfter Übergang zur Barbarei

In den deutschen Qualitätsmedien herrschte dagegen heller Aufruhr über die schwarz gewandeten UdK-Studenten und ihre roten Hände, die sofort mit einem bekannten Lynchmord in Verbindung gebracht wurden. Im Oktober 2000 waren zwei israelische Reservisten falsch abgebogen und in Ramallah gelandet, wo sie festgenommen und auf ein Polizeirevier gebracht wurden. Daraufhin stürmten mit Messern und Stangen bewaffnete Männern das Revier, lynchten die beiden Israelis, rissen ihnen Augen und innere Organe heraus, verbrannten eine der Leichen und schleiften sie durch die Straßen – als Racheakt für einen palästinensischen Jugendlichen, der zwei Tage zuvor bei Zusammenstößen mit israelischen Streitkräften getötet worden war. Ein bekanntes Bild zeigt einen der jungen Mörder, Aziz Salha, wie er ans Fenster tritt und dem Mob stolz lächelnd seine blutverschmierten Hände präsentiert.

Diese Überinterpretation der studentischen Aktion folgt der Annahme, die UdK-Studenten hätten tatsächlich die Pogrome vom 7. Oktober gefeiert, und zwar mit ähnlichem Impetus wie der hasserfüllte Salha damals seine Tat. Doch blenden diese Ahnungslosen die palästinensischen Massaker nicht gerade aus? Und betrachten sie in ihrer Verblendung die Palästinenser nicht gerade als wehrlose Opfer israelischer Gewalt? Schön wär's, wenn wir es hier mit einer Gruppe radikaler Terror-Verherrlicher zu tun hätten: Wie viel einfacher wäre es, allgemein verständlich zu machen, dass dies nicht zu tolerieren ist? Stattdessen sehen wir uns gerade massivst mit dem subtilen Terror der Gutmeinenden konfrontiert, auf den Claudius Seidl in der *Frankfurter Allgemeinen Zeitung* in aufschlussreicher Weise reagierte. Der Feuilletonredakteur berichtete im November 2023 in seinem Artikel „Die Politik der Verdammnis", die Studenten hätten behauptet, die rotbemalten Hände seien als Metapher für das Blut zu verstehen, das „an den Händen deutscher Politiker" klebe, „die den israelischen Krieg mit Waffenlieferungen" unterstützten.

Seidl aber glaubt den Studenten nicht: „Jeder, der sich mit der jüngeren Geschichte Israels beschäftigt hat, wird die roten Hände […] anders deuten".[26] Die Crux ist allerdings nicht nur, dass gerade dies die Wenigsten tun: Sie liegt vor allem in der Art und Weise, wie diese „jüngere Geschichte Israels" heute in den Schulen und in den Medien vermittelt wird.

Und wie wird eigentlich in der *FAZ* über Israel berichtet, könnte man Seidl zurückfragen, in der Zeitung, die im Gegensatz zur *Süddeutschen Zeitung*, zur *ZEIT*, dem *Spiegel*, der *taz* oder der *Frankfurter Rundschau* – von Formaten wie ZE.TT und FUNK gar nicht erst zu reden – nicht im Verdacht steht, von den jungen Woken übernommen worden zu sein, und die neben der *Neuen Zürcher Zeitung* noch immer als Refugium des *Common Sense* gilt? Ein Jochen Stahnke behauptete im Juli 2020 in einem *FAZ*-Artikel mit dem Titel „Die Kehrseite des Zionismus"[27], eine Annexion besetzter Gebiete im Westjordanland würde „den Zionismus in ein Großisrael-Projekt fortgesetzter siedlerkolonialer Landnahme verwandeln" und „die Legitimität des ganzen Staates unterhöhlen"[28], womit das Existenzrecht Israels auf der Titelseite einer der meistgelesenen Zeitungen Deutschlands an Bedingungen geknüpft wurde.

Im Januar 2022 schrieb Wolfgang Reinhard in einem Gastbeitrag mit dem Titel „Vergessen, verdrängen oder vergegenwärtigen? "[29], es sei inzwischen „angebracht, nach der Pflicht zum Erinnern auch an das Recht auf Vergessen zu erinnern".[30] In dem Artikel geht es wohlgemerkt um den Holocaust. Im Schlusssatz zitiert der Historiker den jüdischen „Politikwissenschaftler und Deutschlandkenner" Alfred Grosser, der 1970 schrieb, die „Aufmerksamkeit auf die besondere Situation des Judentums [müsse] unweigerlich Feindseligkeit erzeugen."[31] Es wird zur Mäßigung aufgerufen: „Anti-Antisemitismus in zu starker Dosis mag Antisemitismus erzeugen."

Im Mai 2022 betrieb Christian Meier in seinem *FAZ*-Artikel „Warum die Lage in Jerusalem gerade sehr angespannt ist"[32] bereits in der Unterüberschrift die beliebte Umkehr: „Am Sonntag halten nationalistische Juden den jährlichen

Flaggenmarsch ab. Palästinensische Gruppen sehen darin eine Provokation."[33] Der Jude als *Agent Provocateur*, der die Palästinenser unnötig erzürnt.

Einen Monat später vergewisserte der Feuilleton-Redakteur der *FAZ*, Niklas Maak, auf dem Höhepunkt des Antisemitismus-Skandals der Documenta fifteen die Leser, „beim ersten Rundgang über die Documenta [sei] rein gar nichts zu sehen, was die Befürchtungen bestätigen würde."[34] Dafür berichtet Maak über einen „Anschlag auf das Ausstellungsgebäude", bei dem glücklicherweise „niemand verletzt"[35] worden sei. Im Gegensatz zu den Darstellungen von Juden als Schweine und Kraken[36], die Maak entgangen sein müssen, fehlte außer einigen Aufklebern mit den Sprüchen „Freiheit statt Islam", „Solidarität mit Israel" und „Free Gaza from Hamas" – und ein paar Tags mutmaßlich pubertierender Hip-Hopper – von einem Anschlag jegliche Spur. Hier wurde bewusst ein Szenario imaginierter rassistischer Taten gegen Kuratoren und Künstler der Documenta aufgebaut, um vom evidenten Antisemitismus abzulenken. Die Falschbehauptung, es hätte einen Anschlag gegeben, wurde nie zurückgenommen.

Als entschiedener Gegner der Resolution des Bundestages gegen die BDS-Bewegung vom Mai 2019 stellte Hanno Loewy, Direktor des Jüdischen Museums im österreichischen Hohenems, im Dezember 2020 in der *FAZ* die steile These auf, der Kampf gegen BDS bewirke „einen sehr viel wirkungsvolleren Boykott gegen Juden […], als es BDS selbst jemals hätte tun können."[37] BDS sei als Organisation „eine Maus" und setze lediglich „mit zahnlosen Mitteln […] ab und zu ein Festival unter Druck"[38]. Willentlich oder, fataler noch, aus Unwissenheit wird die Kauf-nicht-beim-Juden-Bewegung aufs Äußerste verharmlost. Dank der Resolution dürften „Freund[e] der AfD" und „‚antideutsche' Aktivisten" nun antizionistische Juden „mit besonderem Vergnügen als Antisemiten beschimpfen"[39], echauffierte sich Loewy. Der „Kampf gegen BDS [sei] eine machtvolle Geste des Staates"[40] im Stile Viktor Orbáns, welcher ganz nebenbei noch mit dem Attentäter von Halle verglichen wird.[41] Loewy bediente auch den

Apartheid-Vorwurf mit der Behauptung, „Israels Definition als ‚jüdischer Staat'" degradiere „seine arabischen, zum Teil alteingesessenen Bewohner [...] zu Staatsbürgern zweiter Klasse".[42]

Patrick Bahners, der bei der FAZ für das Ressort Geisteswissenschaften zuständig ist, behauptete im Juni 2023 in der Frankfurter Allgemeinen Sonntagszeitung, man würde durch die Verurteilung von BDS als antisemitische Bewegung den „Boykotteuren Hass auf die Boykottierten" unterstellen, wodurch sich die „Zahl der Antisemiten ständig vermehrt"[43]. Unter Bahners' Post seines eigenen Artikels auf Twitter kommentierte ein User sarkastisch: „Der Jude ist doch selbst schuld, wenn man etwas gegen ihn hat." Im Dezember 2020 twitterte Bahners: „Im Übrigen ist der ‚israelbezogene Antisemitismus' (als angeblich häufigste Form des Antisemitismus) erfunden worden, um Kritik am Zionismus zu skandalisieren."[44] Im September 2021 schrieb Bahners in Antwort auf einen Tweet von Ahmad Mansour, in dem es um die Verharmlosung von Islamismus geht, Mansours Wortwahl setze „ohne Grund voraus, dass Islamismus per se etwas Schlechtes" sei.[45] Es gibt also den guten und den schlechten Islamismus.

Im Januar 2023 zog die *FAZ* einen Beitrag über die korrupte Palästinenserregierung mit dem Titel „Doppelstandards für den Frieden" zurück, weil er angeblich eine „erhebliche Zahl sachlicher Fehler" enthielt. Statt den Artikel zu korrigieren, wurde lediglich eine nüchterne Entschuldigung mit Aufzählung der Fehler online gestellt.[46] Der israelische Botschafter Ron Prosor zeigte sich daraufhin in einem Brief an die Redaktion besorgt über die regelmäßigen, scheinbar zufälligen öffentlichen Bloßstellungen von „Redakteuren, die Positives über Israel schreiben".[47] Doch selbst der sehr deutliche Brief, den Prosor auch auf seinem Twitter-Profil veröffentlichte, konnte nichts bewirken: Man ließ den Artikel einfach verschwinden, so wie jeglichen Verweis auf dessen Autor.

Und im Dezember 2023 kommentierte Alexander Jürgs in einem Bericht über die von Susanne Schröter in Frankfurt organisierte Konferenz „Antisemitismus in der islamischen Welt und in Deutschland" den Einwurf der Publizistin Malca Goldstein-Wolf auf einer der Diskussionsrunden, Israel mache „ja nicht viel falsch", mit dem Fazit: „Wer so redet, ist an einer echten Debatte nicht interessiert." Ein „ja" zu Israel hat eben immer ein „ja aber" zu sein.[48]

Zwischen „seriösen" Medien jeglicher Couleur und pseudointellektuellen antisemitischen Diffamierungsplattformen à la *Electronic Intifada* waren in den letzten Jahren immer häufiger Schnittmengen ersichtlich; der Übergang zur Barbarei ist sanft. In Hinblick auf das Ausmaß der institutionellen Vereinnahmung durch die neue identitäre Linke und das Interesse der Medien, mit einer sich immer stärker radikalisierenden pseudoprogressiven kulturellen Hegemonie mitzuhalten, die Israel als Fremdkörper im Herzen des Globalen Südens betrachtet, sollte diese Entwicklung nicht verwundern. Wer glaubt, am Kiosk eine deutschsprachige konservative Tageszeitung kaufen zu können, ist Teil des Problems.

Grauen mit der Maske des Humanismus

Claudius Seidl hat mit „Die Politik der Verdammnis" einen ehrlichen Artikel geschrieben, aus dem sein genuines Entsetzen spricht. Er ist ein sensibler, ernsthaft besorgter Beobachter der Lage, doch wie viele andere mag er nicht in die Kloaken hinabsteigen, um in Abwässern herumzustochern. Er versucht vor lauter Abscheu nicht einmal zu verstehen, was die UdK-Studenten mit den roten Händen antreibt, sondern beschreibt lediglich den Schock des für ihn Neuen. Die Protestaktionen der Studenten der 68er-Generation hätten im Vergleich „wie philosophische Übungen" gewirkt, „so klug und rational"[49] sei da argumentiert worden, schreibt er. „Ho-Ho-Ho Chi Minh!"– war das klug und rational? Seidls Beobachtung zu den Unterschieden in der Protestästhetik zieht eine Trennlinie, wo es keine geben kann. Gerade die Studenten der 68er-Generation, die dem privaten Konflikt mit ihren vom

Nationalsozialismus verseuchten familiären Umfeldern auswichen, indem sie ihn auf ein angeblich faschistisches Amerika projizierten[50], sind die Wegbereiter der antiwestlichen, pro-palästinensischen UdK-Studenten, die jetzt Israel als faschistischen Staat anprangern. Allerdings verstanden die Studenten von damals die Universitäten und später jede Institution als Orte des Kampfes gegen das alte Establishment, um selbst zum neuen Establishment zu avancieren, während die UdK-Studenten Geschöpfe des Establishments sind, die von ihren Professoren zum Protest gegen Israel angefeuert werden und Kurse besuchen, in denen sie lernen, „dass man es mit dem entsprechenden indigenen Wissen schaffen könne, den Bäumen beim Sprechen zuzuhören", wie Seidl berichtet.[51] Sie sind, bei aller Eigenverantwortung, Opfer einer Übernahme, die die Generationen ihrer Eltern und Großeltern freudig oder mit Indifferenz ermöglicht haben. Nur eine Serie von traumatischen Erfahrungen, ausgelöst durch dieselbe Barbarisierung, an der sie unwissentlich partizipieren, wird sie eines Tages womöglich aus ihrem Sektendasein reißen, wenn überhaupt.

Claudius Seidl und all jene, die wie er die Lage nur umrisshaft erfasst haben, müssen in den UdK-Studenten jedoch einfach nur Lügner sehen, die ihre Intentionen willentlich verbergen, auch weil das Bild ihrer roten erhobenen Hände sich immer wieder mit dem Aziz Salhas überlagert. Doch die düstere, andächtige Ernsthaftigkeit der auf dem Hochschulboden Hockenden hat nichts mit der jungmännlichen Fröhlichkeit des animalischen Schlächters gemein. Die wesentliche Frage ist, aus welchem Grund die Studenten uns alle über ihre Absichten hätten täuschen sollen, wenn ihre Rote-Hände-Aktion, die augenscheinlich im Voraus geplant worden war, doch gerade zum Ziel hatte, eine starke und unmissverständliche Botschaft zu vermitteln? Seidl schreibt, man könne es nicht fassen, man schäme sich „für das, was man da sieht."[52] Doch was er gesehen hat, kann er nicht verstehen, will er nicht verstehen. Es ist das Grauen, das mit der Maske des Humanismus zurückkehrt, der alle „Völker", Kulturen und Religionen gleichstellt und deshalb für die Massaker in den Kibbuzen einen rationalen Grund suchen muss, den er im Islam als Ideologie der Übernahme und Unterwerfung nicht finden will. Von einer „Spirale der Gewalt“ ist dann die Rede, hinter der die Geschichte verschwindet. Die militärische Überlegenheit Israels, durch die sich die Juden nach Tausenden von Jahren Verfolgung endlich gegen ihre Auslöschung zur Wehr setzen können, macht nichts als Täter aus ihnen. Irgendwo am Beginn dieser ahistorischen „Spirale der Gewalt“ steht der Stärkere, der gleichzeitig immer der Unterdrücker ist.

Dieser säkulare Humanismus prägt den neuen Antisemitismus, der wütend „Israel!“ ruft, sich dabei vorspiegelt, die israelische Regierung zu kritisieren, und die Juden meint. Es ist der Antisemitismus mit menschlichem Antlitz, der im Kultur- und Medienbetrieb systemisch ist. Und da er systemisch ist, muss er bestmöglich kleingeredet werden, weil jeder, der in diesem Betrieb reüssieren will, ihn in irgendeiner Form annehmen und sich daher dagegen sperren muss, ihn tatsächlich zu verstehen. Deshalb spricht auch aus den vernünftigsten Reaktionen der Medien bei aller Entrüstung meist der Widerwille, einzelne Episoden als Teil von etwas viel Größerem zu verstehen. Stattdessen immer wieder diese punktuellen Aufreger und die antrainierte Unfähigkeit, Intentionen, Äußerungen und Zeichen richtig einzuordnen. Nur das Offensichtliche wird skandalisiert und einzelnen Akteuren zugeschrieben. Die Ideologie, die diese Akteure durchwirkt und treibt, bleibt verborgen.

Die Rote-Hände-Aktion ist innerhalb einer komfortablen Blase entstanden, in der man sich von historischen Zusammenhängen oder Reportagen aus der realen Welt gar nicht erst ablenken lässt: Wenn Israel eine illegitime „Entität“ ist, wie es im Jargon nunmehr heißt, ist alles, was die Palästinenser in ein schlechtes Licht rückt oder Israel gar exkulpiert, illegitim. Indem man jungen Seelen mit null analytischen Fähigkeiten aber Terrorverherrlichung unterstellt, wie es die deutsche Presse von *FAZ* bis *taz* getan hat, serviert man ihnen die Opferrolle als Waffe auf silbernem Tablett. Nun konnten sie sich wieder einmal entrüsten über all die Gemeinheiten, die über friedliebende Menschen herunterprasseln, denen die palästinensischen Kinder – und nur diese Kinder! – so am Herzen liegen. Noch enger wächst so zusammen, was zusammengehört: hauptsächlich weiße Mittelschichtskinder, denen die Solidarisierung mit den Palästinensern nach intersektional geprägter Logik obligatorisch erscheint, und leicht zu empörende, arabische Jungmänner und Hijab tragende Furien, die auf den Straßen westlicher Hauptstädte gerade ISIS-Fahnen schwenkend in ihrer eigenen Opferrolle aufgehen. „Schande" schreiend belagern sie dann gemeinsam eine New Yorker Klinik für krebsleidende Kinder, weil diese mit medizinischen Einrichtungen in Israel zusammenarbeitet.[53]

Wir erleben, auch wenn mit farcehaften Zügen, den Zusammenschluss nicht-integrierter Minderheiten und radikaler Intelligenzija, den sich Herbert Marcuse in den 1960er Jahren als neues revolutionäres Subjekt im Kampf gegen die bestehende kapitalistische Ordnung erträumt hatte.[54] In diesem Zusammenschluss spiegelt sich die historische Erfindung des palästinensischen Nationalismus, die aus dem kommunistischen Expansionsdrang und dem arabischen Unmut über die Existenz Israels entstanden ist. Der 1968er-Generation wird oft zugutegehalten, sie habe viel gelesen, und trotzdem oder gerade deshalb verfiel sie den Massenmördern Che Guevara, Hô Chí Minh und Mao Zedong. Diese jetzige Generation liest nichts, und so überlagert die islamische Alleinherrschaft als schlichtes Projekt allmählich den ausgeträumten Traum vom Kommunismus als altes neues kollektivistisches Projekt – nicht etwa in Form von Massenkonversionen zum Islam, sondern von Sympathien für jihadistische Affekte und einer stetig wachsenden Aversion gegen jüdischen Exzeptionalismus. Doch wie kam es zu einer geistigen Verarmung in einem solchen Ausmaß? Am Beispiel der Berliner Hochschule, an der sich die Szene mit den roten Händen abspielte, lassen sich Aspekte dieser Entwicklung nachzeichnen.

IDF-T-Shirt und Chanel N°5

Als Katharina Sieverding Anfang der 1990er Jahre ihre Professur an der UdK antrat, muss man den Mief wie aus dem 19. Jahrhundert bereits von Weitem gerochen haben. Als ich 2000 in ihre Klasse kam, hatte sie den Laden bereits ziemlich weit umgekrempelt. In den alten Gemäuern der Hardenbergstraße 33 hatte sie Foto- und Computerlabore einrichten lassen, wo früher nur Maltechnikkurse stattfanden und Kunstgeschichte höchstens bis Francis Bacon unterrichtet wurde. Und sie brachte durch den theoretischen Ansatz der Klasse, die sie mit Rückgriff auf den Musikjournalisten und „Poptheoretiker" Diedrich Diederichsen nach den „Visual Culture Studies" benannt hatte, neue Leute in eine Institution, in der man davor von Theorie wenig bis nichts mitbekommen hatte. Anders als ihre Professorenkollegen mit ihren ausgewählten Studentenzirkeln, war unsere Klasse offen für jeden, der vorbeischauen wollte, und Neuzugänge wurden nach dem demokratischen Prinzip in die Klasse gewählt, wenn auch manche Stimmen mehr zählten als andere. Es war ein Reenactment dessen, was Katharina Sieverding als Studentin bei Joseph Beuys an der Düsseldorfer Kunstakademie erlebt hatte: die Klasse ohne begrenzte Größe, die von den Studenten selbst mitgestaltete Lehre. Und sie brachte den glamourösen Touch in die speckige Tristesse der Berliner Hochschule – die immer makellosen feuerroten Lippen, die Sonnenbrille auch um Mitternacht, die große Chanel N°5-Flasche, die ab und an gezückt wurde.

Doch mit den neuen theoretischen Positionen, mit dem vermeintlich frischen Wind wurde ein Theorie-Vokabular der Geistes- und Sozialwissenschaften in die Köpfe der Studenten verpflanzt, das selbst bereits im fortgeschrittenen Zustand des Verfalls begriffen war. Es fand ein Import jener in „Studies" endenden akademischen Disziplinen aus der Anglosphäre statt, die wissenschaftliche Forschung der Ideologie unterordnen, um sich ganz auf den Aktivismus und die Besetzung von Stellen mit Gleichgesinnten zu konzentrieren.

Man bekam den linken Modediskurs des Semesters geliefert: Operaismus, Afrofuturismus und dergleichen. Die alten Geschichten, neu aufgelegt. Der intrinsische Fokus der aktivistischen Disziplinen auf spezielle Identitäten, Kontexte und „politische Praxen" führte durch das Fehlen jeglichen Vorwissens zu seltsamen Verfremdungseffekten: Man las Antonio Negri nicht nur, ohne Marx rezipiert zu haben, sondern auch ohne Kenntnis des Terrors der Roten Brigaden oder der sozioökonomischen Situation im Italien der späten 1970er Jahre, bekam aber Begrifflichkeiten wie „Multitude" an die Hand, die sich in langatmigen, mit Mini-DV-Camcorder und einer Gruppe von Freunden in Kreuzberger Wohngemeinschaften gedrehten Verschnitten von Jean-Luc Godards thesenhaftem Kulturrevolution-Popfilm *La Chinoise* effektvoll einbauen ließen. In diesen unschuldigen ersten Jahren des neuen Jahrtausends ließen sich Studenten zwar auch, wie die Generation vor ihnen, von Edward W. Saids Groll auf den Westen oder von Frantz Fanons dekolonialen Säuberungsfantasien[55] infizieren, wurden aber vor Anbruch des Zeitalters der Sozialen Medien und vor dem Hintergrund eines gesellschaftliche Lebens, das noch nicht von identitätspolitischen Konflikten geprägt war, nur an der Hochschule damit konfrontiert. Wenn man sich dann im Seminar Sun Ras Trash-Epos *Space is the Place* von 1974 anschaute, in dem es um eine utopistische Weltraumkolonie geht, zu der nur rein Schwarze zugelassen werden, konnte man daran nur Lustiges finden, in vollkommener Unwissenheit, dass zwei Dekaden später die antiweißen Subtexte, die man aus Blaxploitation-Streifen kannte, in die Parteiprogramme und die Personalabteilungen Einzug gehalten hätten.

Ich habe von Anfang an die postkoloniale Theorie abgelehnt, bevor ich überhaupt verstand, was das ist. Ich bin auch bis heute davon überzeugt, dass man Homi K. Bhabha gar nicht wirklich lesen kann. Ich saß da in meinem IDF-T-Shirt, um die Seminarleiterin Katja Diefenbach zu ärgern. Die aber nahm es mit Contenance. Das war die Zeit des Postmarxismus, da ging noch etwas, das war noch nicht woke.

Antisemitismus wurde explizit in einem Seminar behandelt, an das ich mich noch erinnern kann. Das Thema war jedoch räumlich und zeitlich begrenzt auf die kurze Periode der Intendanz Rainer Werner Fassbinders am Theater am Turm in Frankfurt, und keiner der Teilnehmer außer mir hatte je einen Fassbinder-Film gesehen. Es war für viele ein Zustand der konstanten Überforderung. Zudem förderte der Status, den die Klasse im Berliner Kunstkontext dank Katharina Sieverdings Prominenz und Einfluss genoss, in manchen die Hybris, schüchterte andere wiederum ein. Irgendwann holte Katharina Astrid Proll, die ehemalige Fluchtwagen-Fahrerin der RAF, an die UdK, mit der wir im Seminar Susan Sontags *Das Leiden anderer betrachten* durchnehmen sollten. Katharina hatte sichtlich Spaß an dem Ganzen; für sie war es ein Spiel. Ich dachte mir nur: Gibt es nichts anderes als diesen linken Muff? Aber ich hatte auch meinen Spaß, weil ich ihr Spiel verstand. Es war ein anarchischer Spaß mit Sinn für das Absurde, letztendlich ein bisschen wie Sol LeWitt mit seinen offenen Kuben.

Der entscheidende Punkt ist aber, dass Katharina aufgrund ihrer von altlinker Unbekümmertheit geprägten Formation verkannte, mit welchem Arsenal sie da spielte; dass ihr nicht bewusst war, dass sie durch das eigenmächtige Umpolen einer gesamten Institution vom Schnarchverein in eine neulinke Indoktrinationsanstalt dazu beitrug, den Autoritären von morgen den Weg zu ebnen. Dabei verstanden die allermeisten Studenten das Spiel ohnehin nicht; sie schienen einfach alles kritiklos hinzunehmen und fühlten sich dabei sichtlich unwohl. Ich trug gerne zu diesem Unwohlsein bei, ich war in den wodka-durchtränkten und rauchgeschwängerten Arbeitsbesprechungen, die sich manchmal bis tief in die Nacht zogen, sehr hart, auch mal gemein. Ich konnte das Veredeln jedes künstlerischen Erzeugnisses mit einem politisch genehmen Überwurf einfach nicht ausstehen. Da die meisten Studenten von Kunstgeschichte vollkommen unberührt vor sich hin werkelten, wurden immer wieder Arbeiten präsentiert, die auf den ersten Blick vollkommen derivativ erschienen, letztendlich aber nur Plagiate ohne das Bewusstsein für das Original waren. Und dann immer wieder dieses „In meiner Arbeit geht es um …"

In Fotoprojekten wurden die Posen des *Drag* übernommen, man hatte ja schließlich die kopierten Judith-Butler-Texte aus dem Handapparat überflogen, den Dokumentarfilm über die New Yorker Ballroom Culture *Paris Is Burning* gesehen und ein paar Schwule kannte man auch. Man arbeitete sich krampfhaft an der eigenen Identität ab, problematisierte die eigene Herkunft, filmte sich natürlich viel selbst beim Inspizieren der eigenen Physiognomie; man erstellte dokumentaristische Collagen, in denen Fundstücke und zufällige Bildassoziationen plötzlich gesellschaftskritisch sehr bedeutsamen erschienen; man nutzte Make-up zum Malen kleiner feministischer Statements auf Künstlerbedarfsladenleinwänden; man kam aus Urlauben mit Zufallsvideoaufnahmen zurück und versuchte sie mit postkolonialer Staffage retroaktiv politisch aufzuladen. Ein Student baute in einer Produzentengalerie ein Wahllokal auf und lud verdutzte, nicht wahlberechtigte Migranten ein, sich dort an einer fiktiven Wahl zu beteiligen. Zwei andere gründeten die „Transnationale Republik", druckten eine eigene Währung und stellten in leerstehenden Ladenflächen fingierte Pässe aus. Nichts davon war gar von anarchistischem Geist oder Leichtigkeit geprägt, alles war verkrampft und ernst gemeint und umweht von einem Hauch herbeigewünschter Relevanz, weil es irgendetwas mit Queer, irgendetwas mit Body Politics, irgendetwas mit Migration und offenen Grenzen zu tun hatte.

Kompensatorische Funktionalisierung

Die Misere, jede Äußerung über Kunst durch das zwanghafte Mitliefern einer Absichtserklärung einzuleiten, die auch immer als Daseinsberechtigung der Arbeit dient, hatte mit dem immer stärker werdenden Drang nach einer kompensatorischen Funktionalisierung der Kunst zu tun – einer Kunst, die sich schämt, einfach nur Kunst zu sein. Aus dem Ehrgeiz, „politische Kunst" zu machen, kann eben im Klima der neulinken kulturellen Hegemonie nur politisierte Kunst entstehen, Kunst mit einem Zweck, der nicht die Kunst ist. Kunst, die – wie es die BDS-nahe Professorin für Philosophie und Ästhetik Juliane Rebentisch aus linker Warte formuliert hat – „direkt zum Instrument der praktisch-politischen Verwirklichung der Utopie werden will"[56], sprich: angewandte Kunst. Die Kunstgeschichte hat ihren Untersuchungsgegenstand verloren und kann sich nur als Steinbruch der visuellen Strategien anbieten, weil die funktionalisierte Kunst, die heute massenhaft entsteht, eben nur noch Instrument ist und daher als Disziplin eigentlich getrennt historisiert gehört. Was bleibt, ist das Mitmachen-Wollen, egal wie, und die Sehnsucht nach einer Bestimmung. Beides kommt im politischen Symbolismus der pro-palästinensischen Andacht der UdK-Studenten zu seinem erbärmlichsten Ausdruck. Und beides ist Merkmal des autoritären Charakters, der dem Totalitären entgegenstrebt.

Der Künstler kann wählen: den Markt oder die Institutionen. Manchmal geht auch beides. Aber das Spiel, das Freude bereitete, ist zumindest für jene, die einen Blick für das Zeitgeschehen haben, ausgespielt. Das Aussterben der Figur des Kunstsammlers als großbürgerlicher Intellektueller, welche die Gesellschaft nicht mehr hervorbringt, und der daraus resultierende Übergang vom Sammeln von Kunst als ästhetische Obsession in geistiger Verwandtschaft mit befreundeten Künstlern zu Investition und Kapitalanlage, wird durchweg als Symptom des späten Kapitalismus wegerklärt, während man doch gerade von links die Zerstörung betrieben hat, die zu dieser Gesellschaft geführt hat. Der Trick, die eigene kulturelle Hegemonie vollkommen auszuklammern und dafür für jegliche unerwünschte Entwicklung ausschließlich ein unliebsames ökonomisches System verantwortlich zu machen, muss jedem sofort als absurd erscheinen, dem das Kokain von Ceauşescus dialektischem Materialismus keinen Kick verpasst. Die Übernahme und Aushöhlung der Institutionen und der Akademien wurde mit einer solchen Unbarmherzigkeit betrieben, dass jegliche tatsächliche Kritik oder individuelle Äußerungsform im resultierenden Vakuum ersticken musste. Auch die Kunstkritik ist nicht, wie so oft kolportiert, durch das Diktat des Kunstmarkts zunichtegemacht, sondern ist im Dienste der Propaganda gegen sich selbst gerichtet und zugrunde gerichtet worden. Ein auf eine Gruppe industrialisierter Mega-Galerien konsolidierter Kunstmarkt und die feindlich übernommenen Institutionen, in denen niemand mehr sitzt, der sich aus Leidenschaft oder intellektuellem Pioniergeist irgendwelchen Risiken auszusetzen gedächte, stellen nun die einzigen Filter dar, die einzigen Auswahlinstanzen, durch die nur funktionalisierte Kunst an die Oberfläche gespült wird. Man bemerke nur, welch peinlich berührte Blicke man beim bloßen Erwähnen des Begriffs „Qualität" im Zusammenhang mit Kunst erntet – es lohnt sich, dies einmal auszuprobieren. Qualität ist ein in hohem Grade subjektiver Maßstab, zu dessen Bewertung es aufgrund der neomaoistischen Vernichtungskampagne gegen jegliche Form von Subjektivität keine Kriterien mehr zu geben scheint. Was übrig bleibt, sind die ökonomisch eingefärbte Kategorie „Wert" und die ideologisch eingefärbte Kategorie „Relevanz".

Durch das Wegfallen jeglichen Kriteriums, das „auf der Autorität durch Autorschaft beruht"[57], also auf dem „Prinzip der westlichen Intellektuellen, der Schriftsteller, Philosophen und Künstler"[58], fallen wir zurück in den „Kulturalismus"[59] des Kollektivs, der jedem Individuum feindlich gegenüberstehen muss und der den Antisemitismus in sich trägt.[60] Zusammenfassend hat es der Kunsttheoretiker Bazon Brock so formuliert, als er im Sommer 2022 in einem Kurzinterview im Deutschlandfunk zur Documenta fifteen den mit großem Abstand schneidendsten Kommentar brachte. Bei der Ursachenfeststellung blieb Brock allerdings ganz der Fluxus-Boomer: „Von Erdoğan über Putin bis zu Xi, in all diesen totalitär regierten fundamentalistischen Regimen wird die Front des Kulturalismus gestärkt. Das heißt, auch im Westen übernimmt man nun die Führerschaft von Kulturen und ihrer Herren gegenüber der Kunst."[61] Brock scheint hier den alten Arendt'schen Totalitarismusbegriff anzuwenden und erklärt damit das gesamte neo-neolinke Projekt weg, das in seinen unterschiedlichen Schattierungen von Postkolonialismus, Intersektionalität, Critical Race Theory bis Wokeness ja gerade als Fundament nicht nur dieser letzten Documenta gedient hat, sondern spätestens 1997 mit Catherine Davids Documenta X in der Kunst unumgänglich wird. Wie Brock richtig beobachtet, war die Entscheidung für den dreist naiven, pubertären, volkstümlichen Antisemitismus des Kuratorenkollektivs Ruangrupa „wirklich strategisch gemeint".[62] Brock irrt aber bei der Definition des Beweggrundes: „Man hat die Nase voll von der Vielfalt der Anforderungen, die geschichtliche Kenntnisse verlangen etc. Und das will man nicht, weil man nichts weiß. Deswegen kehrt man zurück zum Schafstallgeblöke der kulturellen Identitäten."[63] Nein, nicht aus Unkenntnis hat man sich von der Intellektualität abgewendet: Die Entintellektualisierung ist intentional, sie ist Programm. Man ist nicht mit reaktionärer Gesinnung zur Identität zurückgekehrt, sondern man hat Identität zur progressiven Kategorie erhöht.

Die Studenten mit den roten Händen, die rassennationalistische Judenschlächter zu ihren Schützlingen erklären, weil sie „People of Color" sind, versinnbildlichen eine Übernahme, die man über sich hat ergehen lassen. Die 68er-Generation, mit welcher der lange Marsch begann, trug trotz ihrer Verklärung des Revolutionären noch die alte Welt in sich, öffnete aber die Tore für eine Generation, die diese Welt nur noch aus Erzählungen kennt und die Zersetzung und Zerstörung des Bestehenden viel nüchterner vorantreibt. Ein oder zwei Generationen später ist der Faden endgültig durchtrennt.

Max Horkheimer, der das Institut für Sozialforschung leitete, aus dem die Frankfurter Schule hervorging, und der mit Theodor W. Adorno das grundlegende Werk der Kritischen Theorie *Dialektik der Aufklärung* verfasste, hatte diese Entwicklung erkannt: In der Zeit des Nationalsozialismus sei „die einzige Hoffnung die Revolution" gewesen, so Horkheimer Ende der 1960er Jahre, doch nun bestehe „die umgekehrte Gefahr, [d]ass diese Revolution einen neuen totalitären, terroristischen Staat“[64] beschleunige. Horkheimer wies auf den konservativen Charakter der Kritischen Theorie hin, der ihm als zeitgemäß erschien, und auf die Notwendigkeit der Bewahrung der Errungenschaften der bürgerlichen Gesellschaften: „Radikal sein heißt heute konservativ sein.“[65] Israel ist in diesem Sinne ein konservatives Projekt, man wird es woken Studenten nie begreiflich machen können. Das Konservative selbst als Rückbesinnung auf all das, was heute verloren scheint, um die Voraussetzungen zu schaffen, dass es in neuer, den heutigen Verhältnissen angemessenen Form wieder entstehen kann, ist das Gegenprojekt zur gegenwärtigen kulturellen Hegemonie.

Die Bilder aus der Eingangshalle der UdK sind Einblicke in eine generalisierte Entropie. Nach der Übernahme reproduzieren die ausgehöhlten Institutionen immer die gleiche Ideologie in immer radikalerer Form und werden zu einem unwirtlichen Ort für jeglichen Ausdruck von Dissidenz. Als Kunst selbst noch Ausdruck dieser Dissidenz war, als sie noch die Eigenständigkeit besaß, sich weder vollkommen für den Markt noch vollkommen für institutionalisierte Formen des politischen Aktivismus funktionalisieren zu lassen, lebte sie von der Abstraktion, die sie erst zur Kunst macht – die Abstraktion, die der autoritäre Charakter nicht aushält. Jedes kuratorische Projekt, das sich anschickt, Werke aus dem 20. Jahrhundert mit der Kunst der heutigen Zeit zusammenzuführen, ist willens oder unwillens auch immer Zeugnis eines Bruchs, und gerät zwangsläufig zum diskordanten Ensemble, in dem uneindeutige, mokante und risikofreudige Dokumente einer verlorenen Zeit den *safen* Attrappen der angewandten Kunst des neuen Jahrtausends unversöhnlich gegenüberstehen. Lautréamonts absurdistisches Bild des zufälligen Zusammentreffens „einer Nähmaschine und eines Regenschirms auf einem Seziertisch“[66] ist vom lustvollen surrealistischen Spiel zur Beschreibung eines Zustands geworden.

Black Dada BLA

Im Mumok in Wien gehe ich durch eine Ausstellung des schwulen, schwarzen US-amerikanischen Künstlers Adam Pendleton, der laut Ausstellungstext „einen Großteil seiner Arbeit unter dem Begriff Black Dada“ organisiert, „einem Konzept, mit dem er eine sich beständig fortschreibende Untersuchung des Verhältnisses von Blackness, Abstraktion und Avantgarde bezeichnet.“[67] Was ich sehe, ist leicht verkäufliche Flachware, Sprühfarben auf Siebdruck, Buchstaben, die keine Wörter bilden. „Anagrammatisch“ schreibt die Galerie Max Hetzler dazu, „ein visueller Chor der erregten Vielfältigkeiten“ [68], heißt es auf der Website der Pace Gallery. In der Ausstellung erkennt man auf einem Bild die Buchstabenabfolge „BLA“.[69]

Nachdem Pace 2020 inmitten des George-Floyd-Fiebers wegen fehlender Diversität ihrer Mitarbeiter in Erklärungsnot geriet, wurde eigens ein zweiköpfiges Team für „Culture & Equity“ zusammengestellt und zwei Jahre später die schwarze Aktivistin Kimberly Drew als Associate Director und Kuratorin installiert. Am 9. Oktober 2023 teilte Drew auf Instagram[70] eine Serie von Posts, in denen das Massaker auf dem Nova-Musikfestival in der Negev-Wüste als „die größte jemals durchgeführte palästinensische Befreiungsaktion“[71] und als „Widerstandsaktion“ im Kampf „für Leben, Würde und Freiheit“[72] gefeiert wurde. Als ich Pace mit Screenshots konfrontierte, erhielt ich vom Associate Director of Public Relations per E-Mail eine lustlos zusammengewürfelte, routinierte Antwort: „Pace unterstützt eine sinnvolle Redefreiheit und respektvolle Meinungsverschiedenheiten unter seinen Mitarbeitern.“[73] Welche Gespräche tatsächlich hinter den Kulissen einer Galerie stattfinden, die vom Juden Arne Glimcher gegründet und von seinem Sohn Marc Glimcher geführt wird, kann man sich denken. Doch nach außen ist der Ruf durch den Schuss Blackness gerettet, und Adam Pendleton dürfte als Künstler der Galerie ebenfalls maßgeblich dazu beitragen.

Mit dem Begriff „Black Dada" habe er auf den Slogan „Black Lives Matter" reagiert, das seien „beides sehr klare, kurze Statements", so Pendleton in einem Interview.[74] Seine bemalte *Black Dada Flag (Black Lives Matter)* flatterte 2015 auf der Biennale in Venedig und dann 2018 im Großformat an einem Fahnenmast auf Randall's Island im Rahmen der Frieze Art Fair in New York. Den Anstoß für die Arbeit gab Pendleton im Jahr 2013 seine Beteiligung an einem Protestmarsch für Trayvon Martin, den vom Nachbarschaftswächter George Zimmermann – einem Latino – aus Notwehr erschossenen, unbewaffneten schwarzen Siebzehnjährigen, der von der amerikanischen Linken als Märtyrer gehandelt wird. Nach Zimmermanns Freispruch verbreitete sich der Hashtag #BlackLivesMatter in den sozialen Medien und eine Bewegung präzedenzloser antiweißer Penetranz war geboren, die die kriminologische Konstellation dieser Gewalttat nie konkretisierte.

Seither tauchen Bezüge zu BLM immer wieder in Pendletons Arbeiten auf. In seiner Ausstellung *Who Is Queen?* im MoMA in New York wurde 2021, ein Jahr nach dem von Randalen, Anschlägen und Morden geprägten „Summer of Love", die Protestästhetik von BLM für den White Cube re-evoziert, in eine Sound-Arbeit integrierte Pendleton Audioaufnahmen einer Black-Lives-Matter-Demonstration.

Das Multi-Millionen-Dollar-Spendenimperium von BLM baut im Wesentlichen auf Falschinformationen über eine Epidemie von Polizeigewalt gegen Schwarze auf, die statistisch vollkommen widerlegbar ist. Doch jeder Versuch der Widerlegung ist durch Unterstellung rassistischer Motive auch augenblicklich diskreditierbar. Ein befreundeter Künstler erzählte mir auf der Höhe des BLM-Hypes 2020, eine Bekannte hätte sich bei ihm gemeldet, um ihn zu einer Spende für Black Lives Matter zu animieren. Als er zögerte, erpresste die offensichtlich Fanatisierte ihn mit der Drohung, ihn als Rassisten in der Szene zu diffamieren. Natürlich zahlte er den Betrag, überzeugte darüber hinaus aber auch weitere Freunde davon, ebenfalls zu spenden, und war der Frau sogar dankbar, weil sie ihm die Augen für das Unrecht, das den Schwarzen widerfahre, geöffnet habe. Als ich ihn fragte, wie viele unbewaffnete Schwarze wohl von Polizisten jährlich in den USA erschossen würden, sagte er mir, er wisse es nicht, aber es müssen Tausende sein. Laut Statistik waren es 2019 jedoch nur 14 (und, zum Vergleich, 25 unbewaffnete Weiße)[75] – in einem Land, in dem Schwarze 13,6 % der US-Bevölkerung[76] ausmachen und für 51,3 % der Morde[77] verantwortlich sind. Da die meisten dieser Morde von Schwarzen an Schwarzen verübt werden, erfahren sie allerdings nie identitätspolitische Aufmerksamkeit, weil die gesellschaftspolitische Wirklichkeit von „Black-on-Black Crime" den basalsten woken Überzeugungen der weißen Gewalt gegen unschuldige People of Color widerspricht. Dass einige BLM-Aktivisten zum Teil gemeinsame Sache mit der fanatisch antisemitischen Nation of Islam machen, dass sie durch die Tarnorganisation Council on American Islamic Relations (CAIR) direkte Verbindungen zur Hamas pflegen und dass sie 2020 durch Los Angeles zogen, um Synagogen, Schulen und jüdische Gedenkstätten mit antisemitischen und israelfeindlichen Parolen zu beschmieren, jüdische Geschäfte zu vandalisieren[78] und „Tod den Juden"[79] zu brüllen, auch das ist in der Kunstwelt nie angekommen oder wird als rechte Verschwörungstheorie abgetan.

Die Kunst der Andeutung

Adam Pendelton glamourisiert BLM, positioniert sich jedoch nie eindeutig. Alles bleibt in der Schwebe zwischen Bekenntnis und popkultureller Referenz. Mit seinen 40 Jahren ist er Teil einer Generation, der es allein um die Erzeugung eines diffusen Gefühls des Politischen zu gehen scheint. Vom kritischen Realismus eines nur 18 Jahre älteren Santiago Sierra ist er meilenweit entfernt. Pendelton beherrscht die Kunst der Andeutung, er überlagert Versatzstücke wie Balenciaga neonfarbene Ballkleider, Obdachlosen-Lagenlook und XL-Sneaker auf Steroiden kombiniert. Bei Black Dada gehe es darum, „die

Beziehung zwischen der Konzeptkunst und den Bürgerrechten, oder zwischen der Avantgarde und der Geschichte der Schwarzen in Amerika zu problematisieren."[80] „Formal" habe er sich „auf die Malerei der Moderne und die Monochromie" bezogen, aber alles „ein wenig durcheinandergebracht."[81] Er wirft mit Verweisen um sich, die nie aufgelöst werden. Seine Ausstellung *Becoming Imperceptible* von 2016 am Contemporary Arts Center in New Orleans umfasse, so Pendleton, „verschiedene historische Referenzen, vom Bauhaus über Malcolm X und Black Panther bis hin zu Godard."[82] Auch Sol LeWitts offene Kuben werden in seinen Arbeiten mal verfremdet und mit Buchstaben überlagert, mal in der Installation *Rendered in Black* (2007) zitiert, dann allerdings in Form von 30 glasierten – schwarzen, versteht sich – Keramikwürfeln, studiert zufällig im Raum komponiert. Wenn Pendleton jedoch versucht, während eines Interviews spontan aus Sol LeWitts „Sentences on Conceptual Art" zu zitieren, kommt dabei „Unlogische Urteile führen zu neuen Erfahrungen"[83] heraus, eine Art Motivationstrainings-Version von „Irrationale Gedanken sollten streng und logisch verfolgt werden." Spätestens an dieser Stelle begreift man, dass hier jemand mit Material hantiert, das er gar nicht begreift. Doch gibt es praktischerweise kaum noch Instanzen, die darauf hinweisen würden. Und warum auch? Es geht um den Erfolg, und den hat Pendleton. Das ist das Maß aller Dinge. Wer Kritik übt, macht sich heute als Neider lächerlich, als prätentiöser Loser.

LeWitt selbst wurde zu Pendeltons erstem Sammler, 2002 machte ihn ein Assistent auf ein Bild des jungen Künstlers aufmerksam und er tauschte es gegen eine eigene Arbeit ein.[84] In einem Artikel im *Observer* heißt es dazu: „Als er von LeWitts Interesse erfuhr, fühlte sich Pendleton in seinem Gefühl bestätigt, dass sein eigenes Werk eher zur Konzeptkunst als zur abstrakten Malerei gehört."[85] Hier steht also die Strategie im Mittelpunkt, weniger das Konzept: „Ich dachte mir: ‚Ist doch klar, dass er dieses mutige Stück Konzeptkunst haben will.'"[86] Aus performativen Äußerungen dieser Art spricht die als gerechtfertigt empfundene Überheblichkeit, die zur modernen Interpretation der Blackness dazugehört, weil man im ständigen Selbstverständnis lebt, es stehen einem ja eigentlich 160 Jahre nach Abschaffung der Sklaverei noch Reparationszahlungen zu. Alles an Pendleton ist hip-hop-hafte Selbstüberschätzung, stolz zur Schau gestellter Eigennutz und gespielte Gleichgültigkeit als Statement. Funktionalisierte Kunst auf diesem Level, unabhängig davon, in welchem Maße sie sich zum Sprachrohr für Ideologie oder zum Produkt für den internationalen Kunstmarkt macht, bleibt vom Selbstzweifel befreit. Es ist das Erfolgsrezept unserer Zeit, das Pendelton hier virtuos angewandt hat: Man sucht sich als Nicht-Weißer eine „weiß gelesene“ Vorlage aus, in diesem Fall die ursprünglich zur Zeit des Ersten Weltkrieges in Zürich entstandene Bewegung des Dadaismus, entledigt sie jeglicher historischen Tiefe und Spezifität, sterilisiert sie bis zur Zeichenhaftigkeit und lädt sie mit identitärem Bedeutungskitsch und Buchrücken-Intellektualismus auf. Wo der Dadaismus sich sarkastisch und mit parodistischem Furor gegen das obrigkeitshörige Künstlertum seiner Zeit wendete, wird das dadaistische Vokabular bei Pendleton zum Transportmittel für ewig gleiche Schlagwörter wie „Black Liberation“ und „Resistance“.[87] Wo bei Sol LeWitt die fröhliche Zwecklosigkeit vorherrschte, der das Autoritäre fremd war, weil sie keinem etwas erklären wollte, und wo bei Santiago Sierra der kritische Realismus dem Didaktischen durch die Wucht der Physizität entkam, hat sich bei Pendleton das Politische als Ornament kristallisiert.

In naher Zukunft, wenn die Künstler der alten Welt alle verschwunden sein werden und ihre Werke nur noch als Verfügungsmasse verstanden werden können, an der es gilt, Raubbau zu betreiben, werden Schwindler wie Pendleton die Meister ersetzt haben. Und die Studenten mit den roten Händen werden versuchen, es ihnen gleichzutun, weil es das einzige Handwerk sein wird, das sie beherrschen.

Anmerkungen

1 Rosalind E. Krauss, *Geschichte und Theorie der Fotografie*, Band 2: *Die Originalität der Avantgarde und andere Mythen der Moderne*, Amsterdam/Dresden 2000, S. 311.
2 Ebd.
3 Ebd.
4 Vgl. Theodor W. Adorno/Else Frenkel-Brunswik/Daniel J. Levinson/R. Nevitt Sanford, *The Authoritarian Personality*, New York 1950; dt. *Studien zum autoritären Charakter*, Frankfurt am Main 1973.
5 Else Frenkel-Brunswik, „Intolerance of Ambiguity as an Emotional and Perceptual Personality Variable", in: *Journal of Personality*, Vol. 18, No. 1, 1949, S. 108-143.
6 Theodor W. Adorno, *Minima Moralia. Reflexionen aus dem beschädigten Leben*, Frankfurt am Main 2001, S. 57.
7 Adolf Loos, „Ornament und verbrechen", in: ders., *Sämtliche Schriften*, Erster Band, Wien 1962, S. 276-288, hier: S. 284.
8 o. A., „Mansell Calls for Union Flag to be Reinstated by Dark Mofo", *Tasmanian Times*, 24.03.2021, https://tasmaniantimes.com/2021/03/mansell-calls-for-union-flag-to-be-reinstated-by-dark-mofo/ (letzter Abruf: 24.01.2024).
9 Zitiert nach Michael Calvo, „Internationaler Strafgerichtshof: Parodie auf die Justiz?", *Audiatur Online*, 24.06.2020, https://www.audiatur-online.ch/2020/06/24/internationaler-strafgerichtshof-parodie-auf-die-justiz/ (letzter Abruf: 24.01.2024).
10 Vgl. Ion Mihai Pacepa, *Red Horizons. Chronicles of a Communist Spy Chief*, Washington D.C. 1987, S. 92 (hier und im Folgenden in eigener Übersetzung; ebenso alle anderen englischen Titel, die in diesem Beitrag zitiert werden).
11 Aus der Aufzeichnung des Gesandten Schmidt über die Unterredung zwischen Adolf Hitler und dem Großmufti von Jerusalem Hadji Mohammed Amin el Hussein, 28.11.1941, https://www.ns-archiv.de/verfolgung/antisemitismus/mufti/in_berlin.php (letzter Abruf: 24.01.2024).
12 Ion Mihai Pacepa, *Red Horizons*, S. 25.
13 Ebd.
14 Ebd.
15 Zitiert nach David Meir-Levi, *History Upside Down. The Roots of Palestinian Fascism and the Myth of Israeli Aggression*, New York 2007, S. 29.
16 Christopher Fish, „The Deception of Palestinian Nationalism", *The Stanford Review*, 27.02.2008, https://stanfordreview.org/deception-palestinian-nationalism/ (letzter Abruf: 24.01.2024).
17 Ausführlich dazu Manfred Gerstenfeld, *Anti-Israelismus und Anti-Semitismus*, herausgegeben von Ekkehard W. Stegemann und Wolfgang Stegemann, Stuttgart 2018, S. 45ff.

18 Claudius Seidl, „Die Politik der Verdammnis“, in: *Frankfurter Allgemeine Zeitung*, 27.11.2023.
19 Yasir Arafat, „The Speech of Yasir Arafat at the General Assembly of the United Nations, New York, 13.11.1974“, https://www.palquest.org/en/historictext/9639/speech-yasir-arafat-unga (letzter Abruf: 24.01.2024).
20 Vgl. Jeffrey L. Sammons (Hg.), *Die Protokolle der Weisen von Zion. Die Grundlage des modernen Antisemitismus – eine Fälschung. Text und Kommentar*, Göttingen 1998, S. 56.
21 Emmanuel Faye, Sidonie Kellerer und François Rastier, „Die ‚Reinigung des Seyns‘“, in: *taz*, 12.04.2015.
22 Ebd.
23 Ebd.
24 Michal Perach, „Masterclass in Manipulation: Exposing Max Blumenthal's Lies About Israel and October 7“, *haaretz.com*, 27.11.2023, https://www.haaretz.com/israel-news/2023-11-27/ty-article-opinion/exposing-max-blumenthals-deceptive-claim-israel-is-responsible-for-most-october-7-victims/0000018c-102f-d65f-a7dd-f0ff7b550000 (letzter Abruf: 24.01.2024).
25 Jeremy Diamond et al., „At least 16 cemeteries in Gaza have been desecrated by Israeli forces, satellite imagery and videos reveal“, cnn.com, 20.01.2024, https://edition.cnn.com/middleeast/live-news/israel-hamas-war-gaza-news-01-20-24/h_4c94252a882656838ebe134dd8eaade7 (letzter Abruf: 24.01.2024).
26 Claudius Seidl, „Die Politik der Verdammnis“, in: *FAZ*, 27.11.2023.
27 Julian Reichelt, Tweet vom 01.07.2020, mit Screenshots des Artikels von Jochen Stahnke, https://twitter.com/jreichelt/status/1278403764622368768 (letzter Abruf: 24.01.2024).
28 Ebd.
29 Wolfgang Reinhard, „Vergessen, verdrängen oder vergegenwärtigen?“, *faz.net*, 10.01.2022, https://zeitung.faz.net/faz/politik/2022-01-10/5ffe2fb25ae2c548764085e86c1c0f4c/?popup=user.lf-ns (letzter Abruf: 24.01.2024).
30 Ebd.
31 Ebd.
32 Christian Meier, „Warum die Lage in Jerusalem gerade sehr angespannt ist“, in: *FAZ*, 27.05.2022.
33 Ebd.
34 Niklas Maak, „Der große Streit um die Documenta fifteen“, in: *FAZ*, 17.06.2022.
35 Ebd.
36 Vgl. Niels Betori Diehl, „Defund Documenta“, *Jüdische Rundschau*, 08.08.2022, https://juedischerundschau.de/article.2022-08.defund-documenta.html (letzter Abruf: 24.01.2024).
37 Hanno Loewy, „Boykott gegen Boykott“, in: *FAZ*, 21.12.2020.
38 Ebd.
39 Ebd.
40 Ebd.

41 Vgl. ebd.
42 Ebd.
43 Patrick Bahners, Tweet vom 23.06.2019 mit Screenshot des Artikels Patrick Bahners, „Antisemitismus", *FAZ* vom selben Tag, https://twitter.com/PBahners/status/1142694983134273536?s=20 (letzter Abruf: 24.01.2024).
44 Patrick Bahners, Tweet vom 20.12.2020, https://x.com/PBahners/status/1340775970404528144?s=20 (letzter Abruf: 24.01.2024).
45 Patrick Bahners, Tweet vom 13.09.2021, https://x.com/PBahners/status/1437452890344497159?s=20 (letzter Abruf: 24.01.2024).
46 o. A., Korrektur des Artikels „Doppelstandards für den Frieden", *faz.net*, 04.01.2023, https://www.faz.net/aktuell/feuilleton/debatten/korrekturen-zum-artikel-doppelstandards-fuer-den-frieden-18576433.html (letzter Abruf: 24.01.2024).
47 Ron Prosor, Tweet vom 12.01.2023, https://x.com/Ron_Prosor/status/1613650911204712459?s=20 (letzter Abruf: 24.01.2024).
48 Alexander Jürgs, „Eine ‚neue' Querfront" aus Muslimen und Linken, in: *FAZ*, 09.12.2023. .
49 Claudius Seidl, „Die Politik der Verdammnis", in: *FAZ*, 27.11.2023.
50 Vgl. Jens Bisky, „Götz Aly über die 68-Bewegung: Der große Kater", in: *Süddeutsche Zeitung*, 17.05.2010.
51 Claudius Seidl, „Die Politik der Verdammnis".
52 Ebd.
53 Vgl. o. A., „Pro-Hamas group targets NYC cancer center, accusing it of ‚genocide'", *Times of Israel*, 16.01.2024, https://www.timesofisrael.com/pro-hamas-group-targets-nyc-cancer-center-accusing-it-of-genocide/ (letzter Abruf: 29.01.2024).
54 Vgl. Douglas Kellner (Hg.), *Herbert Marcuse. Collected Papers of Herbert* Marcuse, Volume 3: The *New Left and the 1960s*, London/New York 2005, S. 84.
55 Vgl. Frantz Fanon, *Die Verdammten dieser Erde*, Frankfurt am Main 1966, S. 27.
56 Juliane Rebentisch, „Realism Today: Art, Politics, and the Critique of Representation", https://www.diaphanes.net/titel/realism-today-art-politics-and-the-critique-of-representation-2231 (eigene Übersetzung, letzter Abruf: 01.02.2024).
57 Bazon Brock, Transkript des Radiobeitrags im Deutschlandfunk „Documenta 15 ist die ‚Re-Fundamentalisierung der Kunst'", 21.06.2022, https://bazonbrock.de/werke/detail/?id=3996 (letzter Abruf: 31.01.2024).
58 Ebd.
59 Ebd.
60 Vgl. ebd.
61 Ebd.
62 Ebd.
63 Ebd.

64 Otmar Hersche, *Otmar Hersche über Max Horkheimer: Kritische Theorie*, 04.11.2014, http://www.theoriekritik.ch/?p=766 (letzter Abruf: 24.01.2024).

65 Max Horkheimer, „Die Pseudoradikalen", in: ders., *Gesammelte Schriften*, Band 14: *Nachgelassene Schriften 1949-1972*, herausgegebenen von Gunzelin Schmid Noerr, Frankfurt am Main 1988, S. 413. Siehe dazu auch Stephan Grigat, „Israels Freiheit. Befreite Gesellschaft und Israel. Zum Verhältnis von Kritischer Theorie und Zionismus", in: *Jungle World*, Nr. 5/2006, 01.02.2006.

66 Lautréamont, *Die Gesänge des Maldoror*, Reinbek 2004, S. 191.

67 Ausstellungsbeschreibung zu Adam Pendleton, *Blackness White, and Light*, 31.3.2023-7.1.2024, auf der Webseite des Museums moderner Kunst Stiftung Ludwig Wien, mumok, https://www.mumok.at/ausstellungen/adam-pendleton-blackness-white-and-light (letzter Abruf: 31.01.2024).

68 Artist Page von Adam Pendleton auf der Webseite der Galerie Max Hetzler, https://www.maxhetzler.com/artists/adam-pendleton/selected-works (letzter Abruf: 31.01.2024).

69 Artist Page von Adam Pendleton auf der Webseite der Pace Gallery, https://www.pacegallery.com/artists/adam-pendleton/ (letzter Abruf: 31.01.2024).

70 Vgl. Kimberly Drew, @museummammy, https://www.instagram.com/museummammy?igsh=MWswZmxvYnBrYnl5ZQ== (letzter Abruf: 31.01.2024).

71 Let's Talk Palestine, IG-Post vom 10.10.2023, https://www.instagram.com/p/CyMmuPdNzxZ/?igsh=MmMwMGdyNG1peXpk (letzter Abruf: 31.01.2024).

72 Decolonize This Place, IG_Post vom 07.10.2023, https://www.instagram.com/p/CyGh-aWu_PA/?igsh=NXlndThlMHF0anRl (letzter Abruf: 31.01.2024).

73 E-Mail-Antwort von Claire Hurley, Associate Director of Public Relations bei Pace, New York, 19.10.2023.

74 Allie Biswas, *Adam Pendleton with Allie Biswas, The Brooklyn Rail*, September 2016, https://brooklynrail.org/2016/09/art/adam-pendleton-with-allie-biswas (letzter Abruf: 24.01.2024).

75 Vgl. Heather MacDonald, „There Is No Epidemic of Fatal Police Shootings Against Unarmed Black Americans", Manhattan Institute, 03.07.2020, https://manhattan.institute/article/there-is-no-epidemic-of-fatal-police-shootings-against-unarmed-black-americans (letzter Abruf: 29.01.2024).

76 Vgl. United States Census Bureau, „Quick Facts about the United States", 2023, https://www.census.gov/quickfacts/fact/table/US/RHI225222 (letzter Abruf: 29.01.2024).

77 Vgl. FBI [Criminal Justice Information Services Division], „Crime in the U.S. 2019", https://ucr.fbi.gov/crime-in-the-u.s/2019/crime-in-the-u.s.-2019/topic-pages/tables/table-43 (letzter Abruf: 29.01.2024).

78 Tom Tugend, „LA Jews reeling after local institutions looted and burned in Floyd protests", *Times of Israel*, 03.06.2020, https://www.timesofisrael.com/la-jews-take-stock-after-george-floyd-protests-batter-local-institutions/ (letzter Abruf: 29.01.2024).
79 Wendy J. Madnick, „Defending Jewish Los Angeles", *JLiving*, 02.09.2020, https://jlivingmedia.com/defending-jewish-los-angeles/ (letzter Abruf: 29.01.2024).
80 o. A., „All you need to know about Adam Pendleton", *phaidon.com*, https://www.phaidon.com/agenda/art/articles/2020/september/03/all-you-need-to-know-about-adam-pendleton/ (letzter Abruf: 29.01.2024).
81 Allie Biswas, „Adam Pendleton with Allie Biswas", *The Brooklyn Rail*, September 2016, https://brooklynrail.org/2016/09/art/adam-pendleton-with-allie-biswas (letzter Abruf: 29.01.2024).
82 Ebd.
83 Allie Biswas, „Adam Pendleton with Allie Biswas", *The Brooklyn Rail*, September 2016, https://brooklynrail.org/2016/09/art/adam-pendleton-with-allie-biswas (letzter Abruf: 24.01.2024).
84 Artsy Editorial, „Three Things You Should Know About Adam Pendleton", *artsy.net*, 16.10.2013, https://www.artsy.net/article/editorial-three-things-you-should-know-about-adam (letzter Abruf: 29.01.2024).
85 M.H. Miller, „Adam Pendleton Brings Black Dada to MoMA and Pace", *observer.com*, 04.16.2012, https://observer.com/2012/04/adam-pendleton-brings-black-dada-to-moma-and-pace/ (letzter Abruf: 24.01.2024).
86 Ebd.
87 Vgl. Angela N. Carroll, „The Residue of Representation: Adam Pendleton", *BmoreArt*, 11.09.2017, https://bmoreart.com/2017/09/the-residue-of-representation-adam-pendleton.html (letzter Abruf: 24.01.2024).

Das Elend des Antirassismus

Eine unheimliche Allianz

Peshraw Mohammed

Mehr denn je haben sich Linke, der politische Islam und postkoloniale Intellektuelle zu einer unheiligen Allianz zusammengeschlossen. In Ermangelung eines Verständnisses für die Geschichte des islamischen Expansionismus, des arabischen Kolonialismus und des islamischen Antisemitismus betrachten Teile der westlichen Linken jede Gegenbewegung zum Westen als Kampf gegen den US-Imperialismus. So werden die Islamische Republik Iran und islamistische Bewegungen wie die Hamas und die Hizbollah zum Teil eines antiimperialistischen Blocks.

Diese Tendenzen ließen sich bereits im Zusammenhang mit dem Aufstieg des „Islamischen Staats“ (IS) beobachten. Als dessen Terroristen die kurdische Stadt Kobanê angriffen, bekämpften kurdische Milizen den IS in Zusammenarbeit mit US-Streitkräften. Einige Linke in Deutschland, Großbritannien und den Vereinigten Staaten forderten, dass die USA ihre Bombardements einstellen.

Welche Absicht steckte dahinter? Die USA führten Luftangriffe durch, um den kurdischen Bodentruppen den Sieg über den islamischen Terrorismus zu ermöglichen. Die Stellungen des IS nicht zu bombardieren, hätte zur Folge gehabt, dass der IS kurdische Gebiete erobert hätte, um Frauen und Kinder zu versklaven oder zu töten. Am Ende wäre, wie im Fall der Jesiden, ein Völkermord zu befürchten gewesen. Der antizionistische Kulturhistoriker Hamid Dabashi vergleicht die Kurden mit den Juden und betrachtet die Gründung eines unabhängigen Kurdistans als das „zweite siedlerkoloniale Israel“[1].

Die Fixierung weiter Teile der Linken auf die USA bei gleichzeitiger Indifferenz gegenüber russischem, chinesischem, iranischem oder türkischem Imperialismus hat zu schwerwiegenden politischen Fehleinschätzungen geführt.

Dazu gehört auch die Vorstellung, jede Form westlichen Denkens, westlicher Kunst oder Literatur sei Teil eines kolonialen Projekts. Die Werke fortschrittlicher Philosophen wie Rousseau, Hegel, Marx, Sartre und sogar Frantz Fanon werden mittlerweile als Beitrag zur Reproduktion der europäischen Hegemonie von Weißen betrachtet und somit verworfen.

Dies könnte dazu beigetragen haben, eine Vielzahl konservativer, rückwärtsgewandter und fanatischer Ideologien zu fördern, angefangen bei islamistischen Bewegungen bis hin zu diktatorischen Machthabern, die sich gegen den Westen richten, insbesondere im Fall des Iran. Aufgrund dieser Perspektive sind große Teile der Linken nicht in der Lage, die Natur dieser islamischen und konservativen Kräfte zu verstehen, und beharren auf dem unhaltbaren Grundsatz, der Feind des Feindes sei ein Freund. Statt progressive, säkulare, liberale und linke Bewegungen im Nahen Osten zu unterstützen, wendet sich die Linke dem politischen Islam zu.

Islamfaschismus und islamischer Antijudaismus

2017 erreichte ich Deutschland als politischer Flüchtling aus der Autonomieregion Kurdistan im Irak. Ich hatte die Erwartung, in Berlin in einer Stadt voller linker und liberaler Menschen zu leben und meine politischen und philosophischen Überzeugungen in einer freien Umgebung ausdrücken zu können. Nach fast drei Jahren kam ich zu dem Schluss, dass die hiesige Linke nicht die ist, von der ich geträumt hatte.

Wollte ich offen meine Ansichten über faschistische Elemente im Islam und den Antisemitismus darlegen, so wurde ich nicht nur von vielen nicht angehört, sondern auch hingestellt als jemand, der entweder nicht zur Linken gehört (nicht selten war die Implikation gar, dass ich als rechtsextrem betrachtet wurde) oder wenig vom Islam versteht. Offensichtlich war es inopportun, über den Islamfaschismus zu diskutieren. Es ist aber höchste Zeit, offen und unmissverständlich über dieses Thema zu sprechen.

Die Anziehungskraft des Faschismus auf den islamischen Radikalismus ist keine neue Erscheinung. Bereits 1935 schrieb Hasan al-Banna, der ägyptische Gründer der Muslimbruderschaft, anerkennend über die Politik Mussolinis. Und auch umgekehrt lässt sich eine Verbindung zwischen politischem Islam und Faschismus weit zurückverfolgen. Ein berühmtes Beispiel ist der bedeutende faschistische Denker und Begründer des „Urfaschismus", Julius Evola.[2] Seine zahlreichen Arbeiten zu den Themen Tradition und Moderne gelten Neofaschisten verschiedenster Strömungen bis heute als Bezugspunkt; Evola war aber auch vom Islam fasziniert. Er lobte dessen traditionelle Moral und die klar festgelegten sozialen Rollen bereits in den 1930er Jahren. Nach dem arabisch-israelischen Krieg von 1967 sah er einem Wiederaufleben des Islam zuversichtlich entgegen: „Die Araber sind zweifellos ein bedeutendes Volk. Derzeit sind sie in einem desolaten Zustand. Der arabische Sozialismus passt nicht zu ihnen. Der weltweite Vormarsch des Islam ist noch nicht gestoppt. Wenn die Zeit gekommen ist – und ich bin sicher, dass es bald so weit sein wird –, können sie das Kalifat wiederherstellen."[3] In der Islamischen Republik Iran betrachten Intellektuelle Evola als einen bedeutenden Philosophen. Auch der Hizbollah-Terrorist Fouad Ali Saleh, der für eine Anschlagsserie in Frankreich Mitte der 1980er Jahre verantwortlich war, zitierte in seinem Gerichtsprozess Passagen aus Evolas Werk *Revolte gegen die moderne Welt*.[4]

In der jüngeren Vergangenheit haben Wissenschaftler und Autoren vermehrt faschistische Elemente im Islam thematisiert oder den politischen Islam als eine moderne Form des Faschismus analysiert. Der Nahost-Wissenschaftler Manfred Halpern war einer der Ersten, die den politisierten Islam als faschistische Bewegung bezeichneten; in seiner wegweisenden Studie *The Politics of Social Change in the Middle East and North Africa* aus dem Jahr 1963 sprach er vom „neoislamischen Totalitarismus".[5] Der französische Marxist Maxime Rodinson beschrieb islamische Bewegungen wie die Muslimbruderschaft als „eine Art archaischen Faschismus", deren

Ziel die Errichtung eines „totalitären Staates“ sei, in dem die „politische Polizei“ die moralische und soziale Ordnung brutal durchsetzt.[6]

2014 zeichnete der ägyptisch-deutsche Politikwissenschaftler Hamed Abdel-Samad in seinem Buch *Der islamische Faschismus* die ideologischen Wurzeln der Muslimbruderschaft in der faschistischen Ideologie nach.[7] Er weist darauf hin, dass einige arabisch-islamische Extremisten den Koran verwenden, um Nichtaraber zu erniedrigen und auf sie herabzublicken, indem sie behaupten, es beweise den Vorrang der Araber, dass die letzte Offenbarung Gottes in ihrer Sprache erfolgte.

Vor diesem Hintergrund sollten unbedingt auch gegenwärtige Phänomene wie der IS als faschistisch eingestuft werden. Auch bei den angeblich propalästinensischen Demonstrationen Ende 2023 in Essen und in Hamburg waren Flaggen von Taliban- und IS-Terroristen zu sehen. Insbesondere säkulare, liberale und linke Migranten warnen die deutsche Gesellschaft schon lange vor den Gefahren eines Aufstiegs des Islamismus und wurden ignoriert. Wenn ich meine deutschen linken Freunde auf diese Problematik hinwies, wurde ich schnell als „islamophob“ abgestempelt und in einigen Fällen als „rassistisch“ gegenüber Muslimen gebrandmarkt.

Linke Realitätsverweigerung

Große Teile der Linken leugnen oder relativieren den islamischen Faschismus und den Antisemitismus im Islam. Sie betrachten Antisemitismus als ein ausschließlich europäisches Problem. Die Tatsache, dass islamische Kräfte in unterschiedlicher Weise mit Hitler verbündet waren, wird übergangen oder verleugnet.[8]

Die Berichte über antisemitische Parolen auf „propalästinensischen“ Demonstrationen in Europa können aus zwei Gründen nicht überraschen: zum einen aufgrund der seit 1400 Jahren tradierten Stigmatisierung von Juden im Koran und zum anderen wegen des Einflusses moderner Ideologien auf islamische Denker und die islamische Welt.

Im Koran steht, dass Juden aufgrund ihrer Abkehr von den Offenbarungen Allahs bestraft wurden, unter anderem weil sie Wucher getrieben hätten. Ähnlich wie im Christentum werden die Juden zudem des Prophetenmords beschuldigt. Die Kopfsteuer (*jizya*), de facto ein Schutzgeld, mussten sie zur Zeit des Propheten Mohammed in einem erniedrigenden Ritual entrichten. Als bedeutendster antijüdischer Islamist gilt gemeinhin der Ägypter Sayyid Qutb (1906-1966), der in den 1950er Jahren einen einflussreichen Aufsatz mit dem Titel „Unser Kampf mit den Juden" verfasste.[9] Qutb gilt als eine Art Chefideologe der Muslimbruderschaft; vor allem sunnitisch-jihadistische Bewegungen berufen sich auf ihn. Aus religiöser Tradition und westlichen Verschwörungstheorien destillierte er einen spezifisch islamischen Antisemitismus.

Qutb schrieb, dass die Juden dem Islam seit seiner Gründung in Medina durch Mohammed feindlich gesinnt seien. Weiter behauptete er, dass der Islam in einem „Krieg von 14 Jahrhunderten" kontinuierlich „Prüfungen" erlitten habe und nun Opfer von „Drangsalen" und „Machenschaften" der Juden sei.[10] Qutb machte sie für die Ermordung des dritten Kalifen im Jahr 656 und die daraus resultierende Spaltung des Islam verantwortlich. Ebenso erklärte er die britische Besetzung Ägyptens ab 1882 und den Zusammenbruch des Osmanischen Reiches im Jahr 1918 mit jüdischer Einflussnahme. Darüber hinaus betrachtete Qutb die Juden als die Schöpfer der Moderne, die er mit Marx, Freud und anderen „Juden" gleichsetzte, die den Islam zerstören würden.

Die Juden, so Qutb, rekrutieren „Lakaien", also westlich erzogene und verwestlichte Muslime oder „jüdisch geprägte Muslime", um den Islam und den Kampfgeist der Muslime zu untergraben. Daher forderte er die Muslime dazu auf, sich stets an die Lehre des Korans zu erinnern, dass „die schlimmsten Feinde der Muslime die Juden sind" und dass „Gott sie verflucht hat". Im Laufe der Jahrhunderte habe Gott „seine Diener" gesandt, um die Juden zu bestrafen, und so habe er

„Hitler dazu gebracht, über sie zu herrschen". Qutb glaubte, dass ihr Plan, einen „kreuzritterlich-zionistischen Krieg"[11] zu beginnen, dazu führen werde, dass Allah sie erneut bestrafen werde, indem er Israel vernichtet.

Der Rekurs auf Mohammeds Tiraden gegen die Juden von Medina und auf Verse im Koran, so Ronald Nettler, der Herausgeber und Übersetzer von Qutbs Essay, verleiht diesen negativen Ansichten im Nahen Osten und darüber hinaus eine „islamische Überzeugung", da sie auf Geschichte und Tradition zu basieren scheinen.[12] Aus Qutbs Perspektive wurde die gesellschaftliche Führungsschicht in der islamischen Welt durch jüdisches und westliches Gedankengut verdorben. Juden hätten demnach auch direkt Herrscher und Regime in der islamischen Welt etabliert, um die Verschwörung gegen die Gemeinschaft der Gläubigen voranzutreiben.

Solidarisch oder antisemitisch?

Als ich mich der politischen Linken in Deutschland anschloss, wurde mir nach einer Weile klar, dass die Linke, trotz ihrer Beteuerungen der Solidarität mit Unterdrückten, in ihrer Unterstützung selektiv ist. Als Kurde habe ich das früh sehr persönlich erfahren. Oft wurde mir nahegelegt, man könne die Kurden nur unter der Bedingung unterstützen, dass sie keine Bündnisse mit den USA, der EU oder Israel schlossen. Wenn es jedoch um Palästina ging, argumentierten Linke für eine bedingungslose Unterstützung der palästinensischen Bewegung, einschließlich der Hamas und aller islamistischen Gruppen.

Warum unterstützt die europäische Linke bedingungslos die palästinensische islamistische Bewegung, viel weniger aber die Kurden, obwohl die kurdische Bewegung säkular, linksorientiert, liberal, feministisch und sozialdemokratisch ist und den geringsten Einfluss des Islamismus aufweist? Es dauerte eine Weile, bis ich die Antwort verstand: Ihre Selektivität und der Antisemitismus hängen untrennbar zusammen.

Die antiwestliche Rhetorik vertreten auch einige Linke aus dem Nahen Osten. Diese vermeintlich linke Haltung wird im Kontext des Nahen Ostens dort besonders deutlich, wo Schriftsteller und Wissenschaftler wie Edward W. Said, Tariq Ali und der aus dem Iran stammende Hamid Dabashi sich auf die Seite der Palästinenser im Kampf gegen die USA und Israel gestellt haben, jedoch nur selten auf die politischen Anliegen der großen kurdischen Bevölkerung im Nahen Osten eingegangen sind, die immer wieder ethnische Diskriminierung, Sprachunterdrückung und kulturelle Zwangsassimilation erlebt.

Dabashi beispielsweise vergleicht die Kurden mit den Juden und betrachtet die Gründung eines unabhängigen Kurdistans als ein „zweites siedlerkoloniales Israel". Er argumentiert, dass „die Schaffung eines unabhängigen Kurdistans für alle Völker der Region, einschließlich der Kurden selbst, katastrophal wäre" und dieser Prozess eine „Israelisierung der arabischen und muslimischen Welt" durch Kurdistan bedeuten würde.[13] Antisemitismus und Chauvinismus finden sich also nicht nur in der politischen Rechten, sondern in Teilen der politischen Linken.

Die Haltung der iranischen, türkischen und arabischen Linken zu den Kurden ist dabei sicherlich von Nationalismus und den jeweiligen imperialen Vorstellungen geprägt. Sowohl die iranische als auch die türkisch nationalistische Linke wurden von der europäischen Linken beeinflusst. Paradoxerweise sieht Dabashi, der die Gründung eines unabhängigen Kurdistans als eine Katastrophe für den Nahen Osten betrachtet, die Gründung eines palästinensischen Staats und die Auflösung Israels als den Weg zum Frieden. Eine grundlegende Erkenntnis folgt daraus: Der Antisemitismus, der einst in Europa von der politischen Rechten vertreten wurde, findet nun in Teilen der politischen Linken eine Heimat. Die Juden, so der islamistische Theoretiker Sayyid Qutb, rekrutieren verwestlichte Muslime oder „jüdisch geprägte Muslime", um den Islam und den Kampfgeist der Muslime zu untergraben.[14]

Seit den 1960er Jahren wurden Antizionismus und Antisemitismus in ein breiteres ideologisches Gefüge eingebettet, das Antikolonialismus, Antikapitalismus und ein starkes Misstrauen gegen die US-Politik umfasst. In den Augen vieler Menschen in Entwicklungsländern wurden Juden zu einem Symbol des Westens und damit zu einem Ziel von Hass. Die Position zur „Judenfrage", obwohl an sich nicht von herausragender Bedeutung, wurde zu einem Indikator für die Zugehörigkeit zu einer größeren politischen Bewegung, für politische Überzeugungen und für allgemeine kulturelle Entscheidungen.

Früher wurden Juden von europäischen Antisemiten für die Entstehung des Kapitalismus und die Zerstörung der angeblich organischen Gesellschaften des Feudalzeitalters verantwortlich gemacht. Später beschuldigten antisemitische Europäer die Juden, als Antikapitalisten zu agieren und die bürgerliche Zivilisation zu untergraben. Mal wurden sie für Kriege verantwortlich gemacht, dann wiederum für den Frieden, da sie als „Geldmenschen" den Frieden brauchten, um ihre Wirtschaft zu betreiben.

Dieser Tage sind es nicht zuletzt Linke, die Juden für jede Katastrophe im Nahen Osten verantwortlich machen. Sie dämonisieren die Juden als weiße Kolonisatoren und verunglimpfen alle, die das Existenzrecht Israels anerkennen. Keiner von ihnen wagt es, die terroristischen Angriffe der Hamas auf Zivilisten, die Entführung von Menschen oder die Vergewaltigung von Frauen anzuprangern. Sie behaupten, dass die Probleme im Nahen Osten 1948 begannen, und sie schlagen als Ausweg vor, den Staat Israel zu beseitigen. Antisemitismus gehört derzeit, auch wenn dies nicht unveränderlich ist, fast schon zur linken Weltanschauung oder ist zumindest eine Begleiterscheinung linker politischer Bewegungen.

Ich dachte, dass ich in linken Räumen frei sprechen könnte, stellte sie mir als die demokratischsten und freiesten vor. In den ersten drei Jahren hatte ich keine Ahnung, da ich nicht auf Deutsch kommunizieren und die Reaktionen auf meine Ideen nicht verstehen konnte. Es dauerte eine Weile, bis mir klar wurde, was vor sich geht. Immer, wenn ich über Philosophie, Gesellschaft oder Literatur sprechen wollte, hatte ich das

Gefühl, nicht ernst genommen zu werden. Manche Freunde äußerten sich auch weniger zurückhaltend: Ich sollte das sagen, was sie hören wollten, nicht das, was ich sagen wollte. Ich glaube nach wie vor, dass die linken Räume gerettet werden müssen, denn sie sind wichtig. Vor allem müssen sie jedoch demokratisiert werden.

Anmerkungen

1 Hamid Dabashi, „On the Kurdish Question", *Al Jazeera*, 27.11.2017, https://www.aljazeera.com/opinions/2017/11/27/on-the-kurdish-question (letzter Abruf: 28.01.2024).
2 Siehe dazu Jan Raabe/Andreas Speit, „Ritt auf dem Tiger. Der Mystiker und Kulturphilosoph Julius Evola erlebt eine Renaissance in der deutschen Rechten", in: *Jungle World*, Nr. 51/1998, 16.12.1998.
3 Zitiert nach Frank Ahmad Gelli, *Julius Evola. The Sufi of Rome*, o. O. 2012.
4 Siehe dazu Ladan Boroumand/Roya Boroumand, „Terror, Islam, and Democracy", in: *Journal of Democracy*, Vol. 2, No. 13, 2002, S. 5-20, hier: S. 7.
5 Manfred Halpern, *The Politics of Social Change in the Middle East and North Africa,* Princeton University Press, Princeton and New Jersey, 1963, S. 154.
6 Maxime Rodinson, *„Islam Resurgent?"*, in: *Le Monde*, 06.12.1978, zitiert nach Janet Afary/Kevin B. Anderson, *Foucault and the Iranian Revolution. Gender and the Seductions of Islamism*, Chicago 2005, S. 233.
7 Hamed Abdel-Samad, *Der islamische Faschismus. Eine Analyse*, München 2014. Siehe dazu Hannes Bode, „Heiliger Faschismus", in: *Jungle World*, Nr. 22/2014, 28.05.2014.
8 Siehe dazu u. a. Jeffrey Herf, *Nazi Propaganda for the Arab World*, New Haven et al. 2009; David Motadel, *Für Prophet und Führer. Die islamische Welt und das Dritte Reich*, Stuttgart 2017.
9 Siehe dazu Vojin Saša Vukadinović, „Drei Herrscher der Schöpfung. Hasan al-Banna, Sayyid Qutb, Mohammed Qutb und das Erbe der Moslembruderschaft", in: Frauen und Geschichte Baden-Württemberg e. V. (Hg.), *Antisemitismus – Antifeminismus. Ausgrenzungsstrategien im 19. und 20. Jahrhundert*, Königstein/Taunus 2019, S. 131-158.
10 Zitiert nach Robert L. Nettler, *Past Trials and Present Tribulations. A Muslim Fundamentalist's View of the Jews*", Oxford 1987, S. 73-89.
11 Ebd.
12 Vgl. ebd, S. 6.
13 Hamid Dabashi, „On the Kurdish Question".
14 Zitiert nach Robert L. Nettler, *Past Trials and Present Tribulations*, S. 83.

Die westlichen Linksprogressiven und der Rest der Welt

Arash Guitoo

Als ich angefragt wurde, ob ich etwas zu diesem Sammelband beisteuern wolle, war ich zunächst unsicher, ob ich angesichts meines Forschungsschwerpunkts überhaupt einen sinnvollen Beitrag leisten könnte. Am nächsten Tag wich der Zweifel einer Zusage. Trotz meiner Ausbildung als Islamwissenschaftler fühlte ich mich zwar immer noch nicht kompetent genug, um einen qualifizierten Kommentar zum Israel/Palästina-Konflikt oder zum Antisemitismus in Europa – einschließlich seiner Einwanderergemeinschaften aus der muslimischen Welt – abzugeben. Es gab jedoch einige Parallelen zwischen meinen beruflichen und persönlichen Erfahrungen und der Art und Weise, wie bestimmte Milieus in den westlichen Gesellschaften mit den Gräueltaten des Terroranschlags vom 7. Oktober und den darauf folgenden Ereignissen umgingen, was mich dazu veranlasst hat, diesen Artikel zu schreiben, der auf den ersten Blick etwas vom Thema des Sammelbandes entfernt zu sein scheint; in der Hoffnung, dass die Leser nach der Lektüre dieses Beitrags ihre eigenen Schlussfolgerungen im Zusammenhang mit dieser Parallele ziehen werden, möchte ich mit einigen Hintergrundinformationen über mich beginnen, die für die Argumentation in diesem Artikel sicherlich eine Rolle spielen werden.

Der tatsächliche Kulturschock

2006 kam ich nach Deutschland. 1980 geboren, habe ich die ersten 26 Jahre meines Lebens im Iran und unter der Herrschaft des islamischen Regimes verbracht. Meine Familie gehörte zu dem sozialen Milieu, das sich nicht eine Minute lang mit den Mullahs und der Islamischen Revolution identifizierte, das eine liberale Lebensweise idealisierte und versuchte, diese auch zu leben. Wir galten als der Prototyp einer Gesellschaft, die durch den Einfluss des Westens moralisch verkommen war. Die Frauen um mich herum trugen nur unter dem Zwang des islamischen Regimes den islamkonformen Hijab, in den Sommerferien in den freieren Teilen der Welt trugen sie gerne Bikinis; voreheliche sexuelle Beziehungen waren für die Menschen, unter denen ich sozialisiert wurde, kein Tabu; Religion spielte im Privatleben wenig bis gar keine Rolle und Geschlechtertrennung war in meinem privaten Umfeld ein Fremdwort. Wir gehörten zu den Gruppen, die deshalb immer wieder ins Visier der Moralwächter gerieten – sowohl im Privaten als auch in der Öffentlichkeit. Ich erinnere mich noch lebhaft an die erste Lektion, die ich als Fünf- oder Sechsjährige schmerzhaft über die Notwendigkeit der Geheimhaltung unserer privaten Einstellung zum Regime und zur Religion in der Öffentlichkeit lernen musste. Es war im Büro der Grundschule meiner Schwestern, und meine Mutter war mit mir dort, um sie abzuholen. Natürlich hing in dem Büro ein Porträt von Chomeini, auf das ich in meiner kindlichen Naivität zeigte und zu meiner Mutter sagte: „Schau, noch ein Chomeini!" Ich weiß noch, wie meine Mutter mich in die Seite kniff, um mich so schnell wie möglich zum Schweigen zu bringen. Sie sagte so etwas wie: „Ja, auch da ist unser geliebter Imam Chomeini", um Ärger mit der mit einer Tschador verhüllten, revolutionstreuen Rektorin zu vermeiden. Diese Situation ging jedoch gut aus. Aber solche Erfahrungen gehörten in meiner Kindheit und Jugend zum Alltag. Die Frauen in meiner Familie wurden Dutzende Male von der Sittenpolizei wegen ihrer schlecht sitzenden Hijabs verhaftet, in Gewahrsam genommen und dort beschimpft, misshandelt und gedemütigt. Ich habe mehrere Übergriffe durch die Paramilitärs und die Sittenpolizei auf privaten Partys erlebt. Auch ich wurde verhaftet und deswegen zu Peitschenhieben verurteilt. Ich konnte mich freikaufen, oder besser gesagt: meine Eltern konnten dies. Damals war ich erst 16 Jahre alt. Nun will ich Sie hier nicht mit Erfahrungen aufhalten, die mit Demütigung, Angst und Einschüchterung verbunden waren, wenn Sie die Erfahrungen unserer Generation im Comic *Persepolis* von Marjane Satrapi auf viel unterhaltsamere Weise nachlesen können.[1]

Als ich im Alter von 26 Jahren nach Deutschland kam, fiel es mir leicht, mich an meine neue Umgebung zu gewöhnen, und die Kulturschocks meiner Emigration mussten warten, bis ich 2008 ein neues Studium begann. Damals brach ich eine bodenständige Lehre in der Privatwirtschaft ab, um Europäische Ethnologie und Islamwissenschaften zu studieren. Während des Studiums kam ich zum ersten Mal richtig in Kontakt mit den progressiven linken akademischen Milieus der deutschen Gesellschaft, die auch für meinen Kulturschock verantwortlich waren. Wer die Zusammensetzung der Studierenden in Deutschland kennt, weiß, dass viele geisteswissenschaftliche Fächer wie Soziologie, Ethnologie und Pädagogik heute überwiegend von linken und „progressiven" Studierenden belegt werden. Nun würden Sie wahrscheinlich erwarten, dass ich mich unter meinen Kommilitonen schnell wohlfühlte, da sie zu den gesellschaftlichen Milieus gehörten, die eine antirassistische und migrantenfreundliche Haltung pflegen. Das dachte ich anfangs auch, aber ich merkte bald, dass trotz der scheinbaren Übereinstimmung in Fragen der Menschenwürde, LGBTQ+-Rechte und feministischen Werte eine große Kluft zwischen diesen Leuten und mir bestand, die letztlich meine akademischen Fragen und den Fokus meiner Forschung prägte. Auf der einen Seite dieser Kluft stand ich, geflohen aus einer traditionellen Welt, die sich nach Aufklärung sehnte, und auf der anderen Seite meine Kommilitonen, Professoren und später auch meine Studenten aus einer Welt, in der man dank der Aufklärung frei darüber diskutieren kann, wie furchtbar schrecklich die Moderne und der Westen sind. Es gab noch ein weiteres Kulturschockmoment im Umgang mit diesem Milieu, nämlich die Beobachtung der Häufigkeit von Antizionismus und einer sehr verächtlichen Haltung gegenüber dem Staat Israel. Genauso wie ein Mensch aus der westlichen Welt, der sich wundert, dass ein Iraner *nicht* von der Zerstörung Israels fantasiert und dieses Land wie jedes andere Land der Welt behandelt, war ich überrascht, dass Israel in einer besonderen Art und Weise und Häufigkeit in den Fokus der Kritik aus diesen Milieus – den erklärten Kämpfern des Antisemitismus – geriet, die meinem Stereotyp des aus dem Iran geschleppten westlichen Menschen, den ich als stets solidarisch mit Israel wahrnahm, widersprach.

Nach und nach wurde mir klar, dass viele der oben genannten Phänomene, die mich überraschten, nicht nur bei den idealistischen, rebellischen jungen Studenten zu finden waren, sondern auch in den zeitgenössischen geisteswissenschaftlichen Abhandlungen, was ich am besten durch meine eigene Forschung belegen kann.

Akademischer Kulturrelativismus

2011, ich war ich noch Masterstudent der Islamwissenschaften, veröffentlichte der deutsche Arabist Thomas Bauer sein Werk *Die Kultur der Ambiguität. Eine andere Geschichte des Islams,* das über Fachkreise hinaus Wellen schlug.[2] Die Grundthese dieses Werkes ist, dass die vormodernen muslimischen Gesellschaften in vielerlei Hinsicht toleranter waren als heute und dass dies darauf zurückzuführen sei, dass in diesen Gesellschaften bis zur Begegnung mit den Europäern eine ambiguitätstolerante Kultur vorherrschte, in der Mehrdeutigkeit nicht als Störfaktor empfunden wurde und daher auch nicht beseitigt werden musste. Die Kultur der Europäer hingegen sieht Bauer als eine mehrdeutigkeitsintolerante Kultur mit einem Drang zur Kategorisierung, und zwar vor allem in binären Kategorien. Binarität ist hier ein Schlüsselbegriff zur Charakterisierung und Beschreibung der modernen europäischen Mentalität. Binarität wird – nicht nur von Bauer – als ein Kernmerkmal des modernen Denkens verstanden, das es kritisch zu bewerten und zu dekonstruieren gilt. In dieser Wahrnehmung lässt die westliche Moderne aufgrund ihres Strebens nach Kategorisierung, insbesondere in antagonistischen binären Kategorien, keinen Raum für Ambivalenz und Ambiguität. Diese ambiguitätsintolerante Kultur, so Bauer, traf im Laufe des 18. und 19. Jahrhunderts auf die ambiguitätstolerante Welt des Nahen Ostens. Das Ergebnis war die Dominanz der westlichen Sichtweise, die Universalität beanspruchte, und die Verdrängung der Ambiguitätstoleranz aus den muslimischen Gesellschaften.

Im Kapitel 8 dieses Werks erörtert Bauer, wie vormoderne muslimische Gesellschaften mit Lust umgingen. Er behauptet, dass die vormodernen muslimischen Gesellschaften einen entspannten Blick auf die Sexualität gehabt und die Menschen nicht in Kategorien wie heterosexuell und homosexuell eingeteilt hätten. Die sichtbaren sexuell-amourösen Beziehungen zwischen Männern und jungen Männern in der muslimischen Welt der Vormoderne, die bis zum Auftauchen der westlichen Imperialisten in der Gesellschaft sichtbar und akzeptiert waren, können als Indiz für diese Toleranz angeführt werden. Nach Bauer hatten die muslimischen Gesellschaften bis zur Begegnung mit dem westlichen Sexualitätsdiskurs mit seinem universellen Anspruch kein Bedürfnis, Menschen aufgrund ihres Sexualverhaltens zu kategorisieren, und entwickelten daher eine Toleranz für Uneindeutigkeit und Mehrdeutigkeit. Westliche Gesellschaften hingegen waren darauf ausgerichtet, die Welt zu disambiguieren und die Phänomene (binären) Kategorien wie Homosexualität und Heterosexualität zuzuordnen. Der westliche Diskurs der Moderne habe einen Universalitätsanspruch, der über den eigenen kulturellen Ursprungskontext hinaus Gültigkeit beanspruche, und die westlichen Kolonialisten sahen es als ihre Aufgabe an, andere Gesellschaften durch die Einführung ihrer eigenen Werte und Weltsicht zu „zivilisieren". So betrachteten die Europäer die nicht-heterosexuellen Beziehungen der Gesellschaften des Nahen Ostens, die sie nach ihrem eigenen Diskurs als unnatürlich empfanden, als Zeichen der Dekadenz dieser Gesellschaften. Aufgrund der Dominanz der westlichen Welt wurde der imperialistische Diskurs über Sexualität von den lokalen Akteuren übernommen. Von nun an lassen sich in den muslimischen Gesellschaften deutliche Veränderungen im Umgang mit nicht-heterosexuellen Lebensweisen beobachten. Sie begannen, die bis dahin üblichen Beziehungen zu verurteilen und sie nicht nur aus dem gesellschaftlichen Leben zu verbannen, sondern auch aus Dichtung und Literatur zu zensieren.

Bauers Ausführungen über die Gründe für die heutige Homophobie in muslimischen Gesellschaften beschrieben in keiner Weise das Leben eines homosexuellen Mannes im Iran, was für mich bis 2006 der Fall war. Die Annahme, dass Homophobie ein westlicher Import sei, verklärte für mich den traditionellen Widerstand gegen die Emanzipation queerer Menschen völlig. Um ehrlich zu sein, hat mich dieses Buch sehr verärgert, und bei allem Respekt, den ich für den Autor habe, fand ich das Werk als moderne Version von *Tausendundeine Nacht* zu orientalistisch und romantisierend.

Thomas Bauer steht jedoch mit seiner Ansicht, dass die westliche Moderne die Quelle des heutigen Übels in der außereuropäischen Welt ist, nicht alleine da. Wenn wir beim Thema Sexualität bleiben, stoßen wir in *Women with Mustaches and Men without Beards* von Afsaneh Najmabadi, die sich *Gender and Sexual Anxieties of Iranian Modernity* gewidmet hat, auf ähnliche Thesen.[3] In dieser Studie analysiert die Harvard-Professorin die Veränderungen in der Geschlechterwahrnehmung in der iranischen Gesellschaft während des 19. und frühen 20. Jahrhunderts. In ihrer Arbeit geht sie davon aus, dass das Geschlechterkonzept der vormodernen iranischen Gesellschaft nicht auf zwei antagonistischen (männlichen/weiblichen) Geschlechtern beruhte und dass bei der Betrachtung der Quellen weitere Identitäten im Geschlechterspektrum identifiziert werden können. Folglich verleihe die Pluralität der Geschlechter nicht-heterosexuellen Beziehungen Platz, denn nicht-heterosexuelle Beziehungen würden nur dann sanktioniert, wenn die Gesellschaft von einer natürlichen Ordnung der Binarität von Mann und Frau ausgeht. Für Najmabadi ist die Zulässigkeit und Sichtbarkeit gleichgeschlechtlicher Liebesbeziehungen zwischen erwachsenen Männern und Jugendlichen ein Indiz dafür, dass die Geschlechterordnung der vormodernen iranischen Gesellschaft nicht binär und heteronormativ war und dass erst durch die Begegnung mit Europäern eine Verschiebung der Befindlichkeiten iranischer Männer in Form einer Tabuisierung der Behandlung junger Männer als Objekte der Begierde zu beobachten ist. Die iranischen Männer nahmen die verächtliche Haltung der europäischen Besucher wahr, die in der Sexualisierung junger Männer ein Zeichen von Dekadenz sahen, und übernahmen im Laufe der Zeit selbst die Sichtweise der westlichen Besucher auf die Sexualität. Die iranischen Modernisten der ersten Generationen (19. Jahrhundert), die sich die europäischen Gesellschaften zum Vorbild nahmen, sahen in der Ausbreitung amouröser Beziehungen zwischen Männern und jungen Männern eine Folge der Geschlechtertrennung, der Verschleierung und der sozialen Ausgrenzung der Frauen. Nadjmabadi zufolge ist die Modernisierung eine Dynamik in der iranischen Gesellschaft, in der sexuelles Begehren neu definiert wird und nur heterosexuelles Begehren als zulässiger Ausdruck des Begehrens gilt. Diese Heterosexualisierung der Gesellschaft hat sich bis heute fortgesetzt und ist auch die Grundlage für die homophobe Politik des derzeitigen Regimes.

> „The Islamic Republic of Iran (IRI) is set on eradicating homosexuality, especially male same-sex practices, in the name of eradicating Western cultural and secular moral corruption. Oblivious to the irony of its shared ground with secular modernists and with Orientalizing Europeans, the IRI depends on a concept of homosexuality […] more akin to late nineteenth-century western European concepts than to anything from Islam's own classical heritage.“[4]

Wie ich bereits sagte, standen solche Aussagen im Widerspruch zu meinen Erfahrungen als schwuler Mann im Iran. Als ich die Islamische Republik 2006 verließ, waren das Wort „schwul“ (*gay*) oder Begriffe wie Homosexualität oder Heterosexualität vielen Menschen, die ich kannte, praktisch fremd – nicht nur in der heterosexuellen Gemeinschaft, sondern auch unter Männern, die selbst in gleichgeschlechtlichen sexuellen Beziehungen lebten. Die Strafgesetze, die gleichgeschlechtliche sexuelle Handlungen mit unmenschlichen Strafen bedrohten, waren Vorschriften aus dem klassischen islamischen Recht und Hunderte von Jahren alt. In der Rhetorik der Regimevertreter war Homosexualität jedoch ein aus dem Westen importiertes kulturelles Phänomen, und die Homosexuellen diejenigen, die durch den westlichen Lebensstil verführt worden seien. Homosexualität – oder besser gesagt, gleichgeschlechtliche sexuelle Aktivität – wird somit als ein Laster, ein moralisches Vergehen und nicht einmal als eine psychologische „Degeneration“ angesehen, wie es Homophobie im modernen Sinne ist.

Kurzum, die Unterdrückung, die ich als homosexueller Mann zu meiner Zeit erfuhr, habe auf der Annahme der Nichtexistenz der Homosexualität als solcher beruht, denn das Konzept der Sexualität selbst existierte und existiert in der lokalen traditionellen Vorstellung nicht. Die Konflikte, die ich im Zusammenhang mit meiner Sexualität hatte, waren für mich Konflikte mit einer traditionellen Welt und ihren patriarchalischen Strukturen, die wohl ausschließlich einen heterosexuellen Lebensentwurf für die Mitglieder der Gesellschaft in Form einer (vorzugsweise frühen) Heirat vorsahen und die Existenz eines „modernen“ Selbsts nicht einmal anerkannten, geschweige denn tolerierten oder ihm gar Rechte einräumten und es gleich behandelten. Die pluralistische Welt, die Najmabadi und Bauer von der vormodernen Gesellschaft des Nahen Ostens schilderten, war meines Erachtens und mit meinem derzeitigen Wissensstand eine Welt, in der bis vor hundert Jahren der öffentliche städtische Raum zu einer Männerdomäne erklärt wurde, von der Frauen völlig ausgeschlossen waren oder die sie nur in voller Körperbedeckung betreten durften. Es fiel mir schwer zu glauben, dass eine Gesellschaft, in der die Türklopfer an den Häusern geschlechtsspezifisch gekennzeichnet waren, und eine Gesellschaft, die ihre Kinder schon recht früh in die Ehe zwang, eine pluralistische und tolerante Ordnung hatte.

Das Unbehagen, das ich aufgrund des Widerspruchs zwischen solchen Aussagen und meiner Erfahrung als schwuler Mann in der iranischen Gesellschaft empfand, habe ich in meiner akademischen Arbeit verarbeitet. In meiner Dissertation habe ich mich mit der Frage nach den Gründen für die weit verbreitete Schwulenfeindlichkeit und die mangelnde Akzeptanz nicht-heterosexueller Lebensweisen in den Gesellschaften des Nahen Ostens am Beispiel des Iran beschäftigt und die These vom westlichen Einfluss auf die heutige Schwulenfeindlichkeit infrage gestellt.[5] Es ist unbestreitbar, dass die Situation von LGBTIQ+-Gemeinschaften in Gesellschaften der muslimischen Welt katastrophal ist. Während in weiten Teilen der Welt eine rechtliche Gleichstellung minoritärer geschlechtlicher und sexueller Identitäten mit Männern und Frauen angestrebt wird, befinden sich queere Menschen in muslimischen Gesellschaften noch immer im Kampf um Anerkennung, Entkriminalisierung und Entpathologisierung. Dort, wo eine Entkriminalisierung stattgefunden hat und queere Personen wie in der Türkei zumindest das Recht haben zu existieren, sind der Konservatismus und die Queer-Feindlichkeit der Gesellschaft auffällig.

In einer Studie, die einen langen Zeitraum in Blick nimmt, habe ich zu zeigen versucht, dass nicht die vermeintliche Übernahme westlicher Wissensstrukturen für die heutige Intoleranz verantwortlich ist, sondern die Denkstrukturen des lokalen Patriarchats. Ich habe argumentiert, dass die vormoderne Konzeption der sexuellen Existenz die sexuelle Kraft als eine richtungslose tierische Kraft betrachtet, die sich durch äußere Reize stimulieren lässt. Somit wird sexuelles Verhalten nicht als Folge innerer Motivationen (sprich: Sexualität), sondern äußerer Stimulanzien gesehen. In dieser Auffassung hat die Sexualität keinen Platz als etwas, das dem Menschen innewohnt, und sexuelles „Fehlverhalten“ ist ein moralisches Vergehen, das auf ein Versagen des Geistes und nicht auf die Besonderheit der Persönlichkeit zurückzuführen ist, denn in dieser Denkweise ist der „Homosexuelle“ als Subjekt gar nicht denkbar.

Die Beweise für das Vorherrschen des Patriarchats in der vormodernen muslimischen Welt, das auf einer strikten Trennung der beiden Geschlechter beruhte, sind meiner Meinung nach überwältigend. Überall, wo man in medizinischen, juristischen oder anderen Texten aus der vormodernen muslimischen Welt nachschaut, wird die binäre Sichtweise der Geschlechter deutlich. Ein gutes Beispiel dafür ist die Behandlung von Intersexualität, die sowohl in medizinischen Abhandlungen als auch in Rechtstexten alles andere als ambiguitätstolerant ist. Wenn möglich, wird versucht, die Uneindeutigkeit durch einen chirurgischen Eingriff zu beseitigen, und wenn dies nicht möglich ist, kommen die Juristen ins Spiel, um das Geschlecht zu bestimmen. Kann auch das Geschlecht nicht bestimmt werden, gelten Sonderregelungen (im Ehe- und Erbrecht), die nicht auf die Anerkennung der Identität, sondern auf die Unauflöslichkeit der Situation hinweisen.

Aus dem 19. Jahrhundert, das Najmabadi untersuchte, gibt es genügend schriftliche und visuelle Quellen, die es uns erlauben, die Lebenswelt der iranischen Stadtgesellschaft jener Zeit zu rekonstruieren. In den iranischen Städten des 19. Jahrhunderts herrschte eine allgegenwärtige Geschlechtertrennung, die den Zugang der Geschlechter zu Räumen bis hin zu den Innenräumen der Häuser regelte. Der öffentliche Raum war in erster Linie ein Männerraum, zu dem Frauen nur Zugang hatten, wenn sie ihren ganzen Körper verhüllten. Ich stelle mir die Frage, wie man unter diesen Umständen von einer pluralistischen Gesellschaft sprechen kann. Mit Ausnahme von Männern, die aktiv sexuelle Beziehungen zu anderen Männern und jungen Männern unterhielten und deren Verhalten keine ernsthafte Stigmatisierung nach sich zog, waren alle Phänomene jenseits heterosexuellen Verhaltens stigmatisierenden Regelungen unterworfen. Der passive erwachsene Mann beispielsweise wird sowohl in ethischen und medizinischen Abhandlungen als auch in literarischen Texten verachtet, pathologisiert und stigmatisiert. Dasselbe gilt für einen Mann, der als „effeminiert“ wahrgenommen wurde.

Die Kontinuität dieser traditionellen Lebenswelt im heutigen Iran ist auch nicht schwer zu beweisen. Die traditionelle Vorstellung sexueller Existenz ist in den staatlichen Narrativen über Sexualität sowie in der Sexualpolitik vorherrschend, und die Geschlechterordnung, die die Islamische Republik anstrebt, ist eine traditionelle patriarchalische Ordnung. Betrachtet man die Rhetorik der Funktionäre, die Wissensproduktion auf den staatlich geförderten Portalen und auch die Strafpolitik, so wird deutlich, dass das traditionelle Bild der sexuellen Kraft als Grundlage für Aussagen und Handlungen dient und nicht eine moderne Vorstellung von Sexualität ist.

Ich verzichte an dieser Stelle auf eine detaillierte Beweisführung, denn sie sprengt erstens den Rahmen eines Aufsatzes und zweitens führt sie dazu, dass sich dieser Beitrag noch mehr vom Thema des Sammelbands entfernt, weswegen ich Sie bitten möchte, mir zunächst Glauben zu schenken, was folgende Aussage anbelangt: dass es genügend Beweise *gegen* die populäre These gibt, dass die Homophobie bzw. Queerphobie der heutigen iranischen Gesellschaft auf die Übernahme des westlichen Diskurses und seiner Kategorisierungen zurückzuführen sei; dass die Vorstellung einer toleranten vormodernen muslimischen Welt eine romantisierte Darstellung dieser Welt sei; und dass die Homosexuellenfeindlichkeit im heutigen Iran ein Phänomen sei, das durch die traditionelle patriarchalische Vorstellung und die vormoderne Vorstellung von Sexualität und nicht durch den westlichen Imperialismus erklärt werden könne.

Michel Foucault und der Iran

Um dem Thema dieses Sammelbandes näherzukommen, möchte ich an dieser Stelle einen anderen Fragenkomplex ansprechen. Im Laufe der Zeit habe ich mich zunehmend für die Entwicklung des intellektuellen Lebens in den zeitgenössischen westlichen Gesellschaften interessiert – für ihre Grenzen dessen, was gesagt werden kann und was nicht. Ich habe mich gefragt, warum manche Aussagen für das westliche Publikum unmittelbarer und „intuitiv" überzeugender klingen als andere Aussagen. Ist die Aussage „Die westliche Welt ist verantwortlich für Missstände in anderen Teilen der Welt" nicht eine jener Aussagen, die in den links-progressiven akademischen Milieus zunächst „intuitiv" bejaht wird? Wie kann die Verklärung der Verhältnisse im vormodernen Iran, die den Verhältnissen im heutigen Afghanistan ähneln, in eine pluralistische Welt so widerstandslos umgesetzt werden? Wie kommt es, dass Akteure, die in einer Welt leben, die dank der Idee der Aufklärung zu einem historisch beispiellosen Ort individueller Freiheit geworden ist, die Aufklärung als solche und im Zusammenhang mit außereuropäischen Gesellschaften als das größere Übel wahrnehmen als die Tradition?

Eine Erklärung auf diese Fragen lässt sich meines Erachtens in der Geistesgeschichte der westlichen Welt in der Nachkriegszeit finden, einem fremden Terrain, das ich nur oberflächlich betreten möchte, um mit Ihnen meine Erzählung über die „Psyche" des westlichen links-progressiven Menschen zu teilen. Ich möchte mich hier auf drei eng miteinander verflochtene Entwicklungen im Nachkriegseuropa konzentrieren:

Zum einen gewinnt die Kritik an der Idee der Moderne und ihrem Universalitätsanspruch in den geisteswissenschaftlichen Akademien an Schwung. Die Gräueltaten des Nationalsozialismus und die Etablierung einer Massenvernichtungsmaschinerie, die ohne die technischen Errungenschaften der Moderne und der Industrialisierung nicht in gleichem Maße möglich gewesen wären, waren gute Gründe für eine

Auseinandersetzung mit dem Scheitern der Aufklärung und eine neue Kritik der Moderne in der Nachkriegszeit, insbesondere in Kontinentaleuropa. Nach dem Zweiten Weltkrieg, in der zweiten Hälfte des 20. Jahrhunderts, standen die Sozialwissenschaften an den europäischen Akademien zunehmend unter dem Einfluss von Denkschulen, die eine sehr skeptische Haltung gegenüber der Moderne, dem Positivismus und den Grundlagen der Aufklärungsidee pflegten. Die Sozialwissenschaften emanzipierten sich von den Ansprüchen und Prämissen der positivistischen Wissenschaften, und viele Sozialwissenschaftler dieser Zeit sahen es als ihre Aufgabe an, nicht nur die Verhältnisse zu beschreiben, sondern auch sich mit den Machtverhältnissen ihrer Gesellschaften auseinanderzusetzen, um diese zu überwinden. In Westdeutschland ist in diesem Zusammenhang sicherlich die Frankfurter Schule mit ihrer Kritik an den Selbstverständnissen der Aufklärung und ihrer Vorstellung von den Sozialwissenschaften als Instrument der Erforschung einer „Totalität", die das Denken und Handeln und die Identität der Individuen bestimmt und deren Aufdeckung und Überwindung Aufgabe der Wissenschaftler ist, der prominenteste Name. In Frankreich gewannen der Existentialismus und der Poststrukturalismus an Bedeutung, die auch in den Sozialwissenschaften eine skeptische Haltung gegenüber positivistischen und empirischen Erkenntnismethoden kultivierten.

Die zweite Entwicklung, die ich hervorheben möchte, ist der Wandel der revolutionären Idee. In der gleichen Zeit, in der der Positivismus den modernitätskritischen sozialkonstruktivistischen Denkweisen in den Sozialwissenschaften weichen musste, verlor auch der ökonomisch begründete Klassenkampf als revolutionäre Idee in der westlichen Welt an Schärfe und Glanz. Dafür gibt es mehrere Gründe: Zum einen erwies sich der real existierende Sozialismus schnell als kein Modell, an dem man sich orientieren würde. Zum anderen veränderten sich die Bedingungen in den westlichen Gesellschaften derart, dass die potenzielle Triebkraft einer marxistischen Revolution, nämlich die Arbeiter in der Nachkriegszeit, kaum noch zu einer Revolution zu bewegen waren. Ihr Lebensstandard verbesserte sich dank der Hebung des allgemeinen Wohlstands und der Übernahme der Idee der Sozialdemokratie in die politischen Systeme Europas. Später, in den Anfängen der Globalisierung, wandelten sich die westlichen Gesellschaften allmählich in Dienstleistungsgesellschaften um, deren prekäre Warenproduktion weit entfernt stattfand. Die veränderte Situation führte dazu, dass sich der revolutionäre Gedanke von einer Vorstellung des Klassenkampfes, die auf der wirtschaftlichen Kluft beruhte, zu einer Vorstellung wandelte, die eher auf soziokulturellen Missständen und Ungleichheiten beruhte.

Eine weitere Entwicklung der Nachkriegszeit, die die westlichen Geisteswissenschaften beeinflusste, waren die Befreiungsbewegungen in der kolonisierten Welt und die damit einhergehenden intellektuellen Impulse von Denkern wie Frantz Fanon und Edward W. Said und ihre Kritik am westlichen Imperialismus mit seinen identitätsraubenden Merkmalen.

Um es kurz zusammenzufassen: Die Geisteswissenschaften an den europäischen Akademien – und später auch in den Vereinigten Staaten – erlebten nach dem Krieg einen Paradigmenwechsel. Denker und Wissenschaftler mit sozialkonstruktivistischen Perspektiven, die den Sozialwissenschaften die Aufgabe zuschrieben, die herrschenden Machtstrukturen permanent zu dekonstruieren, gewannen die Deutungshoheit in den Geisteswissenschaften; für diese Denkergenerationen waren nicht mehr ökonomische Machtstrukturen, sondern Kultur – im ganzheitlichen Sinne – und Sprache als Mittel hegemonialer Herrschaft die primären Gegenstände kritischer Analyse. Begriffe wie Moderne, Aufklärung und westliche Hegemonialkultur standen seit den 1980er Jahren im Mittelpunkt der kritischen Analysen jener Zeit, und auf politischer Ebene wurde eine starke Front gegen den Westen eröffnet, nämlich die postkolonialen Bewegungen, die aus Sicht der Intellektuellen der westlichen Welt die Projektionsfläche des Kampfes gegen den Imperialismus waren.

Michel Foucault ist wahrscheinlich einer der besten Kandidaten, wenn man diese geisteswissenschaftliche Wende mit einem Namen assoziieren möchte. Im Falle dieses Aufsatzes ist er die anschaulichste wissenschaftshistorische Figur, weil er sich in einer späteren Phase seiner Karriere mit der Revolution im Iran befasst hat. Foucault, der das heutige Denken immer noch stark prägt und auf den viele der heute selbstverständlichen akademischen Einsichten zurückgehen, hat sich in seiner Karriere mit der Frage der Macht und ihrer Funktionsweise sowie der Art und Weise, wie eine Gesellschaft ihre Mitglieder formt, beschäftigt. Foucault sah in der Moderne einen Moment, in dem das Aufkommen neuer Techniken und die Verbesserung der Effizienz des Staates die Grundlage für die totale Formung und Unterdrückung der Mitglieder einer Gesellschaft und die Bestrafung der Widerspenstigen bildeten. Foucault interessierte sich für moderne Institutionen wie die Psychiatrie und die Gefängnisse, an denen er die Entstehung und das Funktionieren dezentraler Macht oft sehr genau aufzeigt. Obwohl Foucault ein teilweise beeindruckend vorgehender und hoch angesehener Sozialwissenschaftler ist, stelle ich immer wieder fest, dass seine Voreingenommenheit gegenüber der Moderne und meine Voreingenommenheit gegenüber der Tradition dazu führen, dass ich mich angesichts seines Verständnisses des Zivilisationsprozesses mehr an Norbert Elias' Auffassung der Moderne orientiere, obwohl ich Foucaults Brillanz anerkenne. Für mich ist die Moderne trotz ihrer vielen Fehler und Irrtümer an sich eine historische Errungenschaft – und die traditionelle Welt, ob in Europa, im Iran oder anderswo, hatte in Bezug auf die Lebensqualität weniger zu bieten als heute.

1978 wurde Foucault von der italienischen Zeitung *Corriere della Sera* beauftragt, über die Revolution im Iran zu schreiben. In diesem Zusammenhang reiste er zweimal in den Iran und traf sich mit zahlreichen Persönlichkeiten, die an den Ereignissen im In- und Ausland beteiligt waren. Foucaults Begeisterung für die Revolution im Iran war sichtlich von seiner Abneigung gegen die Moderne geprägt, und er sah in der

Volksrevolution gegen den Schah eine Ablehnung der Moderne.[6] Für seinen zweiten Aufsatz hatte er den aussagekräftigen Titel „Das tote Gewicht der Moderne" vorgeschlagen, den die Zeitungsredakteure in „Der Schah ist hundert Jahre hinter der Zeit zurück" änderten.[7] Aus Foucaults Sicht stand das Pahlavi-System für eine Modernisierung nach westlichem Vorbild, die das Volk nun rundweg ablehnte. Foucaults Sympathie für die traditionalistischen, reaktionären religiösen Kräfte der Revolution grenzte in seinen Analysen an Naivität, und sein Widerstand gegenüber der Kritik von Kennern der iranischen Gesellschaft, die sich des reaktionären Gehalts von Chomeinis Ideologie bewusst waren, grenzte an eine beispiellose Arroganz. Er war von einer zutiefst fundamentalistisch-chauvinistischen Bewegung begeistert, weil sie als mögliches Modell für die Befreiung des Einzelnen vom Joch der Moderne dienen konnte. Er sah eine neue Alternative zu dem, was er zutiefst verachtete und als Gefahr für die Freiheit des Einzelnen ansah, nämlich die Moderne und den modernen Staat. Foucaults Sympathie für den Islamismus Chomeinis blieb auch Jahre nach der Revolution erhalten, als klar wurde, wohin die Islamische Republik führen würde, und er zeigte wenig Zurückhaltung gegenüber der Kritik, die ihm einige Jahre nach der Revolution folgte.[8]

Die Verkennung reaktionärer Bewegungen als Freiheitsbewegungen, allein aufgrund ihrer antagonistischen Positionierung gegen den Westen, ist unter den sozialkonstruktivistisch, postkolonial denkenden westlichen Intellektuellen des links-progressiven Spektrums weit verbreitet. Oft werden die Unterdrückungen und Menschenrechtsverletzungen lokaler Mächte, die nach traditionellen Wertesystemen und Denkweisen erfolgen, mit kulturrelativistischer Argumentation gerechtfertigt und die Kritiker dieser Unterdrückungen als Imperialisten diskreditiert und diffamiert, wenn sie weiß und westlich sind, und als Marionetten des Westens, wenn sie nicht weiß und lokal sind.

Bei einem Treffen zum Israel/Palästina-Konflikt 1979, an dem Simone de Beauvoir, Jean-Paul Sartre und Edward W.

Said teilnahmen, hatte Beauvoir ihre Kritik an der Zwangsverschleierung von Frauen unter Chomeinis neuem Regime formuliert. Bei diesem Treffen hatte sie ihre Absicht geäußert, zusammen mit Kate Millet, einer anderen Feministin, in den Iran zu reisen und sich mit den iranischen Frauen und Feministinnen zu solidarisieren, die gegen den obligatorischen Hijab auf die Straße gingen.[9] Said bezeichnete Beauvoirs Ideen später als „herablassend und dumm", denn was wisse eine weiße Feministin schon über den Hijab und den Islam? Ende der Diskussion, seinerseits.

Die Dominanz dieses postkolonialen Verständnisses in den westlichen Geisteswissenschaften, in dem lokale Bewegungen per se wegen ihrer Gegnerschaft zum Westen glorifiziert und romantisiert werden, ist bis heute ungebrochen. Alles, was als Antithese zum modernen Westen rezipiert wird, erfreut sich einer eher unkritischen Betrachtung. Hat sich Foucault mit den repressiven Traditionen der iranischen Gesellschaft in gleicher Weise auseinandergesetzt wie mit den repressiven Diskursen der westlichen Welt?

Die größten Verlierer dieser Entwicklung sind die einheimischen Akteure, die gegen die herrschenden, in der traditionellen Denkweise verwurzelten Missstände für eine liberal-säkulare Gesellschaft kämpfen, die von ihren eigenen Unterdrückern und oft auch von der fortschrittlichen Linken keine Anerkennung erfahren und vielmehr als Verräter diffamiert werden. Für einen Edward W. Said sind die iranischen Feministinnen von 1979, die mit eigenen Augen den Aufstieg der traditionellen Geschlechterapartheid gesehen haben, nur ein Störfaktor für sein Konzept des Orientalismus und auch Menschen, die durch die Verwestlichung auf die schiefe Bahn geraten sind.

Am 11. August 2022 – etwa einen Monat vor der Ermordung von Jina Mahsa Amini durch das iranische Regime wegen ihres angeblich „schlecht sitzenden" Hijabs, der der Ausgangspunkt der Frau-Leben-Freiheit-Bewegung im Iran war – schrieb *taz*-Libanonkorrespondentin Julia Neumann einen Artikel über die iranische Aktivistin Masih Alinejad.

Alinejad, die aus einem ländlichen Umfeld im Norden Irans stammt, begann ihren Kampf für die Emanzipation von traditionellen Strukturen bereits in jungen Jahren. Die meiste Zeit ihres Erwachsenenlebens hat sie als Frau im Iran verbracht. Nach ihrer Emigration widmete sie sich der Frage des Kopftuchzwangs und der revolutionären Bedeutung des Abnehmens des Schleiers. Neumann kritisierte Alinejad für diese Haltung und warf ihr vor, sich dem westlichen Verständnis von Freiheit unterworfen zu haben:

> „Alinejad bedient in ihren Äußerungen die Erzählung, dass Frauen vom Kopftuch und damit vom Islam befreit werden müssten – und die USA als Land der Demokratie und Freiheit sie retten könne. Die Vorstellung des Kopftuchs als Gradmesser von Freiheit wurde vom Westen erst populär gemacht. Und sie ist verdammt gefährlich.“[10]

Polemisch verglich Neumann dann die heutigen Nonnen in Europa mit den Frauen im Iran:

> „Alinejads Idee ist, das Ablegen des Kopftuchs ‚erschüttere das Regime in seinen Grundfesten'. Wer käme in Deutschland auf die Idee, Nonnen zu ermuntern, ihr Kopftuch abzulegen – und so gegen das Patriarchat der Kirche zu kämpfen? Und selbst wenn sie es täten, würde es einen Unterschied machen? Könnten Frauen dann katholische Priesterinnen werden, mit gleicher Bezahlung und Ausstrahlung auf die ganze Gesellschaft?“[11]

Die Tatsache, dass sich die Nonnen selbst diesem patriarchalischen Orden angeschlossen haben und dass iranische Frauen sich bekanntlich nicht ausgesucht haben, dort geboren zu werden, und mit ihrem Leben bezahlen müssen, wenn sie die herrschende Ordnung ablehnen, scheint Neumann bei ihren Fragen nicht bedacht zu haben.

Die Frage des Hijabs war immer einer der Konfliktpunkte zwischen mir und meinen Kommilitonen und später auch zwischen mir und meinen Studenten. Bis 2022, als der Welt wieder einmal vor Augen geführt wurde, dass die Frauen, die 1979 gegen die Einführung der Verschleierungspflicht protestiert hatten, wohl recht hatten, dass die Zwangsverschleierung eines der zentralen Unterdrückungsinstrumente des iranischen Regimes ist, hatte ich jedes Mal, wenn ich mich in einer solchen Gesellschaft zu Wort meldete, gesagt, dass der Hijab an sich und in seiner Rechtfertigung aus heutiger Sicht ein frauenfeindliches Phänomen ist. Mit dieser Aussage provozierte ich die Empörung weißer deutscher linker Progressiver, die sich über meine angebliche „Islamophobie" und Intoleranz empörten oder mich gar mit dem Beispiel ihrer Urgroßmutter aus dem Dorf, die ebenfalls ein Kopftuch trug, davon zu überzeugen versuchten, dass das Kopftuch kein religiöses Symbol sei. Wer die Begründungen muslimischer Juristen zum Hijab kennt – und das tue ich –, weiß, dass hinter der Idee dieses Textils ein extrem objektivierendes Frauenbild steht. Es soll die Begierde der Männer kontrollieren, indem es die Frauen bedeckt. Der Hijab ist dazu da, die Kontrolle der Männer über den Körper der Frauen in der Öffentlichkeit zu verlängern, den sie oft als Objekt ihrer Ehre und ihren Körper als Teil ihres Eigentums betrachten. Nun bedeutet das nicht, dass jede Frau, die den Hijab trägt, dies unter Zwang tut und dass dieses Symbol mit harten Verboten und Verletzungen des Selbstbestimmungsrechts bekämpft werden sollte. Eine dekonstruktiv-kritische Auseinandersetzung mit dem Konzept des Hijabs und dem dahinter stehenden Weltbild ist jedoch dringend notwendig, um traditionelle Strukturen zu überwinden. Dies ist ein Ziel, das die liberal-säkularen Kräfte in der Region verfolgen und das aus Sicht fortschrittlicher Intellektueller im Westen scheinbar „problematisch" ist. Judith Butler, die vielleicht eine der angesehensten Persönlichkeiten des progressiven Spektrums ist und deren Kritik an der Auffassung von Geschlecht als biologischer Gegebenheit zu einer neuen Welle von Emanzipationskämpfen zunächst queerer, dann nicht-binärer und Transpersonen geführt hat, ist in ihrer Kritik an den vorherrschenden traditionellen Lebenswelten auf der Welt mehr als zurückhaltend. Bei der Erläuterung des Hintergrunds einer ihrer Aussagen, nämlich, dass das Ablegen der Burka nicht unbedingt eine Befreiung bedeutet, verweist sie auf die Forschungen von Lila Abu-Lughod, einer Anthropologin der Columbia University in New York, über die ägyptische Gesellschaft. Sie sagt:

> „In letzter Zeit hat sie [Abu-Lughod, AG] versucht klar zu machen, dass die Burka sehr unterschiedliches symbolisiert. Sie symbolisiert, dass eine Frau bescheiden ist und dass sie ihrer Familie verbunden ist, aber auch, dass sie nicht von der Massenkultur ausgebeutet wird und dass sie stolz auf ihre Familie und Gemeinschaft ist. Sie symbolisiert Modi der Zugehörigkeit innerhalb eines sozialen Netzwerks. Die Burka zu verlieren bedeutet mithin auch, einen gewissen Verlust dieser Verwandtschaftsbande zu erleiden, den man nicht unterschätzen sollte. Der Verlust der Burka kann eine Erfahrung von Entfremdung und Zwangsverwestlichung mit sich bringen, die Spuren hinterlassen wird. Wir sollten keineswegs davon ausgehen, dass Verwestlichung immer eine gute Sache ist. Sehr oft setzt sie wichtige kulturelle Praktiken außer Kraft, die kennen zu lernen es uns an Geduld fehlt.“[12]

In diesem Zitat romantisiert Butler ein Konzept des lokalen Patriarchats nach dem anderen, ohne ein kritisches Wort darüber zu verlieren. Schon die Rede von „Bescheidenheit“ – kein analytischer Begriff, sondern ein Gebot des moralischen Diskurses – dermaßen unkritisch als eine „Tugend“ zu rezipieren, ist höchst problematisch, zumal Butlers Werk für sich beansprucht, eine kritisch-dekonstruktivistische Auseinandersetzung mit solchen Konzepten im Westen voranzutreiben. Man stelle sich Butlers Reaktion vor, ein westlicher

Akteur lobe „Bescheidenheit" als eine Tugend für Frauen in den Himmel, drohe aber zugleich mit Gewalt, wenn diese „Bescheidenheit" nicht eingehalten würde. Frauen vor der Ausbeutung durch die Massenkultur zu schützen, indem man ihre Kleidung vorschreibt, ist fast wörtlich das, was die Vordenker der Islamischen Republik wie Ali Shariati und islamistische Akteure im Iran heute über den Hijab sagen. Jeder, der im Iran lebt, weiß, dass in der Propaganda des Regimes der Schutz vor der kapitalistischen Objektivierung der Frau als einer der Gründe für die Notwendigkeit dieser Form von Verschleierung angesehen wird. Butler schreibt, dass Frauen die Burka tragen, weil sie stolz auf ihre Familien sind und durch das Ablegen der Burka einen Verlust an verwandtschaftlichen Bindungen erleiden können, sieht aber diese verwandtschaftlichen Strukturen, die Frauen ohne Burka sanktionieren und ausgrenzen, nicht als Machtstruktur, die massive Kontrolle über die Körper von Frauen ausübt und ihre gesellschaftliche Teilhabe von der Einhaltung extrem restriktiver Bekleidungsvorschriften abhängig macht. Die Unterwerfung von Frauen unter ein repressives System, in dem das Nichttragen der Burka massive körperliche und soziale Konsequenzen hat, mit kultureller Überzeugung zu begründen, ist im besten Fall ein kurzsichtiger Irrtum.

Im letzten Satz dieses Zitats kommt Butlers kulturrelativistischer Ansatz zum Vorschein, den ich als Appell zur Aufrechterhaltung unterdrückerischer Strukturen im Namen des „Schutzes" lokaler Kulturen verstehe, die sich der angeblichen „Verwestlichung" widersetzten. Hinter dieser Aussage verbirgt sich etwas sehr Problematisches. Die Dämonisierung der „Verwestlichung" in dieser Denkweise bedeutet, dass die lokalen Akteure, die in nicht-westlichen Gesellschaften eine säkulare, auf den Werten der Aufklärung basierende Ordnung anstreben, oft als unauthentische oder selbsthassende Menschen rezipiert und wahrgenommen werden, die den Überlegenheitsanspruch des westlichen Diskurses übernommen haben. Noch problematischer ist die Verbindung von Aufklärung und Westen, die in diesem Zusammenhang bewusst oder unbewusst reproduziert wird. Wenn die Annahme einer modernen, aufgeklärten Weltsicht von lokalen Akteuren als „Verwestlichung" rezipiert wird, wird eine deterministische Dichotomie zwischen dem Westen als Ort moderner Rationalität (die man auch zu kritisieren versucht) und der außereuropäischen Welt als Ort der Tradition konstruiert. Die westliche Welt ist dann Gegenstand des *soziologischen* Interesses, während der Rest der Welt mit einem *anthropologischen* Blick untersucht wird. Ich finde, diese Disziplinen haben schon sehr unterschiedliche Ansprüche und Teleologie. Die qualitative Soziologie erhebt heute, wie ich bereits geschrieben habe, den Anspruch, sich kritisch und dekonstruktiv mit den bestehenden Verhältnissen auseinanderzusetzen. Die zeitgenössische Anthropologie will eine dichte Beschreibung der Verhältnisse mit einem kulturrelativistischen Ansatz liefern, der weitgehend auf eine dekonstruktivistische Kritik verzichtet.

Der Aufstieg des Kulturrelativismus in Konkurrenz zu universalistischen Modellen, die den Anspruch haben, kulturübergreifend gültig zu sein, hat die Tür für die Rechtfertigung lokaler Unterdrückung und Menschenrechtsverletzungen geöffnet. Die Positionierungen und Rechtfertigungen islamistischer Akteure und der Machthaber im Iran für die Missachtung der Menschenrechte weisen auffällige Ähnlichkeiten mit Aussagen von Edward W. Said, Judith Butler, Thomas Bauer und anderen Denkern aus dieser links-progressiven Denktradition auf.

Wenn Sie die tagespolitischen Diskussionen über den Islamismus kennen, ist Ihnen wahrscheinlich bereits die Aussage begegnet, dass das linke Spektrum mit den Islamisten sympathisiert und als deren Verbündete gilt. Ich möchte diese Aussage nicht bestätigen, denn ich glaube, dass die links-progressiven Akteure aus einer ganz anderen Perspektive zu Postulaten kommen, die auch die Islamisten machen. Beispiele für solche Aussagen, die unabhängig vom Kontext, in dem sie gemacht werden, zwischen Links-Progressiven und Islamisten übereinstimmen, gibt es viele: Sagen nicht iranische

Offizielle ständig, dass Homosexualität etwas Westliches sei und dass diejenigen, die sich als homosexuell empfinden, vom Westen verführte Individuen seien, die ihr wahres Selbst verloren haben? Sagen sie nicht dasselbe über Frauen, die den Hijab ablehnen?

Trotz dieser Überschneidung der Ergebnisse werden die Aussagen der links-progressiven Milieus oft ohne soziologisches Wissen über den Kontext gemacht, über den sie sprechen, wie Butler selbst zugibt und dennoch zum Ausdruck bringt. Ihr Interesse an nicht-westlichen Gesellschaften beschränkt sich oft darauf, sie als Beleg für ihre postkolonialen Thesen und ihre Kritik am Westen zu instrumentalisieren. Ob sie sich wie Foucault auf die Seite der reaktionärsten lokalen Strukturen schlagen, scheint für diese Intellektuellen keine Rolle zu spielen.

Auf der anderen Seite zeigt sich der Kulturrelativismus der reaktionären Kräfte der außereuropäischen Welt (wie den Islamisten), die die Ablehnung der Verwestlichung als Vorwand nutzen, um lokale Bemühungen um eine säkular-liberale moderne Ordnung zu unterdrücken. Man braucht nur die Positionen der Organisation für Islamische Zusammenarbeit und einzelner muslimischer Staaten in den letzten 40 Jahren zu Frauenrechten, Kinderrechten, religiösen Rechten und Rechten sexueller Minderheiten in den Debatten der internationalen Menschenrechtsgremien zu verfolgen, um zu sehen, wie der Kulturrelativismus die Menschenrechte einfach außer Kraft setzen kann. Der Verweis auf Kultur ist immer ein Vorwand, um die Anerkennung von Rechten zu verweigern. Dies lässt sich gut an der Islamischen Erklärung der Menschenrechte beobachten, die die muslimischen Staaten 1990 unterzeichnet haben. Der Haupttenor dieser Erklärung ist, dass Menschen Rechte haben, solange die Religion – unsere Kultur – sie bestätigt, und diese Haltung ist eine Abkehr vom Konzept der Menschenrechte, die geschaffen wurden, um Individuen vor Kollektiven zu schützen.

Im Übrigen ist der Kulturrelativismus ironischerweise einer marktförmigen Weltordnung förderlich. Die Achtung der Menschenrechte als Bedingung für Handelsbeziehungen zu fordern, ist definitiv nicht im Sinne einer neoliberalen Denkweise. Der Kulturrelativismus kommt Unternehmen und Staaten zugute, die die Augen vor den Menschenrechtsverletzungen ihrer Handelspartner verschließen wollen, aber das ist ein Thema für sich.

Je ferner das Objekt der Begierde, desto unkritischer der linke Blick darauf

Nun möchte ich noch dem Oberthema dieses Sammelbandes ein paar Zeilen widmen, um das Gesamtbild abzuschließen. Wie ich bereits erwähnt habe, hat mich das Ausmaß der Feindseligkeit gegenüber Israel und dem Zionismus in den links-progressiven deutschen Milieus in den letzten Jahren überrascht. Ich habe mich gefragt, warum die Unabhängigkeitsbestrebungen einer Gruppe, die sich als Schicksalsgemeinschaft versteht – so, wie ich den Zionismus verstehe –, delegitimiert werden, während man sich mit anderen solchen Bestrebungen doch in der Regel vorbehaltlos solidarisiert. Ich habe mich gefragt, warum der Aufruf, einen Staat wegen Menschenrechtsverletzungen zu sanktionieren (Stichwort BDS), nur für Israel gelten soll. Der Begriff „Pinkwashing" kursiert seit einigen Jahren in geisteswissenschaftlichen Debatten über Israels LGBTQ+-Politik.[13] Israel ist mit Abstand das liberalste und sicherste Land im Nahen Osten für die LGBTQ+-Community, wenn es um staatliche Übergriffe geht. Tel Aviv ist ein beliebtes Reiseziel für westliche LGBTQ+-Personen und hat eins der wenigen Pride-Festivals in einer Region, in der viele Gesellschaften nicht einmal die Existenz der queeren Menschen anerkennen. Mit „Pinkwashing" wird Israel vorgeworfen, diese offene Politik zu betreiben, um sein Image in der Welt zu verbessern und von seinen Gewalttaten gegen Palästinenser abzulenken. Die Innenpolitik eines Staates mit demokratischen Strukturen mit einem anderen politischen Konflikt in Verbindung zu bringen, grenzt an Verschwörungstheorien, die bekanntlich Teil des antisemitischen Gedankenguts sind. Bedient diese These nicht das antisemitische Klischee von Juden als heimlichen Strippenziehern?

Der sogenannte „Nahostkonflikt“ ist für viele Linke und Progressive seit Langem eine der Projektionsflächen des Kampfes gegen den Westen und steht in einer Tradition, die ich weiter oben ausgeführt habe. Die Solidarität und Verbundenheit mit Israel auf staatlicher Ebene sowie die tatsächliche Verbundenheit der israelitischen Gesellschaft in vielerlei Hinsicht haben bei der Zuschreibung Israels als Stellvertreter des Westens eine Rolle gespielt, doch darf man keineswegs die grundsätzliche Bedeutung der antisemitischen Dispositionen der westlichen Gesellschaften vergessen. Auf der Suche nach Verbündeten in ihrer Opposition gegen Israel und in ihren Solidaritätsbekundungen verfahren linke Progressive oft nach dem Motto „der Feind meines Feindes ist mein Freund“. Wie ich beschrieben habe, ist die Nähe und Distanz zur westlichen Welt für die links-progressiven Akteure ein Indikator für die Distanz und Nähe zu einer Entität: je weiter entfernt, desto unkritischer und positiver die Sicht. Mit einer Ignoranz, wie sie Foucault im Iran an den Tag gelegt hat, solidarisieren sich heute viele Progressive mit Bewegungen, die zutiefst repressiv und freiheitsfeindlich sind und danach streben, Systeme zu errichten, in denen die Menschenrechte ein Fremdwort sind. Im Namen der Solidarität mit den Palästinensern gehen sie Schulter an Schulter mit Gruppen auf die Straße, die sie im deutschen Kontext gerne unter Beobachtung des Verfassungsschutzes sehen würden. Terroristische Organisationen wie die Hamas und die Hisbollah, die der lange Arm repressiver Terrorsysteme wie der Islamischen Republik Iran oder der Muslimbruderschaft sind, kann ich beim besten Willen nicht als „Freiheitskämpfer“ bezeichnen. Wenn man sich als „Queers for Palestine“ versteht, sollte man bedenken, dass diese Solidarität auch – wenn nicht sogar in erster Linie – den Queers in Palästina gelten sollte, die unter Hamas und Hisbollah sicherlich keine Freiheit genießen und genießen werden. Bevor man sich wieder mit großer Ignoranz die Symbole solcher Bewegungen als Zeichen der Solidarität aneignet, soll man herausfinden, was diese Symbole bedeuten und wer sie heute verwendet. Wissen Sie, welches Accessoire bei den Auftritten des Obersten Führers des islamischen Regimes im Iran nie fehlt? Das Palästinensertuch.[14]

Wo bleiben die Bemühungen der links-progressiven Milieus, die sich für die Palästinenser engagieren, um Wege zu finden, die säkularen und progressiven Kräfte der palästinensischen Bevölkerung zu identifizieren, sich mit ihnen zu solidarisieren, ihnen eine Stimme zu geben und sie zu stärken? Hier liegt der Schlüssel zum Konflikt. Anstatt Terrorbanden wie Hamas und Hisbollah als Freiheitskämpfer zu stilisieren, sollten sie als Geiselnehmer des palästinensischen Volkes verstanden werden, die sich durch die Unterstützung von Regimen wie dem Iran, die Monopolisierung der verfügbaren Ressourcen, die Herrschaft des Terrors, der Gewalt, der Gehirnwäsche und der Propaganda zur Stimme der Palästinenser inszenieren.

Wie ich eingangs sagte, fehlt mir das Fachwissen, um eine qualifizierte Aussage über mögliche Lösungen dieses Konflikts zu machen. In einem Punkt bin ich mir sicher: Mit den derzeitigen Akteuren, die für die palästinensische Sache eintreten, ist kein Frieden in Sicht – weder für Israel noch für die Palästinenser.

Anmerkungen

1 Vgl. Marjane Satrapie, Persepolis. *Eine Kindheit im Iran*, Zürich 2004.
2 Thomas Bauer, *Die Kultur der Ambiguität. Eine andere Geschichte des Islams*, Berlin 2011.
3 Afsaneh Najmabadi, *Women with Mustaches and Men without Beards. Gender and Sexual Anxieties of Iranian Modernity*, Berkeley 2005.
4 Ebd., S. 57.
5 Vgl. Arash Guitoo, *Die Geschichte der mann-männlichen Begierde im Iran von der Vormoderne bis heute*, Baden-Baden 2020.
6 Erstmalig umfänglich darauf hingewiesen hat Tjark Kunstreich mit einem Artikel, der 2004 anlässlich des 20. Todestags von Michel Foucault erschien. Vgl. Tjark Kunstreich, „Lust an der Unfreiheit", in: *konkret*, Nr. 8/2004, S. 35-40.
7 Vgl. Janet Afary/Kevin Anderson, *Foucault and the Iranian Revolution. Gender and the Seductions of Islamism*, Chicago 2005, S. 78.
8 Vgl. ebd., S. 117.
9 Kate Millet, *Im Iran*, Reinbek 2019. Siehe dazu auch Negar Mottahedeh, *Whisper Tapes. Kate Millett in Iran*, Stanford 2019.
10 Julia Neumann, „Das bisschen Wind im Haar", in: *taz*, 11.08.2022. Siehe dazu auch den Kommentar von Naïla Chikhi, „‚Das bisschen Wind im Haar' kann uns das Leben kosten", jungle.world, 19.08.2022, https://jungle.world/blog/von-tunis-nach-teheran/2022/08/das-bisschen-wind-im-haar-kann-uns-das-leben-kosten (letzter Abruf: 01.02.2024).
11 Julia Neumann, „Das bisschen Wind im Haar".
12 Judith Butler, *Krieg und Affekt*, Zürich/Berlin 2009, S. 86.
13 Kritisch dazu Sercan Aydilek, „Der ‚pinke' Israelhass. Erfahrungen mit der queerfeministischen Gruppe ‚Berlin Against Pinkwashing' – und was sich daraus lernen lässt", in: Vojin Saša Vukadinović (Hg.), *Freiheit ist keine Metapher. Antisemitismus, Migration, Rassismus, Religionskritik*, Berlin 2018, S. 144-153.
14 Trotz seiner Ähnlichkeit mit anderen traditionellen Symbolen sollte das Palästinensertuch nicht mit anderen Tüchern verwechselt werden, die (für Uneingeweihte) ähnliche Muster, aber andere Bedeutungen haben, wie z. B. das kurdische *jamaneh*.

Ich hatte Deutschland umarmt

Ali Ertan Toprak

2008 bat die *ZEIT* verschiedene Deutsche mit Migrationsbiografie um ein Statement zur ihrer Beziehung zu Deutschland. Auch ich gehörte zu den Ausgewählten. Der Titel meines damaligen Beitrages lautete „Ich habe Deutschland umarmt". Meine Zeilen in der Zeitung fanden später sogar Platz in einem NRW-Schulbuch für Spanisch in der Oberstufe.

Meine Gefühle habe ich, als ich damals über Deutschland nachdachte, wie folgt aufs Papier gebracht: „Ich habe mir meine Eltern mit ‚Migrationshintergrund' nicht ausgesucht – für die deutsche Staatsbürgerschaft hingegen habe ich mich bewusst entschieden. Ich habe mich für dieses Land und seine Menschen entschieden, für seine Landschaft, seine Kultur, auch für die dunklen Kapitel seiner Geschichte und für die Größe, damit umzugehen. Diese Geschichte ist jetzt auch meine Geschichte. Es mag pathetisch klingen, aber ich habe Deutschland umarmt und das Ruhrgebiet, wo ich aufgewachsen bin und wo ich heute lebe, ins Herz geschlossen. Ich möchte nirgendwo sonst leben."

Mittlerweile lebe ich in Hamburg und Berlin. Ich frage mich allerdings in letzter Zeit immer öfter, ob ich diese Zeilen heute genauso schreiben würde. Die Bundesrepublik meiner Kindheit und Jugend in den 1980er und 1990er Jahren hatte ich aus vollem Herzen umarmt. Heute fällt es mir immer schwerer, das jetzige Deutschland zu umarmen. Was ist passiert?

Ich erkenne mein Deutschland nicht wieder. Es hat sich verändert. Es ist zwar oberflächlich noch bunter und vielfältiger geworden, aber nicht unbedingt liberaler, weltoffener und gleichberechtigter, was uns woke und linke Kreise seit Jahren weismachen wollen. Denn in vielen Metropolen und Metropolregionen prägen mittlerweile eher Monokulturen und Gegengesellschaften das Straßenbild und die Alltagskultur. Egal, ob in Berlin, in Hamburg, oder im Ruhrgebiet – ein türkisch-arabisch, patriarchisch-nationalislamistisches Milieu mit ausgeprägter Macho-Kultur hat sich in Deutschland etabliert. Ganze Stadtteile haben eigentlich nichts mehr mit Vielfalt und offener Gesellschaft zu tun. Erst recht werden hier nicht die Werte der liberalen und freiheitlichen Demokratie respektiert, geschweige denn gelebt. Das ist nicht die Vielfalt, für die ich mich als in linken Kreisen sozialisierter Mensch mein Leben lang engagiert hatte.

Viele Menschen, die sich den Errungenschaften der Aufklärung verpflichtet fühlen und diese neuen Gegebenheiten aus einer demokratischen Perspektive heraus kritisieren, werden seit Jahren von linksidentitären Kreisen diffamiert, ausgegrenzt und mundtot gemacht. Im Falle der vielen Diffamierungskampagnen gegen Menschen, die sich kritisch mit Themen rund um den Islam und Migration äußern, muss man wissen, dass es sich bei den Treibern dieser Diffamierung um eine Allianz aus Akteuren des politischen Islams und Aktivisten aus dem linken identitätspolitischen Spektrum handelt. Eine unheilige Allianz, die auch ohne Not vom deutschen Staat seit Jahren politisch und finanziell mit erheblichen Projektgeldern unterstützt wird.

Ich kenne kein anderes Land auf der Welt, das seine Gegner so massiv unterstützt und gleichzeitig die Verteidiger seiner Interessen und freiheitlichen Werte so allein lässt wie Deutschland. Viele sind eingeschüchtert, wurden mundtot gemacht oder können sich nur noch mit Personenschutz auf die Straße wagen, weil die meisten Demokraten und Eliten seit Jahren feige schweigen.

Viele Menschen mit Migrationsbiografie in Deutschland, die sich wie ich schon längst für dieses Land und seine freiheitlich-demokratische Ordnung entschieden hatten, sind über diese selbstzerstörerische Ignoranz der demokratischen und kulturellen Eliten unseres Landes mittlerweile fassungslos und entmutigt. Immer mehr Menschen wenden sich angesichts des intellektuellen Bankrotts und der mutlosen Politiker in diesem Land von der Berliner-Filterblasen-Demokratie ab.

Eine totale Katastrophe wäre es für Deutschland, wenn sich auch die schon längst hier Angekommenen dieser Tendenz anschließen würden. Aber viele von uns wollen und können nicht mehr, habe ich zunehmend den Eindruck. Ich setze mich mittlerweile seit drei Jahrzehnten unter vielen persönlichen Opfern für den gesellschaftlichen Zusammenhalt und unsere freiheitlichen Werte ein. Denn für viele Menschen wie mich, die in zweiter und dritter Generation hier leben, ist Deutschland vor allem immer ein Ort der Freiheit gewesen. Wir wollten, dass dieser erhalten bleibt.

Der linksidentitäre Kulturkampf einer Minderheit, die jede Abweichung von den eigenen Auffassungen ständig als rechten Tabubruch oder gleich als „Nazi" diffamiert, ist das größte Konjukturprogramm für die rechtsradikale und dumpf nationalistische AfD. Der moralisch selbstgerechte Antirassismus dieser Gruppe gefährdet Individuen wie mich doppelt, einerseits, indem sie immer mehr Menschen in die Hände der AfD treiben, und andererseits, indem sie selbst jede aufklärerische und progressive Kritik innerhalb der Migranten-Communitys unmöglich machen, weil z. B. jede berechtigte Kritik an Islamismus oder anderen extremistischen oder kriminellen Erscheinungsformen in der Einwanderungsgesellschaft sofort mit Rassismusvorwurf zum Schweigen gebracht wird. Ich bin ehrlich, ich frage mich schon länger, warum ich für diese Gesellschaft, dieses Land, das nicht gewillt ist, seine Werte zu verteidigen, noch den Kopf hinhalten soll. Während ich schon vor Jahrzehnten Deutschland umarmt hatte und seine Werte gegen jedwede Gefahr mit viel Leidenschaft verteidige, umarmen seine politischen Vertreterinnen und Vertreter tagtäglich die Gegner unseres Landes und unserer freiheitlichen Gesellschaft. Unser Bundespräsident war sich beispielsweise nicht zu schade, Ende 2023 dem islamistischen Verband der Islamischen Kulturzentren (VIKZ) sogar durch sein persönliches Erscheinen zum 30. Jubiläum zu gratulieren.

Der Staat und seine demokratischen Institutionen – vom Bund bis zu den Kommunen – hofieren tagtäglich migrantische Rechtsextremisten und Islamisten, beschweren sich aber gleichzeitig über Rassismus in Deutschland, ohne sehen zu wollen, dass Rassismus ein 360-Grad-Problem ist. Ich kämpfe mit meinem inneren Schweinehund, um nicht aufzugeben. Der einzige Grund, warum ich trotz Drohungen türkischer Nationalislamisten und der Verfolgung durch den türkischen Staat – sogar hier, auf europäischem Boden – und Anfeindungen aus bestimmten linksidentitären Kreisen, die mich alle als Verräter betrachten, nur weil ich die Errungenschaften der Aufklärung verteidige, noch nicht aufgebe, ist der Tatsache geschuldet, dass ich will, das auch meine Tochter und mein Sohn frei, unbeschwert und selbstbestimmt in ihrer Heimat Deutschland aufwachsen. Es schmerzt, es tut weh, aber es lohnt sich dennoch, für *Jin, Jiyan, Azadî* zu kämpfen: Frau, Leben, Freiheit.

Meine Tochter ist im Grundschulalter. Ende 2023 teilte sie mir beiläufig mit, dass muslimische Mitschüler in der Pause wissen wollten, ob ihr Pausenbrot halal sei. Ihre Antwort war: „Das geht Euch nichts an. Ich esse, was mir schmeckt." Mein Sohn, der ebenfalls Grundschüler ist, berichtete wiederum, dass ihn seine Lehrerin zum Türken und Moslem erklärt hat. Wenn er Haribo-Produkte essen wolle, solle er wissen, dass da Gelatine drin sei. Kurz vor Weihnachten habe sie ihm erklärt, dass er ja als Moslem Zuckerfest feiere und kein Weihnachten. Ich habe mit meinen Kindern nie Zuckerfest gefeiert, wir feiern aber jedes Jahr Weihnachten. Ich und meine Kinder empfinden diese Art der gut gemeinten „kulturellen Sensibilität" mittlerweile mehr als übergriffig. Was soll das? Warum macht Ihr uns alle zu gläubigen Muslimen? Ist Muslim-Sein etwas Schlimmes? Nein, natürlich nicht. Es geht um etwas anderes.

Die letzten Jahre waren voller gesellschaftlicher und politischer Umbrüche und Widersprüche. Einer dieser Widersprüche ist zum Beispiel, dass die Integrationsdebatte vollkommen religiosisiert worden ist. Wenn wir fast seit zwei Jahrzehnten, vom 11. September 2001 bis heute, über Integration reden, sprechen wir eigentlich nur noch über den Islam und die Muslime, obwohl die Migranten in unserem Land bekanntlich nicht nur aus Muslimen bestehen. Ja, nicht einmal die

Menschen, die aus den mehrheitlich muslimischen Ländern zu uns gekommen sind, sind alle Muslime.

In den öffentlichen Debatten über Integration ist immer nur von fünf Millionen Muslimen die Rede, obwohl nicht einmal 10 bis 15 % dieser Menschen in den Moscheeverbänden organisiert sind und obwohl die Religion nur einer von vielen Identitätsaspekten oder Facetten dieser Menschen ist und für viele nicht unbedingt am wichtigsten. Denn bei vielen, die als „Muslime" gelten, handelt es sich um Kulturmuslime oder um säkular eingestellte Individuen. Für viele hat die Religion gar keine Bedeutung, weil sie entweder Agnostiker oder auch Atheisten sind. Aber es sind auch viele „nicht"-islamische religiöse Minderheiten aus islamischen Ländern nach Deutschland gekommen. All diese Menschen werden in einen Topf geworfen und von den Medien und von Politikern zu einem monolithischen muslimischen Einheitsblock verrührt. Mit diesen Zahlen wird jedoch Politik gemacht. Und zwar von allen Seiten, vor allem aber von den meisten islamischen Verbänden – natürlich um die eigene Agenda durchzusetzen.

Nehmen wir die größte Gruppe der Migranten aus der Türkei. Man spricht hier von drei Millionen Türken und drei Millionen Muslimen aus der Türkei. Dabei sind mindestens ein Drittel der Menschen alevitischer Herkunft, hinzu kommen christliche Minderheiten wie Assyrer, Aramäer, Armenier und andere Glaubensgemeinschaften wie Jesiden etc. Schon aus diesem Grund sollte endlich Schluss damit sein, diese Menschen alle zu Muslimen zu machen.

Ich möchte zu meiner Aussage zurückkommen, warum wir es als Familie übergriffig finden, ständig als Muslime „gelesen" zu werden, wie es im identitätspolitischen Sprachgebrauch mittlerweile heißt, denn die säkularen Menschen und Migrantenorganisationen wie auch die nichtmuslimischen Migrantenorganisationen hatten durch die Islamisierung der Integrationsdebatte in den letzten Jahren einen schweren Stand. Alles drehte sich nur noch um Religion und Islam. Wir fanden gar nicht mehr statt. Der Dialog mit uns wurde immer weniger, ja, an vielen Stellen riss er sogar ab. Gerade die Kirchen und kirchennahe Organisationen haben sich nur noch auf den interreligiösen Dialog konzentriert und da auch nur ausschließlich auf einen Dialog mit den Islamverbänden, die allesamt Vertretungen des politischen Islams sind. Die Vielfalt muslimischen Lebens wurde dabei völlig ausgeblendet. Viele von uns sind zum Beispiel sehr unglücklich darüber gewesen, dass wichtige gesellschaftliche Akteure und demokratische Institutionen, vor allem aber auch die Kirchen uns „säkularen" Menschen und Migrantenverbände anscheinend zunehmend als religionsfeindlich empfunden haben. Und das nur deshalb, weil wir uns gegen den politischen Islam positioniert haben. Das ging so weit, dass sogar der Stiftungschef der „Internationalen Wochen gegen Rassismus" – ein ehemaliger evangelischer Pfarrer – vor einigen Jahren liberalen Muslimen und orientalischen Christen eine Mitschuld an Islamfeindlichkeit gegeben und in einer Broschüre diese Gruppen öffentlich an den Pranger gestellt hat. Hier wird die Argumentation der reaktionären muslimischen Verbände unkritisch übernommen. In diesem Fall ist eindeutig eine rote Linie überschritten worden, denn es handelt sich um eine Täter-Opfer-Umkehr, da verfolgte Gruppierungen aus den islamischen Ländern im Namen des Antirassismus an den Pranger gestellt werden. Man kann in Deutschland kaum noch etwas Islamkritisches sagen, ohne in die rechte Ecke gestellt zu werden – von herkunftsdeutschen Menschen wohlgemerkt, die in der Regel weder Ahnung vom Islam noch von Rassismus haben.

Die Agenda des politischen Islams besteht derweil darin, die Muslime im Westen in erster Linie zu Opfern zu stilisieren. Das war mir spätestens klar geworden, als der DITIB-Vertreter 2007 bei der Deutschen Islam-Konferenz den Begriff „Islamophobie" mit Antisemitismus gleichsetzte, indem er sagte: „Wir Muslime sind die Juden von heute!" Interessant war, dass weder von staatlicher Seite noch von anwesenden Wissenschaftlern zunächst Widerspruch kam, sondern ich als Einziger – damals noch als Generalsekretär der Alevitischen Gemeinde Deutschlands – dagegen protestiert habe.

Warum darf man in Deutschland den politischen Islam nicht kritisieren? Die evangelische Kirche wäre schließlich auch niemals entstanden, wenn man Kritik an der katholischen Kirche verhindert hätte. Wie soll also ein liberaler oder zeitgemäßer und demokratiekompatibler Islam entstehen, wenn man sämtliche Kritik am Islam, die von Muslimen selbst kommt, als „nazi-like", als „rassistisch" etc. bezeichnet? Das Recht auf Kritik, welches die Protestanten gegenüber der katholischen Kirche bekommen haben, wünsche ich mir auch für liberale Muslime, die den Islam kritisieren.

Deutschland hat 50 Jahre lang die Integration der sogenannten „Gastarbeiter" ignoriert. Deren Nachkommen, die heute in dritter und vierter Generation heranwachsen, kennen das deutsche und westliche Wertesystem weniger als ihre Eltern und Großeltern. Jetzt will man den Fehler dieser Ignoranz wettmachen, indem man dogmatisch behauptet, „der Islam gehört zu Deutschland". Beides sind im Grunde Realitätsverweigerungen. Dabei ist es undemokratisch und unchristlich, DITIB-Imame, die wie Stasi-Imame agieren, in Moscheen zu dulden. Was würden Sie machen, wenn es heute Priester in deutschen Kirchen geben würde, die z. B. für andere Staaten die Gläubigen bespitzeln? Oder Neonazi-Priester in der Kirche? Übrigens: Der Islam ist keine Rasse! Und: Es ist unchristlich und undemokratisch, die Migranten in Parallel- und Gegengesellschaften im Stich zu lassen!

Allein die Muslime selbst haben es in der Hand, ob der Islam in Zukunft zu Deutschland gehören wird, indem sie einen wesentlichen Beitrag zur Demokratie, Kultur, Wissenschaft und zum Zusammenhalt in Deutschland leisten. Nur so kann der Islam eines Tages zu Deutschland gehören. Und: Eine Zukunftsbewältigung ohne Vergangenheitsverständnis kann nicht gelingen! Aus diesen Gründen sollten wir uns zunächst über Grundsätzliches Gedanken machen:

1. Das Grundvertrauen unserer Bürger in unseren Staat und dessen Institutionen ist seit der Flüchtlingskrise in erheblichem Maße gestört.

2. Viele Grundsatzentscheidungen wurden am Parlament vorbei ohne Grundsatzdebatten im Vorfeld getroffen und anschließend der demokratischen Öffentlichkeit als „alternativlos" präsentiert.

3. Dies war das größte Förderprogramm für die AfD. Viele verunsicherte und enttäuschte Bürgerinnen und Bürger haben eine vermeintliche Alternative gewählt.

4. Der erste Schritt, um ein Problem zu lösen, ist ein realistischer Blick auf das Problem.

5. Die Verantwortlichen in Staat und Gesellschaft müssen aktiv werden, wenn ein Problem nicht mehr zu ignorieren ist (besser schon vorher). Um ein Problem von solch großer Tragweite zu lösen, kann in einer Situation wie der jetzigen in der Regel nur ein großangelegter „Wurf" zielführend sein. Nur so kann der gordische Knoten zerschlagen werden. Politiker und andere Entscheidungsträger brauchen daher Weitsicht, Mut, durchdachte Konzepte für Reformen und müssen auch mal den ausgetretenen Trampelpfad verlassen, um den feststeckenden „Karren" wieder flottzumachen. Zum Vorteil aller Beteiligten und der Demokratie.

Demokratie ist politische Kultur

Der Westen ist von einer unübersehbaren Bruchlinie durchzogen. Wenn es nicht gelingt, den Konflikt zwischen Linksidentitären und Rechtspopulisten zu entschärfen, wird die liberale Demokratie untergehen. Das ist die Angst vieler, die sich der demokratischen Mitte zurechnen. (Rechts-)Populismus kann und sollte man auch nicht mit (Links-)Populismus bekämpfen! Populismus ist immer – wenn man den Begriff ernst nimmt – Protest aufgrund von Elitenversagen. Das sollte diesen Eliten durchaus zu denken geben, wenn sie Eliten bleiben wollen. Stattdessen erliegen weite Teile dieses angegriffenen gesellschaftlichen Milieus aber der Versuchung, die Kritik an ihm selbst als reines Ressentiment aufzufassen oder gar zu etwas moralisch Indiskutablem umzuinterpretieren. Vom eigenen Versagen kann man so vielleicht eine Zeit lang ablenken. Nachhaltiger wäre es jedoch, dieses Versagen selbst zu korrigieren. Das erfordert allerdings Mut, an dem es in besorgniserregendem Maße mangelt. Aber diese Korrektur des Elitenversagens in der Einwanderungspolitik (sowie auf anderen Feldern) ist unbedingt notwendig – im Eigeninteresse der Eliten, vor allem aber im Interesse der gesamten Gesellschaft, um die Basis für ein friedliches, demokratisches Zusammenleben zu finden.

Der britische Historiker Timothy Garton Ash hat den schönen Begriff der „robusten Zivilität" geprägt. Das wäre in der Tat die Voraussetzung für eine andere Kultur in Deutschland: eine Debatte, die Rede und Gegenrede zulässt, ohne immer gleich moralisch zu stigmatisieren oder mit Ressentiments zu hantieren. Der Raum des Sagbaren darf allein von zwei Grenzen markiert werden: Die eine Grenze ist Artikel Eins des Grundgesetzes, die Menschenwürde. Die andere ist das völkische Denken. Diesseits davon muss alles erlaubt sein.

Demokratie besteht aber nicht nur aus Wahlen. Sie ist weit mehr. Zur Demokratie gehört die Akzeptanz der Werte der politischen Kultur der Demokratie wie etwa des Pluralismus, der individuellen Menschenrechte und des säkularen Rechts. Diese sind, als Ergebnis der europäischen Aufklärung, unverhandelbare Werte. Sie machen eine offene und freiheitliche Gesellschafft erst möglich.

Wir alle wissen, dass die konkrete Lebenswelt eines Landes nicht nur aus der Beachtung seiner Gesetze besteht. Die Empörung über den Begriff „Leitkultur" und die Forderung einer solchen ist unsinnig. Empören müssen wir uns über die Tatsache, dass man trotz eines erfolgreichen Integrationsprozesses, also selbst bei Integration in eine Leitkultur in Deutschland, bis heute nicht als vollwertiger Deutscher akzeptiert wird.

Linksliberale Intellektuelle und manche selbsternannte Migrantenvertreter beschwören zunehmend einen neuen Kulturkampf. Sie schaden einer notwendigen Debatte, wenn sie bei jeder sich bietenden Gelegenheit die Zuwanderer nur als Opfer sehen und dabei ständig aus einer vorgeblichen Opferperspektive heraus die Rassismus-Keule gegen Staat und Gesellschaft schwingen. Statt mit dem Bekenntnis zu dieser freiheitlichen Gesellschaft gemeinsame Zukunftsziele zu formulieren, wird aus einer unterstellten migrantischen Opferrolle heraus bewusst die Demokratie verunsichert. Wer ständig mit dem Rassismus-Vorwurf hantiert, will die Mehrheitsgesellschaft in die Defensive zwingen. Dieser Angriff geht paradoxerweise vor allem von Personen aus, deren Vita man als „erfolgreich" bezeichnen kann. Ich kenne keinen Staat, der seine Gegner so unterstützt wie Deutschland. Das ist eine selbstzerstörerische Integrationspolitik.

Falsch verstandene Toleranz

Es sind nicht die Migranten, die geknechtet und missachtet durch diese Republik laufen müssen. Ob christliche Nigerianer, jesidische Syrer, Bahai aus dem Iran oder Aleviten aus der Türkei – selbst liberale Muslime empfinden sich nicht als Opfer, weil sie keine Opfer sind. Sie empfinden sich als Teil der deutschen Gesellschaft und ihr Lebensumfeld signalisiert ihnen täglich genau dieses.

Dahinter steckt die Agenda einer fundamentalistischen Ideologie, die – ausgehend vom politischen Islam der Muslimbruderschaft und befördert durch den türkischen Präsidenten – in die deutsche Gesellschaft gepflanzt wird. Linksliberale dienen dabei als Wegbereiter. Die deutsche Mehrheitsgesellschaft soll dazu gebracht werden, aus falsch verstandener Toleranz jede Forderung der Nationalislamisten zu erfüllen. Dass so das Fundament der freiheitlichen Demokratie zerstört wird, sehen viele nicht.

Werden die Werte und Gepflogenheiten von Mehrheitsgesellschaft wie Migranten als unvereinbar empfunden, entzünden sich Konflikte. In Deutschland ist dies derzeit der Fall, wenn es darum geht zu klären, welche Spielart des Islam mit der hiesigen Gesellschaft kompatibel sein kann. Der massive Vorstoß islamistischer Organisationen mit dem Ziel, islamisch begründete Normen im öffentlichen Raum durchzusetzen, spaltet die Gesellschaft und fordert dazu heraus, die Bedeutung der im Grundgesetz garantierten Freiheit des religiösen Bekenntnisses zu diskutieren, um ihre Instrumentalisierung zu verhindern. Siehe die Kopftuch-Debatte etc., in der sich deutsche Genderfeministinnen lieber auf die Seite islamischer Patriarchen denn auf die Seite früh verschleierter Kinder stellen. Das Mädchenkopftuch ist dabei nicht mal im Koran vorgeschrieben!

Eine der wichtigsten Errungenschaften der Aufklärung ist die Religionskritik. Die Religionen können einerseits nicht immer mehr Platz im öffentlichen Raum beanspruchen, andererseits aber jede Religionskritik als Menschenfeindlichkeit oder Rassismus diffamieren und damit de facto unmöglich machen. Religionsfreiheit im ursprünglichen Sinne war jedoch nur als Bekenntnisfreiheit gemeint: Nicht alles tun zu dürfen, nur weil eine Religion dies legitimiert! Es heißt nicht, alles nach Belieben auszuleben! Bei uns stehen das Grundgesetz und die Menschenrechte über der Religion. Dennoch haben sich in unserem Land Staat, Gesellschaft und die Kirchen auf eine religionsfreundliche Säkularität verständigt. Das ist eine unserer hart erkämpften Errungenschaften und ein Grundpfeiler der Demokratie! Zur Religionsfreiheit gehört aber letztlich auch die Religionskritik. Plötzlich soll das nicht mehr möglich sein?

Diese Art der Intoleranz gegenüber Menschen, die sich einer Religion nicht unterwerfen wollen, führt auch zu einer Stärkung der rechten Ränder – wie der AfD. Wenn Politik nicht gegen diese Intoleranz vorgeht, sondern sogar Toleranz gegen Intoleranz fordert, kann das nur schiefgehen.

Wer sich in Deutschland mit Rechten solidarisiert, zusammenarbeitet oder sogar mit ihnen nur redet, stellt sich außerhalb des demokratischen Werte-Konsens. Das gilt aber *nur* im Falle der autochthonen Deutschen, denn die deutsche Politik, Kirchen und Zivilgesellschaft reden tagtäglich ohne Einschränkungen mit rechten Migranten. Weder Politik noch Kirchen noch die Zivilgesellschaft haben ein Problem damit, mit nationalislamistischen Verbänden bei der DIK, bei interreligiösen Dialogforen oder Kulturfesten zusammenzukommen. Nicht einmal linke Parteien haben Probleme, nationalislamistische Verbände auf ihren Parteitagen oder Fraktionssitzungen reden zu lassen. Ja, sogar der Zentralrat der Juden ist hier in den letzten Jahren inkonsequent gewesen.

Warum eigentlich diese doppelten Standards? Alle Demokraten in Deutschland verlangen, dass Migranten alle politischen Rechte bekommen sollen, aber man darf von ihnen anscheinend nicht dieselben demokratischen Standards einfordern oder bei ihnen dieselben demokratischen Maßstäbe anlegen.

Es ist an der Zeit, jede Zusammenarbeit mit Vertretern des politischen Islam und ausländischen Nationalisten in Deutschland zu beenden. Mit wem der Staat zusammenarbeitet, sendet ein Zeichen an die muslimische Gemeinschaft und die deutsche Mehrheitsgesellschaft. Viele Menschen in diesem Land integrieren sich gern. Von ihnen spricht man aber nicht. Stattdessen wird immer wieder der Migrant als Opfer des deutschen Rassismus beschworen. Natürlich ist mir auch bewusst, dass wir Rassismus in Deutschland haben, es ist jedoch kein spezifisch deutsches Problem. Rassismus kommt weltweit vor, denn er hat keine Nationalität. Von den Medien und bestimmten Kreisen wird einem suggeriert, Deutschland sei das Zentrum des Rassismus.

Statt die jungen Menschen mit Familiengeschichte aus anderen Ländern aufzufordern, sich als Bürger mit diesem Staat zu identifizieren, wird ihnen eine den Staat ablehnende Opferperspektive eingepflanzt. Dabei sind Migranten weder ein monolithischer Einheitsblock noch wollen sich Zuwandererkinder als Opfer sehen. Integration kann nur im Einvernehmen mit der Mehrheitsgesellschaft gelingen. Ohne Einsicht und ohne Unterstützung der Mehrheitsgesellschaft für unser Anliegen werden wir keine politischen Mehrheiten für unsere berechtigten Anliegen gewinnen.

Wenn wir mit unseren Forderungen nach Gleichberechtigung, Teilhabe und Anerkennung Unterstützung erhalten wollen, müssen wir eine selbstkritische Haltung einnehmen und nicht nur einseitig Forderungen an Staat und Gesellschaft stellen. Wenn wir Teil der Gesellschaft sein wollen, dann müssen wir auch Verantwortung für die Gesamtgesellschaft tragen und auch Missstände, die im Zusammenhang mit der Migration stehen, offen benennen. Anders werden tatsächliche wie gefühlte Probleme nicht zu lösen sein. Dazu gehört es auch, den Begriff „Heimat" in seinem positiven Kontext zu sehen.

„Heimat" ist mitnichten ein rückwärtsgewandter Begriff, wie von vielen Linken und deutschlandkritischen Migranten behauptet wird. Im Gegenteil: Die Frage nach dem, was Heimat bedeutet, gehört zu den drängendsten unserer Zeit – auch und gerade für Menschen, die nicht schon immer hier leben. Heimat ist der Gegenbegriff zur Globalisierung. Es ist ein sinnvolles politisches Vorhaben, diesen Begriff mit seinen richtigen Inhalten zu beleben. Das Bundesministerium des Innern und für Heimat reagiert daher auf ein essenzielles Bedürfnis: „Heimat" greift Emotionen auf, die Sehnsucht nicht nur nach Überschaubarkeit, sondern nach Zugehörigkeit und Mitgestaltung des unmittelbaren Lebensumfeldes. Dieses Land wird bei *allem*, was auch nur entfernt mit dem Begriff „Nation" zu tun hat, hysterisch, irrational und selbstquälerisch. Was würde das Wort „international" noch für einen Wert oder Sinn ergeben, wenn das „-national" darin fehlen würde? Das Problem ist nicht, dass Nationen existieren, sondern dass es nach zwei Weltkriegen immer noch Idioten gibt, die ihre Nation über andere erheben. Ihnen sollte man aber weder die Heimat noch die Nation überlassen.

Es ist in den letzten 50 Jahren der Einwanderung nach Deutschland versäumt worden, den Menschen, die sich für dieses Land entschieden haben, eine Bürgeridentität nahezulegen. Stattdessen bieten deutsche Schulen mittlerweile Burkinis für muslimische Mädchen an. Möchten Sie wissen, warum die Integration bei mir geklappt hat? Weil ich das Glück hatte, dass meine Eltern mich unter anderem zu Jugendeinrichtungen der Kirchen und zu deutschen Sportvereinen geschickt haben. Dort habe ich wirklich begriffen, dass die Propaganda über die „ungläubigen" Christen, die sich in türkischem Schulmaterial, Kulturproduktionen und Moscheen findet, nichts mit der Realität zu tun hatte. (Ja, so werden Christen bis heute in Büchern, Filmen und Predigten bezeichnet.)

Ich habe gerade in kirchlichen Einrichtungen viel Respekt und Unterstützung erhalten. Nie hatte ich das Gefühl, dass mich jemand in böser Absicht zu missionieren versucht, während ich zu gleicher Zeit in türkischen Einrichtungen, darunter in Schulen oder Moscheen und unter türkischen Muslimen, meine alevitisch-kurdische Identität leugnen musste. Inzwischen habe ich es in der Türkei bis zum Staatsfeind geschafft, weil ich mich für eine freiheitlich-demokratische Türkei und gegen die nationalislamistische Autokratie Erdoğans einsetze. Seit 2015 kann ich nicht mehr das Grab meines Vaters in der Türkei besuchen, der dort zwei Jahre zuvor im Sommerurlaub verstarb, weil hunderte Erdoğan-Anhänger, die sich hier tagtäglich über „Islamophobie" und Rassismus beklagen, mich bei den türkischen Sicherheitsbehörden denunziert haben. Die Agententätigkeit der DITIB-Imame oder den Auftritt von Kindern, die man in Uniformen der türkischen Armee gesteckt hat, um sie in DITIB-Moscheen den Märtyrertod preisen zu lassen, scheinen in Deutschland ohnehin längst wieder alle verdrängt zu haben.

Viele Bundesländer gestalten den Islamunterricht an deutschen Schulen weiterhin mit der DITIB. Wer diese in deutsche Schulen lässt, lässt Erdoğan in die hiesigen Klassenzimmer. Am Ende braucht sich niemand zu wundern, wenn sich diese Kinder nicht mit Deutschland und dessen demokratischen Institutionen identifizieren, sondern mit dem Nationalislamismus und Antisemitismus der AKP.

Auch in Deutschland sind Menschen wie ich nicht mehr sicher. Ich erhalte keine Drohungen von deutschen Rassisten, wohl aber von türkischen Nationalislamisten und anderen Islamisten. Das hat zur Konsequenz, dass das LKA meine Adresse gesperrt hat; weitere Maßnahmen kann ich leider hier nicht ansprechen. Das ist der Preis dafür, den ich für meinen Einsatz für die Freiheit zahle!

Warum der linksliberale Opferdiskurs Islamisten den Weg ebnet

Was ist nur mit der deutschen Linken los? Das frage ich mich schon seit den 1990er Jahren. Ich bin in eine links-säkular politisierte Migrantenfamilie hineingeboren und in Deutschland eher in linken Kreisen sozialisiert. Im Ruhrgebiet hatte ich Kommunalpolitik für die Grünen gemacht und war 2005 in meiner Heimatstadt Direktkandidat für den Bundestag. Aber bereits Anfang der 2000er Jahre bemerkte ich, wie ich mich zunehmend von meiner Partei entfremdete. Schließlich trat ich 2011 aus der Grünen Partei aus und ging 2014 zur CDU. Vorher gab ich der *Welt am Sonntag* aber noch ein langes Interview.

Ich warf der damaligen rot-grünen Landesregierung vor, dass sie den politischen Islam hofiere und ihn salonfähig mache, denn sie hatte sich entschieden, den islamischen Religionsunterricht an staatlichen Schulen allein mit den reaktionären, nationalislamischen Verbänden zu organisieren. Jede Kritik, jede Warnung an dieser Politik wurde überhört. Komischerweise empfand man gerade säkulare Migranten in einer linken und säkularen Partei wie den Grünen als Störer. Man hatte in den „linksliberalen" deutschen Kreisen schon damals entschieden: Alle Migranten sind Opfer. Auf der anderen Seite des politischen Spektrums hingegen sollen alle Migranten potenzielle Kriminelle sein.

Mir wurde zunehmend bewusst, wie sich radikalislamische und türkisch-nationalistische Moscheen mit Hilfe aus dem Ausland organisierten. Während das politische Selbstverständnis der politischen Linken selbstverständlich gegen deutsche Rechtsradikale gerichtet war, wurden die türkischen Nationalislamisten in erster Linie als Opfer einer angeblich rassistischen deutschen Integrationspolitik angesehen. Diese holzschnittartigen Erklärungsversuche gelten bis heute.

Erinnern wir uns: Als in den letzten Jahren Erdoğans fulminante Wahlerfolge unter den in Deutschland lebenden Türken analysiert wurden, behaupteten sogenannte linksliberale Kreise, seine Wähler seien Opfer der deutschen Mehrheitsgesellschaft. In vielen Kommentaren hieß es: „Wir haben die Türken all die Jahre so schlecht behandelt, deswegen wählen sie jetzt Erdoğan!“ Selbst für den aufkeimenden türkischen Islamfaschismus wollte man in erster Linie Deutschland verantwortlich machen.

Ich machte mir bisweilen einen Spaß daraus, diese Betrachtungsweise – damals noch ironisch – als „linken Rassismus“ zu bezeichnen. Das hatte damit zu tun, dass ich selbst in meiner Jugend links sozialisiert war und lange Zeit nicht wahrhaben wollte, dass es auch linken Rassismus gibt. Dies war, so gesehen, mein eigener Kultur-Rabatt an die herkunftsdeutsche Linke. Die Pervertierung linker Ideen und Ideale durch immer hasserfüllter agierende, woke und linksidentitäre Kreise haben mir vor allem in den letzten Jahren die Augen geöffnet. Wer Migranten nur als anspruchsberechtigte und fürsorgebedürftige Opfer und sich selbst ausschließlich als deren Anwälte sieht, begegnet ihnen von oben herab. Die politische Linke entwertet Migranten nicht nur, sondern spricht ihnen auch die Fähigkeit zur politischen Meinungsbildung ab – und erklärt im gleichen Atemzug, Diskriminierung und Fremdbestimmung bekämpfen zu wollen. Dies ist glasklar linker Rassismus, denn man leugnet, dass „Nicht-Weiße“ die Fähigkeit haben, freiverantwortlich zu handeln. Wer aber einer Menschengruppe aufgrund ihrer Herkunft oder Religion die Verantwortung für ihr Handeln abspricht, der betrachtet diese Menschen als minderwertig. Daher sollte man diese woken und linksidentitären Gruppen endlich als das bezeichnen, was sie sind: als Rassisten!

Der Verrat der Appeasement-Fraktion

Ein weiterer Aspekt bereitet mir bis heute regelrechte körperliche Schmerzen. Ich konnte und kann es nicht verstehen, dass ausgerechnet die politische Linke die Ideale und Errungenschaften der Aufklärung verrät, die ihre gesellschaftlich-politische Emanzipation erst möglich machte. Wie kann es sein, dass ausgerechnet jene, die sich als aufgeklärt und emanzipatorisch beschreiben, die kritische Auseinandersetzung mit dem radikalen Islam jenen überlassen, die eine offene und liberale Gesellschaft ablehnen? An die Stelle fundierter Islamkritik ist vielerorts eine selbstkasteiende Appeasement-Politik gegenüber den reaktionären Islamverbänden getreten. Allein schon, wer den politischen Islam als eine frauen- und homosexuellenfeindliche, dogmatische und rassistische Ideologie mit tödlichen Folgen für Andersdenkende und Anderslebende bezeichnet, wird der „Islamophobie“ und des Rassismus beschuldigt. Dabei galt Religionskritik seit der Aufklärung als Selbstverständlichkeit. Eine sich politisch links verortende Relativierungs- und Tabuisierungskultur, die nur dazu auffordert, den Islam als eine Bereicherung der „pluralen Republik“ Deutschland anzusehen, belässt die zugewanderten Muslime in einem unreflektierten Identitätsgefängnis aus Religion, Tradition und anti-emanzipatorischen Reflexen.

Ich stritt mich all die Jahre vor allem mit grünen und sozialdemokratischen Politikern über die Islamfundamentalisten in der Türkei. Sie wollten in Erdoğans AKP partout eine muslimische CDU sehen. Meine These war, dass aus einer überzeugt islamischen Bewegung keine Demokraten entstehen können. Ich habe leider recht behalten. Die arrogante Ignoranz, mit der unsere leidvollen Alltagserfahrungen mit dem Mehrheitsislam überhört werden, ist ein unverzeihlicher Fehler.

Die Appeasement-Fraktion ist nicht einmal gewillt, Kinder, die in eine Kita oder zur Grundschule gehen, vor dem Zugriff des politischen Islam zu beschützen. Da wird allen Ernstes das Kopftuch schon in diesen Einrichtungen mit dem fehlgeleiteten Argument der Religionsfreiheit verteidigt, obwohl nicht einmal der Koran die Verschleierung kleiner Mädchen verlangt. Man übernimmt ohne Sachkenntnis die Argumente des politischen Islam. Wie kann es sein, dass der Kampf für die Gleichberechtigung und die Emanzipation der Frauen, die der Grundpfeiler der Grünen-Bewegung ist, ein ums andere Mal verraten wird, wenn es um Muslime und den Islam geht?

Ein weiteres, schmerzhaftes Erlebnis war die Mutlosigkeit der bundesdeutschen Eliten. 2017 kam die „Initiative kulturelle Integration", ein breiter Zusammenschluss wichtiger, zivilgesellschaftlicher Akteure – Kirchen, Medien, Wohlfahrts- und muslimischer Verbände, Migrantenorganisation sowie der Politik –, unter der Koordination des Kulturrats im Bundeskanzleramt zusammen, um ein Thesenpapier zu entwickeln. Es sollte ein Bekenntnis zu gemeinsamen Werten in einer pluralen Republik formuliert werden – an sich ein selbstverständliches Anliegen. Doch das von mir als Präsidenten der Bundesarbeitsgemeinschaft der Immigrantenverbände vorgeschlagene Bekenntnis zur säkularen Demokratie wurde abgeschmettert. Der Formulierungsvorschlag lautete:

> „Zu unserer Religionskultur gehört ebenfalls die Religionskritik. Genauso selbstverständlich, wie die Religion im öffentlichen Leben einen Platz einnimmt, müssen die Religionsgemeinschaften in einer säkularen Gesellschaft auch öffentliche Kritik an Religion ertragen können. Niemand darf in einer freiheitlichen Gesellschaft wegen Religionskritik mundtot gemacht werden."

Denn tatsächlich ist es längst nicht nur in islamischen Staaten, sondern auch in unserer freiheitlichen Demokratie an der Tagesordnung, dass Menschen wegen ihrer Religionskritik unter Polizeischutz leben müssen.

Während es den Parteien der politischen Linken schwerfällt, diesen Umstand zu kritisieren, werden die Vertreter des politischen Islam unterwürfig hofiert. Die Repräsentanten dieser Verbände sind gern gesehene Redner auf Parteitagen oder in Fraktionssitzungen. Sie sitzen bei bedeutsamen, feierlichen Staatsakten in der ersten Reihe. Mit ihnen werden, wie beispielsweise im rot-grün regierten Stadtstaat Hamburg, Staatsverträge geschlossen, deren Kerngehalt ihre Verweigerung zur Demokratie festschreibt und das Staatsziel der Integration konterkariert. Dabei verteidigt die Politik sie bis heute gegenüber jeder berechtigten Kritik: gleich ob Vertreter dieser Verbände den antisemitischen „Al-Quds-Tag“ in Berlin unterstützen oder die von Erdoğan gelenkte DITIB Andersdenkende ausspionieren und denunzieren lässt.

Uns als liberal-säkularen Deutschen mit Migrationsgeschichte, die sich vorbehaltlos zu den festgeschriebenen Grundrechten bekennen und in ihnen eine der größten Errungenschaften der Zivilisation sehen, ist mittlerweile die traurige Erkenntnis zuteilgeworden: Wir werden diese sich als liberal fehlinterpretierende, politische Linke nicht von ihrem Irrweg abbringen. Am Ende werden es vielmehr jene fundamentalistischen Muslime sein, die sie nicht überzeugen, sondern einfach überrennen werden. So wie es nach der Islamischen Revolution im Iran zigtausende liberale und sozialistische Vertreter traf – und so wie es heute in der Türkei geschieht, wo Menschen, die sich in der Tradition der Aufklärung sehen, noch von Glück reden können, wenn sie das Land unbeschadet verlassen können.

„Vielfalt“, die ideale Tarnung für den linken Hass auf Juden

Nach dem genozidalen Angriff der Hamas auf Israel am 7. Oktober 2023, dem größten Massaker an den Juden seit dem

Holocaust, fragte mich meine Tochter, ob die Juden böse oder gut seien. Ich versuchte, ihr kindgerecht die Leidensgeschichte der Juden seit Anbeginn der Geschichte zu erklären. Sie sagte mir, dass sie nicht verstehen könne, warum Juden weltweit dämonisiert werden, und brachte ihre Angst zum Ausdruck, dass sie sich Sorgen um mich mache, weil ich die Juden in Schutz nehme. Wir sind hier in Deutschland eine wehrhafte Demokratie, entgegnete ich ihr und betonte, dass die Sicherheitskräfte uns Demokraten gegen Antisemiten beschützen würden. Aber in den Nachrichten sah sie immer wieder die Bilder von aggressiven, vielfach martialischen antiisraelischen Demonstrationen auf deutschem Boden, die von der deutschen Polizei begleitet wurden. Diese Bilder haben sie verunsichert. Und sie zweifelte anschließend, ob unsere Demokratie wirklich wehrhaft sei. Das wiederum machte mich wütend, dass meine Tochter sich in Deutschland – in ihrem Geburtsland – nicht sicher fühlte. Denn Deutschland war doch für mich als Kind und Jugendlichen immer „ein Ort der Freiheit". Sollte das für meine Tochter nicht mehr gelten?

Ich hatte es auch nie für möglich gehalten, dass Juden irgendwann mal wieder in Deutschland massiv Angst haben müssten. Aber die Realität im heutigen Deutschland ist leider eine andere. Nicht die Antisemiten haben heutzutage Angst, sondern Juden und Menschen, die sich mit ihnen solidarisieren. Im „so multikulturellen" Berlin-Neukölln werden Menschen im Restaurant zusammengeschlagen, weil sie sich auf Hebräisch unterhalten. Es gibt sie wieder, die No-go-Areas für Juden in Deutschland. Und das auch nicht erst seit dem 7. Oktober.

Ich will nicht in einer Einwanderungsgesellschaft leben, in der Juden wieder Angst haben müssen. Aber alle Warnsignale der letzten Jahrzehnte wurden übersehen und überhört.

Die Anerkennung der Schuld am millionenfachen Mord an den europäischen Juden war für Deutschland eine der Vorbedingungen für die Integration in den Kreis der zivilisierten Welt und der westlichen Staatengemeinschaft. Diese Vorbedingung für die Aufnahme in die freie, zivilisierte

Welt ist mittlerweile im Begriff „Staatsräson" zur Floskel der deutschen Politik verkommen. Denn zunehmende Teile der Bevölkerung sind im Hass auf alles, was den Westen ausmacht, und im Judenhass vereint: die Rechtsradikalen, die Islamisten und die arabischen Nationalisten, die vor allem in den letzten Jahren nach Deutschland gekommen sind, und die „antizionistischen" linken Deutschen, deren identitätspolitisches Vokabular als bunt, progressiv und modern gilt. Antizionismus ist mittlerweile der Tarnbegriff der westlichen Linken, um ihren Judenhass zu überdecken. Allzu oft ist allein Israel der Adressat ihrer Kritik und ihrer Ermahnungen, nicht aber die Massenmörder der Hamas, die wohlgemerkt sowohl jeden einzelnen Toten in Israel als auch jeden einzelnen Toten in Gaza zu verantworten haben.

Die Hamas ist am 7. Oktober in Südisrael eingefallen, um so viele Juden abzuschlachten wie möglich, weil sie die Juden als Gruppe vernichten möchte. Bereits in ihrer Charta hat sie diese Vernichtungsabsicht dokumentiert. Damit hat sie mit der für einen Völkermord benötigten Vernichtungsabsicht gehandelt. Wer das dementiert, Israel aber eines Völkermordes bezichtigt, ist nicht nur ein Heuchler, sondern ein Judenhasser.

Der 7. Oktober war kein bloßer Terrorangriff, sondern das schlimmste Pogrom – und wie bei allen Pogromen unter Beteiligung von Zivilisten als Angreifern – gegen Juden nach der Shoah, und die Reaktion Israels notwendig, um eine Wiederholung auszuschließen. Keine andere Armee der Welt versucht ziviles Leben so zu schützen wie die IDF. Dass dies nicht immer gelingt, liegt ganz entscheidend daran, dass die zivile Bevölkerung von der Hamas als Schutzschild eingesetzt wird. Und wenn wir über die fatale humanitäre Lage in Gaza und die katastrophale medizinische Versorgung in den Krankenhäusern reden, dann ist dies ganz wesentlich dem Umstand geschuldet, dass diese Krankenhäuser ebenfalls Teile der Terrorstruktur der Hamas sind.

Der Überfall der Hamas am 7. Oktober stand im Zeichen der Verbindung zweier zerstörerischer Kräfte: Hass auf Juden und Hass auf Frauen. Das sind die festen Säulen des politischen Islams weltweit.

„Nie wieder!", erklärten viele demokratische Parteien nach dem 7. Oktober und warnen vor dem Ansteigen des Antisemitismus. Um nicht der „Islamophobie" bezichtigt zu werden, haben sie dabei jedoch seit Jahren ignoriert, dass viele Zuwanderer ein antisemitisches Weltbild haben. Vor allem Flüchtlinge, die aus dem Nahen und dem Mittleren Osten nach Europa kommen, bringen diese antiwestliche und judenfeindliche politische Kultur mit. Das ist ein Fakt. Hier entsteht aber ein eklatanter Widerspruch zwischen der deutschen Willkommenskultur und dem Gelübde „Nie wieder!" – mit bekannten Folgen.

Der Kampf gegen Extremisten und Faschismus kann in einer Demokratie nicht ohne den Kampf gegen Antisemitismus geführt werden. Linksidentitäre tun so, als ob sie zwar öffentlich den Antisemitismus verurteilen würden, nennen die wahren Antisemiten aber nicht beim Namen und missbrauchen gleichzeitig den Begriff „Antizionismus", um damit ihren eigenen Antisemitismus zu verschleiern – genauso wie Islamisten mit dem Begriff des „antimuslimischen Rassismus" den Spieß umdrehen, um ihren eigenen Rassismus gegen Nicht-Muslime zu verstecken. Weite Teile des linken Kulturbetriebs bekämpfen den Antisemitismus nicht, sondern machen sich zum Handlanger der Islamisten. Das ist zutiefst beschämend.

Am 27. Januar, dem Holocaust-Gedenktag, erinnern wir uns an Millionen von Leben, die auf menschenverachtendste Weise ausgelöscht wurden. Wir sagen #WeRemember. Als Lehre aus der deutschen Geschichte sagen wir inzwischen auch #NeverAgain. Heute gilt es umso mehr, diesen Anspruch zu erfüllen und jüdisches Leben überall auf der Welt zu schützen. Die Erinnerungskultur in Deutschland ist seit Jahren zunehmend ritualisiert. Und alles, was ritualisiert ist, erstarrt in Gewohnheit und in Kontemplation. In die Aktion geht man freilich nicht. Das ist ein Teil der eigenen, vielleicht spezifisch deutschen Bequemlichkeit. Es reicht nicht, sich selbst von Antisemitismus freizusprechen. Man muss den heutigen Antisemitismus und nicht zuletzt die heutigen Antisemiten benennen.

Deutsche dürfen keine Tabus über den islamischen Antisemitismus zulassen, wenn sie es nach dem industriellen Mord an sechs Millionen Juden wirklich ernst mit dem Ausspruch „Nie wieder!“ meinen. Die Realität sieht leider anders aus. Vor allem woke linke Deutsche tabuisieren und verfemen Islamismus-Kritiker als „antimuslimische Rassisten“. Das herrschende linke Narrativ von der „Vielfalt“, das im Namen des Schutzes von Flüchtlingen den islamischen Antisemitismus tabuisiert und jede Aufklärung hierüber als „Rassismus“ beziehungsweise als „Islamophobie“ anklagt, ist mitverantwortlich dafür, dass es für Juden wieder No-go-Areas in Deutschland gibt.

Justiz-Realität in Deutschland war und ist bis heute, dass antisemitische Straftaten, wenn sie von Zuwanderern begangen werden, als politisch motivierte Ausländerkriminalität verbucht werden und gar nicht in der Antisemitismusstatistik auftauchen. So auch die Sichtweise in den Ministerien, als ich vor etwa sieben oder acht Jahren als Präsident der Bundesarbeitsgemeinschaft der Immigrantenverbände in Deutschland ins Bundesfamilienministerium ging, um im Rahmen des Programms *Demokratie leben!* ein Projekt „gegen Nationalismus, Rassismus und Antisemitismus“ in migrantischen Communitys zu beantragen. Daraufhin wurde ich gefragt, warum ich nicht ein Projekt gegen Rechtsextremismus vorschlagen wolle. Meine Antwort lautete: „Will ich doch.“ In Deutschland akzeptiert man nur den Kampf gegen Rechtsextremismus und Antisemitismus der sogenannten „Mehrheitsgesellschaft“. Das ist nicht nur meine persönliche Erfahrung, sondern auch die vieler anderer migrantischer Individuen – ob in der Politik, der Wissenschaft, der Justiz, der Erziehung, ob in den Medien oder im Kulturbetrieb. Jegliches Engagement ist gut und wichtig und soll auch nicht kleingeredet werden. Solange aber ein antisemitischer Mob ungestört auf deutschen Straßen wüten darf, jüdische Studenten vom Hörsaal ausgeschlossen und weiterhin unkontrolliert Judenhasser ins Land gelassen werden, scheint ein Engagement in dieser Richtung, mit Verlaub, dringender zu sein.

Es ist kalt geworden in Deutschland. Und damit meine ich nicht die aktuelle Wetterlage, sondern die Kälte seit dem 7. Oktober, und zwar gegenüber Juden und Israel weltweit – *doch vor allem in Deutschland.* Deswegen müssen wir – all diejenigen also, deren Herzen für die Freiheit und Demokratie glühen – enger zusammenrücken. Die Barbarei des Überfalls auf israelische Zivilisten, die kaum in Worte zu fassen ist, war verstörend, abscheulich und jenseits jeglichen zivilisatorischen Handelns.

Wir müssen feststellen: Die Kritik an Israel übersteigt im öffentlichen Raum die Solidarität mit Israel um ein Vielfaches. Dieses zum Ritual verkommene Thematisieren des Antisemitismus des deutschen Staates darf nicht nur an Gedenktagen der toten Juden erinnern, sondern muss sich gerade wehrhaft zeigen, wenn jüdisches Leben bedroht oder angegriffen wird. Weder in Israel noch in Deutschland noch anderswo dürfen wir gegen Islamisten und linken Antizionisten auch nur einen Millimeter zurückweichen.

Anstatt dass die Welt auf die islamistische Hamas Druck ausübt, die Geiseln sofort freizulassen, machte man bis ins Jahr 2024 hinein einseitig Druck auf Israel. Ginge es nach diesen internationalen Besserwissern, soll ein Volk, das einem weiteren Zivilisationsbruch – diesmal im eigenen Land – ausgesetzt war und weiterhin in seiner Existenz bedroht ist, diesen Zivilisationsbruch einfach so hinnehmen und sich nicht verteidigen dürfen. Sollte Israel fallen, fällt die freie Welt. Deshalb unterstütze ich den jüdischen Staat.

Die Wahrheit ist doch: In den meisten Moscheen im Westen wird den Muslimen beigebracht, sich nicht in die Länder zu integrieren, in denen sie leben. Ihnen wird eingeschärft, dass sie das westliche Recht nicht zu respektieren haben und dass der Koran die allumfassende Rechtsnorm sei, an die sie sich halten sollten. Ihnen wird gepredigt, dass Nicht-Muslime verloren und unwissend seien. Die meisten Moscheen in

Deutschland, Frankreich, Schweden, Großbritannien, in den Niederlanden und allen anderen westlichen Ländern sind Sprachrohre einer extremen, antiwestlichen Ideologie, die einen Nährboden für Konflikte und wütende Islamisten bietet, die das Ende des Westens planen.

Es ist an der Zeit, dass der säkulare Westen die existenzielle Bedrohung erkennt, die diese Moscheen und islamistische Koran-Schulen für die westliche Demokratie und Lebensweise darstellen. Seit Jahrzehnten haben viele säkulare Muslime verzweifelt auf die Gefahr des legalistischen Islamismus hingewiesen. Aber sie wurden nicht nur überhört, sondern gerade von sich progressiv wähnenden Kreisen angegriffen und lächerlich gemacht. Das war und ist der milieuspezifische Rassismus der deutschen Linken.

Die etablierten Parteien wiederum haben dieses Thema den Rechtspopulisten überlassen, und damit hat man Islamisten und Rechtspopulisten zugleich stark gemacht. Deutschland muss aufhören, den legalistischen Islamismus weiter zu hofieren und zu unterstützen. Wer in Zukunft noch mit islamistischen Verbänden kooperiert, sie hofiert, ihren Antisemitismus verharmlost oder meint, sie hätten sich gewandelt und man müsse ihnen als Partner auf Augenhöhe begegnen, macht sich mitschuldig.

An Gedenktagen erinnern diese Leute an tote Juden, nehmen sonst aber hin, dass es in Deutschland eine Organisation wie das Islamische Zentrum Hamburg gibt, das aus der Diktatur Iran dirigiert wird, die den Staat Israel von der Landkarte löschen will. Für niemanden hier stellte es über Jahre hinweg ein Problem dar, dass der Dachverband solcher mehr als bedenklichen islamistischen Organisationen vom deutschen Staat hofiert und durch Projektgelder mitfinanziert wird. Auch beim zivilgesellschaftlichen Kampf gegen den Rechtsextremismus nimmt man es diesbezüglich nicht so genau. Die Kölner Künstlerinitiative „Arsch Huh“ etwa bot nach dem 7. Oktober Aiman Mazyek eine Bühne, als ob nichts passiert wäre. Es gibt keine politische Veranstaltung, keinen Gedenktag und keinen Staatsakt in Deutschland, bei denen der Vorsitzende des Zentralrats der Muslime nicht in der ersten oder zweiten Reihe säße.

Alle Demokraten in Deutschland verlangen, dass Migranten alle politischen Rechte bekommen sollen, aber man darf von ihnen anscheinend nicht dieselben demokratischen Standards einfordern oder bei ihnen dieselben demokratischen Maßstäbe anlegen. Diese Verlogenheit und Heuchelei in Deutschland ist mittlerweile mehr als unerträglich und selbstzerstörerisch. Der politische Islam ist eine zutiefst rechtsextremistische Ideologie. Es ist an der Zeit, jede Zusammenarbeit mit seinen Vertretern in Deutschland zu beenden!

Der Westen hat im Moment leider keine mutigen Regierungspolitiker, die in der Lage sind, ihre eigenen freiheitlichen Werte gegenüber Islamisten zu verteidigen. Islamisten haben auch deshalb keinen Respekt vor unseren demokratischen Werten, weil wir nicht in der Lage sind, diese zu verteidigen. Zudem haben die sich absurderweise „links" und „progressiv" nennenden Gruppen im Westen nicht nur völlig versagt, sondern sind mittlerweile sogar zu Kollaborateuren der Islamisten geworden. Das sehen wir schmerzlicherweise seit dem 7. Oktober noch deutlicher als jemals zuvor überall im Westen.

An sie möchte ich abschließend noch ein paar Worte direkt richten.

An die linken Rassisten

Schaut, wo Linke, Feministinnen, Homosexuelle und Demokraten in islamistischen Regimen sitzen. Nicht in den Parlamenten, nicht in den Regierungen und auch nicht in der Öffentlichkeit. Sie befinden sich nicht in Freiheit, sondern in den Kerkern und in den Folterkammern dieser Länder. Und Ihr hofiert sie und nehmt deren Vertreter und Anhänger hier in Deutschland in Schutz? Das hat mit emanzipatorischer, linker Politik nichts mehr zu tun. Das ist nicht nur Verrat an den Frauen, sondern auch Verrat an allen progressiven und linken demokratischen Kräften in der islamischen Welt, die tagtäglich ihr Leben für die Freiheit einsetzen. Eure selektive Wahrnehmung von Unmenschlichkeit ist wie die aller Wohlfühllinken unerträglich! Wir werden Widerstand nicht nur gegen die Islamisten, sondern auch gegen Eure intellektuelle Armseligkeit leisten. Egal, wie viele neue woke und damit absurde Begrifflichkeiten wie „Islamophobie" oder „antimuslimischer Rassismus" Ihr Euch auch einfallen lassen werdet, um den Islamismus gegen Kritik zu immunisieren. Wir werden uns nicht mundtot machen lassen. Wir haben genug von Eurem Rassismus, mit dem Ihr jahrelang auf uns eingedroschen habt, und werden Euch zukünftig als Rassisten bezeichnen, weil Ihr es schlichtweg seid.

Eine der wichtigsten Errungenschaften der Aufklärung ist die Religionskritik. Wann habt Ihr eigentlich den Pfad der Aufklärung verlassen? Ihr beschimpft tagtäglich Eure Kirchen und Eure eigene freiheitliche Kultur, wollt aber progressiven und aufgeklärten Muslimen verbieten, Faschisten aus deren Ländern und die Islamisten zu bekämpfen, weil Ihr sie ausschließlich als Opfer im Kampf gegen Eure Faschisten missbraucht. Das, was Ihr macht, ist antimuslimischer Rassismus, nicht aber die Kritik am Islamismus!

Deswegen werden wir nicht schweigen. Keinen Millimeter werden wir zurückweichen. Vor keinem Faschismus, und erst recht nicht vor dem islamistischen Faschismus, der nunmehr von Euch woken Linken protegiert wird.

Unsere Verbündeten sind die Frauen in den Kerkern der islamistischen Regime, im Iran, in der Türkei, in Afghanistan, und alle progressiven Muslime in der islamischen Welt! Hoch soll ihr Kampf für Freiheit leben! Ich verneige mich vor all diesen Frauen, die mutig in Afghanistan, in Iran, in Kurdistan und jetzt auch in Israel gegen die Islamisten ihr Leben einsetzen. *Jin, Jiyan, Azadî!*

Triumph des linken Willens

Über die Unmöglichkeit eines israelsolidarischen Antirassismus

Ioannis Dimopulos & Vojin Saša Vukadinović

Der 7. Oktober und der antizionistische Konsens

Ioannis Dimopulos: Als wir uns für dieses Gespräch verabredet haben, wussten wir noch nicht, dass der Siebte Oktober, das größte Massaker an jüdischem Leben seit der Shoah, uns dazu zwingen würde, alles noch einmal umzuwerfen. Eigentlich wollten wir grundsätzlich darüber sprechen, welche Probleme das antirassistische Denken hat und wie ein Ausbleiben der Reflexion innerhalb des theoretischen Selbstverständnisses dazu führt, dass die Bekämpfung des Rassismus ihren emanzipatorischen Gehalt verloren hat. Wir haben gesehen, wie selbsterklärte Antirassisten, ob nun aktivistische Gruppen oder Wissenschaftler, unverhohlen in Jubel über das Massaker ausgebrochen sind. Die nicht älter werdende Mär vom palästinensischen Widerstand, dem antirassistisch begehrten Objekt der Stunde, bringt Linke, Faschisten, Deutsche, Migranten, Gläubige und Ungläubige in einem die Grenzen sprengenden, integrativen Moment der Freude über abgeschlachtete Menschen zusammen. Erstaunlich ist dabei nicht nur, dass Antisemitismus als „ideologischer Kitt der Moderne"[1] – den Yasemin Makineci in *Freiheit ist keine Metapher* analysiert hat – immer noch hervorragend funktioniert, sondern dass diese Meute abgeschlachtete Menschen glorifiziert und brutalste Gewalt zum politisch legitimen Mittel verklärt. Das Jüdische, in dem ein angeblich weißes, männliches, koloniales Hassobjekt imaginiert wird, lässt vergewaltigte Jüdinnen und ermordete asiatische Arbeiter und Pflegerinnen dann als notwendigen Preis eines Kampfes gegen was auch immer – oder einfach als zionistische Lüge – erscheinen. Wie einig sich antirassistische und identitätspolitische Vertreter in ihrem Antisemitismus sind und wie sie plötzlich die eigenen theoretischen und politischen Selbstverständlichkeiten vergessen oder bereitwillig opfern, war und ist für uns der Anlass, die These zu vertreten, dass es unmöglich ist, einen israelsolidarischen Antirassismus zu denken, da sich das antirassistische Denken gegenwärtig durch einen Antisemitismus praktisch überhaupt erst ermöglicht. Der Staat Israel wird für diese Menschen zur Objektivation des absolut Bösen, in dem sich der intersektionale Kampf gegen Rassismus, Kolonialismus und „Whiteness" praktisch verwirklichen kann. Wir haben uns zu diesem Anlass mit den aktuellsten Figuren des Antirassismus in Deutschland auseinandergesetzt und stießen bei vielen von ihnen auf unglaubliche theoretische Absurditäten, vor allem, was die Subsumtion des Antisemitismus als eine Unterform des Rassismus angeht.

Vojin Saša Vukadinović: Als 1991, zwei Jahre nach dem englischen Original, die Übersetzung von Robert Miles' Abhandlung *Rassismus* erschien, war darin bereits die Rede davon, dass das Rassismus-Verständnis von einer „begrifflichen Überdehnung" gezeichnet sei, denn „der analytische Geltungsbereich dieses Begriffs ist kontinuierlich ausgeweitet worden, so daß er schließlich Ausgrenzungsdiskurse umfaßte, die früher Fallbeispiele für Nationalismus und Sexismus gewesen" seien. Der Versuch, soziologisch begreifbar zu machen, was damals schon von einer Art aktivistischem Bekenntnis verstellt wurde, endete mit einem für das fortgeschrittene 21. Jahrhundert aufschlussreichen Befund. Miles sprach davon, dass Rassismus-Definitionen, welche „die

Ideologie auf ebenso ontologische wie ausschließliche Weise als funktional, ökonomisch und kolonial charakterisieren", deren „Vieldimensionalität und ihre Besonderheit" verdunkelten. Interessant daran war auch das Fazit: „Vereinfachende Analysen führen, keineswegs überraschend, zu einfachen Lösungen, und die Fortdauer des Rassismus ist, vor dem Hintergrund seiner Entstehungsgeschichte, für die Begrenztheit solcher Analysen Beweis genug."[2] Jahrzehnte später sind diese „einfachen Lösungen" Allgemeingut geworden. Je mehr über Rassismus gesprochen wird, desto unklarer wird, was damit eigentlich gemeint ist, und desto aufdringlicher werden die vermeintlichen Vorschläge zu seiner Bekämpfung.

ID: Das scheint sich auch darin zu bestätigen, dass es kaum nennenswerte Publikationen zur Rassismustheorie – geschweige denn zur Rassismuskritik – gibt. Die große Zahl an Veröffentlichungen, die sich damit irgendwie auseinanderzusetzen glauben, kommen über die Reproduktion des bereits Gewussten selten hinaus. Es gibt eine akademische Veröffentlichung, die Miles in seinem Befund recht gibt und dabei noch etwas weitergeht, vor allem, was den von Dir genannten Aspekt angeht, der dem aktivistischen „Passt schon" Kontur gibt. Annita Kalpaka, Paul Mecheril und Efthimia Panagiotidis haben ein Gespräch verschriftlicht, das sie unter dem Titel „Das jeweils relevante gemeinsame Dritte finden … Rassismuskritik und/oder Antirassismus? Nachdenken über ein erkenntnispolitisches Feld" publiziert haben und einige geradezu haarsträubende Aussagen enthält. Alle drei haben Professuren in den Sozialwissenschaften inne, vertreten also keineswegs randständige Meinungen, sondern repräsentieren durchaus die gegenwärtige Forschung. Das Gespräch vollzieht alibimäßig den Versuch, Antirassismus und Rassismuskritik „zusammenzudenken", was jedoch aufgrund fehlender theoretischer Kenntnisse nicht zu klappen scheint. Ich möchte hierfür nur ein Beispiel nennen. So äußert beispielsweise Mecheril: „Ich habe letztens gehört, dass mit Adorno nicht von Antisemitismuskritik gesprochen werden könne, weil in dem

Kritikbegriff immer ein Stück Affirmation dessen enthalten ist, was kritisiert wird. Gesellschaftskritik ist ein angemessener Begriff, weil die Kritik Gesellschaft nicht abschaffen, sondern beobachten und verändern will. Aber Antisemitismuskritik passt nicht, weil da das Wort von Kritik eine Art von Bejahung impliziert. Ich bin unsicher, ob ich dem zustimmen möchte, denke aber darüber nach, inwiefern es in der Rassismuskritik ein verborgenes affirmatives Verhältnis zum Rassismus gibt."[3] Diese drei Lehrstuhlinhaber kommen in ihren Überlegungen tatsächlich dazu, Denkern wie Theodor W. Adorno, der vor den Nazis geflohen ist, weil er Jude war, ein positives Verhältnis zum Antisemitismus zu attestieren und darauf aufbauend die Idee der Kritik als Affirmation des Antisemitismus misszuverstehen. Die eigene Position wird dann durch den antirassistischen Aktivismus hindurch zur Selbstbeweihräucherung. Dass wir einen Anstieg rassistischer Gewalt weltweit erleben, sorgt komischerweise nicht dafür, einmal nach der Effektivität dieses Aktivismus zu fragen.

VSV: Zwischen Miles' Überlegungen und Deinem Beispiel liegen die rot-grüne Bundesregierung und das veränderte Verständnis von Einwanderung, vor allem aber die totale Inflation des Rassismusbegriffs durch die Debatten um Diversität, Intersektionalität und Identitätspolitik. Rassismus ist nicht überall, wohl aber scheint das Reden über Rassismus, oder besser: was dafür gehalten wird, nunmehr überall unvermeidlich. Über Antisemitismus hingegen wird in Deutschland nicht mit derselben Verve gesprochen. Augenscheinlich ist auch der Zusammenhang zwischen der „diskursiven Explosion" der Rassismus-Thematik einerseits – wie diese Aufmerksamkeit im Jargon ihrer Adepten genannt werden könnte – und dem Beschweigen des anderen Phänomens andererseits.

ID: Es gibt einen Zusammenhang, der sich in den Überlegungen von Stuart Hall, Étienne Balibar und auch Immanuel Wallerstein finden lässt, drei zentralen Figuren der avancierteren Rassismustheorie. Dabei handelt es sich nicht so sehr um die Idee eines „Rassismus ohne Rassen", die ja auch nicht notwendig zu einer Inflation des Rassismusbegriffs führt. Damit wird einfach nur eine Umstrukturierung des Rassismus von einer genuin biologischen Kategorie hin zu einer „kulturalistischen" vorgenommen. Dass der Rassismus sich etwa im Ethnopluralismus so zu legitimieren versucht, ist ja offensichtlich. Obwohl auch die Substitution des Rassismuskonzepts zur potenziell unendlichen Denunziation von Kulturkritik beispielsweise des Nahen Ostens führen kann – darüber müssten wir vielleicht andernorts sprechen –, geht es vor allem um die Idee, dass Antisemitismus aus diesem Gedanken heraus unter den Begriff des Rassismus subsumiert wird. So findet sich etwa bei Balibar in seinem Aufsatz „Gibt es einen Neorassismus?" folgende Formulierung: „Es hat immer schon einen Rassismus gegeben, für den der pseudobiologische Rassenbegriff kein wesentlicher Springpunkt war – nicht einmal auf der Ebene seiner sekundären theoretischen Ausarbeitungen. Sein Prototyp ist der Antisemitismus. Der moderne Antisemitismus [...] ist bereits ein ‚kulturalistischer' Rassismus."[4] Dass die beiden Begriffe mehr oder weniger dasselbe in unterschiedlichen Entwicklungsstufen bezeichnen sollen, wird anschließend ausdrücklich festgehalten: „Der Antisemitismus ist also differentialistisch par excellence — und unter einer Vielzahl von Gesichtspunkten läßt sich der gegenwärtige differentialistische Rassismus seiner Form nach als ein verallgemeinerter Antisemitismus betrachten. Dieser Hinweis ist besonders wichtig, um die gegenwärtige Feindschaft gegenüber den Arabern, vor allem in Frankreich, zu begreifen."[5] Antisemitismus, den Balibar als kulturalistischen Rassismus denkt, wird anschließend zum Mittel, um „antimuslimischen Rassismus" zu verstehen – das sei mehr oder weniger dasselbe. Wir haben hier also die Geburt der begrifflichen Inflation des Rassismus aus dem Geist des missverstandenen Antisemitismus.

VSV: Hervorzuheben sind neben dieser irrigen Annahme, Antisemitismus sei eine Unterform des Rassismus, noch das

Pathos und die oft manisch anmutende Penetranz der einen, mit höchst verknapptem Vokabular über eine Welt reden zu wollen, deren Verfasstheit noch nicht einmal ansatzweise begriffen wird – und ihre Bereitschaft, den anderen, einstmals den „Anderen", nunmehr alles abzukaufen.

ID: Das scheint mir eine direkte Konsequenz der Aversion gegen Theorie zu sein. So sehr ich die Idee des Aktivismus nachvollziehen kann, beweist gerade die Unfähigkeit zum reflexiven Denken, wie repressiv diese Vorstellung von Praxis ist. Sie artikuliert sich in letzter Konsequenz immer als Aversion gegen das Denken selbst, letztlich gegen den Intellektuellen. Ich möchte nur an Wallersteins oder Halls Gedanken zum Rassismus erinnern, die über eine schon zu Beginn des 20. Jahrhunderts existente Dialektik des Fremden und Eigenen in der Klassengesellschaft bei Georg Simmel wirklich selten hinauskommen[6], darin aber zur theoretischen Legitimation von Praxis ausreichen. Unterkomplexes Denken und die auf die Bestätigung des sowieso bereits Geglaubten ausgehende Rezeptionshaltung sind sehr nah beieinander, wie die Rezeptionsgeschichte bestätigt.

VSV: Am Ende dieser Entwicklung steht das identitätspolitische Denken in unveräußerlichen Kategorien – das tatsächlich alles andere als Denken ist: Es bleiben lediglich Begriffe, die sich „intersektional" kreuzen, und Versuche, sprachlich zu bestimmen, was in seiner Verallgemeinerung immer an eine Karikatur der Wirklichkeit gemahnt, weil Menschen dabei zur abstrakten Summe irgendwelcher Attribute geraten.

ID: Sprache scheitert immer daran, die Wirklichkeit zu fassen, wenn diese als eine instrumentell reine Sprache gedacht wird. Reine Vernunft sowie reines Selbstempfinden sind nicht in der Lage, sie zu verstehen. Oder anders gesagt: Verstehen scheitert, wenn die Projektionen in die Welt reflexiv nicht eingeholt werden. Erinnerst Du Dich an diese eine Anekdote bei Frantz Fanon? Ich glaube, sie ist für den Bereich, über den wir sprechen, und deren Probleme in gewisser Weise eine Art Geburtsstunde: Fanon erzählt, dass er zum ersten Mal verstand, dass er schwarz ist, als ein Kind auf ihn zeigte und es zu seiner Mutter meinte, „Schau, ein Schwarzer!" Aus dieser Erfahrung heraus entwickelte er eine Reflexion über die Abhängigkeit des Eigenen vom Fremden, die Konstruktion des Weißen durch das Schwarze als dessen Negation. Mittlerweile ist es aber so, dass dieses Abhängigkeitsverhältnis unterschlagen wird zugunsten voneinander vollends unabhängigen Identitäten, die zu einem neuen Essenzialismus verkommen, also sogar hinter Edward Saids *Orientalismus* zurückfallen. Denken wird darin zu einer plumpen Sache der Selbstempfindung, die unmittelbar scheint und deshalb keiner Reflexion mehr bedarf.

VSV: Dort, wo mit solchem Nachdruck von „Erfahrung" die Rede ist wie in den gegenwärtigen Publikationen zum Thema Rassismus, braucht es diese Reflexion nicht mehr – zumal das gefühlsduselige Lamento den Vorteil hat, dass es von sich aus menschelt. Das ist in der Regel selbsterklärend und macht sich insbesondere auf dem Buchmarkt, im Fernsehen und im Internet gut. Was Detlev Claussen schon 1994 den angeblich sensibel gewordenen Deutschen attestierte – dass teils „berechtigte Kritik an gesellschaftlichen Mißständen, Benachteiligungen und Diskriminierungen" nunmehr von „intellektuellen Opinionleadern moralisch-propagandistisch einer Öffentlichkeit verkauft" würden, „die idiosynkratisch auf politische Reizwörter wie Rassismus und Diskriminierung anspringt"[7], hat heute System. Die gesellschaftliche Tragödie dieser Entwicklung besteht nun darin, dass migrantischen Individuen auf diese Weise von anderen migrantischen Individuen eingeredet wird, dass sie kleiner seien, als sie tatsächlich sind, und ihnen „Bündnisse" mit Personen nahegelegt werden, die sich vornehmlich als Opfer verstehen. Die politische wie wissenschaftliche Tragödie dieser Tribalisierung liegt indes darin, dass herkunftsdeutsche Käufer, Redaktionen und Universitätsgremien diese Entwicklung aktiv fördern. Das ist eine gesellschaftlich akzeptierte Form von „Alltagsrassismus". Einer der Gründe hierfür auf Seiten der herkunftsdeutschen Verantwortlichen ist selbstverständlich, dass die Rede von „weißen Privilegien" und „Identitäten" im Plural weitaus angenehmer für sie ist als die Erinnerung daran, dass der Rechtsvorgänger Deutschlands auf dem Denken in „rassischen" Kategorien beruhte und dieses institutionalisiert hatte. Die Abermillionen tatsächlicher Opfer, die das über Europa brachte, haben nie interessiert; heute gelten sie als „weiß" und folglich irrelevant. Und sechs Millionen industriell ermordete Juden hakt dieses geschichtsloses Denken mittlerweile als einen „Genozid" unter weiteren ab.

ID: Ganz zu schweigen davon, dass Juden in solch einem Denken ja gerade nicht als Opfer gesehen werden. Das führten unter anderem die Singularitätsdebatte und „Denker" wie Giorgio Agamben prominent vor. In ihrer Logik des Antisemitismus sind Verschwörungen Wirklichkeit: Juden sind weiße, kolonialistische, patriarchale Täter mit viel Einfluss und Geld und sollen sich bitte in Genügsamkeit üben. Deutsche, die sich aus irgendeinem absurden „Schuldkult" heraus vor der Übermacht der Holocaust-Überlebenden fürchten, suchen sich – das haben wir nach dem 7. Oktober verstärkt bemerkt – antizionistische Juden, die stellvertretend für das Tätervolk einmal die antisemitische Wahrheit aussprechen dürfen: dass Juden nur dann einen Platz in Deutschland haben, wenn sie dem eigenen Antisemitismus einen durch den Sprechstandort legitimierten Ausdruck verleihen. Wir könnten Bücher füllen mit intellektuellen Blindgängern wie Deborah Feldmann, Susan Neiman und Masha Gessen, deren einziger Zweck in der deutschen Presse die Dämonisierung des Staates Israels und die „Wiedergutwerdung der Deutschen"[8] qua Legitimation von Israelhass ist.

VSV: Fabian Wolff war diesbezüglich wohl die erhellendste Episode des kulturbetrieblich veredelten deutschen Antirassismus. Nicht, weil der „Kostümjude" – so Philipp Peyman

Engel zu Recht über diesen identitären Hochstapler – die ganze gewünschte Palette bedient hat, die es mittlerweile braucht, um als vermeintlich minoritäre „Stimme" wahrgenommen zu werden, sondern weil man ihn in der Redaktion der *ZEIT* und andernorts offenkundig gewähren ließ. In Deutschland gibt es nicht nur ein ausgeprägtes Bedürfnis nach jüdischen Antizionisten, die das innige Verlangen vieler Deutscher nach „Israelkritik" herausposaunen und mit dem Fimmel des „Authentischen" umgeben, sondern auch nach solchen, die obendrein einen identitären Antirassismus vorbeten. In Wolffs 2021 erschienenem Essay über sein angebliches Jude-Sein in Deutschland war ironiefrei von neuen „Allianzen" die Rede, die gerade im Entstehen seien, eine davon sei „migrantisch-jüdisch".[9] Das kann wirklich nur jemand „neu" nennen, der entweder erst um 1990 zur Welt kam oder aber, was in diesem Fall wahrscheinlicher und schwerwiegender ist, sich noch nie mit den Diskussionen befasst hat, die während der höchst gewalttätigen Ära nach der Vereinigung der beiden deutschen Staaten geführt wurde. Und der in seiner Berliner Provinzialität noch nicht einmal bemerkt hat, dass Juden in Deutschland heute überwiegend migrantisch sind und sich diese lächerlichen „Allianzen" überhaupt nicht mühsam zusammenkonstruieren müssen. Fataler noch erscheint allerdings der Umstand, dass sich auch in den Redaktionen niemand hierfür interessiert, sondern man sich von Wolff lieber vorformulieren ließ, wie sich antirassistisch geläutert gegen Israel hetzen lässt.

ID: Was die fortwährende, große Liebe der deutschen Kulturindustrie für Wunschjuden bestätigt. Um den Umgang mit Juden im deutschen Kulturbetrieb zu verstehen, muss man nur einen Blick in Marcel Reich-Ranickis Biografie *Mein Leben* werfen. Er beschreibt dort auf den Punkt seine Funktionalisierung durch die *ZEIT*.[10] Bei ihm ist kein Satz von Apologie dazu zu lesen, ganz im Gegenteil. So dumm muss man sich ja auch erst machen, dass man bei einer positiven Bewertung seiner Rolle als Apologet des deutschen Antisemitismus herauskommt. Das geht so weit, dass etwa nach wie vor geleugnet wird, dass die Differenz zwischen Antizionismus und Antisemitismus wirklich nicht existiert. Die Angriffe auf jüdisches Leben als Reflex dieses Konflikts beweisen das. Das Bundeskriminalamt verzeichnete in der Phase unmittelbar nach dem Angriff auf Israel am 7. Oktober über 1100 Delikte, die damit in Zusammenhang stehen. Jüdische Restaurants und Synagogen werden zu Hassobjekten, gerade weil antisemitische Täter keine Differenz zwischen Juden und Zionisten machen. Es wäre absurd anzunehmen, dass die Hamas ihre Opfer vorher nach ihrer politischen Einstellung befragt hätte.

VSV: In den Kibbuzim nahe dem Gaza-Streifen traf es linke Juden, von denen viele nicht nur Palästinenser beschäftigt hatten, sondern auch an eine Überwindung von deren Situation durch einen dauerhaften Frieden glaubten. Sie wurden unterschiedslos ermordet, und an der Plünderung beteiligten sich anschließend palästinensische Zivilisten – wohl auch solche, denen zuvor in genau diesen Kibbuzim die Möglichkeit zur Arbeit gegeben worden war. Um dieses Detail des Pogroms wissen alle sich links wähnenden Antizionisten, ob in Westeuropa oder in Nordamerika. Es ist ihnen egal, und daran beweist sich, womit man es zu tun hat: mit Leuten, die die Ermordung von Juden gutheißen – nichts weiter. Aus dieser Logik wird der akademisch-aktivistische Antirassismus nicht herausfinden.

ID: Darin beweist sich auch, dass die Differenz zwischen Juden und Zionisten nichts wert ist. Niemand hat die Opfer des Massakers nach ihrer Position befragt; die Opfer aus dem Ausland sind Kollateralschäden, die man sich in der absurden Logik der palästinensischen Befreiungsbewegung gegen vermeintlich weiße Kolonialisten leisten darf. Diese Differenz würde in seiner Logik nur Mord und Barbarei an jüdischem Leben nachträglich legitimieren. Es trägt aber nichts zum Verständnis der Situation bei. Es handelt sich um antisemitische Gewalt und diese kann tatsächlich nicht in der gängigen Logik von Antirassismus und Postkolonialität gedacht werden, weil diese keinen Begriff von Antisemitismus haben. Um das ganz klar zu sagen: Das Problem ist nicht der Antirassismus selbst, sondern der Ausfall der Reflexion auf die veränderten Umstände. Die antirassistischen Kämpfe der 1990er Jahre waren legitim und notwendig, um Menschen mit Migrationshintergrund vor Gewalt zu schützen, doch heute scheint diese Logik nicht mehr auf die gesellschaftliche Wirklichkeit wirksam reagieren zu können. Eine Lösung wäre möglicherweise, die Frage nach dem Antisemitismus in die Lage politischer Ohnmacht mit hineinzunehmen und als Problem des eigenen Selbstverständnisses zu reflektieren. Wieso schließen sich denn politisch so heterogene Gruppen im Hass gegen jüdisches Leben zusammen? Wieso kann man diesen Befund, den man weltweit auf den Straßen sehen kann, nicht benennen und nach seiner Bedeutung für die momentane Lage des politischen Aktivismus fragen? Ein guter Ansatzpunkt scheint mir weiterhin Moishe Postones Denken, weil sich durch ihn das denken lässt, was der gegenwärtige Aktivismus und seine gedanklichen Verfallsformen unberücksichtigt lassen. Es geht um den Begriff der Totalität und die Bedingtheit von Exklusionsmechanismen, die ohne eine Reflexion auf Ersteres unterkomplex bleiben. Postone bestimmt den Antisemitismus als eine verkürzte Kapitalismuskritik, die das Jüdische mit der Abstraktion der modernen kapitalistischen Gesellschaft identifiziert. Diese leitet er vor allem aus Marx' Warenbegriff und dem sogenannten „Fetischcharakter der Ware“ her, einem Verhältnis, das die eigentliche Produziertheit des abstrakten Warenwerts verschleiert und dann als reine Abstraktion mit dem Jüdischen *als* dem angeblich abstrahierend Ausbeuterischen im Kapitalismus identifiziert. Die Logik des Antisemitismus ist deshalb keine Logik von Über- und Unterrassen, wie wir es im Rassismus finden, sondern bestimmt sich durch die Imagination des Jüdischen als der Gegenrasse, dem Feind der gesamten Menschheit. Deshalb ist der Antisemitismus immer eliminatorisch, weil er darauf abzielt, die gesamte Welt von einem angeblichen Feind zu erlösen. Und deshalb können sich auch so heterogene politische Gruppen im Antisemitismus als Endzweck treffen. Der Gedankengang ist noch wesentlich komplexer, sodass ich hier wahrscheinlich nicht mehr darüber sagen kann, aber in Postones Aufsatz „Nationalsozialismus und Antisemitismus“[11] lässt er sich nachlesen.

Das Elend des Antirassismus

VSV: Um zu verstehen, was Rassismus und was Antisemitismus ist, bietet Deutschlands Geschichte im 20. Jahrhundert Anschauungsmaterial ohne Ende. Die Zäsur von 1945 war bekanntlich eine militärische, keine des Bewusstseins. Fast ungebrochen fortleben konnte die „Zigeunerforschung“, bisweilen unter federführender Beteiligung derselben Wissenschaftler, die kurz zuvor dem Vernichtungsprogramm zugearbeitet hatten, dem Hunderttausende Sinti und Roma zum Opfer gefallen waren. Das war faktische Kontinuität. Eine andere Kontinuität war die Verdrängung der Shoah, die auf Jahrzehnte nicht aufgearbeitet wurde und es in ihrer vollen Tragweite auch heute nicht ist. Aufschlussreich sind zudem die Studentenbewegung und ihre Verfallsprodukte, die ihr Herz für die kämpfenden „Völker“ in der „Dritten Welt“ entdeckt hatte, während die vermeintlichen „Gastarbeiter“ gerade vor der eigenen Haustür begannen, um ihre Würde und für ihre Rechte zu streiten. Dann der Neonazismus in all seinen Ausprägungen. Die rassistische Wirklichkeit nach 1990 waren lebendigen Leibes verbrannte Menschen, das willentlich Tote in Kauf nehmende, kollektive Abfackeln von Asylbewerberunterkünften – bisweilen umringt von Beifall klatschenden Anwohnern, von denen nicht wenige von der DDR zum „sozialistischen neuen Menschen“ herangezogen worden waren, und befeuert von einer politischen Debatte, die bisweilen unverhohlen den Tätern zuarbeitete. Zum Verständnis all dieser Phänomene, viele davon harren noch immer der gründlichen Erforschung, hat die Flut an minoritärer Trivialliteratur, die in den letzten Jahren auf den deutschen Buchmarkt gespült wurde, nichts beigetragen. Dass sich die heutige Rassismus-Diskussion praktisch gar nicht für all dies interessiert, liegt zum einen daran, dass an der jüngeren deutschen Historie bei allen bestehenden und bei allen neuen Problemen unmissverständlich gesellschaftspolitische Veränderungen zum Besseren sichtbar werden. Die „Rassismus-ist-überall!"-Rhetorik der bekannten Kreise wird dadurch vollständig konterkariert, zumal sich all die irren Postulate, die gerade die Debatte beherrschen, an der Realität beweisen müssten.

ID: Es hat darüber hinaus auch mit der Inflation derjenigen Begriffe zu tun, die für diese Ära analytisch relevant, da existentiell gewesen sind. Gewalt gegenüber migrantischen Menschen war kein Diskursphänomen, das sich so empfinden lässt und darin erst bestätigt. Im Verhältnis dazu ist die heutige Debatte um eine PoC-Quote in Kulturinstitutionen eine Nichtigkeit. Diese Entwicklung würde aber gegen die Logik einer immer weiter voranschreitenden Rassifizierung sprechen. Oder aber es müsste die Frage gestellt werden, wie die eigene Rassifizierung denn zu der Gewalt gegen Migranten in den 1990ern steht und was das über das eigene antirassistische Selbstverständnis aussagt.

VSV: Nichts von dem, was seit den 2000er Jahren die universitäre Rassismus-Diskussion bestimmt hat, vermag retrospektiv die reale Gewalt jener Ära begreifbar zu machen, geschweige denn die Veränderungen zu analysieren, die die nunmehr migrantisch geprägte deutsche Gesellschaft auszeichnen – von deren neuen Problemen gar nicht erst zu reden: rechter Terror, ein vollständig ethnisierter Niedriglohnsektor, Gegengesellschaften und nicht zuletzt ein Staat, der sich selbst entgrenzt. Intersektionalität zählt derweil einfach weiterhin Kategorien auf, Critical Whiteness ist eine akademisch goutierte Form von Astrologie und die postkoloniale Sensibilität arbeitet an der Gleichmachung von Auschwitz. Und alles zusammengenommen erfüllt das ordinäre Bedürfnis nach Identität, die zu dekonstruieren man sich angesichts einer neuen Bedürftigkeit nach „Community“ immer weniger auf die Fahnen schreibt.

ID: Sama Maani hat in *Freiheit ist keine Metapher* in einem kurzen Satz vermerkt, dass eine Verlagerung innerhalb der Rassismus-Debatten stattgefunden hat. Er schreibt davon, dass der „*Identifizierung* durch den Feind eine – selbstbestimmte – *Identität* entgegen[gesetzt]“[12] wird. 2018 konnte man nur vermuten, wie sich dieser scheinbar oberflächliche Befund in eine Bestie verwandeln wird. Obwohl Rassismus heute immer noch ein nicht enden wollendes Problem darstellt, hat das Bedürfnis, sich permanent mit irgendwas identifizieren zu müssen, dazu beigetragen, dass man mittlerweile glaubt, die Rassifizierung des Selbst wäre die einzige Möglichkeit, sich dazu zu verhalten. Das Verlangen nach Identifizierungsmöglichkeiten scheint mittlerweile so groß zu sein, dass man die Projektion von Rassenzugehörigkeit so stark internalisiert und damit naturalisiert hat, dass man den Rassisten dafür eigentlich gar nicht mehr benötigt. Dadurch wird Identität, etwa in antirassistischen Kreisen, immer zu einer zelebrierten Form von Selbstviktimisierung. Der schöne Nebeneffekt dabei: Wer ein Opfer ist, kann nicht in der Verantwortung sein, dass sich etwas ändern muss. Mir scheint das paradigmatisch für viele Identitätsdebatten der Gegenwart zu sein. Es ist alles so absurd geworden, dass selbst Konservative die Vorteile des eigenen Opferseins verstanden haben und nun zu nutzen versuchen.

VSV: Einige Tendenzen waren schon lange vor Veröffentlichung von *Freiheit ist keine Metapher* bekannt gewesen, über das Elend des Antirassismus ist schließlich seit den 1990er Jahren debattiert worden. Es stellt sich deshalb eher die Frage, warum eine Publikation wie jener Sammelband so lange auf sich warten ließ. Seine Veröffentlichung erfolgte zu einem Zeitpunkt, als der Kulturrelativismus an den Hochschulen bereits absolute Dominanz genoss und institutionell längst betonideologische Mauern um sein Weltbild gezogen worden waren. Gegenrede half da schon lange nicht mehr. Neu ist deshalb schon eher der Befund, dass nichts, was die dort versammelten Aufsätze kritisiert haben, in den folgenden Jahren besser geworden ist, im Gegenteil: Der staatstragende Charakter der kritisierten Phänomene wurde spätestens mit der Ernennung einer in diesem Geiste „ausgebildeten" Bundesbeauftragten für Antidiskriminierung evident.

ID: Das Verhältnis zwischen einem akademischen Diskurs, der sich schon lange nicht mehr mit wissenschaftlichen Standards vereinbaren lässt, und seiner ideologischen Rolle scheint dabei so etwas wie eine notwendige Konsequenz des eigenen Selbstverständnisses zu sein. Das Bedürfnis nach einer Politisierung der Wissenschaft im Geiste dieses Elends war stets bedürftig, sich aus dem wissenschaftlichen Arbeiten herauszulösen und zur reinen – vermeintlich emanzipatorischen – Praxis zu werden. Dass sich nichts verbessert hat in den letzten fünf Jahren, hat möglicherweise damit zu tun, dass dieses Milieu weder neue theoretische Erkenntnisse an den Tag bringt noch in der Lage ist, Praxis anders denn als unreflektierte Expression von Befindlichkeit zu denken. Sie sind deshalb auch so gut in der Lage, staatstragende Funktionen zu erfüllen. Sie sind genauso entpolitisiert wie die deutsche Politik gegenwärtig und deshalb so anschlussfähig.

VSV: Trotzdem stellt sich die Frage, wie aus einer minoritären Tendenz zum Opfergehabe und zum Identitären der Normalfall werden konnte: nicht nur an den Hochschulen und im Kulturbetrieb, sondern auch gerade in politischer Hinsicht – und eben nicht nur in den irren Arealen des Aktivismus, sondern staatlicherseits.

ID: Das Opfergehabe entzieht die Verantwortung und gleichzeitig ist es durch die Quotenpolitik ja auch lukrativ, sich darauf reduzieren zu lassen, findest Du nicht?

VSV: Sicher. Jedes migrantische Individuum weiß, dass die Karriereaussichten in der Wissenschaft, in der Politik sowie ganz besonders in jenen Arealen, die diese beiden Felder verbinden und das als „Kultur" rubrizieren, seit geraumer Zeit darauf angelegt sind, ein vermeintliches gesellschaftliches Defizit auszugleichen. Und bei diesem Defizit handelt es sich selbstverständlich weder um das Denken noch um das Können, sondern um das Sein. Wenn man sonst nichts vorzuweisen hat, betont man mittlerweile eben einfach die eigenen „Wurzeln". Man muss wirklich zu fast gar nichts mehr in der Lage sein, nur etwas sein und darüber lamentieren, wie schwer man es doch hatte, wie komplex und zerrissen man doch sei – und schlägt mit dieser modernisierten Abstammungslehre, die zugleich ein neuer Standesdünkel ist, die herkunftsdeutsche Konkurrenz.

ID: Daraus ergibt sich notwendigerweise die Konstruktion von weißen, westlichen, deutschen Tätern. Dieses Weltbild ist manichäisch und unterschlägt nicht nur historische Entwicklungen, sondern auch kulturtheoretische Erkenntnisse. Sie fallen dadurch auch hinter ihre eigenen Säulenheiligen zurück, denn so plump waren und sind weder Judith Butler noch Michel Foucault oder Gayatri Chakravorty Spivak. Es lässt sich viel eher feststellen, dass die Profilierung durch „Sprechorte" das Denken immer irrelevanter macht und zur Folge hat, dass die Wissensproduktion in den Geistes- und Sozialwissenschaften stehengeblieben ist. Im deutschen Feuilleton und sonstigen Kulturbetrieben, wie Du richtig gesagt hast, findet sich dann das Produkt dieser geistlosen Zustände. Wir haben es bei all diesen Phänomenen mit einem falschen Verständnis von Ursprünglichkeit, Unmittelbarkeit, Authentizität und Identität zu tun.

VSV: Die von Dir genannten Ikonen laden ohnehin dazu ein, falschen Fährten und reaktionären Pfaden zu folgen. Es ist dringend an der Zeit aufzuarbeiten, warum gerade diese Namen migrantischen Menschen als theoretisches wie aktivistisches Nonplusultra nahegelegt worden sind.

ID: Hast Du einen Gedanken dazu? Wieso gerade diese Götzen sich anbieten, hat sich mir nicht ganz erschlossen. Vor allem, da es doch wesentlich unkompliziertere Zugänge gibt.

VSV: Die deutsche Abwehr, eine Einwanderungsgesellschaft zu sein, zeigt sich nachträglich auch an den Modethemen an den Universitäten, denn sie korreliert mit dem radikal wirkenden, tatsächlich aber luftigen Machtverständnis, das die von Dir Erwähnten teilen. Die uneinheitliche wie konfliktreiche Migrationsgeschichte Deutschlands unterliegt einer Amnesie, und um den Mangel an Ernsthaftigkeit zu kaschieren, überhaupt Schlüsse aus diesem Vergessen ziehen zu wollen, werden deren Theoreme wie Gebrauchsgegenstände gelesen. Mit ihnen lässt sich schwerlich etwas erklären, am wenigsten die hiesige Nachkriegsgeschichte. Deshalb übrigens auch das Ausgraben von Frantz Fanon oder des Combahee River Collectivs, deren Schriften nicht wie Dokumente des 20. Jahrhunderts gelesen, sondern ins Unantastbare entrückt werden. Aus diesem Grund prägen auch nicht Erkenntnisse der historiografischen Migrations- und Rassismusforschung die Debatte um die dringlichen Phänomene der Gegenwart, sondern die Rede von „Diversität", von „Kategorien" und eben von „Macht".

ID: Mit dem Argument, dass diese Lektüren rein instrumentell verstanden werden, hast Du auf jeden Fall recht. Das zeugt ja gerade vom geistigen Verfall, in dem das geistlose und unreflektierte Denken sich in einer singulären Stellung von Nachvollzug wähnt. Die von Dir angesprochene Inflation von Reflexion auf die gegenwärtige Lage zeitigt sich auch gerade da, wo in dieser naiven Vorstellung von Macht keiner mehr in der Lage ist, sein Gegenteil im Zusammenhang damit zu denken – siehe die Auswüchse der Intersektionalitätsdebatte, in der wirklich niemand mehr Täter sein kann, der sich auch nur teilweise diskriminiert wähnt. Aus dieser Sicht gibt es keine Antisemiten, die etwa gleichzeitig Muslime sein können, während nicht-binäre „Stimmen" – ich denke da gerade an Kim de l'Horizon – gegen homosexuelle Männer pöbeln dürfen und dafür noch bejubelt werden. *Blutbuch* ist ein solch dämliches wie langweiliges Buch, dass man sich unweigerlich fragt, ob bei den ganzen Erwähnungen von Exkrementen als vermeintlicher Innovation die Schriften Marquis de Sades vergessen wurden, wo Scheiße zumindest noch als Sujet gedacht war.

VSV: Das ist das ganze Elend des bunten Minoritarismus: Er will sich gar nicht erst mit dem Besten messen, sondern geht in voller Durchschnittlichkeit auf, die – zumindest das ist ehrlich – als neuer Standard ausgegeben wird. Die ganzen kulturellen Produkte der Identitätspolitik, ob in der Literatur oder der Kunst, ob in der Theorie oder in der Politik, sind auch deshalb so flach, weil Ressentiment noch nie etwas Bleibendes hervorgebracht hat.

ID: Und auch, weil das Herunterbeten der gleichen falschen Thesen von vor 40 Jahren keine Innovation mit sich bringt. Das fällt hinter den gegenwärtigen Zustand sogar zurück. Der Glaube, in den letzten Jahrzehnten hat sich nichts eklatant verändert, bezeugt die Irrelevanz der Zeit innerhalb dieses Denkens. Zu glauben, heute ist halt wie damals, ist ja nicht nur konservativ, sondern repressiv, weil es missversteht, dass sich Dinge verändert haben. Der immergleiche NS-Vergleich mit der AfD zeugt davon. Naiverweise zu glauben, der Faschismus habe sich in der Nachkriegszeit nicht verändert, ist peinlich und sehr wahrscheinlich einer der zentralen Gründe für die Ohnmacht linker Politik gegenüber dem Erstarken faschistischer Tendenzen. Was das zur Konsequenz hat, führt die Fratelli d'Italia gerade in Südeuropa vor. Und das hat auch ganz sicher mit der gegenwärtigen Leere des Faschismus-, Rassismus- und Antisemitismusbegriffs zu tun, den sich das bürgerliche und vermeintlich linke Lager gemeinsam hart erarbeitet haben.

VSV: Hinzu kommen die seltsamen Träume von einer Revolution der „Vielen", der Anderen und der Menge, die zumeist recht offen vorgetragen werden. Nur, dass diese angestrebte Revolution nie auf der Höhe der Zeit ist, sondern jene Vielen einfach als neue Masse setzt. Was unweigerlich ein Regress ist, mindestens.

ID: Die deutschen „Vielen" – ob man sie jetzt als politische Mitte oder was weiß ich für einen sonstigen Blödsinn benennen will – haben immer schon am Faschismus partizipiert, entweder durch Schweigen oder aber durch Beteiligung nach Machtergreifung. Als Max Horkheimer behauptete, dass radikal zu sein mittlerweile bedeutet, konservativ zu sein, hat er einen wunden Punkt getroffen. Es ist offensichtlich besser, wenn alles so bleibt, wie es ist, als dass irgendwelche geistig verwahrlosten Linksliberalen die Revolution annoncieren und dadurch alles noch schlimmer machen. Man hat die Kritische Theorie damals wie heute dafür angegriffen, dass sie konterrevolutionär und konservativ sei, aber in Anbetracht gegenwärtiger Vorstellungen revolutionärer Praxis sollten wir froh sein, wenn alles nur so prekär bleibt, wie es gerade ist. So wenig diese Spinner Ahnung von den theoretischen Grundlagen von Kulturkritik haben, so sehr fehlt ihnen jeder emanzipatorische Gedanke. Vielleicht hat Slavoj Žižek recht, wenn er behauptet, dass wir momentan zum Denken verdammt sind – zumindest so lange, bis man an einen Punkt kommt, an dem emanzipatorische Praxis erneut denkbar wird.

VSV: Denken wäre bereits ein Riesenschritt nach vorne. Stattdessen wird heute vornehmlich gefühlt, und manche haben daraus – siehe Affect Studies – gleich ein akademisches Unterfangen gemacht. Nur die Armut, die sich immer weiter ausbreitet und vormalige Wohlstandsgesellschaften zunehmend zerstört, die ist ihnen wenig Emotionen wert. In diesem Sinne sind die Spinner, die Du ansprichst, auf jeden Fall Spinner in verantwortlichen Positionen.

ID: Das teilen sie mit deutschen Wirtschaftsliberalen, die sich mittlerweile von Nobelpreisträgern anhören müssen, dass sie in ihrer politischen Arbeit geistig verwahrlost seien. Armut sei eine Fehlkalkulation, das eigene Verschulden, das Veto der schwarzen Null, usw. Damit hat sich diese Sphäre von Grundpositionen linker Politik verabschiedet. Die abweisende Haltung gegenüber Armut oder die Kälte gegenüber materiellem Elend konstituiert den Gedanken des authentischen Selbstentwurfs, der sich vermarkten lässt. Wer glaubt, etwas ganz Besonderes zu sein, glaubt damit auch, eine Marktlücke für Vorträge, Workshops und Positionen im Kulturbetrieb besetzen zu können. Man weiß gar nicht, was von beidem man ekelhafter finden soll.

VSV: Gleichzeitig wird hier ein Effekt der unaufgearbeiteten Geschichte des deutschen Nachkriegsrassismus deutlich. Denn hinter dem Zwang zur Selbstvermarktung in Form von Selbstethnisierung, die sich auf den Markt tragen lässt, steckt ein gesellschaftlich weiterhin präsenter Rest des Denkens in „rassischen" Kategorien, der der angeblichen Rassismus-Sensibilität dieser Tage vorausging. Wer in ressentimentbeladenen oder einfach undurchdringlichen herkunftsdeutschen Kreisen noch immer keine Aufstiegschance hat, muss es andernorts probieren. Für die einen ist das identitätspolitische Ticket Karrierismus, den sie niemals so nennen würden, für viele allerdings auch eine Notlösung. Das entschuldigt den Verkauf schlechter Ware – Coaching, Trainings, Workshops und das ganze abscheuliche Sortiment der Selbstoptimierung – nicht. Aber es indiziert sicherlich, dass die Verhältnisse weitaus mieser sind, als es das Gehabe um Intersektionalität suggeriert.

ID: Dass Subjekte sich warenförmig machen, ist ein Weg aus der katastrophalen Erfahrung von Kontingenz. Dass das eigene Zur-Ware-Werden durch die Konstruktion von Rasse produziert wird, ist – ganz Deiner Meinung – ein repressives Moment. Dem Rassismus ist ja prinzipiell egal, wer ihn reproduziert, ob das Rassisten machen oder diejenigen, die Opfer von Rassismus sind. Faschisten weltweit knüpfen sehr gern dort an und freuen sich, wenn das die zukünftigen Opfer dann selber machen. So sehr der Druck, der aus der Verwendbarkeit von Individuen erwächst, zum Verzweifeln ist, so sehr ist das keine Lösung. Ein gutes Beispiel sind vermeintliche *safe spaces* für bestimmte „Rassen". Ich erinnere mich an einen Skandal am Theater Düsseldorf, wo als Konsequenz eines angeblich rassistischen Angriffs auf einen schwarzen Schauspieler durch einen Regisseur diejenigen Angestellten in der Belegschaft, die sich als „PoCs" identifizieren, die Finanzierung eines Theaters nur für „PoCs" gefordert haben. An einer Untersuchung waren sie übrigens nicht interessiert. Dass Rassentrennung zum angeblich emanzipatorischen Moment wird, werden Faschisten dankend annehmen und ihnen die Bitte mit Kusshand erfüllen.

VSV: In Zürich waren sie schon weiter. Dort kam es vor einigen Jahren zur Besetzung eines linken Theaterhauses durch eine Gruppe, die ebenfalls als „PoCs" auftraten und aus den üblichen Projektionen die üblichen Forderungen ableiteten. Die wichtigste lautete: Es solle ein „nicht-weißes Theater" her. Wortführerin war dabei eine weiße Deutsche mit christlichem Vornamen, die natürlich Gender Studies studiert hat. Immerhin wirft die antirassistische Parzellierung der Kultur, die diejenige der ganzen Gesellschaft ankündigt, ein paar heitere Anekdoten ab. Doch der Ungeist hinter all dem vermittelt noch in den kleinsten Bekundungen, wohin die Reise geht.

ID: Sich, angeblich geläutert, Menschen mit Migrationshintergrund vor den Karren zu spannen, ist der feuchte Traum jedes pseudoliberalen Kulturschaffenden. Dass das mittlerweile scheinbar zur Symbiose taugt, sollte alarmieren. Da bietet selbst der freie Markt mehr Emanzipation, so traurig und verbittert das auch klingen mag. Ich frage mich, wie sich da herausdenken lässt.

VSV: Mit Sicherheit nicht gemeinsam mit denjenigen, die all das zu verantworten haben, und mit Sicherheit auch nicht mit jenen, die sie gewähren ließen. Es ist ja nicht so, dass es nichts gäbe, um über das Bestehende hinauszudenken. Aber versuch mal, einem ressentimentmigrantischen Nachwuchsakademiker, der seine Kapazitäten an offensichtliche Ideologie vergeudet, oder einer völlig an „Kritischer Weißseinsforschung" verblödeten herkunftsdeutschen Aktivistin klarzumachen, dass ihnen die Lektüre von Baruch Spinoza oder Leo Löwenthal mehr für ihr Leben bringen wird als das, was sie jeweils für „Theorie" halten. Weder verfügen sie über die hierfür notwendige Neugier noch über die politische Bereitschaft, überhaupt etwas zu begreifen, das hinter den bescheidenen Horizont ihres kleinen, selbstgezimmerten Weltbildes hinausreicht. Dass sie das, was sie machen, überhaupt für Denken halten, ist ohnehin schon eine Zumutung. Für diejenigen, die sich all dem widersetzen, bleibt Kritik zumindest ein schwacher Trost.

ID: Interessant ist, dass ohne Ausnahme jeder der großen Säulenheiligen, auf die sich diese Menschen beziehen, genau so arbeiten, wie Du das als kritischen Moment beschreibst. Unabhängig davon, ob sie mit ihren Lektüren richtig liegt, ist selbst Judith Butler nicht ohne Descartes, Spinoza, Hegel, Freud und Marx denkbar; Ähnliches gilt für Edward Said und dessen Begeisterung für Goethes *West-Östlichen Divan*. Da fällt man ja sogar noch hinter diese Leute zurück, wenn man glaubt, der theoretische Kanon, auf den wir zugreifen könnten, wäre veraltet und/oder „problematisch". Und selbst wenn man nicht so lange Zeit zurückblicken will, fallen mir auf Anhieb Publikationen zu den von uns umschriebenen Problemen ein, die wirklich überaus gelungen sind. Ich denke, das sagt auch einiges aus über die Bereitschaft zur kritischen Reflexion. Dadurch, dass – mehr oder weniger – theoretische Positionen identitätsstiftende Funktion besitzen, wird jede Kritik daran zu einem persönlichen Angriff und dadurch automatisch nicht mehr reflektiert. Es reicht gewissen Leuten, das Verhältnis zwischen Erster und Zweiter Natur zu explizieren, und schon kriegen sie Schnappatmung, bestehen auf einer Trigger-Warnung oder fordern im Prozess ihrer eigenen Selbstinfantilisierung die Zensur unliebsamer Publikationen.

VSV: Sie haben keinen Begriff mehr von Politik, dafür aber umso mehr Begriffe für ihren Gefühlshaushalt, der nichts anderes als der subjektive Eindruck ihrer selbst wie der Welt ist.

ID: Denkst Du, das hat etwas mit der Verzweiflung im Angesicht des politischen Stillstands zu tun? Dass man an der objektiv immer größer werdenden Unmöglichkeit politischer Praxis verzweifelt, kann man niemandem vorwerfen. Ich denke, dass der Rückzug aus dem tatsächlich Politischen hin zu einer Fokussierung auf Sprache, Sprecherpositionen und vor allem individuelles Handeln doch auch Ausdruck eines politischen Ohnmachtsgefühls ist.

VSV: Wäre dem so, müsste das eigene politische Handeln zuvörderst darauf ausgerichtet sein, aus der Ohnmacht zu weisen. Im Angebot finden sich allerdings nur angebliches „Empowerment“ für diejenigen, die Marginalisierung für sich reklamieren, während die anderen auf die Rolle von „Verbündeten“ zusammenschrumpfen, die ihre angeblichen „Privilegien checken“ müssten – lebenslänglich. Es gibt in diesen Kreisen kein Verständnis gemeinsamen Handelns, hinter das das jeweils Autobiografische zurücktreten könnte. Das ist nicht Politik, sondern die Ausweitung der Ohnmacht mit anderen Mitteln. Ganz zu schweigen davon, dass nicht wenige, die diesem Weltbild anhängen, Lust aus der Gängelung Dritter ziehen. Und das zu einem historischen Zeitpunkt, an dem der Reichtum an Wissen vergleichsweise unendlich scheint. Es macht den Eindruck, als überfordere dieser Überfluss, zumal niemand in der aktivistischen Ägide definieren möchte, zu welchem Zeitpunkt die ominöse Marginalisierung eigentlich endet.

ID: Diese Form von politischem „Handeln“ zeichnet sich dadurch aus, dass es die Bedingungen, Veränderungen und

Funktionen von gesellschaftlichen Projektionen nicht zu verstehen versucht oder sie gar abschaffen will. Es geht um Selbstdisziplinierung, insofern „wir“ alle „rassistisch“, „sexistisch“, „transphob“ bleiben, uns dessen aber bewusst seien und das einfach nur auf entsprechende Frage hin bestätigen und durch Selbstmarterung einen Lustgewinn generieren. De facto hat sich nichts geändert, Täter bleiben Täter, und Opfer bleiben Opfer. Darum bewegt sich dieses Denken auch nicht vom Fleck. Eigentlich müsste man ihm mindestens einen gewissen Konservatismus unterstellen.

VSV: Dieses aufgeblähte aktivistische Bewusstsein ist – und das ist nun wirklich besonders auffällig – auf geradezu identitäre Weise vom Staat abhängig. Vordergründig wird dieser zwar für eine rassistische Politik, für eine rassistische Polizei, für eine rassistische Wissenschaft usw. verantwortlich gemacht, als habe man es mit missliebigen Personen zu tun, die im Auftrag handeln – obwohl man permanent gegenläufig dazu beteuert, es gehe nicht um individuelle Vorbehalte, sondern um „Strukturen“. Zugleich soll genau dieser Staat aber bitte für alles vermeintlich Neue aufkommen – insbesondere für solche Posten und Stellen, auf denen dann das Immergleiche „erforscht“ werden kann, um anschließend die immergleichen Postulate aufzustellen. Selbst die aufgesetzten Versuche, die staatlichen Institutionen abzuschaffen, so wie es die Abolitionismus-Diskussion anzuregen meint, kommt ohne Big Daddy nicht aus. Das liegt selbstverständlich daran, dass er es ist, der diese Leute überhaupt erst gewähren lässt, weil das Recht auf freie Meinungsäußerung eben zu den Kernprinzipien einer liberalen Demokratie gehört. Tatsächlich würde die Anhängerschaft dieser Ideen diese weder an Europas östlichem Rand, geschweige denn in einer islamisch geprägten Gesellschaft jemals öffentlich formulieren.

ID: Das Verhältnis dieses Aktivismus zum Staat ist eine Hassliebe. So subversiv man sich auch geben mag, man ist auf ihn angewiesen und sieht in diesem Zusammenhang auch nicht ein, dass er möglicherweise die Probleme, gegen die man da ankämpfen will, mitverursacht. Gleichzeitig ist es so unglaublich lukrativ, auf irgendeinem staatlich finanzierten Posten dafür bezahlt zu werden, denselben Blödsinn hinauszublöken, den man noch während des Studiums bei irgendeinem Awareness-Treffen oder sonst welchen Veranstaltungen aufgeschnappt hat. Sie partizipieren ja wirklich an den staatlichen Strukturen und werden dadurch zu Apologeten derjenigen, die sie einst verteufelt haben. Oder sie schweigen eben. Und dann ist da noch die Sache mit dem Kulturrelativismus und die damit einhergehende Apologie islamistischer Regime, welche diese Sphäre sehr gern hat.

VSV: Ja, unvergesslich ist etwa die rhetorische Frage „Wer hat Angst vor Gender Studies?“, die eine Weile lang dort zu vernehmen war. Sie fasst das Selbstbild jenes Milieus gut zusammen. Diese völlig bizarre Überzeugung, mit einem Studienfach subversiv gegen eine autoritäre Macht aufzubegehren, als wäre man Galileo Galilei und als wären alle, die einen kritisierten, die Inquisition. Derweil muss die rassistische Vollverschleierungspropaganda und das Schönreden von Zwangsverheiratungen, die dasselbe herkunftsdeutsche Milieu pflegt, nicht nur Individuen, die dieser Hölle entkommen sind, sondern allen zu Denken und Empathie Befähigten tatsächlich Angst machen, weil hier etwas normalisiert wird, das in höchstem Maße gewaltsam ist. Zugleich macht das, was da zu vernehmen ist, den Eindruck, als wäre es nichts anderes als die staatlich akzeptierte Begleitmusik zu den regen diplomatischen wie wirtschaftlichen Beziehungen, die Deutschland zu den mitunter schlimmsten Regimen auf diesem Planeten unterhält. Das als subversiv zu verkaufen, ist schon der Gipfel des Zynismus.

ID: Es ist der Ekel vor tatsächlichen Opfern. Denn um jemandem zu helfen, der etwa islamistischen Zwangsverhältnissen entkommen ist, müsste man endlich einmal bereit sein, keine essenzialisierten Vorstellungen von Kultur zu haben. Es bedeutet auch, still zu sein und sein narzisstisches Bedürfnis nach Verbalisierung des eigenen Sprechstandorts zurückzuhalten. Insofern teilen sich Deutschland als Staat und diese Sphäre den moralischen Zeigefinger, der einen dann davon befreit, Verantwortung zu übernehmen. Wir haben es also wirklich mit einer Verzahnung von repressiver Staatlichkeit und vermeintlich emanzipatorischem Denken zu tun. Dass das in den Ohren der bereitwilligen Masse an konformen identitätspolitischen Mediengestalten wie Fortschritt klingt, ist zum Verzweifeln. Wenn wir mittlerweile an den Punkt kommen, dass Menschen sich als Oppositionelle und Kritiker gerieren können und dadurch gleichzeitig den Staat in seiner absurden Politik entschuldigen, dann handelt es sich hierbei wirklich um einen neuen Höchststand der verwalteten, totalisierten Welt.

VSV: Das gilt selbstredend auch für das neue migrantische Personal an den Hochschulen, das sich recht schnell und wie gewünscht in die Wissenschaftslandschaft integriert hat – ganz ohne Wortspiel. Je lauter einst seine Rufe gewesen waren, Integration als staatliche Forderung zu verweigern, desto größer ist heute sein Schweigen gegenüber denjenigen Phänomenen, die die hiesige Einwanderungsgesellschaft in ihren nicht-integrierbaren Konfliktzonen auszeichnet. Das Verstreuen von Diversity-Konfetti ist nunmehr ein Staatsauftrag, der mit besonderer Verve von denjenigen ausgeführt wird, die aufgrund ihrer politischen Sozialisation und der gesamtdeutschen Geschichte der 1990er Jahre in höchstem Maße befremdet darauf reagieren müssten.

Fremde seid Ihr Euch selbst

ID: Bei allen Problemen, die die Integration der Gastarbeitergeneration hatte, weil sie politisch völlig fehlerhaften Annahmen aufsaß, können wir heute konstatieren, dass die gegenwärtigen Debatten einen Rückschritt markieren.

Aus dem Ziel der Gastarbeitergeneration, in Deutschland anzukommen, leben und willkommen geheißen zu werden, also nicht auf das absolut Fremde reduziert zu werden, hat die gegenwärtige Ausrichtung dieses Aktivismus den Menschen die bundesdeutsche Zugehörigkeit, die man sich bitter erkämpfen musste, entzogen und die Rassifizierung zur kulturellen Identität umgemünzt. Diese ist notwendig fremd und schlägt damit all denjenigen ins Gesicht, die an den rassistischen Übergriffen der nachkriegsdeutschen Geschichte gelitten haben. Diese Ignoranz und Geschichtsvergessenheit ist makaber.

VSV: Das „intersektionale" Denken hat etwas geschafft, was ein unverhohlen rassistischer Teil der bundesdeutschen Gesellschaft, der sich in jedweder Hinsicht vor dem Faktum von Westdeutschland als Einwanderungsland sträubte, nie vermocht hatte: Es hat ewige Fremde hervorgebracht. Niemand, der diesen Theorien anhängt, kann erklären, wann die apostrophierte Marginalisierung eigentlich abnimmt oder ob sie irgendwann ganz verschwinden könnte. Niemand kann sagen, wieso die angebliche gesellschaftliche Randständigkeit, die schon jetzt etwas Unerhebliches meint, solch eine Macht über die Subjekte haben soll, wenn sie abermillionenfach geteilt und vom Staat nunmehr akzeptiert wird – so sehr, dass der lange innig geliebte Begriff „Migrationshintergrund", der eine Sensibilität in dieser Angelegenheit ausdrücken sollte, gar nicht mehr verwendet werden soll.

ID: Dafür gibt es keine Notwendigkeit mehr, weil die Kulturalisierung des „Fremden" einfach dem Übergang entspricht, den mittlerweile rechte Ethnopluralisten mitgehen, die Überführung vermeintlich essentieller biologischer Kategorien zu kulturellen. Die Marginalisierung ist deshalb so ewig, weil sie verdeckt ihren Grund in scheinbaren Natureigenschaften hat, und die lassen sich nun mal nicht ändern. Marxens Fetischcharakter lässt erneut grüßen. Gleichzeitig ist die Omnipräsenz von Opfern – erst einmal ein richtiger Befund im

Angesicht der Herrschaft des Abstrakt-Allgemeinen – fast wieder aufrichtig, weil dieser Begriff nur meint, dass jemandem etwas angetan wird, und davon ist niemand frei. Das aber zum Skandalon zu überhöhen, nimmt dann so merkwürdige Gestalt an, dass sich wirklich alles als Marginalisierung deuten lässt. Man wartet eigentlich nur noch darauf, dass Faschisten sich zum Opfer erklären, weil sie berechtigterweise politisch angegriffen und verdrängt werden. Es gibt doch offenkundig auch berechtigte Marginalisierungen. Das steckt im Begriff aber nicht drin. In deren eigener logischer Konsequenz ist Marginalisierung ja bereits dann vorhanden – Stichwort „Sichtbarkeit“ –, wenn sich niemand für den Blödsinn interessiert, den man sich zum identitären Selbstentwurf gemacht hat. Auf der anderen Seite gerieren sich gerade andere verwahrloste Linke in einem Glauben, dass die Linke vor dieser Entwicklung ansatzweise korrekter über die Wirklichkeit gesprochen habe.

VSV: Die Möglichkeit einer Überwindung des Rassismus aus einem Denken heraus, das nicht identitär ist, scheint heute ferner denn je.

ID: Weil die Überwindung dieser prekären Verhältnisse allgemein schon fast undenkbar geworden ist. Das bestätigt sich nicht nur in den gegenwärtigen Verfallstendenzen, sondern auch im Elend der Kritik, die wahlweise in Bierzelten oder faschistischen Strukturen genauso repressiv ist. Dass man nicht einmal mit dem Nichtstun des konservativen Lagers rechnen kann, weil dieses mittlerweile auch über Sprechpositionen argumentiert, ist traurig. Eine der wenigen Möglichkeiten, die übrig bleiben, liegt vielleicht darin, daran zu erinnern, dass Denken eigentlich immer bedeutet, die eigene Wahrnehmung von der Welt so lange mit seiner Widersprüchlichkeit zu konfrontieren, bis sich daraus Freiräume für eine emanzipatorische Praxis ergeben. Man müsste zu einem Punkt kommen, an dem das Denken wieder schmerzt und keine gemütliche Freizeitbeschäftigung darstellt. Dass die

Wirklichkeit hinter ihrem Potenzial – also dem, was sie sein könnte – zurückbleibt, müsste wieder in den Fokus gerückt werden, anstatt anderen die eigene „Privilegien"-Reflexion als Fortschritt zu verkaufen, wie das immer wieder bei Menschen stattfindet, die ihre pseudokritische Männlichkeit beziehungsweise ihr „Weißsein" als soziales und ökonomisches Kapital entdecken. Es ist ja nicht so, dass der Buchmarkt nicht geradezu von so einer Opferolympiade überschwemmt wird. Vielleicht kommt man dadurch auch wieder zu einem Zustand, an dem das Denken in der Lage ist, die Wirklichkeit als produzierte und dadurch veränderbare aufzuschlüsseln.

VSV: Sich weder vom Zustand dieser Welt noch von Leuten, die sich im Krieg wähnen, brutalisieren zu lassen, ist eine bleibende Herausforderung. Vor allem in Zeiten eines sich entgrenzenden Wahns.

ID: Das Denken muss wieder an einen Punkt kommen, an dem es nicht zur Selbstbestätigung verkommt, sondern den Weg zu einer Überwindung der Deformation öffnet. Eine Kritische Theorie, für die ich meine, dass wir für sie einstehen, muss sich messen am Versprechen des Glücks, das aus den Brüchen der Logik des Verblendungszusammenhangs scheint. Oder, um mit Adorno zu schließen: „Was wäre Glück, das sich nicht mäße an der unmessbaren Trauer dessen, was ist?"[13]

Anmerkungen

1 Yasemin Makineci, „Bodies That Shatter. Zur Psychoanalyse des Selbstmordattentats“, in: Vojin Saša Vukadinović (Hg.), *Freiheit ist keine Metapher. Antisemitismus, Migration, Rassismus, Religionskritik*, Berlin 2018, S. 80-91, hier: S. 80.

2 Robert Miles, *Rassismus. Einführung in die Geschichte und Theorie eines Begriffs*, Hamburg 1991, S. 175.

3 Annita Kalpaka/Paul Mecheril/Efthimia Panagiotidis, „‚Das jeweils gemeinsame Dritte finden …‘. Rassismuskritik und/oder Antirassismus? Nachdenken über ein erkenntnispolitisches Feld“, in: *Widersprüche. Zeitschrift für sozialistische Politik im Bildungs-, Gesundheits- und Sozialbereich*, Heft 169, Nr. 3/2023, S. 45-62, hier: S. 57.

4 Étienne Balibar, „Gibt es einen ‚Neorassismus‘?“, in: Étienne Balibar/Immanuel Wallerstein, *Rasse, Klasse, Nation. Ambivalente Identitäten*, Berlin 1992, S. 23-38, hier: S. 32.

5 Ebd.

6 Vgl. Georg Simmel, *Soziologie. Untersuchung über die Formen der Vergesellschaftung*, Berlin 2013, S. 529-532.

7 Detlev Claussen, *Was ist Rassismus?*, Darmstadt 1994, S. 8.

8 Vgl. Eike Geisel, *Die Wiedergutwerdung der Deutschen. Essays und Polemiken*, Berlin 2015.

9 Die Redaktion der *ZEIT* hat Wolffs Ungeheuerlichkeit inzwischen mit einem Hinweis versehen: „Vor dem Hintergrund unseres heutigen Wissens bedauern wir, dass wir diesen Beitrag veröffentlicht haben.“ Vgl. Fabian Wolff, „Nur in Deutschland“, *ZEIT ONLINE*, https://www.zeit.de/kultur/2021-04/judentum-antisemitismus-deutschland-israel-bds-fabian-wolff-essay (letzter Abruf: 31.12.2023).

10 Vgl. Marcel Reich-Ranicki, *Mein Leben*, Stuttgart 2000, S. 532.

11 Moishe Postone, „Antisemitismus und Nationalsozialismus“, in: ders., *Deutschland, die Linke und der Holocaust. Politische Interventionen*, Freiburg 2005, S. 165-194.

12 Sama Maani, „‚Obama ist nicht schwarz‘. Die Krux mit der Identitätspolitik“, in: Vojin Saša Vukadinović (Hg.), *Freiheit ist keine Metapher*, S. 33-48, hier: S. 34 (Hervorhebung im Original).

13 Theodor W. Adorno, *Minima Moralia. Reflexionen aus dem beschädigten Leben*, in: ders., *Gesammelte Schriften*, Band 4, herausgegeben von Rolf Tiedemann, Frankfurt am Main 2021, S. 228.

Wie die Linke uns tatsächlich progressive Migranten verraten hat

Marco Antonio Cristalli

„Ich mach mir die Welt, wie sie mir gefällt“ singt die Kinderbuchfigur Pippi Langstrumpf in der gleichnamigen Spielfilmserie. Diese Parole der im Zeitalter der Cancel Culture längst gefallenen ehemaligen Ikone der Kinderbuchwelt steht programmatisch für den Umgang der postmodernen, intersektionalen oder woken Linken mit allen Phänomenen der Gegenwart. Während dieser Satz bei Astrid Lindgrens populärer Kinderfigur noch Ausspruch für ihre Unabhängigkeit ist und für den Gestaltungswillen, als Mädchen jeden Widerstand zu überwinden, ist er nun vor allem Ausdruck einer Realitätsflucht, deren Wurzeln in postmoderner Theoriebildung im Signum des Konstruktivismus verstanden werden können. Die Welt ist nicht, sie wird gemacht. Jeder kann sich seine eigene Welt schaffen – sei es nun Pippi Langstrumpf oder eine Professorin der Gender Studies in Süddeutschland. An Literatur lässt sich dies sehr deutlich nachweisen: Während Flaubert oder Balzac noch den Anspruch einer absoluten Wirklichkeitsdarstellung erhoben, verliert sich die Gegenwartsprosa mehr und mehr in aktivistischer Literatur, die meint, den literarischen Text allein zu einem Medium des Möglichen zu erheben und durch diesen die Wirklichkeit zu verändern. Was auf den ersten Blick durchaus sympathisch zu sein scheint (denn es liegt der Verdacht nahe, dass zumindest einige Aktivisten oder Wissenschaftliche – deren Rollen so weit verwischt sind, dass von Wissenschaft eigentlich nicht mehr gesprochen werden kann – über eine gutherzige Intention verfügen), offenbart langfristig, wie eine objektive und gute Wissenschaftspraxis verhindert wird. Anders formuliert: Betrachtet man Wissenschaft alleine aus der Perspektive, dass alles konstruiert sei und dementsprechend dekonstruiert werden kann, ist es verführerisch, die eigenen Forschungsergebnisse so zu konstruieren, damit sie mit der eigenen Weltanschauung in Einklang zu bringen sind. Ob dies als gute Wissenschaft verstanden werden kann, sei dahingestellt.

Es erinnert eher, und somit schlagen wir den Bogen zurück zu Pippi Langstrumpf, an das Verhalten von Kindern, die sich ihr Weltbild konsequent nach eigenen Überlegungen schaffen. Postmoderne Theorien sind auf vielen Ebenen sicherlich ein Gewinn für geisteswissenschaftliche Diskurse gewesen, da sie den Zugang zu anderen Perspektiven eröffneten, aber es lässt sich nicht leugnen, dass sie gerade in den letzten beiden Jahrzehnten zu etwas völlig anderem führten, nämlich einer Infantilisierung von Debatten, die nun nicht mehr mit der notwendigen Komplexität, sondern vor allem von manichäischen Weltbildern geprägt sind. Es ist eine Auseinandersetzung mit der globalen Realität, die keine Graustufen mehr zulässt, sondern die Welt allein in Unterdrücker und Unterdrückte einordnet.

Heterogenität ist nicht „Diversity"

Würden diese Theorien und „Ansätze", die für die meisten Menschen außerhalb bestimmter akademischer Milieus völlig befremdlich erscheinen dürften, lediglich im Elfenbeinturm verbleiben, würden sie an und für sich eine brutale Verschwendung von Steuergeldern darstellen, aber zumindest gesellschaftlich keinen Schaden anrichten. Dies ist jedoch nicht der Fall. Absolventen dieser Fächer, die eine besondere Tendenz haben, eher aktivistisch statt wissenschaftlich vorzugehen, haben solche Ideen schon lange in einen breiteren gesellschaftlichen Kontext transferiert – insbesondere in die Publizistik, die sich als kriselnde Branche durch den Einfluss dieser Theorien wohl eine Verbesserung ihrer wirtschaftlichen Situation erhoffte. Diese Modernisierung wird einem unter der Chiffre der sogenannten „Diversität" verkauft, die in den letzten Jahren dermaßen zur Maxime gesellschaftlichen Handelns erklärt wurde, dass nun selbst Heidi Klum damit wirbt – was zu denken geben sollte.

Die dem Konzept der *Diversity* zugrunde liegende soziale Heterogenität als solche ist nicht per se zu kritisieren. Unsere Gesellschaft ist vielfältig. Eine Abbildung dieser Vielfalt im öffentlichen Raum kann als Gewinn betrachtet werden, und es sollte das Ziel eines demokratischen Landes sein, dass alle seine Bürger dort leben können, ohne diskriminiert zu werden. Ob der öffentliche Raum tatsächlich vielfältiger geworden ist, sei dahingestellt. Diversität hat es immer gegeben, und ein Blick zurück in die Popkultur der 1990er Jahre zeigt deutlich, dass dieses Jahrzehnt diesbezüglich bei Weitem fortschrittlicher war als die Gegenwart, da es den Begriff „Diversität" damals überhaupt nicht brauchte, sondern Vielfalt ohne beständige Inszenierung dieser einfach gelebt wurde. Das bisweilen krampfhafte Einfordern von Diversität seitens bestimmter bildungsbürgerlicher Akteure in der Gegenwart verdient daher kein Lob. Es ist kein Kampf für eine gerechtere Gesellschaft, sondern vorrangig ein Eingeständnis, bislang wohl ziemlich blind durch die Welt gelaufen zu sein. Deutschland war ein heterogenes Land, lange bevor der Begriff „Diversität" an jeder Ecke anzutreffen war.

Hier zeigt sich das zentrale Problem dieses Konzepts. Als gesellschaftliches Ziel ist es sicher zu loben, ein Bewusstsein für Minderheiten zu entwickeln. Wenn die praktische Aushandlung jedoch vor allem weltentrückten Menschen aus migrationsfremden Milieus überlassen wird, formiert sich eine Blase, die vorrangig einer herkunftsdeutschen Elite dient, aber sicherlich nicht dem Durchschnittsmigranten.

Die realen Konsequenzen intersektionaler Theorien

Schenkt man der Anhängerschaft der Diversität Glauben, soll es das deklarierte Ziel des Konzepts sein, vor allem migrantischen Stimmen endlich Repräsentation zu geben und so die Gesellschaft in ihrer Vielfalt abzubilden. Das wird jedenfalls behauptet. Die Realität ist eine andere. „Diversität“ steht nicht für eine inkludierende Gesellschaft, sondern vorrangig für eine bildungsbürgerliche Mittelschicht, die aus postkolonialem Schuldkomplex heraus einerseits Buße tun will, allerdings über eine solch eintönige Lebensrealität verfügt, dass sie migrantische Lebenswelten als Viagra-Ersatz missbraucht. Dabei geht es vor allem darum, vor einer hochkomplexen Realität zu fliehen, die ihr schlichtweg zu schwierig ist. Diese Realitätsflucht erklärt vieles: so zum Beispiel die regelmäßig wiederkehrende Verwunderung über den Wahlerfolg von Erdoğan in Deutschland, aber auch, warum man in Deutschland das Thema Islamismus so gut wie totschweigt, und ebenso, wie es möglich sein konnte, dass es nach dem barbarischen Massenmord der Hamas an mehr als 1200 Juden, aber auch an Menschen aller Religionen und aller Ethnien im hiesigen akademischen Bereich so gut wie keine Solidarität mit den Opfern gab. In dieser Hinsicht stellt der 7. Oktober keine Zäsur da. Es war schon vorher sehr vielen denkenden Individuen, insbesondere Migranten, völlig bewusst, was die reale Konsequenz intersektionaler Theorien ist: eine absolute Verblödung von Menschen.

Die eben beschriebene Realitätsflucht wird umso eindrücklicher, wenn man berücksichtigt, was das gefühlslinke Bürgertum alles getan hat, um seine Fantasien bezüglich einer gänzlich problemfreien „vielfältigen“ Gesellschaft aufrechtzuerhalten, obwohl es den Kontakt mit Migranten angeblich doch so sehr schätzt. Der junge, linksliberale Großstädter (in Frankreich würde man vom *bobo*, dem *bourgeois-bohème* sprechen) ist nahezu süchtig danach. Er geht in den arabischen Laden einkaufen und isst mit großer Leidenschaft Döner. Allerdings hat er den Ladeninhaber bestimmt noch nie danach gefragt, wie dieser zu Juden steht, und auch der Umstand, dass sein liebster Dönerladen-Besitzer offen Mitglied bei den Grauen Wölfen ist, ist zudem völlig irrelevant. Deren Symbole erkennt Sören eh nicht, und dank Critical Whiteness weiß er, dass Migranten ohnehin keine Rassisten und Faschisten sein können. Das ist völlig unmöglich. Seien wir jedoch ehrlich: Jeder Mensch, der fünf Minuten in einem Barbershop oder einem anderen stark migrantischen Raum verbracht hat, weiß sehr genau, welche Formen von Antisemitismus und vor allem inner-migrantischem Rassismus dort vorzufinden sind. Jeder Mensch mit Migrationshintergrund weiß das. Nur Sören und Ann-Kathrin nicht. Dass die angeblich rassismussensible Wissenschaft in Deutschland diese minoritären Formen des Hasses verschweigt, ist längst noch kein Beweis dafür, dass es diese nicht gibt, sondern eher für das traurige Niveau, auf dem sich die akademischen Erzeugnisse gerade bewegen. Was nicht sein darf, ist auch nicht: dies ist längst zum unausgesprochenen Paradigma der Geistes- und Sozialwissenschaften avanciert, die ihrer Aufgabe, die Untersuchung der Gesellschaft – gerade in ihren unangenehmsten Ausprägungen –, nicht mehr gerecht werden, sondern diese nun lieber selbst gestalten wollen.

Besonders erbärmlich ist, dass dieses gefühlslinke Bildungsbürgertum nicht nur die Realität, die es umgibt, völlig ignoriert, sondern bewusst ein Instrument geschaffen hat, um diese aufrechtzuerhalten und jede Kritik daran abzuwehren. Hierbei handelt es sich um den Feuilletonmigranten, der inzwischen in unzähligen, auf intersektionalen Theorien beruhenden Büchern seine eigene Leidensgeschichte darlegt, welche vom deutsch-deutschen Publikum voller Rührung angenommen wird. Damit hat man hat sich den Migranten, den man sich wünscht, durch die Publizistik einfach selbst erschaffen. Über die Abgründe politischer wie sozialer Natur, die sich in migrantischen Milieus finden lassen, kann dann gerne hinweggesehen werden. Über den Rassismus, den Sexismus, den Antisemitismus, die Homophobie oder andere Formen von Menschenfeindlichkeit auch.

Die Liste solcher Feuilletonmigranten ist lang und bekannt, der Inhalt ihre Bücher, die zwar Diversität postulieren, dafür erstaunlich knapp und undivers: In der Regel folgt eine Aufzählung rassistischer Erlebnisse unterschiedlicher Tragweite, eine Definition von Rassismus anhand der *Critical*

Race Theory und schließlich das Angebot, wie der *Weiße* – natürlich kursiv geschrieben – ein bisschen Buße erhalten kann, denn völlig wird er seinen internalisierten Rassismus sowie seine *white supremacy* natürlich nie loswerden können. Hautfarbe stellt dabei den zentralen Gegenstand von Rassismus dar, weswegen Anti-Slawismus, der ja „nur" die deutsche Außenpolitik von Bismarck bis zum Ende der Nazi-Zeit entscheidend geprägt hat, völlig ausgeklammert wird und natürlich auch Antisemitismus keine Rolle spielt beziehungsweise keine Rolle spielen darf. Dieser Feuilletonmigrant ist selbstverständlich links, verwendet akademische Trendvokabeln, ist antirassistisch und antiimperialistisch, führt seine Pronomen in der Twitter-Bio, ist klimakrisenbewusst und lebt vegan. Er ist der Traumpartner eines jeden Sören und einer jeden Ann-Kathrin, die diese jedoch trotzdem nicht daten, da sie zu sehr Angst davor haben, rassistische Akte zu begehen. Denn: *white guilt is everywhere.* Sie hören daher vorrangig zu, um als *weiße* Person ihre Privilegien zur Seite zu stellen. Während die Großmütter von Sören und Ann-Kathrin noch dem Priester lauschten, „lernen" diese nun von ihren „marginalisierten" Freunden, deren Lehren sie in die tägliche Praxis umsetzen und denen sie somit endlich eine Stimme geben wollen. Fragen stellen sie keine, und wenn, dann lediglich danach, was sie besser machen könnten. Es ist für sie klar, dass Hautfarbe intersektional und auf alle Lebensbereiche einwirkt. Sogar auf die Wahl des jeweiligen Verkehrsmittels. Große Autos mit einem Benzinmotor sind gemäß der Logik des Feuilletonmigranten und seinen Jüngern daher konsequenterweise vor allem der Ausdruck einer fehlgeleiteten, weißen, „cis-het"-Männlichkeit. Ebenso ist Rassismus eine Sache, die vorrangig von weißen, „cis-het"-Männern ausgeht. Spätestens hier wäre es an der Zeit, dass Sören und Ann-Kathrin ein paar Fragen stellen, was sie jedoch niemals tun würden, denn der „Betroffene" hat immer recht, da nur er reden darf. Die gesellschaftliche Implementierung des Mantras „Betroffenen zuhören" war ein hochintelligenter Akt, der jede Form von Kritik an dieser

Betroffenheitsprosa automatisch abwehrt. Nicht-Betroffenheit führt nicht dazu, dass alle Menschen ihr Gehirn ausschalten – allerdings gibt es genügend „Betroffene", die voller Entsetzen auf diejenigen schauen, von denen sie angeblich repräsentiert werden sollen. Denn bei all den erzieherischen „Wahrheiten", die der Feuilletonmigrant gerne postuliert, stellt sich für den Migranten außerhalb des Feuilletons oder der akademischen Welt eine andere Frage: Wer und welche Lebenswelt wird hier bitte repräsentiert?

Der frisch gebackene Lieblingsmigrant

Die Antwort ist simpel: Sicherlich nicht der Durchschnittsmigrant, sondern vorrangig der politisch opportune Migrant, der – koste es, was es wolle – zur gefühlslinken deutschen Mittelschicht aufschließen will und sich daher an Perfektion grenzend den dort dominierenden Themen und dem jeweiligen Habitus anpasst. *Diversity* offenbart sich einmal mehr als ein reines Marketingtool: dem Kunden wird genau das gegeben, wonach er lechzt. Im feuilletonmigrantischen „Backe, backe, Kuchen" entsteht ein Migrant, der eigentlich der bessere Deutsche ist. Er stellt ein Gegenkonzept zum „alten weißen Mann" und dessen für die Gesellschaft zerstörerische Wirkung dar. Mit der Realität hat dies nun wirklich wenig zu tun, wie vor allem das eben genannte Beispiel des Autos mit Benzinmotor wohl am exemplarischsten zeigt. Wer kennt denn nicht den typischen Daniel, der sich völlig verschuldet hat, um sich einen fetten Mercedes zu kaufen?

Es wird Zeit, eine bittere Wahrheit auszusprechen. Die Migranten, die das deutsche Bildungsbürgertum als Repräsentanten migrantischer Vielfalt feiert, sind in ihren eigenen Communitys vor allem eins: potenzielle Mobbingopfer. Das liegt vorrangig daran, dass sie eben nicht das Ebenbild des Durchschnittsmigranten sind, sondern vor allem von Sören und Ann-Kathrin, über die man sich in migrantischen Kreisen gerne lustig macht, weil sie in hässlichen Hipster-Klamotten herumlaufen und politisch völlig naiv sind. Wenn sich Feuilletonmigranten am „alten weißen Mann“ abarbeiten, erinnert das eher an Kafka (den diese Menschen natürlich nicht gelesen haben) – denn um *Critical Whiteness* geht es sicherlich nicht, sondern vorrangig um die kritische Auseinandersetzung mit den eigenen Vätern und den dementsprechenden Vaterkomplexen. Da diese Väter jedoch nicht weiß sind, werden sie schließlich zu „alten weißen“ Männern umfunktioniert, damit sich die Kundschaft besser damit identifizieren kann und sich die Bücher besser verkaufen lassen.

Ein Blick auf die Protagonisten dieser Prosa würde nämlich direkt offenbaren, dass die gesellschaftspolitische *credibility* der Autoren infrage gestellt werden müsste. Erschreckend ist dabei vorrangig, wie die Publizistik diese Marktlücke gefüllt hat, ohne sie zu hinterfragen. Es finden sich hier nämlich nicht die Nachfahren ungebildeter Arbeitsmigranten, die bei Ford oder Volkswagen am Fließband gearbeitet hatten, sondern vorrangig Migranten aus privilegierten akademischen Elternhäusern, die diesen Widerspruch in ihren Biografien jedoch nur selten thematisieren. Kritischer Journalismus hätte hier längst eine Frage stellen können, wenn nicht sogar müssen: Wie marginalisiert kann jemand, der aus einem Ärztehaushalt stammt, Stipendien erhalten hat, einen MBA gemacht hat, einen Buchvertrag bei einem renommierten Verlag hat, ständig auf Panels eingeladen wird oder sogar promoviert ist, denn wirklich sein? Anders gefragt: Wer erhält keine Form der Repräsentation? Das Kind – unabhängig seiner ethnischen Herkunft – aus einer armen Familie oder das Migrantenkind aus dem Apothekerhaushalt? Wenn die Kategorie der Klasse in intersektionalen Diskursen kaum thematisiert wird, sondern lediglich in lächerlicher Diktion als „Klassismus“ auftaucht, ist dies nicht nur auf mangelnde Empathie mit niederen sozialen Arealen der deutschen Gesellschaft zurückzuführen, sondern vorrangig darauf, dass genau diese Frage die Glaubwürdigkeit der Verfechter solcher Thesen in ihrem Fundament erschüttern und ihre Scharlatanerie enttarnen würde.

Diese Angst vor Enttarnung treibt den Feuilletonmigranten am meisten an. Dies zeigt sich vor allem an seinem Umgang mit Migranten, die sein Spiel nicht mitspielen wollen und zum Beispiel innermigrantische Probleme deutlich benennen. Auch hier lässt sich eine sehr bedenkliche Tendenz in Politik und Publizistik erkennen, die sich – analog wie einst mit dem Arbeitermilieu geschehen – so weit von der Lebenswelt von durchschnittlichen Migranten, die eben nicht mit Mitte 30 in einer unaufgeräumten WG in Berlin-Neukölln leben, entfernt haben, dass sie nicht mehr in der Lage sind zu begreifen, wie fern *wokeness* und Intersektionalität eigentlich von migrantischer Lebenswirklichkeit sind. Es wird zudem völlig ignoriert, dass die größten Kritiker identitätspolitischer Diskurse eben nicht „alte weiße Männer" sind, sondern Menschen mit Migrationshintergrund, denen diese völlige Realitätsfremde aufgrund ihrer eigenen migrantischen Lebenserfahrung mehr als bewusst ist.

Doch werden die Stimmen dieser migrantischen Akteure nicht als Vielfalt gefeiert, sondern als *tokenism* abgetan, und man begegnet ihnen schließlich mit offener Feindseligkeit, von deutscher wie feuilletonmigrantischer Seite aus. Der Vorwurf des *tokens* ist von Niedertracht und letztendlich auch von Rassismus nicht zu übertreffen. Migrantischen Stimmen wird es gemäß dem identitätspolitischen Stammesdenken abgesprochen, als individuell agierende Subjekte aufzutreten, die eine eigene Meinung haben. Der Vorwurf schließt sie aus der Community aus, die natürlich eine stramme „woke" Einheitsmeinung vertritt. Besonders absurd wird es stets dann, wenn Sören und Ann-Kathrin linken, nicht-woken Migranten erklären, wie sie zu denken haben. Der Migrant, der nicht woke ist, ist deren Meinung nach deshalb unwissend, weil er „unterdrückt" sei, und muss deshalb nur aufgeklärt werden. Besonders schmerzvoll wird es, wenn diese Vorwürfe linke Migranten treffen, die sich seit Jahrzehnten für migrantische Anliegen eingesetzt haben und nun auf völlig verblendete, durch Instagram politisierte Menschen treffen, die meinen, sie als „rechtsradikal" beschimpfen zu dürfen. Doch wer im

Glashaus sitzt, sollte mit Identitätspolitik lieber aufpassen. Wer im Glashaus sitzt, will oft nur davon ablenken, selbst der nackte Kaiser zu sein. Denn wer ist wirklich der *token*? Der Feuilletonmigrant, der schamlos deutsche Schuld- und Läuterungskomplexe ausnutzt, um seine Bücher besser zu verkaufen, oder der Migrant, der Probleme des eigenen Milieus offen anspricht und sich somit gegen den propagierten Kulturrelativismus stellt?

Die antisemitischen Konsequenzen der Critical Race Theory

Wer als Migrant nicht *woke* ist, darf im politischen wie akademischen Diskurs nicht sein. Wer nicht *woke* ist, wird folglich nicht mit viel Platz im Feuilleton, mit politischen Positionen oder mit Juniorprofessuren überhäuft. Während die politische Linke sich selbst für ihre neue, diverse und progressive Haltung feiert, bleiben dabei alle auf der Strecke, die diesen Kurs nicht mitgefahren sind und für die man sich deswegen auch nicht interessiert.

Nichts illustriert dies wohl so deutlich wie die Wahl der Journalistin und Diversity-Beraterin Ferda Ataman zur unabhängigen Bundesbeauftragten für Antidiskriminierung. Als verschiedene Migrantenverbände sich aus guten Gründen gegen Ataman als Leiterin der Antidiskriminierungsstelle des Bundes aussprachen, suchten weder SPD noch Grüne ein Gespräch mit diesen, um nach dem Anlass für diese Einwände zu fragen. Dabei war die Kritik an Ataman alles andere als unberechtigt: Mesut Özil stellt für sie trotz seiner Nähe zu den Grauen Wölfen und Erdoğan einen Mustermigranten dar, während sie Migranten, die sich kritisch zu den Themen Clankriminalität und Islamismus äußerten – wie zum Beispiel Necla Kelek, Seyran Ateş oder Ahmad Mansour – mit Häme überzog. Wie eine solche Frau die Interessen migrantischer Gruppen, die besonders von innermigrantischem Rassismus betroffen sind, vertreten soll, sollte jeden Deutschen alarmieren. Doch auch in diesem Fall hört man lieber auf den selbstgeformten Migranten in der Politik, anstatt die eigenen Gewissheiten mit vielfältigen Meinungen zu konfrontieren.

Der Fall Ataman lehrt uns, dass unter dem Motto „Diversität" kein Einzug migrantischer Lebensrealitäten in Politik und Publizistik zu beobachten ist. Diversität ist vor allem der Ausdruck dessen, wie die politische Linke die Anliegen linker sowie marginalisierter Migranten verraten hat. Statt sich mit den realen politischen Problemen, die mit Migration einhergehen und in migrantischen Milieus vorzufinden sind, zu beschäftigen, hat man sich lieber einer Fantasie hingegeben. Spätestens die Nachwehen des 7. Oktober 2023 sollten diese für alle offengelegt haben. Auf deutschen Straßen werden judenfeindliche Parolen geschrien. Als Akt der Drohung werden Häuser jüdischer Mitbürger mit Davidstern bemalt. Jüdischen Studierenden wird der Zugang zum Hörsaal verweigert und sie haben Angst, zur Universität zu gehen. Es ist wichtig zu betonen, dass Antisemitismus nicht per se ein migrantisches und muslimisches Phänomen ist. Man muss nur auf einer dieser Demos gewesen sein, um dies sofort zu sehen. Es finden sich dort mehr als genug Deutsche, die das Gedankengut ihrer (Ur)Großeltern nun auf anderer Ebene fortführen oder auch *woke expat*s, die so voller Antisemitismus sind, dass sie keinerlei Probleme haben, mit antisemitischen Islamisten gemeinsame Sache zu machen. Der Slogan *Free Palestine from German Guilt* spricht für sich. Doch von einer tieferen Reflexion über das eigene Versagen ist in der intersektionalen Traumwelt genau so wenig die Spur wie innerhalb der deutsch-deutschen Linken, wo man sich bis heute nicht fragen kann, ob man nicht den falschen Leuten zugehört hat und eine Kurskorrektur notwendig wäre. Mehr denn je zeichnen sich die Konsequenzen des postkolonialen Denkens ab – zuvörderst eine unerschütterliche Solidarität mit dem Islamismus, bei dem es sich um eine Form des Faschismus handelt. Menschen, die sich offen als „Linke" bezeichnen, bei jeder Gelegenheit gendern, die Regenbogenfahne schwingen und sich vegan ernähren, stehen Seite an Seite auf Demos mit

Menschen, die ihre völlig konträren Werte verkehren und die Demokratie am liebsten abschaffen wollen. Sie stehen nicht auf der Seite von Frauen, die zwangsverheiratet werden und sich gegen ihren Willen verhüllen müssen. All das nennt sich nun „Vielfalt" statt Unterdrückung. Und mehr denn je zeichnen sich auch die Konsequenzen der *Critical Race Theory* ab: Jüdinnen und Juden werden trotz ihrer tragischen Geschichte als oppressive, kolonialistische „Weiße" markiert, während Hamas-Terroristen, die hemmungslos Israelis oder queere Palästinenser ermorden, nunmehr als *People of Color* firmieren und deshalb plötzlich Opfer sein sollen. Unter dem Schutzschirm der Diversität hat sich vor allem eins breitgemacht: eine Form vom Kulturrelativismus, der Antisemitismus, Rassismus und Faschismus massiv befördert. Die Politik und die Hochschulen hätten dies wissen können. Sie haben aber lieber weggeschaut. Sie haben sich lieber einer Fantasie hingegeben. Und sie haben lieber diejenigen migrantischen Individuen, die all dies jahrelang kritisiert haben, offen diffamiert und sich nicht eine einzige Minute lang mit deren Kritik ernsthaft auseinandergesetzt.

Der Triumph der intersektionalen Propaganda

Dies war abzusehen, denn bei all diesen Diskussionen darf nicht vergessen werden: Deutsche oder die überprivilegierten Feuilletonmigranten sind nun mal von den meisten angesprochenen Problemen in migrantischen Communitys nicht wirklich betroffen. Die herkunftsdeutschen Besitzer eines Hipster-Cafés in einer deutschen Großstadt, nennen wir sie Eva und Thomas, werden kaum Schutzgeld bezahlen müssen. Birol, das migrantische Ärztekind, auch nicht. Es ist für sie ein Leichtes, Clankriminalität als angeblich überzogenes Problem abzutun und schon den Begriff als „rassistisch" zu stigmatisieren. Sie können sehr leicht ignorieren, dass sich das organisierte Verbrechen – sei es in Italien, Irland, Russland, China oder in den arabischen Ländern – vor allem über familiäre Strukturen organisiert. Ganz anders sieht es bei Ali, Juri und Giuseppe aus, die dieser Bedrohung jeden Tag ausgesetzt sind. Sie müssen Schutzgeld an den arabischen Groß-Clan, an die Russenmafia oder an die sizilianische Cosa Nostra blechen. Eva und Thomas können aus ihrer Position heraus auch sehr leicht sich über den Diskurs über die Krawalle an Silvester äußern und diesen als durch und durch rassistisch markieren. Ihr nettes Café mit dem Fairtrade-Kaffee ist nicht zerstört worden. Hussein muss hingegen erst einmal renovieren, da von seinem Imbiss nicht mehr viel übriggeblieben ist. Die türkischstämmige Feuilletonmigrantin und Diversity-Beauftragte kann in ihren Ausführungen zu Rassismus den Völkermord an den Armeniern, den Rassismus gegenüber Kurden und Aleviten oder gar Griechen selbstverständlich ignorieren oder kleinreden. Sie hat auch deshalb das Privileg, dies zu tun, da ihre deutschen Auftraggeber mittlerweile so verblendet sind, dass sie glauben, Rassismus sei eine Frage von Weißen gegen Nicht-Weiße und es gebe zwischen migrantischen Gruppen keinen Rassismus. Die intersektionale Propaganda hat gewirkt: Ihre Anhängerschaft dominiert den Diskurs – auf Kosten von Migranten, die vor allem die Leidtragenden der *Critical Race Theory* sind. Das ungeheure Leid der Armenier, denen nicht gestattet wird, in Würde um die Opfer des an ihnen begangenen Genozid zu trauern, wie das alljährliche würdelose unrühmliche Gezeter um das Denkmal an der Hohenzollernbrücke in Köln immer wieder zeigt. Auch die dauernde Gefährdung von Kurden und Aleviten durch die türkischen Grauen Wölfe, der größten rechtsextremen Organisation in Deutschland, die bisweilen um ihr Leben fürchten müssen, wie Anschläge in Paris gezeigt haben, kann da schnell ignoriert werden. Lieber feiert die Diversity-Beauftrage Partys mit Sören und Ann-Kathrin sowie der DITIB, Islamisten und Erdoğan-Anhängern.

Wie fatal jene Gehirnverrenkungen sind, zeigt sich wohl am deutlichsten im Umgang mit dem Islamismus, der plötzlich keine faschistische und menschenverachtende Ideologie mehr ist, sondern ein postkoloniales und antiimperialistisches Projekt. Doch dass der Ausspruch „Allahu Akbar" für viele Migranten traumatisch wirkt, juckt keinen der antiimperialistischen Linken, die ohne mit der Wimper zu zucken an hasserfüllten Demonstrationen gegen Israel teilnehmen, aber sich nicht dafür interessieren, wie dies wohl für Jesiden, Aleviten, Kurden, Iraner, Syrer oder christliche Geflüchtete aus dem Nahen Osten klingen mag, die gerade vor diesem Ausspruch geflohen sind und für die er immer noch eine Gefahr darstellt. Man muss nicht mehr in die Ferne schauen, um das massenmörderische Grauen des Islamismus zu sehen. Ein Blick über den Rhein nach Frankreich reicht. Selbst die Attentate auf das Bataclan, *Charlie Hebdo* und die brutale Enthauptung des Lehrers Samuel Paty reichen wohl für eine allgemeine Solidarität nicht aus. Der entsetzliche Einfall der Hamas in Israel und der Jubel, den der Terror anschließend im Westen erfuhr, hat unmissverständlich deutlich gemacht, wem die Sympathien der intersektionalen und der postkolonialen Linken gelten: Allen „Anderen" – nur nicht Demokraten und Antifaschisten. Sie mag in regelmäßigen Abständen den Antifaschismus beschwören, aber das ist nur heiße Luft. Wie eine solche Linke noch in den Spiegel gucken kann und sich in den Sozialen Medien als moralisch überlegen selbst inszeniert, bleibt eines der größten Rätsel dieser Zeit.

Es ist ein Trauerspiel, dass es linken Parteien und auch Gewerkschaften nicht gelungen ist, sich vor diesen Einflüssen zu schützen. Stattdessen hat man sie aufgrund der eigenen intellektuellen Armut aufgesaugt und diese Menschen durch die eigenen Stiftungen sogar noch finanziert. Sei es aus Naivität oder blanken Opportunismus, denn auch der rechte Migrant geht wählen. Jeremy Corbyn und Jean-Luc Mélenchon haben dieses Prinzip sehr gut verstanden. Nach außen geben sie sich links, aber eigentlich zielen sie bei vollem Bewusstsein auf das Wählerpotenzial eines migrantisches Milieus, in dem Antisemitismus zum guten Ton gehört. Solidarität mit jüdischen Mitbürgern und demokratische Werte werden dem potenziellen Wahlerfolg geopfert. Die Übernahme identitätspolitischer Konzepte stellt den Untergang der Linken dar, denn diese hat dank Diversität und Intersektionalität all ihre Prinzipien verloren. Wie verheerend die intersektionale Weltverbesserei wirkt, zeigen die Wahlergebnisse, in der rechte Parteien europaweit immer stärker werden. Das ist die Realität. Die Wirklichkeit interessiert die politische Linke jedoch lange nicht mehr.

Der Verrat der herkunftsdeutschen Linken und unsere Antwort

So schmerzhaft es sein mag: Die bittere Wahrheit ist, dass wir linken, tatsächlich progressiven und antifaschistischen Migranten nun endlich einsehen müssen, dass wir politisch völlig heimatlos sind. Auf die Solidarität der herkunftsdeutschen Linken können wir – sei es auf Ebene der Parteien, der Gewerkschaften oder Zivilgesellschaft – nicht mehr setzen. Zu sehr haben sich diese gesellschaftlichen Akteure weltfremden Personen unterworfen, denen es vorrangig um ihre Fantasien bezüglich Migration und ihre Selbstinszenierung als Gutmenschen geht. Diese Personen meinen, uns zu schützen, doch ihr Kulturrelativismus stellt eine ganz eigene Form des Verrats und des Rassismus dar. Wer das Benennen von Problemen stigmatisiert, ist an deren Lösung nicht interessiert. Die Menschen, die beschützt werden sollen, werden allein gelassen, damit die gemütliche Fantasiewelt dieser Leute intakt bleibt. Für diese Fantasiewelt, in die sich diese reingesteigert haben und aus der sie nun nicht mehr herausfinden, stellen wir die größte Gefahr dar – sind wir doch der lebende Beweis dafür, dass intersektionale und postkoloniale Theorien Heuchelei sind. Deswegen sind wir so gefährlich. Und deswegen sollten wir nun lauter sein denn je.

Autoren und Autorinnen

Ruşen Timur Aksak war lange Jahre Journalist und ist ehemaliger Pressesprecher der Islamischen Glaubensgemeinschaft in Österreich. Er lebt und arbeitet in Wien als Medienberater.

Tamar Aphek ist Musikerin und lebt in Tel Aviv. Das Debutalbum ihrer Band, *All Bets Are Off*, erschien 2021 auf Kill Rock Stars und EXAG' Records.

Soma Mohammad Assad wurde 1988 in Kirkuk (Kurdistan/Nordirak) geboren und ist in Wien aufgewachsen. Sie ist Politikwissenschaftlerin mit Schwerpunkt Antisemitismus in der postmigrantischen Gesellschaft. Derzeit arbeitet sie als politische Referentin und politische Bildnerin in Berlin.

Güner Yasemin Balcı ist Journalistin, Schriftstellerin und Filmemacherin. Seit 2020 ist sie die Integrationsbeauftragte für den Berliner Bezirk Neukölln. Als Journalistin befasst sie sich in Berichten und Reportagen kritisch mit der Situation von Migranten in der deutschen Gesellschaft. 2008 erschien ihr Debütroman *Arabboy. Eine Jugend in Deutschland oder das kurze Leben des Rashid A.*, der auch erfolgreich fürs Theater adaptiert wurde. 2014 erschien ihr Buch *Aliyahs Flucht*, in dem sie die reale Fluchtgeschichte einer jungen Kurdin schildert, die sich für ein selbstbestimmtes Leben entscheidet und seither untergetaucht unter falschem Namen ein neues Leben führt. 2017 realisierte sie den Dokumentarfilm *Der Jungfrauenwahn*, der den Bayrischen Fernsehpreis gewann und für den Civis-Fernsehpreis und den Prix Europa nominiert war. *Die große Reise – Seyran Ates und der Weg zu einem reformierten Islam* ist Balcıs zweiter langer Dokumentarfilm. Für die ZDF-Sendung *37°* produziert sie Filme zu gesellschaftspolitisch relevanten Themen.

Alessandro Barberi ist u. a. wissenschaftlicher Mitarbeiter an der Otto-von-Guericke-Universität Magdeburg und Hochschullehrer an der Universität Wien. Er ist Historiker, Medienpädagoge und Chefredakteur der Fachzeitschriften www.medienimpulse.at und www.diezukunft.at. Seine Forschungsschwerpunkte liegen im Bereich der Zeitgeschichte und der Medienbildung. Dabei ist ihm eine polit(olog)ische Reflexion dieser Bereiche ein wichtiges Anliegen. Jüngste Monografie: *Von der Performanz. Zur Methodologie der Diskursanalyse nach Michel Foucault und Pierre Bourdieu*, Köln 2020. Weitere Informationen online unter: https://medienbildung.univie.ac.at/

Camila Bassi ist Humangeografin und forscht u. a. zum Verhältnis geschlechtlicher und ethnischer Minderheiten zum Raum. Sie hat eine wissenschaftliche Kritik an der historischen Kehrtwendung marxistischer Politik in der Frage des Israel/Palästina-Konflikts verfasst. Zuletzt hat sie sich mit dem politischen Konflikt zwischen Transaktivisten und Radikalfeministinnen befasst sowie zur Krise der psychischen Gesundheit an den marktförmigen Hochschulen veröffentlicht. Sie ist seit 1996 in der britischen Linken aktiv und betreibt den Blog *Academic on a Bike*, der ihre wissenschaftlichen und politischen Interessen zusammenführt.

Marco Antonio Cristalli ist promovierter Literatur- und Kulturwissenschaftler.

Niels Betori Diehl, bildender Künstler, Architekt, freier Autor. Zusammenarbeit mit Barbara K. Prokop als NBDBKP.

Ioannis Dimopulos erwarb einen Bachelor in den Fächern Germanistik und Allgemeine Literaturwissenschaft an der Universität Bielefeld und der Meiji Universität Tokio, studierte anschließend Deutsche Literatur sowie Internationale Literaturen an der Eberhard-Karls-Universität Tübingen und ist seit September 2023 Doktorand am German Department der

Brown University. Dort forscht er zur Philosophie Theodor W. Adornos und zu Fragen der Ästhetik und Literaturtheorie. Zudem schreibt er als freier Autor für diverse Medien, unter anderem *nd* und *WELT*.

Chantalle El Helou studiert Gesellschaftstheorie an der Friedrich-Schiller-Universität Jena. Sie schreibt Artikel und hält Vorträge zur Kritik am Queerfeminismus.

Faika El-Nagashi, geb. 1976 in Budapest, ist österreichische Nationalratsabgeordnete, Politikwissenschaftlerin und langjährige politische Aktivistin. Vor ihrem Einstieg in die Politik war sie 15 Jahre lang in zivilgesellschaftlichen Organisationen tätig. Ihre Schwerpunkte liegen in den Bereichen Extremismusprävention, Integrations- und Diversitätspolitik, Antirassismus und Antidiskriminierung und Frauen- und Menschenrechte. Sie ist Ko-Autorin von *Für alle, die hier sind* (Wien 2022) und Mitglied der Advisory Group von The Lesbian Project.

Emrah Erken, 1970 in Ankara geboren, studierte politische Wissenschaften an der Universität Genf und Jura an der Universität Basel. Er ist praktizierender Rechtsanwalt in Zürich mit Schwerpunkt Arbeitsrecht und Prozessführung. Nebst seiner beruflichen Tätigkeit publiziert er Artikel in den Themenbereichen Islam, Islamismus, Migration, Rassismus und Antisemitismus, hält Vorträge und ist in den Sozialen Medien aktiv. Außerdem ist er Experte für die amerikanische Jazzmusik der 1920er Jahre sowie der Kultur des „Jazz Age" und bekannter Soundrestaurator alter Jazzaufnahmen.

Cem Erkisi ist Erzieher und hat über zehn Jahre in Berlin in Kreuzberger und Neuköllner Kitas gearbeitet. So kam er auch zur Gewerkschaft GEW Berlin, in der er sich in verschiedenen Funktionen ehrenamtlich engagiert hat. Neben dem Einsatz für besseren Lohn im Rahmen von Tarifauseinandersetzungen wirkte er auch als Personalrat aktiv mit bei der Gestaltung der Arbeitsbedingungen im Kita-Bereich. Auch vor gesellschaftspolitischen Themen wie dem zu geringen Männeranteil in Kitas schreckte er nicht zurück und veröffentlichte verschiedene Artikel mit unterschiedlichen Schwerpunkten, unter anderem in der Zeitschrift der GEW Berlin, aber auch im *Freitag* und in *Betrifft Kinder*.

Kirill Grebenyuk ist Mitglied der Deutsch-Israelischen Gesellschaft.

Arash Guitoo wurde in 1980 in Teheran geboren. Dort studierte er Politikwissenschaften und Jura. Seit 2006 lebt der Deutsch-Iraner in Deutschland, wo er an der Christian-Albrecht-Universität Islamwissenschaft und Europäische Ethnologie studierte. 2019 schloss er dort seine Promotion im Fach Islamwissenschaft ab.

Anastasia Iosseliani wurde 1991 als Tochter eines Schweizer Vaters und einer Mutter aus der untergehenden Sowjetunion geboren. Sie wuchs in Zürich, in Tbilisi und in Moskau auf und arbeitet hauptberuflich als Buchhändlerin. Unter PinkKosherNostra.org bloggt sie zu diversen Themen.

Žarko Janković, 1987 in der Stadt Brčko im heutigen Bosnien und Herzegowina geboren, gelangte 1992 über Serbien nach Österreich, wo seine Eltern schon vor dem Krieg als Gastarbeiter tätig waren. Er studierte Politikwissenschaft in Wien, wo er auch heute lebt und arbeitet. Janković ist zweiter Preisträger des Exil-Literaturpreises 2020 im Bereich Prosa und vertreibt sich unter dem Handle @zarkojank oft die Zeit in Sozialen Medien.

Fatma Keser wurde 1991 in Xalfetu geboren. Sie hat Komparatistik und Philosophie an der Goethe-Universität Frankfurt studiert. Sie war Feminismusreferentin und Referentin für Politische Bildung des dortigen AStA, ist Gründungsmitglied der Initiative Migrantinnen für Säkularität und Selbstbestimmung und Mitherausgeberin des 2023 bei Tiamat erschienenen Sammelbandes *Gesichter des Politischen Islam*.

Aras-Nathan Keul ist Politikwissenschaftler und Analyst mit dem Schwerpunkt Deutschlands Rolle im Nahen Osten. Er hat sich dabei auf Deutschlands Beziehungen zu Israel und der Islamischen Republik Iran spezialisiert.

Sama Maani, geboren in Graz, aufgewachsen in Österreich, Deutschland und im Iran. Studium der Medizin in Wien und der Philosophie in Zürich. Arbeitet, nach jahrelanger Tätigkeit als Nervenarzt und Psychoanalytiker, heute als Schriftsteller in Wien. Publikationen (u.a.): *Ungläubig* (Roman, Klagenfurt 2014); *Respektverweigerung. Warum wir fremde Kulturen nicht respektieren sollten. Und die eigene auch nicht* (Essayband, Klagenfurt 2015), *Teheran Wunderland* (Roman, Klagenfurt 2018); *Warum wir Linke über den Islam nicht reden können* (Essayband, Klagenfurt 2019); *Žižek in Teheran* (Roman, Klagenfurt 2021), *Warum uns der Iran nicht wurscht sein sollte. Und Sigmund Freud und Robert Musil auch nicht* (Essayband, Klagenfurt 2023).

Roni Fantanesh Malkai ist israelische Rechtsanwältin, Journalistin und Aktivistin äthiopischer Herkunft. Sie schloss ihr Studium an der Hebrew University in Jerusalem mit einem MA in Public Policy and Government ab und erwarb an der Tel Aviv University zudem einen LLB (Jura). Ihr erstes Buch, „Schwarze Stärke – Die äthiopischen Juden und der Weg zur Gleichheit" (Hebräisch), erschien im Januar 2024 bei Yedioth Acharonoth Books, dem größten Verlag Israels.

Peshraw Mohammed wurde 1988 in Südkurdistan in eine säkulare Familie geboren. Als freiberuflicher Autor und Übersetzer konzentriert er sich insbesondere auf die deutsche Philosophie, namentlich G.W.F. Hegel, Friedrich Nietzsche – zu dem er eine zweibändige Studie verfasst hat –, Martin Heidegger sowie auf den Nationalsozialismus und Walter

Benjamin; weitere Arbeitsthemen sind Antisemitismus und antikurdischer Rassismus. Er lebt als angestellter Übersetzer für Geflüchtete und Migranten, die kein Deutsch sprechen, in Berlin.

Armin Navabi wurde in Teheran geboren und lebt als atheistischer Blogger in Kanada. Er ist Gründer der Website www.atheistrepublic.com und Autor der 2014 erschienenen Abhandlung *Why There Is No God. Simple Responses to 20 Common Arguments for the Existence of God.* Seine Kommentare erscheinen u. a. bei *Queer Majority*, *Quillette* etc.

Ahmad A. Omeirate wurde 1984 als Sohn libanesischer Bürgerkriegsflüchtlinge in Berlin-Neukölln geboren. Als Autor hat er unter anderem für die *Jüdische Allgemeine*, den *Tagesspiegel* und den *Schweizer Monat* geschrieben. Seine Arbeit konzentriert sich seit mehreren Jahren auf eine breite Palette von Themen, darunter Diversity, Interkulturalität, Islam, Islamismus, Antisemitismus und Organisierte Kriminalität. Neben seiner Autorentätigkeit ist Omeirate als Leitung bei der Freien Wohlfahrt aktiv. In dieser Funktion trägt er Verantwortung in den Bereichen Migration, Integration, Flucht, Ehrenamt und Sozialraum.

Arye Sharuz Shalicar wurde in Göttingen geboren, wuchs in West-Berlin auf und studierte Internationale Beziehungen und Nahost-Studien an der Freien Universität Berlin und an der Hebräischen Universität Jerusalem. Er lebt seit 2001 in Israel, ist Staatsbeamter und Abteilungsleiter mit Sitz im Büro des israelischen Ministerpräsidenten. Bis 2017 hat er als Sprecher der IDF gearbeitet und ist in dieser Funktion mehrfach reaktiviert worden, zuletzt am 7. Oktober 2023. Sein 2010 erschienener autobiografischer Roman *Ein nasser Hund ist besser als ein trockener Jude* wurde 2021 verfilmt. Zuletzt erschienen: *Schalom Habibi. Zeitenwende für jüdisch-muslimische Freundschaft und Frieden* (Leipzig 2022) und *Tagebuch aus Cherson – Vom Leben und Überleben im Krieg in* *der Ukraine. 40 Briefe eines Vaters an seine Tochter* (München 2023).

Veronica Szimpla, Jahrgang 1989, hat ingenieurswissenschaftliche Lebensmittel- und Umwelttechnologie studiert, war währenddessen politisch für die Stadt Berlin und eine Hochschule aktiv und hat an einem Projekt zur Frauenförderung in Naturwissenschaften mitgearbeitet. Zurzeit ist sie im Umweltmanagement als Ingenieurin tätig. Ihr Engagement widmet sie sowohl Frauenrechten generell als auch speziell Frauen im Autismusspektrum.

Ali Ertan Toprak ist der Bundesvorsitzende der Kurdischen Gemeinde Deutschland und Ehrenpräsident der Bundesarbeitsgemeinschaft der Immigrantenverbände in Deutschland (BAGIV). Er ist Sprecher der Initiative Säkularer Islam und Beauftragter des Landesvorstandes der CDU-Hamburg für Vielfalt, Integration und gesellschaftlicher Zusammenhalt. Toprak ist seit 2016 Mitglied des ZDF-Fernsehrats und publiziert Artikel in diversen Leitmedien.

Miro Verdel lebt in Wien und ist seit vielen Jahren in diversen linken und minderheitenpolitischen Zusammenhängen aktiv.

Vojin Saša Vukadinović ist Historiker.

Kathy Zarnegin wurde in Teheran geboren und ist in der Schweiz aufgewachsen. Sie hat Philosophie studiert, ist promovierte Komparatistin, ausgebildete Psychoanalytikerin sowie Mitbegründerin des Lacan Seminar Zürich und des Internationalen Lyrikfestivals Basel. Zahlreiche literarische, wissenschaftliche und essayistische Publikationen, zuletzt *Exerzitien des Wartens*, Hohenems 2021. Mehr unter www.zarnegin.ch.

Editorische Notiz

Der Beitrag von Roni Fantanesh Malkai erschien am 24. Oktober 2023 in der *Haaretz*.

Der Beitrag von Armin Navabi erschien am 17. Oktober 2023 auf *Queer Majority*. Dank an Diana Ramos.

Der Beitrag von Camila Bassi basiert auf dem Vortrag „‚Decolonization is not a metaphor' in the wake of October 7th", gehalten am Birkbeck Institute for the Study of Antisemitism, 12. Dezember 2023.

Der Beitrag von Peshraw Mohammed erschien zunächst in der *Jungle World*, Nr. 51/2023, deren Redaktion für die Genehmigung zum Wiederabdruck gedankt sei. Der Artikel wurde geringfügig überarbeitet.

Die Übersetzung der Beiträge von Tamar Aphek, Roni Fantanesh Malkai, Armin Navabi und Camila Bassi erfolgte durch Vojin Saša Vukadinović.

Danksagung

Jim Baker, Ilona Bubeck, Emrah Erken, Chantalle El Helou, Fatma Keser, Janina Marte, Veronica Szimpla, Gilad Tocatly, Sergio Vitale – und HBR.